子藏工程
诸子研究丛书

清代老学史稿

刘思禾 著

学苑出版社

图书在版编目（CIP）数据

清代老学史稿 / 刘思禾著．— 北京：学苑出版社，2017.4

（诸子研究丛刊 / 方勇主编）

ISBN 978-7-5077-5209-0

Ⅰ．①清… Ⅱ．①刘… Ⅲ．①道家②《道德经》－研究 Ⅳ．① B223.15

中国版本图书馆 CIP 数据核字 (2016) 第 114232 号

责任编辑：战葆红
封面设计：徐道会
出版发行：学苑出版社
社　　址：北京市丰台区南方庄 2 号院 1 号楼
邮政编码：100079
网　　址：www.book001.com
电子信箱：xueyuan@public.bta.net.cn
销售电话：010-67601101（营销部）　67603091（总编室）
经　　销：新华书店
印　刷　厂：保定市彩虹艺雅印刷有限公司
开本尺寸：880×1230　1/32
印　　张：17
字　　数：450 千字
版　　次：2017 年 4 月第 1 版
印　　次：2017 年 4 月第 1 次印刷
定　　价：120.00 元

学术顾问
(依姓氏笔划为序)

李学勤　陈鼓应　陆永品
饶宗颐　卿希泰　傅璇琮

总序

春秋战国时期，王官失守，学术下倾，师徒授受蔚成风气，个人著述随之云涌而出。相较于《诗》、《书》、《礼》、《乐》、《易》诸经，私人著述思想自由，内容丰富，体式多样。老聃清静无为而作《道德》，庄周幻梦逍遥而作《庄子》，墨翟兼爱、尚同而作《墨子》，孟轲称美性善而作《孟子》，荀卿看透性恶而作《荀子》，邹衍广猎怪谈而作《邹子》，韩非痴迷法治而作《韩子》。此皆当时著述之英华，学海之太液，载万世而流芳。西汉刘向、刘歆父子董理群书而为《别录》、《七略》，单列"诸子"一类；东汉班固《汉书·艺文志》效仿刘氏，揽括诸子群英，归为九流十家。至是，子学有名，诸家定称。刘勰《文心雕龙·诸子》曰："诸子者，入道见志之书。"纪昀《四库总目提要·子部总叙》云："自六经以外立说者，皆子书也。"子书立说见志，实为中华传统文化之源头活水。

然两千五百余年来，诸子之学或盛或衰，各个时期呈现出了不同的发展态势。战国之际诸子活力劲健，生机勃勃，《庄子·天下》列百家之学，《荀子·非十二子》论十二家之失。两文虽语含刺讥，亦足以窥见春秋战国子学花烂映发、自由挥洒之盛貌。吕氏不韦，招抚宾客，结连辩士，揉合诸说，混成一统，故"循其理，平其私"（《吕氏春秋·序意》），实暗启子学衰败之势。秦皇暴政，黜文任法；汉武尊儒，排斥众议。此间虽有淮南作《鸿烈》，欲"统天下，理万物"（《淮南子·要略》），备帝王之道，然争鸣之风已逝，子学气韵式微。汉元、成以降，扬雄《法言》、《太玄》，王充《论衡》，勇抒独见，略溢芬芳。更至东汉，经学失宠，诸子容光再闪。而王符《潜夫》，荀悦《申鉴》，虽踵武前修，亦时有创见。

魏晋乱世，士人惮祸，慕玄风而尚清谈，以期全生保真。何晏、王弼、郭象诠释《老》、《庄》，新意迭起；葛洪著《抱朴子》内外篇，屡多创获。然斯风独盛，诸家皆成附庸矣。而自南北悬隔，文辞鼓荡，吟赏之心渐炽，百家之气日衰。惟梁元帝《金楼子》、北齐颜之推《颜氏家训》、无名氏《刘子》，隋王通《文中子》，稍拾余芬，聊慰人心。

李唐开科举而振世象，奉佛老而推贝典丹书，韩、柳又述儒家之道统。士人桎梏，难觅振聋发聩之音，诸子之学欲有所推深，不亦难乎！宋哲宗元祐中，吕公著上书请禁："主司不得出题老庄书，举子不得以申韩佛书为学。"明神宗万历间，李廷机以子书盛行，不利孔孟之道，上疏请求禁止。二子之行，实以政治强压，而子学积衰，难挽濒弱之势。然自明中叶以后，王阳明、杨慎、朱得之、罗汝芳、焦竑、杨起元诸人，重以老庄佛道推盛心学，子学亦随之渐张。明末傅山倡导"经子不分"，曰"有子而后有作经者也"（《杂记三》），且身体力行，评注《老》、《庄》、《墨》、《荀》、《淮南》等，开近代诸子研究之先声。

有清一代，文字惹祸，屡见不鲜。较之前朝，士人更不敢放言高论，遂扎堆故纸，提倡朴学，集中对周秦汉魏残缺子书加以考订辑校，补苴修葺。其保存子书，复兴子学之功，可谓至高至伟。子学至此别开生面，遂有复兴之势。及入近世，政体更制，禁网松弛，加之西学冲击，学者奋智，瞩目诸子之书，子学于是彬彬复盛。钱穆、刘文典、冯友兰、于省吾、严灵峰、王叔岷、陈奇猷诸君，皆是子书考究与子学推深之能手，其他学者的文章著作亦不可胜数，且有以兼爱附平等，以孔学效耶教，以《淮南》列电力，子学已与西学渐趋融合。

今恭逢国家富强，文运昭回，为子书整理与子学繁荣复兴提供了极佳机遇。且地下文献沉藏千年而陆续出土，其中多有重要子书，为学者弘扬子学贡献了新资料，亦提出了新问题，创造了新空间。子学之复兴，其在今日乎？

子学之复兴，当以文献搜集整理为先。《四库全书》子部收书930余种，《四库全书存目丛书》子部共收书1250余种，《续修四库全书》子部收书1640余种。虽称浩博，实为庞杂。譬如《四库全书》子部，"儒家之外有兵家，有法家，有农家，有医家，有天文算法，有术数，有艺术，有谱录，有杂家，有类书，有小说家，其别教则有释家，有道家，叙而次之，凡十四类"（《四库总目提要·子部总叙》），此乃"经史子集"之子，为图书分类之学，非"诸子百家"之子，已失立说见志之意。且一子只收一种或数种，名家著述、珍希善本、手稿札记，所遗尚多，难副"全书"之名，实为憾事。有鉴于此，为响应国家关于进一步加强古籍保护工作的倡议，充分发挥传统子学在现代文化建设中的作用，华东师范大学决定由先秦诸子研究中心领衔，整合各方资源，启动《子藏》超大型子学图书编纂工程。

《子藏》编纂将分两步展开：第一步，搜集自周秦至民国末期所有海内外存世和出土的诸子学之著作，择取最佳版本予以影印；第二步，为每一种子学著作撰写提要。预计完成后的《子藏》，可涵盖《论语》、《孟子》、《老子》、《庄子》、《管子》、《墨子》、《荀子》、《韩非子》、《吕氏春秋》、《淮南子》等50余个系列，约5000种著述。如今，《子藏》工程已正式启动，将陆续影印发行。吾人相信，《子藏》必将成为一座宏大的传世经典文库，为海内外学者的子学研究提供扎实的文献基础，从而进一步传播和阐发中华民族的优秀文明成果。

子学之复兴，不仅仅在于文献资料的建设，更包括子学研究的深入拓展。作为有一定影响的诸子学研究机构，华东师范大学先秦诸子研究中心以全面复兴子学为己任，于2007年创办了国内外第一份专业的大型诸子研究刊物——《诸子学刊》，现已连续出版五辑，在中外学界颇有影响。现又决定有计划地出版《诸子研究丛书》，以此作为《子藏》工程之一部分，提升《子藏》的学术品位，使之成为资料库建设和学术理论研究相结合的精品工程。

该丛书海纳百川，包容并蓄，凡与子学有关之论著均在欢迎、吸纳之列。或总论子学之概要，或分论一家之特点；或专论一书，钩玄提要；或独论一题，探隐发微。凡斯种种，论内容：或学派，或专书，或专题，或作家，不拘一格；论方法：或考据，或义理，或阐释，或中或西，百花齐放。凡言之成理，持之有据，有创造，有突破，自成一家之言者，均可入选。

《子藏》之编纂，为子学研究提供完备丰富的资料库；《诸子学刊》之编辑，为子学研究搭建了交流平台，提供了前沿信息；而今《诸子研究丛书》正式启动，出版有关子学研究之专门著作，又必将推动子学研究朝纵深方向发展。"三驾马车"，或资料，或论文，或专著，齐头并进，已然构成了子学研究的完整系统。

当仁不让，圣人之言；舍我其谁，亚圣之论。值此昌明之世，学术转型之际，我辈同仁当竭尽心智，戮力古学，留意百家，复兴子学，章华夏文明之本，延绵中华数千年优秀文化之传统！

古语云："同好相留，同情相求，同欲相趋。"（《汉书·吴王濞传》）得天下好子学之人，共襄复兴之盛事，岂不快哉！如此，子学全盛之日，可以预卜矣！

方 勇
2011年8月18日

目 录

导 言

第一节　清代老学史研究现状 ························ 2
第二节　清代老学著作著录与结集 ···················· 7
第三节　清代老学著作类型 ·························· 10
第四节　清代老学作者概况 ·························· 12
第五节　清代老学的分类 ···························· 13
第六节　清代老学发展综述 ·························· 20
第七节　对清代老学的评价 ·························· 33
第八节　简单谈一下研究方法 ························ 38

第一章　清初老学

第一节　清初老学概说 ······························ 42
第二节　题顺治《御注道德经》······················ 43
第三节　张尔岐《老子说略》························ 62

第二章　清初老学的典型：船山的老学

第一节　《老子衍》的概况 ·························· 70
第二节　船山写作《老子衍》的原由 ·················· 73

第三节 船山解说《老子》的类型 …………………… 76
第四节 船山解说老子中《周易》、《庄子》的因素 ……… 80
第五节 《老子衍·自序》对老子思想的判定 ………… 83
第六节 《老子衍》正文对老子思想的改造 …………… 87
第七节 对船山《老子衍》的判定 ……………………… 103
第八节 《老子衍》与船山的早期思想 ………………… 105
第九节 船山《老子衍》在老学史上的地位 …………… 107

第三章 理学阴影下的主流派老学
第一节 主流派老学概说 ………………………………… 110
第二节 早期主流派老学 ………………………………… 111
第三节 成熟期的主流派老学 …………………………… 149
第四节 晚期主流派老学 ………………………………… 202

第四章 乾嘉学术影响下的考证派老学
第一节 考证派老学概说 ………………………………… 222
第二节 传世本校勘类著作 ……………………………… 227
第三节 碑本校勘类著作 ………………………………… 238
第四节 训诂考订类著作 ………………………………… 249
第五节 音韵研究类著作 ………………………………… 269

第五章 晚清政治老学的发端：魏源的老学
第一节 《老子本义》版本 ……………………………… 274
第二节 《老子本义》概况 ……………………………… 276
第三节 《老子本义》的分期 …………………………… 283
第四节 《老子本义》早期注本 ………………………… 285

第五节 《老子本义序》：批判老学传统与治世问题的提出…… 291
第六节 《老子四论》：魏氏老学的完成 …………………… 295
第七节 《老子本义》与魏源思想 …………………………… 302
第八节 《老子本义》在清代老学史上的地位 ……………… 305

第六章 晚清政治老学的展开
第一节 晚清政治老学概说 …………………………………… 308
第二节 丁杰《道德经直解》 ………………………………… 310
第三节 高延第《老子证义》 ………………………………… 316
第四节 陈三立《老子注》 …………………………………… 334
第五节 易佩绅《老子解》 …………………………………… 339
第六节 徐绍桢《道德经述义》 ……………………………… 350

第七章 现代老学的开创：严复的老学
第一节 严氏研究道家的三个时期 …………………………… 365
第二节 《老子评点》概况 …………………………………… 368
第三节 理解《老子评点》的前提 …………………………… 373
第四节 论老子之进化论、民主、平等 ……………………… 377
第五节 融通老子与自由主义 ………………………………… 382
第六节 论道：终极一致论 …………………………………… 391
第七节 对老子的批评 ………………………………………… 395
第八节 《老子评点》在老学史上的地位 …………………… 400

第八章 清代道教老学
第一节 清代道教老学概说 …………………………………… 406
第二节 清静派老学 …………………………………………… 410

第三节　吕祖派老学 …………………………………… 452
第四节　内丹派老学 …………………………………… 461
第五节　其他著作 ……………………………………… 488

附录：清代老学著述表 ………………………………… 511
参考文献 ………………………………………………… 527
后　记 …………………………………………………… 531

导　言

在清代老学史的叙述中,我们把时间上限定为1664年清世祖福临在北京即皇帝位,改元顺治。下限定为1912年中华民国成立,也收录少量1912年至1919年间的作品。① 下限所以在1919年前,在于清代老学的结束也是传统老学的结束,1919年的五四运动标志着传统老学的终结。② 清代老学著作的总数,据严灵峰《周秦汉魏诸子知见书目(老子)》统计,大约有160多种,实际上可能还要多些,今天已不可确知。严目是知见目录,根据各种图书目录统计而成,很多书实际已经散佚了。据照我们的统计,清代存世的老学著作共112种130部③,包括老学专著和论及老子的著作。其他论及老子的单篇文章还有若干,未计入总数。

---

① 1912年之后的老学著作,我们收录了张其淦《老子约》、胡薇元《道德经达诂》、徐绍桢《道德经述义》、李哲明《老子衍》、马其昶《老子故》。张其淦、胡薇元、李哲明为清朝遗老,徐绍桢为早期作品的修订稿,马其昶为桐城派老学后续,故而皆收入清代老学史,以见清代老学之尾声。其他如汶水居士《道德经阐义》(民国三年),陈黻宸《老子发微》(民国四年),黄节《老子讲义》(民国六年),张贤栋《读老子小识》(民国八年),赖振环《道德经证儒》(民国八年),李蠡《读老浅疏》(民国九年),均未收入。

② 胡适《中国哲学史大纲》(上)在1919年2月出版,这是现代老学模式的典范。在之前的严复等人的老学已经迈入现代,不过形式上仍旧是半新不旧。

③ 所谓种,指的是作者与其著作为一种,如王夫之《老子衍》为一种。部则为实际的作品数,如刘一明的《道德经会义》、《道德经要义》,为一种二部。差别在于有的作者(或者丛书)有数部书,故而种数少于部数。现有的老学研究目录统计的都是作品的种数。

第一节　清代老学史研究现状

先秦经典的学术史研究方兴未艾，诸如《诗经学史》《尚书学史》《论语学史》《孟子学史》《老子学史》《庄子学史》等都在推进中。就老子的学术史研究而言，从无到有，有一个逐渐发展的过程。目前，老学史研究已经进入了断代史研究阶段，其中先秦、汉魏六朝、唐代、宋代、元代、明代、清代，都有断代学术史完成。①

就清代老学史而言，在通行的清代学术史、思想史、哲学史中，如梁启超著《清代三百年学术史》、钱穆著《清代三百年学术史》、柴德赓《清代学术史讲义》、张立文主编《中国学术通史》（清代卷）、侯外庐主编《中国思想史》（清代卷）、陆宝千《清代思想史》、张岂之主编《中国思想学说史》（清代卷）、王茂等著《清代哲学》，都没有对老学的叙述。清代老学被忽视，这不正常，也不利于我们理解清代学术的发展。这一情况在道家思想研究学者介入后才得以转变。截止到本书出版时，已经有不少学术成果问世。

清代老学史最早的研究是熊铁基、马怀良、刘韶军所著《中国老学史》（福建人民出版社，2005年），其中第七章"明清时期的老学"，涉及到清代老学研究。此章以专制统治与学术转向为主旨，以清代学术的实证化为中心，指出清代老学研究未能产生影响。

---

① 研究成果大多数为博士论文或者博士后出站报告，除了我们下面要介绍的，还包括陈成吒《先秦老学考论》（华东师范大学，2014年），刘玲娣《汉魏六朝老学研究》（华中师范大学，2005年），董恩林《唐代〈老子〉诠释文献研究》（齐鲁书社，2003年），刘固盛《宋元老学研究》（巴蜀书社，2001年），杨秀礼《走向边缘——元代老学研究》（华东师范大学，2011年），韦东超《明代老学研究》（华中师范大学，2004年）。还有一些研究正在进行中，预计多卷本的老学通史不久就会出现。

其中第五节是王夫之的老学研究,第六节是魏源的老学思想。此作是研究清代老学史的最初尝试,还在草创时期,涉及的作者和作品还不多,对清代老学的内部脉络和特征还不深入。书中有明清时期老子研究状况简表,涉及到清代作者100人,著作102部。这些研究筚路蓝缕,为后来的清代老学研究开辟出道路。其后熊铁基、刘韶军、刘筱红、吴琦、刘固盛著《二十世纪中国老学》(福建人民出版社,2002年),涉及到部分晚清老学作者及著作,如孙诒让《老子札迻》、文廷式《老子枝语》、刘师培《老子》、严复《老子评点》、杨文会《道德经发隐》,这些著作都被划为传统老学。此外刘固盛《道教老学史》(华中师范大学出版社,2008年)涉及到清代道教老学一些人物作品,如李西月、宋常星、黄裳。还有刘固盛、刘韶军、肖海燕的《近代中国的老庄学》(福建人民出版社,2014年),涉及到魏源、严复、徐绍桢等。以上四部著作都不是真正意义上的清代老学史,只是部分涉及到清代老学。

自2006年之后,有一大批博硕士论文专门研究清代老学。其中博士论文包括李程《近代老学研究》(华中师范大学,2007年),王闯《道与世降——清代老学的传承和演变》(华中师范大学,2015年)。在台湾则有黄丽频《清代〈老子〉注义理的继承与开新》(成功大学,2009年)。这三部博士论文都是对清代老学的专门研究。硕士论文则多是单人或单篇著作的研究,也包括一些老学学派的研究,包括王继学《张尔岐的〈老子〉学思想研究》(山东大学,2006年),陈湘君《晚清湖湘老庄学研究》(湖南师范大学,2009年),曾斌《〈道德经大义〉研究》(湖南师范大学,2011年),贾海辉《刘一明老学思想研究》(华中师范大学,2011年),田小玲《近代湖湘老学研究》(华中师范大学,2013年),赵庭权《近代佛教老学研究》(华中师范大学,2013年),赵丹《桐城派老学研究》,(华中师范大学,

2013年),乔天一《清代老学文献文本研究》(首都师范大学,2013年),左秀慧《论姚鼐的老庄研究》(陕西师范大学,2014年)等。

下面介绍一下几种重要的清代老学研究著作。

李程《近代老学研究》:此作为华中师范大学2007年博士论文,2008年由武汉大学出版社出版。该书共8章,第一章近代老学的思想学术背景,第二章近代老学的发展及其特点,第三章近代老学的道论,第四章近代老学的修身养生思想,第五章近代老学的经世致用思想,第六章近代老学对《老子》的考证,第七章中西文化会通的新老学,第八章为近代老学的历史地位。此书涉及到的清代老学作者有魏源、李涵虚、黄裳、江希张、滕云山、刘鼒和、严复、刘师培、陶鸿庆等,大体以专题形式研究清代老学。此作题作"近代老学研究",只是清代老学的部分,没有对清代老学整体的勾勒。刘固盛教授在此书的序中提到"该著在文献解读、思想提炼等方面可能存在或多或少的问题",不过作为相对完整的清代老学史研究著作,还是值得肯定的。

黄丽频《清代〈老子〉注义理的继承与开新》:此作为台湾成功大学2009年博士论文,是对清代老学义理的研究,视角颇为独特。该论文除了绪论和结论外,共分为六章。第一章清代老子注的传衍与发展,第二章儒学与老子的交涉,第三章理学影响下的天道思维,第四章内圣外王的政治理想,第五章修心养气的工夫论述,第六章多元文化的会通,本论文涉及到王船山、倪元坦、郑环、黄元御、李涵虚、严复等老学作者及其作品。结论部分从儒学为标准审视老子、挖掘老子的实用价值、佛道二教的世俗化影响了解老思想的世俗化、在西方关照下肯定老子的多元意涵四个面向总结了清代注家的价值意义。该作并不是专门的老学学术史著作,而是就清代老学的思想专题来作论说。研究清代老学的学者一般都承认,清代老学大多缺乏思想价值,本论文则从不同的角度来论说清代老学的义理价值,这是值得肯定的。不过,无论是天道思维、内圣外王、工夫论述,这些都不是清代老学独有的,也不是清代老学所特出的,如何描述清人独特的老学思想,并且对其历史地位作恰当评判呢?这一问题好像还没有解决。并且,由于体例及研究重点所限,作者仅就部分老学著作做研究,没有顾及清代老学的整体面貌以及时代特征,这对于清代老学史研究还是比较遗憾的。

王闯《道与世降——清代老学的传承和演变》:此作为华中师范大学2015年博士论文,这是第一部完整的清代老学史著作。共分为五章,第一章清代老学的思想学术背景,第二章清代老学文献及其诠释特点,第三章多元诠解:清初老学的变迁,第四章考据与义理:乾嘉时期老学的双重面向,第五章经世致用:晚清老学的治世之道。此作大致依据通行清代学术史的框架来结构清代老学脉络,涉及到题顺治、王夫之、张尔岐、顾如华、释德玉、潘静观、花尚、吴世尚、宋常星、姚鼐、毕沅、纪昀、严可均、王昶、徐大椿、胡与高、黄元御、纪大奎、邓晅、倪元坦、董德宁、王定柱、李西月、刘一明、魏源、高延第、易佩绅、严复、黄裳等的老学著作,所论人物与著作均超出以往著作。此作详于考证人物作品,多用清人碑传资料及县志资料,殊为难得。其叙述老学著作大量引用原始文献,多能妥帖细致,娓娓道来。唯其对于清代老学发展源流还囿于一般学术史框架,学术流派的辨析也还不足,对于老学著作的评判较少,不大容易看出其地位与影响。总的看,此作为第一部完整的清代老学史著作,对于清代老学史研究非常重要。本书作者在序言中说:"资料比前人更进了一步,对清代老学的理解更加丰富和立体,较为全面的揭示了清代老学传承和演变的历史进程",这些都是中肯的评价。

关于本书。清代老学史研究是一个新领域，诸多学者都在努力之中，我们的研究正逢其时。我们把本书称作《清代老学史稿》，目的非常明确，它就是关于清代老学发展系统的历史性叙述。我们在导言中描述了清代老学的发展脉络，以五个时期为主要线索，详细论述清代老学不同时期的面貌。在正文中，我们则基本按照类型来编排（虽说也顾及到了时间顺序），以四个类型为主要对象，包括主流派老学、考证派老学、政治老学和道教老学。全书以发展脉络为纵线，类型分析为横线，这两条线索交叉使用，我们希望更好更清晰的描述清代老学。本书共讨论了54家老学研究，虽说和总数还有差距，但是重要的著作和类型都涉及到了，可以说基本勾勒了清代老学史的面貌。全书以老学作品分析为主，这样能够最详实最明白的说明史实。同时，为了避免单部作品罗列的问题，我们特别注意在清代老学发展整体上相互照应，以评价不同的流派和作品。因为只有在整个清代老学史的背景下，我们才能准确做出评价，只有相互关照才能烘托出个体特征。我们希望通过这些努力，能够把清代老学展现给读者。

清代老学是清代思想和学术中重要的一个环节，从最初的《中国老学史》到今天的数种清代老学史著作，清代老学的轮廓渐次清晰。不同的研究成果相互补充，这让我们看到主流清代学术史叙述所遮蔽的底层历史。对清代老学史研究者而言，清代老学史不仅是清代学术史的一个补充，而且应该是一种修正。通过借助老学史研究，清代思想学术的整体变迁能够更清晰更合理的叙述，诸如明清之际学术的转型，重建理学对于思想界的影响，考证学与诸子学兴起的内在联系，今文经学和老学的同步演进，西学引进与传统学术脉络的重构等等。这让我们看到一个诸如吴派、皖派以及戴震、惠栋、章学诚之外的清代思想学术图景。比如对主流派老学的研究,就能呈现清代精英学者之外的思想景象。对魏源以下政治老学的研究,则让我们看到晚清学术转型的一条重要线索。总体而言,清代老学整体上可以视作是对宋明老学传统的脱出。虽然主流派老学还在其笼罩下,但是已经毫无影响。无论是考证派还是政治老学,无论是船山、魏源还是严复,他们的研究都已经自觉摆脱了宋明时代的窠臼,而把老学推向一个新的境界,在深层次上与先秦老学遥遥呼应。从更广阔的视角来看,以清代考据学为过渡,清代政治老学和清代今文经学一样,都在返归元典的意义上显示出其时代特质。这不仅是清代老学的特点,也和清代学术总方向相一致。固然胡适等人的哲学史模式建构打乱了这一进程,政治老学就如同今文经学一样被人遗忘。但是我们回顾清代老学的脉络,仍旧可以捡起这一线索,那就是重新回到先秦老学的主线上,思考最初道家思想的本旨,在当代背景下重述老学的真正宗旨,这对于当代老学研究意义重大。清代老学史可以提供这样的启示,这是老学史研究的意义所在。

第二节　清代老学著作著录与结集

1.《四库全书》

《四库全书》收入题顺治《御注道德经》、张尔岐《老子说略》、徐大椿《道德经注》共3部。存目部分收入胡与高《道德经编注》、汪缙《读道德经私记》、黄元御《道德经悬解》共3部。《四库全书》收录的道家著作很少,这当是极力压缩的结果。《四库全书》把道家类著作置于子部最后,在释家类之后,这不同于《汉书·艺文志》,也不同于《隋书·经籍志》。《隋书·经籍志》以道经、佛经附于四部最后,还有些道理。《四库总目》把道家和释家并列,置于子部最后,这完全没有道理。反映的有两点:1、把释老捆绑起来。2、极力贬低释道的地位。这是宋代理学家观念在图书编纂学上的体现。

2.《清史稿·艺文志》

《清史稿·艺文志》沿袭了《四库全书》的作法,把道家置于子部最后,在释家之后。著录有《御注道德经》二卷,顺治十三年,世祖御撰。《老子衍》一卷,王夫之撰。《老子说略》二卷,张尔岐撰。《老子道德经考异》二卷,毕沅撰。《老子参注》四卷,倪元坦撰。《老子解》一卷,《老子别录》一卷,《非老》一卷。吴鼐撰。《老子章义》二卷,姚鼐撰。《老子约说》四卷,纪大奎撰。《道德经编注》二卷,胡与高撰。《读道德经私记》二卷,汪缙撰。《道德经悬解》二卷,黄元御撰。《道德经注》二卷,徐大椿撰。《道德经臆注》二卷,王定柱撰。《道德宝章翼》二卷,金道果撰。①《道德经发隐》一卷,杨文会撰。案:较之《四库全书》,增加了8人,10部。作者共14人,著作16部。其中吴鼐一人3部。

3. 王重民《老子考》

本书介绍历代老学著作,收录清代老学著作45种,其中包括附录10种。每一书介绍存佚及刊本情况,并引用书内序跋、凡例等略加说明。四库所收者则引用《四库提要》。

4. 严灵峰《周秦汉魏诸子知见书目》(老子卷)

本书为严灵峰所编老子书目,其中收录清代老学著作目录计166种(从王夫之到王宜之)。有书名、作者简介,介绍存佚情况,标明"存"、"残"或"未见"、"未刊"。存世图书介绍著录及版本情况,对内容有简单说明。严目所收老子是收集各类书目而成,如各省的《通志》,很多只有目没有书。

---

① 案:《道德宝章翼》二卷,金道果撰。此当为明人著作。

5. 严灵峰《无求备斋老子集成(续编)》

本编为老子著作的大型丛书,是《无求备斋老子集成》续集。收录清代老学著作60多种,影印出版。这是清代老学著作第一次结集。此套丛书收录了老子研究的专著,也收录了涉及到老子研究的其他著作,如《古今图书集成》所收老子类著作2部,王昶《金石萃编》收录的3种碑本。在道家老学作品中,收录了题作纯阳吕仙或孚佑帝君的5部作品。其后的老子丛书都是在此基础上完成的。

6. 熊铁基主编《老子集成》

《老子集成》是大陆学者所编老子著作大型丛书,由华中师范大学熊铁基教授为首的团队完成,2011年出版。《老子集成》卷八至卷十一,共收录清代老学著作70余种(从王夫之到刘师培)。其中刘一明2部,刘师培2部。本套丛书为老子整理本,对原作做了标点,有作者介绍和著作简介。案:原书只分卷,未分朝代。①

7. 方勇主编《子藏》(老子卷)

《子藏》是方勇先生主编的大型诸子学著作丛书。其中老子卷目录由华东师范大学陈成吒博士完成,共收入清代老学著作124种,②其中老子研究专著、涉及到老子的著作和单篇研究论文。这是现在收录较全的清代老学目录,有各书版本情况和馆藏情况。案:本目录是稿本,老子卷图书尚未出版。③

---

① 王闯博士论文《道与世降—清代老学的传承和演变》,在其提要和附录中收录清代老学著作为67种。华中师范大学,2015年。
② 此目收录了同一书的不同版本,还有一些无注释本,这些我们没有计入总数。此外,本目收入清末民初著作24种。
③ 需要说明的是,这里是按照著作数而不是著者数来统计的,同时因为对著作年代和何为研究老子的著作理解不同,可能会有误差。

第三节 清代老学著作类型

1. 老子注释类专著

这些是清代老学研究的主体,包括了刊本和稿本。刊本是清代老学的主体,大多都收入了严灵峰和熊铁基所编两种《老子集成》。如王夫之《老子衍》,题顺治御注《道德经》,魏源《老子本义》等。刊本之外,清代老学著作还有若干稿本,一般就很难看到了。我们知道的有:童翼驹的《道德经十八则》、《道德经三十六则》(南图),牟庭的《道德经释文》、《绎老》(《雪泥屋遗书》),王家璧的《老子融解》(湖北图),曹耀湘的《道德经钞》、《道德经笺》(国图),赵熙的《道德经批注》(川图),苏质民《有是斋老子牋》(上图)。

2. 老子文献研究专著

老子文献的研究是清代老学的重要组成部分,数量大大多于前代。包括专门的老子校勘著作,也包括校勘类著作中的老子部分。考证派老学大部分是此类作品,如纪昀校勘的王弼注《老子》,毕沅的《老子道德经考异》,王太岳的《老子翼考证》、《御注道德经考证》,魏锡曾《校老子》,以及俞樾的《诸子平议》(老子部分),于鬯《老子校书》等。我们把辑佚类的也归入此类,如王仁俊的《老子軼文》、《老子正誼》、《老氏微言》、《老子异同》(稿本)。

3. 涉及到老子的著作

这些不是老子的专门研究,但是都研究、评价过老子的。这里说的著作包括论著、笔记、丛书。论著如梁玉绳《史记志疑》老子部分,任兆麟《艺林述记》涉及老子部分,洪颐煊《读书丛录》涉及老子部分,文廷式《纯常子枝语》涉及老子的部分,谭献《复堂笔记》中涉及老子的有十几条,陈宗起《养志居笔记》所涉老子三条。其他丛书如《古今图书集成》涉及到的老子部分,《四库全书总目提要》涉及到的老子部分。至于著作中偶尔提及老子的,只言片语,就无法统计了。

4. 单篇论文,包括论著中的和报刊上的

论著中涉及到老子的,如王夫之《薑斋文集》所收《老庄申韩论》,钱曾《读书敏求记》所收《节录》,汪中《论学》所收《老子考异》,如钱大昕的《潜研堂集》所收《老子新解序》[①],卢文弨《抱经堂文集》所收《佳兵者不祥解》,俞正燮《癸巳存稿》所收《老子名可名义》等。我们也可以把专门著作中作者之外的序跋算作单篇论文,比如袁昶在魏源《老子本义》中的跋,曾克耑在严复《老子评点》中的序,李哲明《老子衍》中所收各篇序,这些都是很重要的老学论文。另外,晚清报刊上也有很多关于老子的论文,如章太炎的《诸子学略说》(《国粹学报》第 20 期 21 期),《老子之学说》(《学理》6 期),这些值得关注。《中华大典》收录了很多相关的文章,可以参考。专题论文不是传统老学主要的著述形式,晚清之后才成为主流。考虑到这些文章不是专门著作,我们没有收入到清代老学著作表内。

5. 校语、批语

这些都是老子刊本中的批语,如刘一明《道德经会义》、《道德经要义》道光十五年本中的佚名批语,如王定柱《道德经臆注》嘉庆刻本上的戴望、魏锡曾的校语并跋,姚鼐《老子章义》桐城吴氏本的吴汝纶校语并跋(姚氏此作还有其他三种校语),以及叶昌炽《道德经校勘记》(稿本)等。这些研究比较零星,看到的人就更少了。

---

① 此文原为钱大昕为友人所作《老子新解》写的序,此书后来未出。严灵峰认为此人为周济。我们认为此人为戴祖启。

第四节　清代老学作者概况

1. 作者与著作的关系

清代老学共有作者116人①,作品112种130部。有的作品是合著,如徐绍桢兄弟合著《道德经述义》,纪大奎、纪大娄合著《老子约说》,有的是一个作者多部作品,如刘一明有《道德经会义》、《道德经要义》,吴鼐有《老子解》、《老子别录》、《非老》。其他如道教著作题作纯阳吕仙注解的,我们大致认为整理者就是作者,如牟允中、刘沅等。其它著者为道教徒伪托而无整理者的,就很难说清作者情况了。

2. 作者身份

清代老学共有作者116名,其中有进士41人(包括状元2人,探花1人),举人21人,其他如贡生、监生若干。这些儒家学者占作者的80%以上。还有道士7人,道教学者7人,佛教徒2人,佛教学者1人。这些释道类作者占总数的比例不大。其他还有医学家2人,身份不明的有若干。从民族上看,满族2人。② 从性别上看,皆为男性,无女性作者。这说明,清代的作者大部分还是汉族男性作者,以儒家为背景的居多。

3. 作者的地区分布

江苏,30人。浙江,17人。安徽,10人。湖北,6人。四川,6人。山东,5人。湖南,5人。山西,5人。直隶,5人。江西,5人。

---

① 同一作品两个作者合作而成的有4种,分别为顾如华、孙承泽、陈梦蕾、蒋廷锡,纪大奎、纪大娄,徐绍桢、徐荣。

② 一为裕英,满族。一为花尚,或为叶赫遗民。叶赫早期为蒙古族而后满族化。

广东,4人。福建,4人。京师,2人。东北,1人。未知,9人。这说明,老子研究的中心在江南(江苏、浙江、安徽),这和清代文化中心在江南的印象是一致的。

4. 作者关系分析

清代老学作者之间有相当的联系,这反映了老学研究的圈子情况。大致而言,老学后期作者的联系更密切,考证派联系更系统,江南文人的联系最频繁。按照作者之间的关系,我们大致举出不同的例子。同事:早期降清文人如成克巩、顾如华、孙承泽、宋常星为晚明官员圈子中人。同道:道教老学中的吕纯阳派当有联系,唯今已不可确指。父子:易佩绅和易顺鼎为父子。兄弟:胡与高,胡与宗。徐绍桢,徐荣。朋友:陈三立、易佩绅为朋友。钱大昕、黄文莲、王昶并为吴中七子。考证派学者多为朋友关系,如钱大昕、王昶、王念孙、卢文弨等。吴云和俞樾为同乡和好友。师生:王念孙、俞樾、章太炎为一系。姚鼐、吴汝纶、马其昶为桐城派学者。陈澧、文廷式为师生。徐绍桢、刘师培为师生。钱大昕、李赓云为师生。看得出来,越到晚期,老学研究者之间的传承性越强,考证派老学是内在的和连续性的。这和梁启超说的"学者社会"有关系。①

第五节 清代老学的分类

关于清代老学的类别,我们把早期和晚期两个过渡时期排除,则有4个主要类型,分别为主流派老学,考证派老学,晚清政治老学,清代道教老学。除此之外,还有姚鼐等人的评点类著作,佛教徒或佛教学者的著作,以及学术笔记性质的著作。后面几种都不是很成系统。另外还有一些著作无法归类的,不过不是很多。下

---

① 参梁启超《清代学术概论》十七,上海世纪出版集团,2005年。

面就主要的类别加以说明。

1. 主流派老学

主流派老学是清代特有的一个现象,简单说就是附和意识形态(理学)的老学研究,人数最多,共33人,作品最多,共有32种41部,故而称作主流派。① 这是清代老学最大的类别。主流派学者包括13名进士,约占总数的三分之一强,不过分布不均。其中早期康熙朝有6名进士,其后近二百年间,共有7名进士,而乾嘉时期只有2名(邓晅、王定柱),且不知名,这和考证派正好相反。说明主流派早期是在政治势力推动下发展的,而其后则丧失了发展动力。其他还有6名举人,医学家2人,以及10名未入仕的下层书生,1名隐士,1名身份不明者。这说明其构成以下层文士为主,是一般文化意识的体现。

我们这里说的"主流",不是说重要性,而是说著作与作者的数量。清代自康熙早期开始,接受熊赐履等理学家的建议,确定以理学为意识形态。这一文化政策一直延续下来。不过,和其他朝代不认同,清代理学缺乏实质性的影响力,更多作为一般的政治正确而为清廷的压制工具。在此背景下,一般的读书人会受此严重影

---

① 包括邵嗣尧《道德经略解》、陈梦雷、蒋廷锡《老子彙考》、《老子总论》、《老子杂录》、《老子部纪事》,徐永佑《道德经集注》,吴鼐《老子解》、《非老》、《老子别录》,花尚《道德眼》,吴世尚《老子宗指》,徐大椿《道德经注》,黄元御《道德悬解》,黄文莲《老子道德经订注》,郑环《老子本义》,胡与高《道德经编注》,李大儒《道德经偶解》,董德宁《老子道德经本义》,邓晅《道德经辑注》、《读老杂录一卷》,王定柱《老子臆注》,汪光绪《道德经纂述》,纪大奎、纪大娄《老子约说》,唐琯《老子注》,倪元坦《老子参注》,王绍祖《老子袭常编》,王家璧《老子融解》,朱敦毅《道德经参互》,龚礼《道德经经纬》,曹耀湘《道德经注钞》、《道德经笺》,匡援《道德经辨伪》,裕英《道德经浅解》,黄传祁《道德经大义》,滕云山《道德经浅解》,郭阶《老子识小》,曾和瑞《老子集辨》、《老子道德经章句》,李哲明《老子衍》,张其淦(豫道人)《老子约》。

响而成为一种思维框架。在理学视野下的异端之首的老子如何处理，就成了很多人关注的问题。一些下层文士多从维护"圣道"一统性的角度出去处理老子问题，理学框架更成为解老的前提。于是老子之道为太极、为天理等的说法就顺理成章了。主流派解老者基本上远离上层，也远离学术中枢，他们的工作大多可以视作自觉维护礼教秩序的努力，是葛兆光所谓的社会一般意识。他们的工作大多肤浅混乱，无法分辨儒道之别。他们致力于论证老子并非异端，乃是有缺陷的古代道论，这就足够了。他们的原创性远不足以与苏辙、吴澄等可比，并无独创性的著作。

主流派在康熙中晚期兴起，早期比较生硬，如花尚的《道德眼》。到了乾隆中后期，则更加圆通顺畅，如董德宁《老子道德经本义》，邓晅《道德经辑注》，王定柱《老子臆注》。而如徐大椿《道德经注》，黄元御《道德悬解》，为医学家之解老，大致也可以归入主流派。在清代晚期魏源之后，这些作品已经很少了，如裕英《道德经浅解》，黄传祁《道德经大义》。光绪十年的时候还有曾和瑞的《老子集辨》、《老子道德经章句》，以理学为根据评判老子，只不过已经很边缘化了。到了清末民初，李哲明的《老子衍》、豫道人的《老子约》都是这类作品。李哲明的《老子衍》有左绍传、田文烈、柯劭忞、马其昶、孙桐、黄翼会、张尔田、李暹这些遗老的序跋，其基本倾向是更能体会老子本义，不过仍旧在旧的框架下，也不能明确区分儒道差异。这些是主流派的尾声了。

主流派总的讲是一个松散的学术倾向，作者之间很少联系，也缺乏中枢性的人物和成熟的学术范式。这是底层的学术活动，最为分散，影响最小，成绩最小。主流派解老是清代思想衰弊的一个表现。

2. 考证派老学

考证派老学是乾嘉考据学风气下的老学研究，不必尽为乾嘉学者之作，但是大致有乾嘉学的特征，是以文献考证为中心的老学研究，共22种27部。① 清代早期也有对老子文本考证的，如钱曾《校补谷神子注道德真经指归》，我们没有计入此类。考证派学者共23人，大部分是当时的学术精英，有进士13名，比例超过50%，其中很多是著名学者以及朝廷的高官。其他举人5名，生员及不仕者共5人。这构成和主流派正相反，说明清代的精英学者并不以老子义理研究为主，而是偏重于文献考订，这是当时的学术风气决定的。

该派以老子的文本考订为主，包括老子的版本、校勘、音韵和辑佚等。早期汉学家如戴震、惠栋皆不及于老学，戴震等人仍旧把老子视作异端，而其学生辈如王念孙、毕沅则开始注意到老子，依照汉学的方法来做研究。钱大昕则稍异于惠、戴，他自己能够客观理解老子，其学生和朋友也都有老学专著。乾嘉学者研究老学，基本是在成熟的经学研究范式下的边际收益，是以余力为之的。至于老子自身的价值，这既非汉学家所期待，也非他们所能。我们试

---

① 著作包括卢文弨《老子音义考证》，王太岳《老子翼考证》、《御注道德经考证》，纪昀《老子道德经校订》、《四库全书道家类总目》，王昶《玄宗御注道德经》，毕沅《老子道德经考异》，钱大昕《易州龙兴观碑本老子道德经跋》及《老子新解序》一文，王念孙《老子杂志》，洪颐煊《读老子》，李赓芸《老子古韵》，姚文田《老子音谐》，严可均《龙兴观道德经》，江有诰《老子韵读》，易顺鼎《读老札记》，邓廷桢《老子韵文》，吴云《老子道德经幢残石校记》，魏锡曾《校老子》，陆心源《道德指归注校补》，丁晏《老子河上公注校注》，俞樾《老子平议》以及《论老子》一文，于鬯《老子校书》，王仁俊《老子轶文》、《老子正谊》、《老氏微言》、《老子异同》，孙诒让《老子札迻》，叶昌炽《道德经校勘记》，还包括汪中的论文《老子考异》。

看王念孙、俞樾、于鬯诸人的老学研究著作,均非其学术中心,其著作的出版也都晚于经学作品,甚至长时间无法出版,则老学研究在汉学家那里的地位就一清二楚了。

汉学家研究老学,真正的意义在于一种学术范式的转移。老学摆脱了异端的帽子,渐次成为诸子学的一员。在老学和诸子学逐步由边缘转向中心的过程中,汉学家是一个重要的助力。汉学家的影响在魏源和陈三立身上已经非常明显。魏源注解《老子》就有汉学家的影子,其还注解《孙子》、《墨子》、《吴子》等①,这更说明汉学家的影响。在俞樾、陈澧诸大家参与之后,诸子学很快成为一种专门之学,他们已不仅作考订,大致也能注意到义理问题,这已突破了汉学家的藩篱,而成为了新学术的前身。其后章太炎的诸子学研究达到一个高峰,与之前的积累是直接相关的。在诸子学崛起的过程中,汉学家是一支重要的推手,学术之演进由此可见。

总的看,考证派老学有系统的渊源,延续最久,领域很多,是清代老学最具时代特色的一支。不过,清代考证老学做了很多工作,如王念孙、俞樾、于鬯、刘师培等所作的考订工作,在今天出土文献的比照下,能够成立的并不多。他们的研究同主流派一样,在今天的价值并不很大。

3. 晚清政治老学

晚清政治老学是清代老学史上重要的流派。它的起点应从魏源《老子本义》开始,包括陈三立的《老子注》、高延第的《老子证义》、易佩绅的《老子解》,以及徐绍桢的《道德经述义》。严复的《老子评点》是现代老学的开端,但与晚清政治老学的关系匪

---

① 据其子魏耆《邵阳魏府君事略》所述,其中《老子》注之外的诸子注解皆佚。

浅,可以说是后者的升级版本。此外,晚清政治老学或许还可以加上丁杰的《道德经直解》和宋翔凤的《老子章义》。丁杰的《道德经直解》有某种转向的迹象,而宋翔凤的《老子章义》则是今文学和老子汇流的最初尝试。这样,晚清政治老学共有8种8部。这是一条晚清开始的学术新线索,人数和作品并不多,但是脉络很清晰。

一般的人们把魏源视作经世之学的代表,他的老子研究也就是经世老学。不过,我们认为使用政治老学的概括更为准确。① 经世之学大致还在应用的意义上,而政治老学则指向基本原理。在魏氏之前,清代老学有两大流脉,一为主流派,另一支为考证老学,二者互不相干。魏源自己的研究就经历了三个时期,显示了从旧老学转向政治老学的过程。他全面批判了之前的老学研究,会通主流派的义理和考证派的考证,而以老学在当代的政治价值为指归,这是重大的转折,他的研究预示了老学发展的方向。在魏源那里还不是很清晰的政治学内涵,在后来的解读中越发明晰。同光间有高延第、陈三立、易佩绅,晚清则有徐绍桢、严复,其大旨均可归入魏氏一系。我们看他们的论说,都以回归古典时代老学传统为宗旨,都抛弃了宋明以来的玄学化论调,求老学治世之用,赞同儒道并立,而自成一个系统。这与主流派和考证派都不同,能够正面肯定老学的价值,这是清代老学远而能返,回归自身义理规模的关键。

从魏源到严复近80多年,老学的品格日益清晰,其地位日益提升,这是晚清以来老学的嬗变史,是清代老学中最有价值的

---

① 我们把魏源作为政治老学的开端,是一种历史的追认。魏源书后出,在当时可能没有影响。

部分。

4. 清代道教老学

道教老学是道教与老学之间交叉生成的一个特殊系统,既有与老学发生距离的情况,也有深化老学义理的一面,可说是思想史一个特殊的面相,自成一个系统。共17种20部。① 这里面包括道士7人,道教学者7人,清遗民而入道者1人。

清代道教老学和以往的道教老学一样,有自己的系统。由于清代道教衰微,道教老学更加封闭自守,如唐宋时代道教老学能够参与思想对话不同,清代道教老学基本是自说自话。除了宋常星为一特例之外,大多数道教老学学者都只是把《道德经》作为教内经典加以注疏而已,几乎看不到道教老学家对当时思想界有什么关注,清代的理学和考证学在这里几乎没有什么影响。不过也正因如此,清代道教老学是保留老学意味最完整的流派。如刘一明、潘静观皆能述老子大旨,而黄裳、李西月皆能深察有无相生之理。

我们把清代道教老学分为清静派、内丹派和吕祖派。清静派离老子近,内丹派及吕祖派离老子远。前者可以视作老子思想的新解说,如宋常星、刘一明的解释。后者则只是一种合理的附会,如黄裳、李西月的解释。和主流派和考证派比较,清代道教老学颇能在很长的时期内维系住老学的基本特征,这在清代是难能可贵

---

① 包括马自乾《太上道德经集解》,题纯阳吕仙《道德经释义》,宋常星《道德经讲义》,潘静观《道德经妙门约》,题纯阳道人(邓怀琛撰)《道德真经注解》,题八洞仙祖注《太上道德经解》,汪光绪《道德经纂述》,刘一明《道德经会义》、《道德经要义》,郭乾泗《老子元翼》,题纯阳子(刘沅)《道德经解》、《老子考辨》。张灿(清阳子)《道德经述义》、《道德经经问》,李西月《道德经注释》,黄裳《道德经讲义》,熊镜心《黄老心传道德经章句》,题纯阳吕仙《道德经注释》,题冠善堂诸生《正阳帝君道德经注释》,胡薇元《道德经达诂》。

的。清代一些儒生如汪光绪、张其淦、胡徽元等,因为官场失意,或者遗民心态,而以老子为宗,往往只是个人的精神归宿而已。至于宋常星,虽入身为道,而心系魏阙,故其解老虽论道极为精妙,却不能体会老子反专断之意,而一味颂圣,是道教老学中的一个异数。

第六节　清代老学发展综述

清代老学缺乏缺乏独立的发展逻辑,文化政策的导向、学术潮流的变迁以及重大历史事件,这些都影响了老学的发展。具体的说,清廷崇尚理学是主流派老学的推动力,乾嘉学术是考证老学发展的推动力,而道咸之后的社会危机是政治老学的推动力。

最初,清代老学是在清廷官方提倡的理学的背景下,发展生成主流派老学。这一过程持续了一百多年,从最初的生硬到后来的圆融,至道咸之际随着理学模型的坍塌而变化。这一路径下的老学基本集中在下层文人,是一种散布在社会中的大致倾向,彼此之间缺乏联系,学术水平也不高。

大致在乾隆中期开始,老学随着乾嘉学术的发展开始发生变化,考证老学基本是考证学成熟后在老子领域上的实践。考证派老学从纪昀、毕沅开始。纪昀、毕沅虽称不上典型的乾嘉学者,但是他们身居高位,或主四库,或开书院,影响巨大,二人皆有关于老子的校勘著作,这开了考证派老学的风气。其后则有卢文弨、王昶、钱大昕、王念孙、严可均、俞樾、于鬯、魏锡曾、刘师培等,尤其是王念孙的研究,提供了新典范,影响巨大。这一学术线索一直延续到民国,系统而富于有生命力。在乾嘉学者那里萌生的诸子学范式,是老子去异端化的重要推手,老子研究逐步由理学范式走向诸子学范式,这一趋向是晚清学术的重要特征。

清代今文经学在龚魏之后影响日盛,其对于老子研究也有很大影响。从宋翔凤、魏源到徐绍桢、李哲明,今文经学和老学的汇流是晚清老学重要的脉络。道咸之后,社会危机重重。魏源借助今文学而有所创获,不过缺乏影响。其后太平天国运动对士大夫刺激最大,如高延第、陈三立、易佩绅都在此背景下研究老子,与以往主流派、考证派的研究不同,能够接上魏源的线索。其后1894年的甲午战争,直接影响了严复的老子研究,从而开启了现代老学。需要说明的是,道教老学基本上未受外部因素影响,仍旧在其内部脉络中发展。

在清代老学史的演进中,我们可以看到老子形象的变化。在早期老学中,老子的形象大致延续了晚明三教一致的看法。到了康熙早期,在熊赐履等人恢复理学的努力下,老子的地位急剧下降,作为异端之首受到敌视。老子研究者都试图为老子辩解,证明老子之道为圣道的一种,这都是正统压力下的反应。戴震对待理学不假辞色,但是对待老子还是理学式的,视之为异端。不过到了其学生一辈如王念孙,已经把《道德经》看作先秦古籍,老子已经从异端转为先秦诸子之一。毕沅之于惠栋,也是如此。钱大昕更能从历史的角度来肯定老子思想,这在当时是可贵的。大致从嘉道之际的魏源开始,到咸同时期的高延第、陈三立、易佩绅等人,很多学者看待老子又不同于前代,老子已经是有价值的思想资源,可以和孔子并立了,这是非常不寻常的。虽说同光时期的张之洞作《劝学篇》,仍旧把老子看成异端。晚清时候甚至有因为读《老子》而生罪案者。[①] 不过,张之洞的看法显然已经过时,他的学生袁昶就不

---

① 参徐绍桢《道德经述义》序,谓光绪乙未(1895)客居桂林时,当时有圣学会以老子罪案课会中士子。

相信了①。晚清的徐绍桢更认为老子高过孔子,其他如章太炎、刘师培等也都批判儒家,赞许道家。再之后,西学观念传入,在严复的《老子评点》及以后的著作中,老子变身为一哲学家,这是老子的新形象。老子形象的变化,从三教之一到异端之首,再到诸子之一,再到最高哲学家。这是一个从主流驱逐出去,渐次又回到主流,从扭曲宗旨,又回到自我的过程。我们统观清代的学术发展,能清晰看到老学从扭曲到找回自己,从边缘走向中心,最后汇入现代学术体系。当然,以上是就老学的主体而言的。道教老学以及佛教学者的老学研究基本上没有受到外部因素影响,仍旧在其内部脉络中发展。

下面我们细分为五个阶段,以见各个时期的不同面貌。从顺治即位到康熙二十五年为过渡期,从康熙二十五年到乾隆二十年为初期,从乾隆二十年到嘉庆二十五年为中期,从嘉庆二十五年到1895年为回归期,从1895年到1919年为又一过渡期。②

一、明清老学的过渡期

这一时期大致从顺治即皇帝位到康熙前期,大约40多年。③

---

① 参魏源《老子本义》袁昶跋。

② 王闽在博士论文《道与世降—清代老学的传承和演变》中,把清代老学分为清初、乾嘉、晚清三个时期。大致还是依照通行的思想史分期来论述清代老学。

③ 此时期从顺治即位为开始,这没有疑义。其下限确定在康熙二十五年。康熙六年(1667)康熙亲政。2年后平鳌拜,其后政事倥偬。康熙十六年(1677)十二月,他在御制《日讲四书解义序》中,明确以程朱理学为治国之本。这一文化政策对老学研究影响很大。德玉的《道德经顺硃》刊于康熙二十二年,故而我们把康熙二十五年作为划分明清过渡期和清代老学初期的节点,以上为过渡期,以下为初期。

此一时期著作有14部，①其中明遗民老学4种，明降臣老学2种，道教老学2种，佛教徒注老1种，校释类1种，其他3种。

这一时期正是明亡清兴的时候，明遗民在思考亡国之痛，而清人在思考如何吸收汉文化，其文化政策还在摇摆之间，这对老学都有影响。老学发展因而有这两个分支，一是明遗民老学，如王夫之、傅山，张尔岐的著作也显示出批判的意味。他们研究老子都是以思考明亡、反省王学为背景，虽然立场各不同，但都希望从中借鉴有益资源。如船山的研究借助老学演绎了更接近先秦学问性格的新体系，张尔岐的解老重视阐释原意，也有政治方面的反省，傅山的解老则多激越不平气。另一支则是降清的明代官员，代表有成克巩、顾如华和孙承泽（以及后来的宋常星），这些人身处新朝，希望在文化政策影响满族统治者，大多以老学为蓝本，为新主服务。

总的看这一时期的老学在过渡过程中，如何处理焦竑《老子翼》为代表的晚明老学是最重要的问题。焦竑的《老子翼》影响很大，很多人都借鉴它的版本，②而在义理上，如船山、张尔岐是批评焦竑的，而如顾如华、孙承泽及则多沿袭。在清代早期老学中，明遗民的老学研究对后来的老学并没有什么影响，而在朝"贰臣"们

---

① 包括陶崇道《道德经印》，傅山《老子解》，王夫之《老子衍》，题顺治御纂的《御注道德经》，顾如华、孙承泽《道德经参补注释》，马自乾《太上道德经集解》，题纯阳吕仙《道德经释义》，张文炳《重订吴澄道德经注释》，钱曾《校补谷神子注道德真经指归》，德玉《道德经顺硃》，王泰徵《檀山道德经颂》，张尔岐《老子说略》，马骕《老子道教》，董汉策《老子道德经注》。

② 顾如华、孙承泽的《道德经参补注释》、陶崇道的《道德经印》都使用《老子翼》的本子为底本。王泰徵《檀山道德经颂》亦以《老子翼》为主。其后王太岳有《老子翼考证》，郭乾泗有《老子元翼》，都是专门研究增补《老子翼》的。甚至到了嘉道之际，魏源早期注本也是以《老子翼》为参考底本。

的老学多沿袭,除了整理外,并没有什么创新之处。不过,与晚明的老学相比,清初的老学大多对明代老学三教会通的倾向有所校正,如题顺治《御注道德经》,《四库全书提要说》评价说:"惟我世祖章皇帝此注,皆即寻常日用,亲切阐明,使读者销争竞而还淳朴,为独超於诸解之上。"说超出诸解是吹捧,说寻常情切则是事实,这是对焦竑传统的一个反驳。

在这一时期最重要的是船山的老子研究,显示了对宋明以来老学传统的背离。只不过,由于船山著作长期隐没,这一收获没有对后来的老学产生影响。直到咸同之间,陈三立和易佩绅才重新拾起船山这条线索。所以总的看,这一时期的老学还在明清老学的过渡中,未显示出清人老学的特色。

二、清代老学发展的初期:主流派老学的初建

清代老学的初期从康熙二十五年到乾隆二十年,[①]大约 60 多年。[②] 著作数量不多,共 10 种 14 部。[③] 作者中有康熙朝的进士 6 人,其中 3 人参加过官书的修订,这说明康熙时代的文化政策确实影响到老学发展,老子是清廷文化规训的重要对象。

---

① 徐、黄两书皆收入《四库全书》,二人解老摆脱了理学的桎梏,融通儒道比较流畅,开主流派老学成熟期。不过二者皆医学家的著作,与儒生之解老还有不同。

② 徐大椿、黄元御的著作皆成于乾隆二十五年,故而以乾隆二十年为节点,以上为初期作品,以下为中期作品。

③ 包括宋常星《道德经讲义》、邵嗣尧《道德经略解》、陈梦雷、蒋廷锡《老子彙考》、《老子总论》、《老子杂录》、《老子部纪事》,徐永佑《道德经集注》,吴鼐《老子解》、《非老》、《老子别录》,花尚《道德眼》,吴世尚《老子宗指》,题知几子《道德经短评》,潘静观《道德经妙门约》,题纯阳道人(邓怀琛撰)《道德真经注解》。其中陈梦雷、蒋廷锡《古今图书集成》收录 4 部,吴鼐一人 3 部。

满清入关后,文化上的汉化政策多有反复,其决定性的汉化发生在康熙亲政之后。康熙不同于之前的鳌拜、顺治和多尔衮,他对汉文化是全面接受,并且接受熊赐履的建议,在文化政策上确立理学独尊的地位。这一时期理学重新成为思想和学术的正统,大量理学书籍整理出版,理学人物得到政治上重用,康熙本人也多次宣称理学为政教之本,《康熙圣训》中对老子亦多不满。在康熙朝开始的文化工程《古今图书集成》(编于康熙四十年),对于老学研究也有推动作用。这一时期的老学在正统理学的压力下显出明显的窘态,如熊赐履的《学统》就把老学界定为异端。在老学研究者那里也是如此,如花尚的《道德眼》中就非常清楚,在生硬的理学框架下老子被批判和改造。陈梦雷的《老子总论》,是官修《古今图书集成》的一部分,反映了当时的一般见解。徐永祐参编过官修《子史精华》,他的《道德经集注》是较早尝试融通儒道的尝试。吴鼐的《老子解》、《非老》、《老子别录》,后来都收入《四库全书》,看得出态度还是比较严刻,严辨儒道之异。老学学者即使要证明老子的价值,也必须先宣布这是与"吾道"相异的敌手之后才可以。这一时期的老学在处理理学和老学的关系上还比较生硬,仍在过度之中。在清代老学发展的中期,主流派则更倾向于合同孔老,其解说也更加流畅和顺遂。

三、清代老学发展的中期:主流派的成熟与考证派老学兴起

这一时期从乾隆后期到嘉庆晚期,大约 60 多年。[①] 此一时期

---

① 魏源的《老子本义》早期本作于嘉庆二十五年前,道光初又写作了《老子本义序》,《老子四论》则成于道光晚期。魏源的老学已经摆脱了前代老学,可以视作晚清老学的开端,故而以嘉道之际为中期老学和晚期老学的节点,以上为中期,以下为晚期。

著作数量比前期增加很多,为32种39部。① 其中主流派14种,考证派10种,道教老学4种,其他则无法分类。

这是清代老学发展最具特色的时期。随着乾隆朝的文化积累,主流派老学的也逐渐成熟,著作的数量也很大。不过,和前期的作者相比,此时作者明显发生下移,大部分作者以下层文士为主,如董德宁、邓晅、郑环、王绍祖的著作。从解老的思路上来看,解老者努力摆脱正统的压力,不再视老子为异端,而把其改造为道统的同路人。他们把孔老视作同路人,宣称老子和孔子都是圣人,其所称的道也一样,都是自古以来的唯一道统。② 不过我们分析的话,主流派的主张看起来是提高了老子的地位,其实质不过是依靠一个官方的道统把老子虚无化了,明里是老子,实质是理学化的孔

---

① 包括徐大椿《道德经注》,黄元御《道德悬解》,黄文莲《老子道德经订注》,郑环《老子本义》,胡与高《道德经编注》,李大儒《道德经偶解》,董德宁《老子道德经本义》,邓晅《道德经辑注》、《读老杂录一卷》,王定柱《老子臆注》,纪大奎、纪大㟷《老子约说》,唐琯《老子注》,倪元坦《老子参注》,王绍祖《老子袭常编》,卢文弨《老子音义考证》,王太岳《老子翼考证》、《御注道德经考证》,纪昀《老子道德经校订》、《四库全书道家类总目》,王昶《玄宗御注道德经》,毕沅《老子道德经考异》,钱大昕《易州龙兴观碑本老子道德经跋》,王念孙《老子杂志》,洪颐煊《读老子》,李赓芸《老子古韵》,姚鼐《老子章义》,吴震生《老子附证》,童翼驹《道德经十八则》、《道德经三十六则》,任兆麟《老子述记》,牟庭《道德经释文》、《绎老》,梁玉绳《老子志疑》(老子),汪光绪《道德经纂述》,刘一明《道德经会义》、《道德经要义》,郭乾泗《老子元翼》,题纯阳子(刘沅)《道德经解》《老子考辨》。

② 清儒统合孔老的看法,今天的研究可以有更好的解答。不过,他们对孔老的合同总的讲无法成立。即使进入二十世纪,孔老或者儒道关系仍旧是史实与价值难以区分,如胡适就感慨有关老子的考证出于信仰。今天经学派或者儒家学者很多仍旧持经学、儒学一统的观念,而新子学则主张诸家并立。诸家并立是胡适以来的一条基本原则,本书持这一原则。关于胡适的感慨,参熊铁基等《二十世纪老学史》,131页,福建人民出版社,2000年。

子。孔老合流实际是孔子吞掉了老子,其根子还在理学那套道统观念,只不过较之前期更加精致顺畅了。

此时最重要的学术变化就是以经学考据学为中心的汉学的发展。在汉学兴盛大约20多年后,其对老学的影响渐次表现出来。这里的一个关键点是清廷编纂《四库全书》。《四库全书》在编纂上把道家置于诸子最后,排在释家之后,这一反《汉书艺文志》和《隋书经籍志》的惯例,反映了理学观念的影响。不过,《四库全书》聚集了大量的汉学家,其对老子的理解还是相当客观的。像纪昀、毕沅这样的名流重臣校勘老子,尤其具有象征意义,影响极大。由此之后,大批精英学者开始转向老子研究,对老子文本考证成为一时风尚。① 其中纪昀和毕沅分别把王弼注《老子》和傅奕本《道德经》校勘出来,对后来考证老学的兴起极有关系②,清代的碑帖学发展也在老学上有反映,唐碑本老子考订成为一时风尚,而如王念孙等一流学者的加入,也使得对老子的考证成为学术热点。对老子本人的考证也开始了,如汪中和毕沅的讨论。在这些相对客观和严谨的学者参与后,老子研究从此摆脱了意识形态的羁绊,进入了精英学术界的视野。当然,考据家的老子研究,均是他们的副业,他们的考据成果在今天看来也未必有多大的学术价值。不过,考证派老学间接提升了老子的地位,老子在学术体系中分量上升的趋势自此开始。如后来的魏源和陈三立等人的老学研究,就受考证派老学很大影响,而努力会通义理和考据。诸子学观念也由考据

---

① 考证学为乾嘉时代至民国的一个大潮流,经久不息,直到疑古派兴起,挑起关于老子的大争论,这也是一件奇事。老子考证在今天借助出土文献会有更好的发展。

② 王弼的升降是观察清代老学变迁的很好窗口。

学者发端,慢慢成长为具有活力的学术思潮。① 考据家对老子义理也有论及,不过不多。②

在这一时期的老学作者中,主流派大多是下层文士,多为科举中的失利者。考据派多为高层士人,进士居多。这反映了老学研究在当时士大夫群体中的实际地位。在这两派之外,还有桐城派的老学研究,如姚鼐以及后来的吴汝纶、马其昶。这一派研究以文章为中心,而老子实在没有可着力的地方,因而他们的研究没有什么特色。

四、清代老学的回归期:考证派兴盛和政治老学崛起

这一时期从道光初年到光绪晚期,大约70多年。③ 此一时期著作有46种51部,多于其他时期。其中考证类有14种,主流派有10种,道教老学7种,政治老学6种,评论类的5种,佛教徒注老1种,其他无法归类。

此一时期老学研究的关键变化是,一是主流派和考证派有消长之势,主流派衰落,考证派兴盛。二是魏源以下的政治老学的兴起,共有6种。三是以学术笔记的方式研究老学多了起来,这反映了读书界对老子更加重视。此一时期,主流派和考证派仍旧占据

---

① 如纪昀对诸子文献的整理,毕沅就校释了很多诸子学著作,这些对后来影响很大。如陈澧、俞樾都接受了诸子学的观念。魏源也是一个很好的例子。这在清代早期是难以想象的。

② 汉学家论及老学,如钱大昕的《老子新解序》,就对高延第等人影响很大。俞樾也有讨论诸子义理的文字。不过这类作品不多,考据家主流还是通过诸子学研究促进经学研究,诸子学的独立地位还缺乏。

③ 1894年的甲午战争是一个重要事件,对知识界的影响极大,徐绍桢的《道德经述义》早期版本出版于1895年,故而我们把1895年作为一个节点。以前为回归期,之后为清末民初的过渡期。

多数,基本是沿袭以前的思路,其中考证派的研究更加多样。不过此一时期老学真正的变化在政治老学的兴起,作品虽然不多,但都是学界重要学者的著作,有革新老学的意义。总的看,老学在整个学术界的地位有回升的趋势,学者研究老学越来越摆脱意识形态的影响,回归向老学本来面貌,故而我们称之为回归期。

在道咸之后,中国社会的危机日益显露,表现为第一次鸦片战争和太平天国运动。嘉道期间学风大变,今文家兴起,这些对老学发展都有直接影响,表现为两点,一是著作的凋零,一是问题意识的转变。这一时期是清代老学发展的回归期,在此之前的主流派的老学以论道体道为中心,多言玄虚之道,言心性,言圣人,多论及"与道为一"云云,以合儒道为一为宗旨,而不言治道。到了此一时期则不言道体不言体悟,不言圣人,只言治道如何而已,以回向老子原意为研究主旨。此一时期考据派还在继续,但是呼唤老学经世的著作开始出现,最有代表性的是宋翔凤、魏源和丁杰的老学研究。魏源的老学研究是一次重大转折,向上呼应了徐大椿,向下引出了高延第,这是向老子本来思想转进的关键。这表明康熙以来的理学正统下的老学研究有了实质转变。不过魏源的问题意识很少有同代人的呼应,除了广东人丁杰有大致类似的趋向外,其他人仍旧是儒学为中心,如裕英的《道德经浅解》,朱敦毅的《道德经参互》。不过随着世道巨变,这一趋向越发明显。

道光初到同治初老学作品很少,很大原因是太平天国运动的影响。江南为老学研究的主力,此时士人没有空闲去读书著述,这是老学发展的一个空窗期。同治中兴之后,社会渐渐复原,国家度过了战乱,但是社会问题积累不去,可以说是危机四伏的稳定期。此时老学的发展接续了魏源的方向,呼唤返回老子本来面貌,重要的代表有高延第、陈三立、易佩绅等。老学学者这时真正开始以老子本身来看待老子,分析老子对治世理国的意义,以及其对儒家批评的合理性。这一时期的老学研究模式已经发生变化,真正脱离了主流派和考证派的窠臼,批判宋明以来的老学传统,强调老学的现实政治意涵,主张孔老并立,以回到老子本身为宗旨。高延第生于1823年,易佩绅生于1826年,都是魏源的晚一辈人。陈三立生于1853年,又是高、魏晚一辈人。① 高延第的《老子证义》刊于光绪六年(1880),陈三立的《老子注》刊于光绪七年(1881),易佩绅的《老子解》刊于光绪十七年(1891)。这三人中,高延第为不求仕进的学者,易佩绅是退休的高官,陈三立为青年才俊。三人解释老子和魏源有惊人的一致性,这显示了老子在一般学界中的变化。

值得注意的是,在考证派的引领下,这一时期诸子学观念越来越流行,如陈澧、俞樾的老子研究,都是在诸子学的语境下完成的。这对后来的康有为、梁启超和章太炎,都有影响。在一般的学者那里,更多人是以学术笔记的形式研究老子的,如陈宗起的《老子笔记》,徐鼒的《老子杂释》,谭献的《读老子日记》,文廷式的《老子枝语》,这些都不是老学专著,不过均能用心体会老子,评价都比较客观,反映了一般读书界对于老子的重视。这和初期和中期时一般学者对老子的态度是不同的。

五、清代老学及传统老学的结尾和现代老学的萌生

这一时期在光绪晚期到民国初年,是清代老学的结尾,也是传

---

① 易佩绅和陈宝琛是朋友,其子易顺鼎和陈三立是好友。易顺鼎和易佩绅研究老子,是受陈三立影响。参易顺鼎《读老札记》序。

统老学的结尾。① 这一时期大约20多年,著作有10种12部。② 有一些是清遗民的老学著作,此外则是徐绍桢的《道德经述义》和严复的《老子评点》,是政治老学和新老学的代表。限于本书体例,民初的一些老学作品无法论及。不过大致也在这一类型中,而有向新老学转变的迹象。

1894年的甲午战争是同光时代乐观情绪的结束,清帝国灭亡的开始。孙中山、严复、康有为都因为此一事件而走向历史。魏源的作品也在此时刊印。这一时期社会巨变,今文学引发思想混乱,近代报刊开始产生,西方思想开始传入,留学生开始进入历史,一切都酝酿着,最后是新文化的爆发。这一时期的老学有逐渐回到传统学术主流的趋向。一个表现是,一个整体的诸子学的学术形态出现,老子作为诸子学的重镇,受到关注。康有为、严复、章太炎和梁启超这些重量级学者都关注老子,这是以前没有的。③ 这些人的老学研究对后来的老学影响巨大。

这一时期的老学可以分为两部分,一是传统老学的结尾,一是向现代老学的过渡。传统的老学研究仅仅有一些余绪,如李哲明

---

① 徐绍桢的《道德经述义》的早期本作于1895年,此书无甚新意。不过徐氏在后来的序言中谈到,"伏于专制政府下不能畅言",则其革新的一面抑或有之,今暂且以1895年为界限。清代老学的结束则为1919年五四运动。在1912年至1919年间有一批老学著作,限于本书体例,酌情收入部分,以见清代老学之结尾。

② 包括徐绍桢《道德经述义》,严复《老子道德经评点》,马其昶《老子故》,刘师培《老子韵表》、《老子斠补》,王儒舲《老子道德经点句》、《道德经笺注》,胡薇元《道德经达诂》,李哲明《老子衍》,张其淦(豫道人)《老子约》,陶鸿庆《读老子札记》,杨文会《道德经发隐》。

③ 康、章代表清代学问的结束,他们对老子的态度是清代学者最后的看法了。

的《老子衍》,序中有最后的儒者的看法。其他如张其淦《老子约》、胡徽元《道德经达诂》,皆以遗民姿态来解老,也是传统老学的余晖了。这几人解老都颇用心,也能相对客观的领悟老子。不过,最终还是难以明确区分儒道,理论上也缺乏创新。拿清遗民的老学研究和明遗民的老学研究比较,可以看出清人老学的衰微。而如徐绍桢的研究,是政治老学的新发展。其虽然仍旧在原有的学术格局中,但是强调老学的重要性已经超过儒学,老子已超过孔子。徐绍桢甚至有以老治天下的想法,而倡无君说,这与傅山已遥遥呼应,可以说是传统老学的极致了。现代老学则表现为半新不旧的老学,严复和章太炎是代表。章太炎继承俞樾以来的传统,发展了诸子学的体系,把老子置于新的结构中,这与司马谈相呼应,为民国之后的诸多著作提供了方向(如江瑔、陈懿宸、李源澄)。[①] 而严复所做的则是中西比较研究,这开了现代老学的先河,老子哲学化是从这里开始的。如何把老子和西方自由主义相结合,也是从严复开始的尝试。从这个时候开始,清代老学和传统老学就逐渐结束了。

清代是中国传统上最后一个王朝,清代老学是传统老学的结尾。经过了一小段过渡时期,现代老学开始了。虽然在民国时代还有诸多道教老学研究和考证派老学研究,但是已经不是老学的关键了。

需要说明:道教老学的问题。清代道教老学的著作很多,其中宋常星、黄裳的著作可说是第一流的道教老学著作。道教学者在

[①] 这些过渡性的老学有不同于传统老学的特点:一是研究者多有留学(或流亡)日本或西方经历,其知识结构已完全不同于古人。二是研究体例的系统化和哲理化,这已不是传统老学所能包括的。三是高校教材成为老子著作的载体。这一过渡很快就被民国时期的现代老学所取代,一个全新的老学时代开始了(胡适所谓婢作夫人),清代老学至此也就结束了。

延续老学发展上其功甚伟。不过,清代的道教没有什么突破,道教学者大致在白玉蟾、陈致虚、陆西星的路上,以内丹为中心,以三教一致为方向,自成一个体系。而佛教学者的老学著作也有一些①,但是无太大的特色,无法代表一个时代。其他如姚鼐、吴汝纶、马其昶的文章式的解老,意义不很大。② 以上大致就是清代老学的基本发展情况。

第七节 对清代老学的评价

比较而言,清代老学的发展一直处于边缘位置,离国家政权最远,在士大夫眼中最无地位。无论汉唐还是宋明,老学皆有皇帝支持,也有朝廷重臣做注解。如汉文帝以老学治国,唐代以老君为先祖,宋代有崇道帝君,明代则有朱元璋御注为首。大臣注老的,唐代有陆希声,明代有沈一贯。清代则没有这样的现象,清廷对老子一直很冷淡。早期题名顺治的《御注道德经》,实为明降臣投机之作,后来清人亦自讳其事。清帝以理学及喇嘛教为主,对于老子与道教偶一关注而已。在清代,老学的创作群体是汉族士大夫阶层,其观念多承自理学偏见或汉学标准,其对于老子多不屑。③ 清人删

---

① 清代佛教学者的老学研究,王闰博士论文《道与世降——清代老学的传承与演变》涉及到部分作品,赵庭权《近代佛教老学研究》(华中师范大学硕士论文,2013年)也论及一部分作品,可参考。

② 桐城派解老的情况可参考赵丹《桐城派老学研究》,华中师范大学硕士论文,2013年。

③ 易佩绅的说法比较有代表性:"吾中岁以前,偶涉猎《老子》,既专主程朱,又牵于韩、苏之说,虽心以老子为然,而不敢尽然。"(《老子解》)这代表了读书人的一般情况。纪大奎在《老子约说》序中也谈到其兄纪大奎不许他读老子。

改老子文本最多,从一个侧面反映了他们对老子缺乏尊重。① 宋明以来道教和佛教人士是老学发展的重要推手,如陈景元、范应元、陆西星、王一清、憨山等,可是清代的道家和佛教都衰微,佛教徒对老子的研究几乎可以忽略,道教徒情况略好,不过也缺乏重量级的作者。总体来说,无论是政权还是知识界,都不重视老子和老学。其结果就是,老学衰微,老学对清代学术和思想的发展没有重大推动力。在一个清人自称"经学鼎盛"的时代,老学是寂寞的。

　　清代老学的核心问题是儒道关系,具体说就是儒道或孔老尊卑与主从如何安置的问题。清代的老学学者或者把老子视作政治合法性论证的一个材料,或者作为帝国施政的手段之一。从理学化的批判模式,到孔老一致的混同说,再到回复本来面目,这可以说是一个基本线索。在这个过程中我们看到一个可称作思想污染的过程。即主流观念对异质性的资源的强大同化力。在清廷把理学重新树立为正统之后,强大的权力挟持思想,造成一统的格局。儒学如同一个磁场,迫使老子研究进入其预定轨道。清代解老者有那么强烈的一统意识,一定要把老子改造为圣教的一部分。在他们的眼中,一个存在异端的世界是不完美的,一个存在杂音的体系是无法忍受的。居高位以进言的宋常星如此,穷居乡里的普通儒生也如此。这反映了清代老学的保守性,在异族统治下,以思想钳制为国策,扭曲和利用理学以禁锢人心,无创造力,也不鼓励创造,因袭至死。不过,道家思想在其中也显示了顽强的异质性,徐

---

① 如姚鼐,黄元御,黄文莲,朱敦毅,德园子,张燦,胡与高,董德宁,陈三立,魏源,皆妄自分章涂改。这种情况在历朝都没有发生过,只有元代吴澄如此做过。清人中唯有黄传祁对此类作法表示过反对意见,其谓:"若吴澄辈之类颠倒错乱,则后儒侮圣之恶习,虽或近似,不敢据也。"(《道德经大义·说目》)

大椿为首,仍旧隐约其辞。到了魏源,已经是隐隐雷声。至同光之间,则儒道并立之意已经大盛。至晚清时已经儒衰而道尊。统观清代老学,基本就是老子本义的复苏历史。其不仅摆脱了清初建立的批判模式,更最终脱离了宋明老学模型,回到了原始政治老学的方向上。这说明老子的确具有迥异于儒学的性质。

清代老学中论及儒道为一的著作最众,功夫最多,终究无法合同水火。这背后有一个经典解读的时代性问题。在一个与某一经典气质相异的时代,经典的解释就无法避免扭曲变形。而在一个与经典气质相近的时代,经典往往会焕发生机,获得更多大的影响力。这一点,在魏源和严复两人老子研究的不同命运上看得很清楚。清代对于老子来说不是一个气质相近的时代,清人的精神世界总的讲僵化和平庸,在此之下的老子解释也是如此。当清人构建的文化秩序坍塌后,老子的精神就清晰多了。假如我们放开视野,那么可以看到,清代老学的关键问题是对宋明以来心性模式主导下的老子解说模型的脱离。主流派不过是食人余唾,较之苏辙、吴澄、憨山辈更加僵化,是考证派真正的打开新天地,给予老学一个研究新模型,不过其收效不大,而且非老学正体。政治老学在此之后真正摆脱了宋明以来的基本模式,有回归先秦老学的基本态势,最有价值。这是我们对清代老学在中国老学史上地位的评价。

就清代老学的成绩来说,主流派作品最多,影响最小。考证派有所建树,然而究竟非老学正体。道教老学则能保持老学基本品格,不过也有比附之失。晚清政治老学则能够循清代学术回归本源的方向,探老学之根本,最有价值。

道教老学并不是清代老学的专利,历代都有,故而从清代老学史的角度来看道教老学不是特别重要,或者特别有代表性。不过在清代老学特殊的背景下,道教学者的研究,大致能保持住老学的基本品格，这是他们的意义所在。真正能代表清代老学特征的是主流派和考证派。主流派居下层，数目众多，而无影响，不过是一般官方意识的衍生品。清代的考证类老学，种类和数量远远超出其他朝代，在版本、音韵、校勘等很多领域都有开拓。不过在现代老学研究的背景下来看，开拓新领域有功，但是取得的成绩有限。考证派学者大多居高位，但是并不以老学研究为正宗，不过是经学研究的边际效益而已。固然他们的研究开出了诸子学研究一个新领域，并且在现代学术体系下有长足发展，不过这不是他们所预想的。所以统观清代老学最重要的两个派别，清代老学实在是乏善可陈。所幸的是晚清之后有政治老学一条线索，虽然人数不多，作品不多，但是能够破除主流派和考证派的窠臼，而直探老子思想的原始面貌，这是清代老学史上的亮点。政治老学可以视作是对主流派和考证派的反驳和会通，是清代老学的自我更新。如果我们拉开视角，来看船山和严复的话，可以看到他们和魏源以下的政治老学颇多暗合之处。诚然船山为正宗儒者，而严复为斯宾塞式的进化论者，但是他们对老子的理解都能触及政治治理层面，而与正统儒者及宋明以来老学的理解不同。所以，虽然我们可以说清代老学是一个衰微的时代，但是在清初、清中晚期和清末，不同的思想家都探到老学的真精神，这是老学在重压下生命力的显现。异质的思想可以改造，可以压制，但是无法真正和永远的清除。

总的看，清代老学没有为时代提供独特的富有生命力的思想资源，①更多是在主流思想下的被动应对，这是清代老学的基本

---

① 如王弼的老学之于魏晋时代，如李荣之于唐代老学。宋明之后重要的老子研究者，无论是苏辙、林希逸、吴澄、憨山、船山、魏源，都不以道家思想为其根基。

我们还要谈一个小问题,就是没有近代老学这回事,①只有传统老学和现代老学,现代老学是传统老学的断裂。历史学界如何界定近代中国和现代中国,这是一个专门问题,我们不涉及。② 思想史界如何区分近代思想和现代思想,我们也不涉及。单就老子学史而言,没有近代老学。如果有近代老学,一定有属于"近代"特征而不是"传统"特征的老学著作,但是我们认为没有这样的著作。严复之前的老学都是传统老学体系中自然的组成部分,没有所谓"近代"的特征。魏源当然是一个节点,但是他的老学研究主要的推动力不是鸦片战争,而是治世意识和今文经学,其成书也不在鸦片战争后,而在嘉道之际。需要注意到是,魏源的研究在道同时期只是个案,没有代表性。而对于咸同时代的老学学者而言,大部分人也还在主流派和考证派的窠臼中。少数力图革新的人,如高延第、陈三立、易佩绅,他们研究老学的推动力也不是西方,而是太平天国运动(或者叫叛乱)造成的社会危机,其思路与方法仍旧在古典资源中,他们从来没有在此之外寻找出路。只有易佩绅以轻蔑的口气提到一点点"新学",其他人都未注意到他们所处的时代和以往有什么不同。

现代老学的开端是严复,转折点在甲午战争溃败造成的知识界巨大的革新意识。严复之前的老学都是传统老学,严复之后的老学是现代老学。严复的意义有二,一是以西方资源为背景看待

---

① 关于近代老学的著作有,李程,《近代老学研究》,武汉大学出版社,2008年。刘固盛、刘韶军、肖海燕编,《近代中国老庄学》,福建人民出版社,2014年。

② 《历史研究》编辑部编,《中国近代史分期问题讨论集》,三联书店,1957年。徐中约《中国近代史》,第一章,香港中文大学出版社,2002年。

老子。二是引入了现代意识来改造老子。前者可以抛弃(比如以斯宾塞来解老),后者无法抛弃(民的主体地位与老子的关系)。现代老学的关键是老子和现代意识的基本冲突如何处理的问题,这在严复之前是没有的。张灏提到甲午战争是一般知识界观念革新的关键,在此之前都在传统之中,柯文讲到王韬等新派人物只是在上海—香港之间游走,这两种说法证之以老学史,是准确的。① 对老子的看法,是晚清一般知识人观念形态的标本,看得出大多数人还在发掘传统资源当代价值可能性的路上,与之前的老学是顺遂地延续着的。

所以,我们很难看到有什么近代老学,这是一个不必要的术语。我们认为二十世纪老学是一个有意义的提法,大致相当于现代老学。当然,如果近代老学指的是一般意义上的"中国近代史"时间范围内的老学,而不是指区别于"传统老学"和"现代老学"之外的"近代老学",那么大概还可以使用,不过这个术语也就没有什么学术史意义了。

第八节 简单谈一下研究方法

本报告为先秦经典的断代学术史之一种,我们认为学术史研究的关键是梳理出清晰和客观的发展脉络。借此学术发展的脉络,我们能对某一时期对于此部经典的研究观念、方法和成果有一个了解,同时也对此经典与该时代的相关性有一个了解,进而对于

---

① 这一点张灏有很好的论述,在甲午战争之前,中国学术界仍旧在旧传统中,参《张灏自选集》,127页,上海教育出版社,2002年。而一些新派的人物仍旧在一个上海—香港之间狭窄的西化圈子里,参柯文《在传统与现代性之间:王韬与晚清革命》,江苏人民出版社,2006年。我们研究清代老学史,可以证明张灏的结论是正确的。

此经典本身有一个了解。我在清代老学史的研究中大致有这么一点体会,即经典的学术史写关键是"三分",即分期、分类和分等。

就清代老学史而言,分期是做一个符合其内在脉络的划分,能够看出清代老学研究的上下起伏。我主要是分为五部分,这种分期着眼于老学内部的特征,都有代表性作品的出版年月作依据,而不追随清代学术史的划分,或者是清代政治史的划分。比如我们不接受近代老学史的说法,就是一例。

其次是分类。老学的分类如萧天石就分的非常复杂①,我这里对清代老学只是分了四大类。首先把道教老学单独分出来,我认为这是自成系统的,和清代学术及政治文化的关系联系不大。其次则分为主流派、考证派和政治老学。主流派的分法大致有些笼统,也许还可以细分,这里是一个初步的处理。至于考证派,大家基本都认可为一个流派,还可以细分。至于政治老学,是我的新提法。我希望能够突出魏源以下直到严复的一个老学发展脉络,这些作品的数量和同时期的主流派和考证派相比并不大,但是代表了老学在晚清发展的重要面向,并且魏源和严复都在这条线索上,有必要单提出来。我有一篇文章专门谈这个问题,请参附录《晚清

---

① 萧天石把历代老学分为十二派:一、演化派,又称民间派,以清静无为为宗。二、玄学派,又称重玄派,以虚极玄妙为主。三、儒林派,又称学人派,以儒入道为宗。四、御注派,又称君学派,以虚无为治为宗。五、道教派,又称道士派,阐扬道教为主。六、丹道派,又称修真派,以羽化登仙为宗。七、佛学派,又称禅理派,以明心见性为宗。八、集解派,又称会注派,以会通博知为主。九、经解派,又称古义派,以古义释经为主。十一、音义派,又称韵学派,以推原韵读为主。十二、校勘派,又称考证派,以考订真伪为宗。转引自黄公伟《道家哲学系统探微》,88页—91页,台北新文丰,1981年。案:第三派即我们说的主流派老学,第五第六派即我们所说的道教老学,十一十二派即我们说的考证老学。

政治老学源流》。

第三关于分等。我大致认为船山、魏源和严复是清代老学第一流的作品，故而各自为一章。其中义理最高者为船山，魏源有转型之功，而严复是现代老学之开端。而如徐大椿、宋常星、高延第、刘一明、黄裳、徐绍桢、张其淦都是比较优秀的作品，各有其特点，可排在第二序列。其他的作品则等而下之，还有一些不入流的作品。至于清代作品在中国老学史上的分等，我倾向于王、魏、严三人的研究不足以为第一流，大概要稍逊于王弼，而与苏辙、憨山类似。当然，这些只是个人意见。

总结来说，如果处理好了三分的问题，清代老学史的工作就大致完成了，我们也就对清代老学有一个大致的了解了。

最后谈一下老学在清代的命运。任何一部经典都有其命运，《老子》也不例外。清代是一个思想衰微的时代，也是一个正统意识特别浓厚也特别危险的时代。老子在这一时代是孤独的，也是委屈的。受到"皇清"教育的读书人，特别想做的就是把这个异端改造为"我们的同志"，至少是我们的盟友。他们念念不忘的一句话就是孟子说的"道一而已"，所以只有把这个异端之祖变为唯一的大道的不完善的解释者或者参与者，整儿世界才是安稳的。从宋常星以下的那么多人，说来说去就是做这个工作。考证派们不去做这些事，是因为老子在他们那里只是材料，无关意识形态。他们很冷静，也很学院气，只有钱大昕约略感受到老子的意味。故而，在清代大部分解老者那里，老子是一个不重要或者是不必太过认真对待的经典，因为正统或者主流非常清晰，非常有力（不管是哪种力）。老子在这个格局中居于边缘，被迫换上主流意识形态的面貌，以期进入至少无碍于这个格局。老子成为一统圣道的一个不规范版本。所以我们看清人肢解老子文本者最多，最无忌惮，因为老子早已不是权威了。这在其他时代,比如唐代、宋代、明代都是无法想象的。因为那个时候固然可以批评老子,但是不能轻忽老子。宋儒还要和老子作战,这个时候只需要调弄老子了。这一局面在清廷建构的意识形态和政治秩序瓦解后,随着魏源以及之后的高延第、陈三立、易佩绅,直至徐绍桢,老子的独立性才生出来,老子的异质性才承认,老子的权威性才又恢复,这就花了七八十年时间。

有清三百年间,从打破晚明焦竑式的"三教一致"格局,到重建一个压制老子的解释体系,再到老子初步复苏,最后又居于孔子之上,这一历程显示了老子在一个与自己宗旨、气质、方法都相异的时代所遭遇的磨砺。这个儒家从来的敌人,这个专断者害怕的智者,曲而能全,远而能返,泰然走在自己的命运之中。

第一章 清初老学

第一节 清初老学概说

清初老学大致从顺治即皇帝位到康熙早期,大约40多年,著作有14部。这一时期正是明亡清兴的时候,明遗民在思考亡国之痛,而清人在思考如何吸收汉文化,其文化政策还在摇摆之间,这对老学都有影响。老学发展因而有这两个分支,一是明遗民老学,如王夫之、傅山、王泰微、陶崇道等。他们研究老子都是以思考明亡、反省王学为背景,虽然立场各不同,但都希望从中借鉴有益资源。张尔岐大致也在这个背景下。另一支则是降清的明代官员,代表有成克巩、顾如华和孙承泽(以及后来的宋常星),这些人身处新朝,希望在文化政策影响满族统治者,大多以老学为蓝本,为新主服务。

总的看这一时期的老学在过渡过程中,如何处理焦竑《老子翼》为代表的晚明老学是最重要的问题。清初的老学大多对明代老学三教会通的倾向有所校正,更注重老学的实际功用,这在船山《老子衍》、傅山《老子解》、张尔岐《老子说略》甚至题顺治《御注道德经》中都有体现,这是对焦竑传统的一个反驳。这一时期最重要的是船山的老子研究,显示了对宋明以来老学传统的背离。傅山的研究因为文本散佚,难以看到全貌。张尔岐的研究则体现了清新的面貌。其他的研究则特色不是很突出。这一时期的老学还在明清老学的过渡中,未显示出清人老学的特色。另外,道教老学的著作有自成体系,故而单独叙述,不在这里说明了。

第二节 题顺治《御注道德经》

此作题名顺治皇帝《御注道德经》,实际作者当为满清早期御用文人班子成员,具体是谁已难考证。顺治,为清世祖年号,即爱新觉罗·福临(1638—1661),满清入关的第一个皇帝。此作初刻于顺治十三年,此年顺治皇帝18岁。清廷在顺治十二年、十三年、十四年期间,以皇帝的名义整理出版了很多汉文化经典,如《资政要览》、《通鉴全书》、《孝经演义》、《内则衍义》、《易经通注》,也包括《御注道德经》。一批汉族文人在这一过程中扮演了重要角色,包括成克巩、傅以渐、吕宫、蒋赫德、王永吉等。顺治皇帝为其中的《资政要览》《内则衍义》及《道德经》写了序。当然,这些著作及序言都应该是文人代笔。[①] 故而,编纂《御注道德经》应该是清廷早期汉化过程中的一个环节。无论是顺治还是此书编纂者,大概都有模仿前代帝王特别是明太祖注解《道德经》的想法,而以《道德经》为治国的参考方案。不过,清廷早期在汉化问题上屡有反复,一时也摸不透汉文化的脉络,加之编纂者水平所限,最终《御注道德经》的质量不佳,也没对现实发生什么影响。此作显示了明末老学向清代老学转型的一些特征,同时也是满清统治者规训道家传统的一个开端。

---

① 据《清史稿列传》卷二十五,傅以渐,字于磐,山东聊城人。顺治三年一甲一名进士,授弘文院修撰。十二年,加太子太保,改国史院文学士。先后充《明史》、《太宗实录》纂修,《太祖》、《太宗圣训》并《通鉴》总裁。又命作资政要览后序,撰《内则衍义》,覆核《赋役全书》。十四年,命以渐及庶子曹本荣修《易经通注》。案:傅以渐与成克巩同传,均为早期为清廷效力的文人。其它如吕宫、蒋赫德、王永吉,也是这样的御用文人。

一、基本情况

此作最早的版本是顺治十三年(1656)本,题作《御注道德经》。该本为清内府刻本,是原明内府司礼监经厂工匠承刻,版式宽大,行格疏朗,黑口,双鱼尾,四周双边,字体为方字宋体,横细竖粗,刻工精致,装潢考究。① 此书之后有《四库全书荟要》本及《四库丛书》本。《四库全书荟要》题作《御定道德经》,《文渊阁四库全书》也题作《御定道德经》。而《四库全书总目提要》提到此书时又题作《御注道德经》。我们依据最初的版本,称作《御注道德经》。对于此书的基本情况,我们依据顺治十三年内府刻本加以说明。②

首为《御制道德经序》,谓:道者先天地而为万物宗,生生化化,莫得而名者也。惟圣人凝道于身,故其德为玄德,而其言为圣言。又谓:老子著书五千余言,明清净无为之旨。然其切于身心,明于伦物,世固鲜能知之也。又引孔老相见之事而谓:岂非以人能清净无为,则忠孝油然而生,礼乐合同而化乎?又谓:开元、洪武之注,虽各有发明,亦未彰全旨。朕以圣言玄远,末学多歧,苟不折以理衷,恐益滋伪,用是博参众说,芟繁去支,釐为一注。又谓:老子之书,原非虚无寂灭之说,权谋术数之谈,是注也,于日用常行之理,治心治国之道,或亦不相径庭也。文末题顺治十有三年岁次丙申仲春朔日序。

案:此序参照唐玄宗、明太祖注解,大旨即以治心治国之道解老,而归于切于身心,明于伦物。所以不提及宋徽宗注,当然是因

---

① 此作有紫禁城出版社的影印本,为故宫博物院内府珍本书的一种,题作《顺治御注道德经》,2013年。
② 关于《御注道德经》版本的详细情况,可参广西大学刘二辉硕士论文《清世祖御〈注道德经〉研究》(2011)第一章第二节。

为那是亡国之君注老,不具有正面意义。本序表明了注解者的意图,《四库全书总目提要》也在这一点上夸饰此书,不过实际上此书多取自焦竑《老子翼》,故而并没有充分实现这些诉求,仅仅是略具其意罢了。

《御注道德经》分为上篇和下篇,上篇从第一章至第三十七章,下篇从第三十八章至第八十一章。每一章有经文内的小注,以及经文之后的解说。此种体例不常见,当是适应汉语经典教学的要求而成的。唐玄宗《御注道德经》、明太祖《御注道德经》皆曾颁行天下,而顺治《御注道德经》则未见类似的记载。恐怕此书刻印后,并未正式颁行天下,而只是作为满清贵族内部的汉语经典教材来使用,故而只有内府刻本。宋常星《太上道德经讲义》刊刻后,取代了《御注道德经》的皇家教材地位。此后该书一直无人理会,直到乾隆时期修《四库全书》,该书收入《四库全书荟要》及《四库全书》,又录入《四库全书总目提要》,《御注道德经》才又为世人所知。

二、关于《御注道德经》的作者

1. 顺治御注说

最初的内府刻本封面题作《御制道德经》,书内则题作《御注道德经》,其序言中说:"朕以圣言玄远,末学多歧,苟不折以理衷,恐益滋讹误,用是博参众说,芟繁去支,厘为一注。"这就是说明此书是顺治自著。其后的《四库全书总目提要》也题作《御注道德经》,提要谓:"《御注道德经》二卷,顺治十三年,世祖章皇帝御撰。"即认为是顺治御撰。当代相信该书为顺治御注者,如广西大学刘二辉硕士论文《清世祖御〈注道德经〉研究》(2011),以及2013年故宫出版社影印出版内府本《御注道德经》,编者也持这种观点。案:

《四库全书总目提要》刊于乾隆五十四年(1789),为武英殿刻本,简称殿本。其后又有浙本和粤本。此三种《提要》关于此书的说明相同。① 清人在修订《四库全书荟要》及《四库全书》过程中,关于此书有"御定"的新说法(详参下文成克巩恭纂说)。在后来的《四库全书总目提要》中又回到了顺治自著说。二说之不同在于,御撰和御注是指写作了此书,而御定是指审定及同意此书的写作和出版。刘韶军、熊铁基早已指出,顺治当年不足二十岁,汉语还不流利,根本不可能完成此作。② 我们的研究显示,该书是剪裁整理《老子翼》而成,有明显的晚明老学特色,这绝非顺治一辈满人所能。显然,"御定"更接近历史事实,而"御撰"、"御注"则是当时及后人的伪饰。问题在于,究竟是谁写作了此书,而标以顺治的名字?

2. 成克巩纂顺治御定说

顺治御注说在编纂《四库全书》时曾经有过更动。在《四库全书荟要》中此作题作《御定道德经》,正文中上下篇题名下皆标明"大学士成克巩恭纂"字样,提要谓:"臣等谨案:《道德经》二卷,顺治十三年大学士成克巩恭纂,仰邀钦定云云。"在乾隆四十六年(1781)完成的《文渊阁四库全书》中,该书也题作《御定道德经》,提要也是:"臣等谨案:《道德经》二卷,顺治十三年大学士成克巩恭

---

① 参四库全书研究所整理《钦定四库全书总目(整理本)》,1936页,中华书局,1997年。
② 参刘韶军《老子御批点评》"后记",湖南人民出版社,1997年。熊铁基《四朝御注〈道德经〉及其意义》,《老子与华夏文明传承创新——2012中国鹿邑国际老子文化论坛下》,2013年。

纂,仰邀钦定云云."①这一提要在乾隆五十四年武英殿本《四库全书总目提要》中删去了"大学士成克巩恭纂,仰邀钦定"一句话。由此,成克巩实为该书的作者,只不过该书经过顺治的"钦定",也就是同意该书的写作和出版。当代学者一般接受这一说法,如刘韶军,熊铁基,蒋门马等。② 不过,从我们查到的材料来看,成克巩著书说并无确切的根据,只是四库馆臣的推测。《四库全书编纂档案》引起居注册一〇四五军机大臣奏遵旨查《内则衍义》等书编纂臣工衔名情形片(乾隆四十九年十月初二日)说:"遵旨查《内则衍义》等书编纂臣工衔名,臣等详查顺治年间《诸臣列传大学士傅以渐传》内,开载奉旨撰《内则衍义》字样。是此书本系傅以渐所纂。谨于四库馆查取《内则衍义》缮本,于每卷首添注"大学士傅以渐恭纂"一行,黏签进呈,并遵旨将原载序文照《实录》原文逐一改正,并将表文撤去。其通部内"臣按"二字,俱改"谨按",一并黏签呈览。再,查《大学士吕宫传》内,开载"奉旨同额色赫、金之俊充《资政要览》总裁"等语,是吕宫等系编撰是书之人。现于卷首添注"大学士吕宫等恭纂"字样。至《御制道德经注》、《孝经注》、《人臣儆心录》三书,偏查诸臣列传,内并无编纂三书字样。谨于《资政要览》后序诸臣内,酌拟历官年月符合及居官尚无事故之成克巩、蒋赫德、王

---

① 成克巩(1608—1691),字子固,号青坛。直隶(今河北)大名人。崇祯十六年进士,改庶吉士。清军入关,授予国史馆检讨,后迁吏部尚书,太子太傅,秘书院大学士等。多次主持乡试、会试,任《太宗实录》、《太祖圣训》、《太宗圣训》总裁。康熙三十年卒,年84岁。《御注道德经》编纂期间,成克巩为秘书院大学士,加太子太保,为顺治的御用写作班子成员及汉语教师之一。

② 参刘韶军《老子御批点评》"后记",湖南人民出版社,1997年。熊铁基《四朝御注〈道德经〉及其意义》,《老子与华夏文明传承创新——2012中国鹿邑国际老子文化论坛下》,2013年。蒋门马《当顺治遇上老子—御注道德经赏析》"自序",紫禁城出版社,2014年。

永吉三人,分列于《道德经注》《孝经注》《人臣儆心录》三书每卷之首,注明"恭纂"字样,一并黏签呈览。所有各书提要,均经添入恭纂诸臣姓名。谨奏。"这说明乾隆和四库馆臣知道顺治时期所编各种汉语图书为文臣所纂,而对于《御注道德经》的俱体作者并不清楚,四库馆臣最初把《御注道德经》题作成克巩恭纂,只是一种推测,并无证据。从《清史稿》本传及四库馆臣的奏疏来看,成克巩在当时的御用写作班子中地位很关键,故而四库馆臣以之为《御用道德经》的署名者。我们推测,此书未必出于成克巩之手,但是很可能成克巩参与了此书的编辑工作,比如对此书宗旨的界定,不过这些都已不可确知了。此书必出于辅助顺治的汉族文臣,则无疑义。这大概就是四库馆臣把"御注"改作"御定"的一个原因。

那么如何理解《御注道德经》顺治"御定"问题?四库馆臣实际上已经承认此书写作的内情,一是承认此书非顺治"御注",而只是"御定"而已,即没有写作此书,但是同意此书的写作和出版。二是其所说的"恭纂","纂"并不是一般的写作之意,而是编纂和剪裁之意,暗示了此书乃是剪裁、整理已有老学著作的结果。四库馆臣应该看到了此书与焦竑《老子翼》的关系,而不能明言。这种题作顺治御制的著作《四库全书》中有好几种,《御注道德经》应该是此类"汉语基本经典简编"一类的著作,四库馆臣显然了解其中的实情。① 此书由内府刊刻,就说明它不仅是顺治的学习材料,还是满

---

① 《御注道德经》和顺治十二年的《御制资政要览》是一致的。《御制资政要览》的序曰:"朕孜孜图治学于古训,览四书五经通鉴等编得其梗槩,推之十三经二十一史及诸子之不悖于圣经者,莫不根极理道成一家言。但卷袠浩繁,若以之教人,恐未能一时尽解其义,亦未能一时尽得其书。因思夫记事宜提要纂言当钩其,乃采集诸书中之关于政事者为三十篇,又虑其涣而无统,于是每篇贯以大义,聊以文词,名曰《资政要览》。"这和《御注道德经》的体例是一致的。

清贵族的汉语学习材料。根据古代的惯例，凡经皇帝同意并且以皇帝名义刊刻的图书，均可视作皇帝的著作，那么说此作为"御定"也非不可。但是问题在于，此作序中说"朕鳌为一注云云"，分明是说自著，这就变成了自我矛盾。故而此作是满清统治者同意下的编纂之作，又标以自著之名，但是其时他们并没有足够的能力来审定和理解此类汉文化著作，如唐玄宗、宋徽宗和明太祖那样，因而这种同意是在不够知情的情况下做出的。其实际工作的受托者又没有能力出色的完成此项工作，故而所谓的"御注"、"御制"乃至"御定"就不免有伪托之嫌。这是清人早期汉化过程中的尴尬之事，无论是最初题作"御注"，后来四库馆臣改作"御定"，还是最后又改回"御注"，都不免留下马脚，让后人讪笑。

3. 本书很可能与宋常星有关

宋常星，据康熙《太上道德经讲义序》，为顺治六年探花，在京供职三十余年，任国史馆总裁、督察院都御史兼经筵讲官，康熙十八年致仕。则其为顺治朝汉族文士群中的一员，与成克巩等人一样，参与了清廷早期的汉化工作。《御注道德经》原是剪裁《老子翼》而成，但其中的部分文字在《老子翼》中找不到出处，而引自道教典籍《清静经》。宋常星为山西人，山西在清代为全真教重镇，宋氏后来入全真教。查宋常星后来所著《太上道德经讲义》，多言清静之道，第十四章引"若能内观其心，心无其心。外观其形，形无其形。物我两忘，内外皆空，其道则见矣。"正是《御注道德经》所引《清静经》之文。《御注道德经》成于顺治十三年，此时宋常星正在朝中为官。致仕后潜心二十余年，撰写《太上道德经讲义》，显然是为前书作修正。故而《太上道德经讲义》完成后，献给朝廷，康熙极力赞许宋作，以至于分发宗室近臣，正有掩盖《御注道德经》伪托一事之意。宋常星是否为《御注道德经》作者，或者是否宋氏参与了写作,此事实难查证,姑且作此推断,以俟来者。不过宋常星身为御用写作班子成员,知道《御注道德经》一书写作的实情,后来作《道德经讲义》是因《御注道德经》之弊而发,以补满清早期汉化之缺漏,这当无疑义。此意可参本书宋常星部分。

总之,此书出于清代早期投靠清廷的汉族御用文人写作班子之手,具体为何人,已难考订。因为是杂纂之作,故而作者也并不那么重要了。

三、《御注道德经》为裁剪焦竑《老子翼》之作

我们通读《御注道德经》,认为这部书是一部剪裁整理之作,其基础是焦竑的《老子翼》。《老子翼》是一部集解性质的著作,引用韩非子、河上公以下历代注老的作品65种,尤其以宋代以来的苏辙注(引作苏注)、王雱注(引作元泽注)、吕惠卿(引作吕注)、李嘉谋注(引作息斋注)为主,明代则多引李贽注(引作宏甫注)。焦氏自己的解说以"笔乘"为名附于各家最后。焦作是明末最有影响的老学著作,清初的很多老学著作都对此做出反应。《御注道德经》编纂者受命写作老子注,主要的参考书就是《老子翼》。据我们的考察,除了部分材料引自林希逸的《道德经口义》外,未见到《御注道德经》引用其他的单独解老著作。而《道德经口义》也算是《老子翼》引用较多的的著作。故而《御注道德经》是以《老子翼》为基础,未涉及更多其他的老学著作。这说明此书的写作比较仓促,也不大用心,这和编纂者是御用写作班子成员,忙于为满清贵戚大量编辑汉文经典文献是相关的。

焦竑《老子翼》的注解有两种情况,一种是经文内的注释性文字,附在经文字句之间。另一种是经文之后所引的各家注,依照次序先后排列。《御注道德经》也是这样的体例,包括经注,即经文内

的注释性文字,以及经解,即经文之后的解说文字。《御注道德经》剪裁《老子翼》主要是两种情况:一是经文内的注释性文字,主要截取焦竑原书的注释性文字,或者把原书的解说文字打乱变为注释文字,也有很多处是直接引用林希逸《道德经口义》的注释文字。二是经文后的解说性文字,大多是引用焦竑所引的各家注,尤以苏注、吕注、息斋注为多,然后混合起来,再做文字的修饰而成。

1. 截取原书作经注

这样的例子非常多,如第一章注"道可道非常道",即袭用《老子翼》所引程俱论"制行之道"与"常道"之说。注"同谓之玄",袭用《老子翼》所引苏辙注作:"凡远而无所至极者,其色必玄"。第六章注"谷神不死",袭用焦竑注,"谷,喻言也。以其虚而能受,受而不有,微妙莫测,故曰谷神。"只不过增加了一个言字。第二十一章注"孔德之容,惟道是从",袭用焦竑《笔乘》:"道无形容,一可形容,即属之德。然大德之容,亦皆从出于道。"最后一句略有改动。第二十一章注"曲则全",完全袭用苏注,"圣人动必循理,理之所在,虽曲亦通也,故与物不迕而能全",以下各句也皆割裂苏注而为注。第二十六章、二十九章、第五十二章也是如此,注解皆袭自焦竑注。第二十七章注则袭用苏注和息斋注而成。第三十五章注"执大象,天下往"袭用焦竑所引林希逸及陆希声注,混合而成。第四十二章注"吾将以为教父"句,袭用焦竑注。第五十四章注"善建者不拔",袭用吕注。

除了《老子翼》之外,《御注道德经》还大量引用了林希逸的《老子口义》,如第三十八章注"上德不德"一节,引用《老子口义》的注文,略作改动。第五十八章注、第六十章注也是如此。这些文字都不在《老子翼》引用范围内,而是《御注道德经》编者在林希逸《老子口义》中引述的。因为《老子口义》在《老子翼》中引用的次数也不少,故而我们仍旧可以把这些袭用的文字视作依托《老子翼》而成的。

2. 剪裁原书作经解

这种情况我们略举两例。如第七章解作:"上言道生天地,此章言天地之生万物,圣人之成百姓也。长生久寿莫如天地,天地所以能长且久者,正以天施地生,其施物不已,其生物不测,未尝一日爱其施,未尝一日怠其生,是之谓不自生。万物莫不恃之以生,故能长生。圣人亦然,知此心常真不变,浩然与天地量,故于此身无可爱者,一心之运,知无不为,举措之间,无非善利,由其不见有身,故天下之有身者,莫我若也。故大德必得其禄,必得其位,必得其名,必得其寿,是谓后其身而身先,外其身而身存。盖圣人之心,明通公溥,洞然无私,非求以成其私也,而私反以之成,道则固然耳。"这段文字中,"上言道生天地,此章言天地之生万物,圣人之成百姓也。长生久寿莫如天地,天地所以能长且久者,正以"一段是编纂者统合上下章的字句,下面"天施地生,其施物不已,其生物不测,未尝一日爱其施,未尝一日怠其生,是之谓不自生。万物莫不恃之以生,故能长生。圣人亦然,知此心常真不变,浩然与天地量,故于此身无可爱者,一心之运,知无不为,举措之间,无非善利,由其不见有身,故天下之有身者,莫我若也"一段袭用《老子翼》七章所引李息斋注,略作删削增改而成。下面"故大德必得其禄,必得其位,必得其名,必得其寿,是谓后其身而身先,外其身而身存。盖圣人之心,明通公溥,洞然无私"为编纂者所加,"圣人之心,明通公溥,洞然无私"一句正符合编纂者之意,最后的"非求以成其私也,而私反以之成,道则固然耳"一句,则袭用《老子翼》七章所引苏辙注。故此节解文是合息斋注和苏注而成。

再如第十五章解作:"此章言得道者之以虚为用也。谓古之善

第一章　清初老学

为士者,将以成圣而尽神也。其入道之功,由微至妙,妙极而玄,玄则通,通则深不可识矣。至于不可识,则又何从而形容之哉?以为如不得已则若冬涉川,以为如恐人见则若畏四邻,以为庄敬而若客,以为恐惧而若履水,以为若朴之未雕,以为若谷之能受,以为浑然若浊,而不与物异,此七者,疑之而不能拟之也。意者其清乎?世俗之士为浊所淆,孰能如今之浊也?而静之而徐清。意者其能生乎?枯槁之人以定灭性,孰能如今之安也?而动之而徐生。凡以保此道者,其中常虚而不盈,则但见故而不新,能故而不新,则千载如一日,而道于是乎大成耳。"解文中首句"此章言得道者之以虚为用也"为提示全篇之语,为编纂者所加。下面的"谓古之善为士者,将以成圣而尽神也。其入道之功,由微至妙,妙极而玄,玄则通,通则深不可识矣。至于不可识,则又何从而形容之哉?"取自《老子翼》十五章所引吕惠卿注,有所删削。"以为如不得已则若冬涉川"以下的文字中,"意者其清乎?世俗之士为浊所淆,孰能如今之浊也?而静之而徐清。意者其能生乎?枯槁之人以定灭性,孰能如今之安也?而动之而徐生"一段则大致取自《老子翼》第十五章苏辙注,文辞上略作改动。故此节解文是以吕注和苏注而成。

《御注道德经》这样的情况非常多,其他章节中引用《老子翼》诸家注以作解文的还有:第一章袭用焦竑《笔乘》,第二章袭用李息斋注,第三章袭用李宏甫注,第五章袭用吕注,第六章袭用吕注,第八章袭用吕注,第十章袭用苏注、焦竑《笔乘》,第十一章取苏注之意,第十二章改动息斋注,第十七章袭用吴澄注,第十八章袭用王介甫注及息斋之语,第十九章袭用焦竑《笔乘》,第二十章袭用吕注,第二十一章袭用吕注,第二十二章袭用吕注,第二十三章袭用焦竑《笔乘》,第二十五章袭用吕注,第二十六章袭用吕注,第二十七章袭用息斋注,第二十八章袭用王纯甫注,第三十章袭用吕注,

第三十二章袭用息斋注,第三十三章改易息斋注而成,第三十六章袭用王纯甫注、李息斋注及王元泽注而成。第三十七章化用陆希声注,第四十章袭用苏注,第四十一章袭用陆希声注,第四十五章袭用叶梦得注,并改易吕注。第四十七章袭用苏注及章安注,第四十八章改易息斋注,第四十九章改苏注,第五十一章袭用苏注、息斋注,第五十二章袭用吕注,第五十三章袭用苏注及吕注,第五十五章袭用吕注,第五十六章袭用吕注及陈碧虚注,第五十七章袭用吕注,第五十八章袭用吕注,第五十九章袭用吕注,第六十章袭用吕注,第六十二章袭用息斋注,第六十九章用林希逸注,第八十章改易吕注、吴注,第八十一章用林希逸《口义》注。这些袭用并不是章解的全文,有的占的多些,有的占的少些,不过基本上是编纂者解说经文的主体思路。其他没有袭用《老子翼》文字的,很多就是循文释句而已,并没有太多发挥。还有一些是编撰者有特殊的意味的,我们下文再谈。

总之,《御注道德经》大量的袭用《老子翼》中的引文,经常是剪裁两三家注为一解,再做一些首尾统合的文字修饰,就成了注解。故而此书是以《老子翼》为基础剪裁而成的,并不是学者独立完成的完整统一的老学著作。

四、《御注道德经》的大旨

此书虽然以《老子翼》为基础,但是编纂者也做了一些工作,以统摄全书大旨,主要有如下几点:

1. 编纂者统合全书大旨,强调《道德经》为治身治国之道

注解《道德经》时很多章都提示大旨,如第七章:"上言道生天地,此章言天地之生万物。"第九章:"此章言修身之道。"第十一章:"此章言有无合一之妙。"第三十九章:"此章言得道之妙。"第四十九章:"此章言圣人忘心之妙。"第六十三章:"此章言道在无为而非轻忽为心也。"其他很多章节都提示上下章的关联,这是在形式上的统合工作。在全书大旨的统合上,《御注道德经》不同于《老子翼》。《老子翼》是晚明老学的代表,焦竑尤其注重苏辙、吕惠卿、吴澄等人的注释,以论道谈玄为宗旨。而《御注道德经》的编纂者更强调《道德经》的现实意义,其编纂者多次提到"圣人"云云,这里的圣人指在位之君,而非仅得道之士,以着重治世之意,如二十二章、二十五章、二十六章、二十七章、三十六章等等,这是和《老子翼》一书所引各家不同的地方。如:

> 圣人者,固自谓未尝有知也,固未尝见天下有可欲之事也。(三章)
> 圣人以无御有,同玄之道也。(三十八章)
> 圣人忘心之妙,常无心而以百姓之心为心。(四十九章)
> 老子著书五千余言,明清净无为之旨。然其切于身心,明于伦物,世固鲜能知之也。(《御注道德经》序)
> 老子之书,原非虚无寂灭之说,权谋术数之谈,是注也,于日用常行之理,治心治国之道,或亦不相径庭也。(《御注道德经》序)

"日用常行之理,治心治国之道",这一点是全书的主旨。编纂者剪裁之余,主要以此为宗旨统摄全书大旨。故而《四库全书总目提要》说:"盖儒书如培补荣卫之药,其性中和,可以常饵;《老子》如清解烦热之剂,其性偏胜,当其对证,亦复有功,与他子书之偏驳悠谬者异,故论述者不绝焉。惟我世祖章皇帝此注,皆即寻常日用,亲切阐明,使读者销争竞而还淳朴,为独超於诸解之上。盖圣人之道大,兼收并蓄,凡一家之书,皆不没所长。圣人之化神,因事制宜,凡一言之善,必旁资其用。固非拘墟之士所能仰窥涯涘矣。"这当然是吹捧之辞,但是编纂者在修饰文字时,的确是有全文的考虑。另外,本书虽然也强调治身,但是反对以道教的方式解说《道德经》,这或许和反对明帝佞道有一定的关系。故其论治身必以治国为方向,这是与全书宗旨相一致的。

2. 编纂者强调清静的意义

清静,有时也写作清净,是注解中经常出现的观念。我们查阅了与本书相关的各类材料,发现本书中有些论说不见于《老子翼》,而明显有《清静经》的痕迹,故而极有可能编纂者在编写此书时,除了剪裁《老子翼》之外,还受到了《清静经》的影响。[①]《清静经》为唐代道教解老著作,以清净为中枢,强调治心的重要性。其曰:"大道无形,生育天地;大道无情,运行日月;大道无名,长养万物;吾不知其名,强名曰道。"又曰:"清者浊之源,动者静之基。人能常清静,天地悉皆归。夫人神好清,而心扰之;人心好静,而欲牵之。常能遣其欲,而心自静,澄其心而神自清。"又曰:"能遣之者,内观其心,心无其心;外观其形,形无其形;远观其物,物无其物。"又曰:"欲既不生,即是真静。真常应物,真常得性;常应常静,常清静矣。如此清静,渐入真道;既入真道,名为得道。"

[①] 《御注道德经》讲到治心以治身,《老子翼》所引息斋注中也有类似的讲法(十二章、三十六章、六十三章),但是没有那么明显的《清静经》痕迹。我们查阅了很多文献,都没有发现注中这些讲法具体袭自哪里,故而推测是《清静经》的影响。

我们在《御注道德经》中能明显看到此类说明。① 书内注解第一章注直接引用《清静经》原文:"故得道者,内观其心,心无其心。外观其形,形无其形,是谓常无。"此处注文不见于《老子翼》,故而应为编纂者所加。第五章注:"天地圣人,内不见有能仁之心,外不见有所仁之物。"此种能所对待的讲法,正是《清静经》借用佛教理论的口气,后世很少看到,也不见于《老子翼》。第三十三章注:"此章言圣人之道,返照内观,取诸己而皆足也。"此处的返照内观也是《清静经》的讲法。以上皆言心之清静。又,六十三章注:"此章言道在无为,而非轻忽为心也。为其所无为,事其所无事,味其所五味,天下既清既静,无所不正矣。"这里是以天下之清静为旨。由心的清静而至治天下于清静,这正是《清静经》的思路。其他的章节谈到无心、治心(五章、六章、二十章、三十四章、三十六章),致虚(十五章、十六章、三十章),谦静(六十一章),不争(二十三章、二十四章、六十八章、八十一章),都是清静之意的发挥。

以清静为宗旨,最重要的是对战争的态度,《老子翼》诸家皆未着意于此,《清静经》也没有谈到此点,而这是《御注道德经》的着力点。依据清静精神发挥治国之道,而与全书大旨相一致。如第三十章解作:"盖道也者,贵于守柔以为强,乃所以久而不殆也。如弃柔而用壮,壮则必老,岂可常之道哉?故当早已之,而不以兵强天下也。"此章解文不过随文作解,但是在清初的环境下,这些说法很有现实性。第三十一章解作:"此章言用兵乃王者之不得已

---

① 本书序中说:"岂非以人能清净无为,则忠孝油然而生,礼乐合同而化乎?"又说:"著书五千余言,明清净无为之旨。"此处两种清净的说法,还不足以说明。这里用的是清净而不是清静,颇疑此序为一人作,而书内注解为另一人作。既然本书成于汉族文人的工作团队,则前者为主事者,不排除为成克巩,而后者为另一实际操作者。措辞有所不同,当是疏忽所致。

也。……以见兵者不得已,而用之非喜之也。"此章解文并没有袭用《老子翼》之说,乃编纂者自己的意见,通篇讲使用战争手段的被迫性。在这种意识下,我们再看第四十二章的解,就颇有意味了。第四十二章解作:"此章言道以虚为用而深戒满盈也。"老子四十二章作此种解法,在历史上很少见。深戒满盈四字,就是要清静为本。这些都是编纂者自己的解释。第六十三章,"此章言道在无为而非轻忽为心也。"也是此意。第七十四章解作:"此章言刑以坊民,当去其泰甚也。凡用刑者,不过以死惧民,而民常有不畏死者矣,奈何以使惧之乎?"这些当然只是随文释句,不过在清静之旨下,仍旧很有意味。《老子翼》诸家以论道为中心,而《御注道德经》虽多采此书解说,但是仍旧力图以治身治国为中心,尤其是关涉到满清统治者当时武力征伐的政策取向。故而其以《清静经》为中心解说老子,就有相当大的针对性。清廷以马上得天下,以异族统治华夏,发挥《道德经》中这些反战反刑罚的说法,就非常有现实意义。顺治皇帝在顺治十年与文臣讨论《通鉴》时,曾以为明太祖立法可垂永久。其命人编纂《御注道德经》,恐怕就有从这里寻找治国之道的想法。从《御注道德经》来看,这里编纂者的态度和顺治相一致,显然想联系汉初及明初国家奉行休养生息政策,来发挥《道德经》的现实政治意义。只不过,顺治对于汉文化内部的肌理了解不深,本书的写作实际上并没有发挥什么作用,反而由于种种缺陷而落入不了了之的下场。

《御注道德经》编纂者也谈到了儒道价值之间的融通,如本书序中说:"岂非人能清净无为,则忠孝油然而生,礼乐合同而化乎?"第四章论天地不仁、第十八章、第十九章、第三十八章都能合同儒道,但是基本是道家为体,儒家为用,儒家价值的确立是在道家前提之下。这在唐玄宗《御注道德经》和宋徽宗《御解道德经》中如此,在苏辙《道德经注》、吕惠卿《道德经注》也是这样,故而并没有特出之处。总的看,本书继承了明末老学的风尚而有所修正,以清静为旨,注重《道德经》的现实指导意义。应该说,这基本是符合老子气质的一部解老之作,是晚明老学特征很明显同时又向清代老学转型的一部著作。不过,这样的著作对于满清统治者而言并不满意,他们还需要另外类型的老学著作。

五、从本书看清初满人之汉化

该作是以顺治名义刊刻的,但是后来清廷几乎不再提及此书。如康熙四十二年康熙为宋常星《道德经讲义》作序时,一字未及此书。其序言:"爰《道德经》,自历朝以来,注释是经者,无虑数十百家。虽众说悉加于剖析,而群言莫克于折衷。"而题顺治《御注道德经》序中说"朕以圣言玄远,末学多歧,苟不折以理衷,恐益滋伪,用是博参众说,芟繁去支,釐为一注。"明明就是折衷群言之意。按照常理,康熙应该讲到署名其父所著之书,这是清帝延续历代帝王注老传统的一本书,而在序中他根本就无视此书。其后清人注老作品中也极少有人提到此书,而不像明人注老必提及太祖注。直到乾隆编《四库全书》,此书才又被提及,先称作《御定道德经》,之后又改为《御注道德经》。为什么清人讳言此书,直到乾隆朝又再次确认?我们推测,康熙之后不提及此书,主要有如下几点原因:

1. 此书为御用文人所纂,顺治当时并无能力来审定,最多是认可此项工作

因而最初称作"御制""御注",有作伪之嫌。而如唐玄宗、宋徽宗及明太祖御注,皆能提出意见,或者亲自写作。①

2. 此书本身质量不高,仅仅为杂纂《老子翼》而成,明眼人一观而知

题名顺治御注的《道德经》不过是抄袭晚明人著作而成,这说明顺治本人的文化水准之低,这就成了一个笑柄。

3. 此书与清人的气质不合

我们已经谈到,此书以清净为中心,基本上符合《道德经》本义,是晚明老学的延续。固然,此书强调治身治国之意,而更注意现实取向,但是大旨仍旧不离老学本旨。清人以武力征服明朝,崇尚强有力的领袖,以家奴视天下,自然无法理解也不愿接受以无为体、虚静圣人、无为自然之说。以治心的虚静为中心来治国,满人如何能接受这些?至于反对征战,更是不能接受。后来花尚写作《道德眼》,特意为杀伐辩护,不管是否有意针对《御注道德经》,其满人的心态则表露无遗。

4. 此书有明显的晚明老学特征,其对儒道关系的理解,并不符合正统儒者的看法

书中大量引用苏辙、吕惠卿、焦竑的看法,尤其是引用了李贽的解老著作,这在清初反心学背景下尤其显得刺目。朱子对苏辙解老有专门的批评,吕惠卿在正统儒者那里为小人,焦竑则被视为佛教污染了的学者,故而理学在康熙朝复兴后,此书的政治不正确就特别明显了。

---

① 即如不学之明太祖。洪武七年十二月甲辰,《御注道德经》成,太祖对儒臣举《老子》所谓"五色令人目盲,五音令人耳聋",与圣人"去甚、去奢、去泰"之类,曰:"《老子》此语,岂徒托之空言,于养生治国之道,亦有助也。但诸家之注,各有异见,朕因为注,以发其义。"(《明太祖宝训》)其他如唐玄宗、宋徽宗更深知《道德经》。

那么，乾隆修四库时，为什么又把此书确定为顺治"御定"，之后又改作"御注"呢？《四库全书》最后的定稿均经乾隆之手，故而有关此作说明的修改也应该是乾隆的意见。为什么会有这种改动？乾隆编《四库全书》，最初也想按照事实来说明，而有成克巩恭纂顺治御定的说法，不过后来还是恢复了最初顺治御注的说法。这里的原因我们只能推测。顺治《御注道德经》是清人早期汉化过程中的一个典型例子，说明清人最初并无能力了解和把握汉族文化，以至于最后成了一个烂尾工程。到了乾隆时期，满人的汉化程度加深了，有了相当的文化自信，而此书终究要有一个解决。"御定"说不免显得前后不一，故而又坚持了最初的说法，认定为顺治御注。另外，在当时能够阅览《四库全书荟要》和《四库全书》的人毕竟很少，而《四库全书总目提要》则流传甚广，故而后者删去"成克巩恭纂"的字样，有助于维系顺治的形象。其后《清史稿》等无不遵循此说，一直影响到今天。

此书是满清汉化过程中的一个有趣的个案，也是清代老学早期发展中的一个节点。《御注道德经》还不能适合清人的要求，故而颇受冷落。清初降清汉臣注解老子之书，除了此书之外，还有顾如华、孙承泽的《道德经参补注释》，刊于康熙四年。而宋常星的《道德经讲义》则刊于康熙四十二年。其他还有满人花尚的《道德眼》，刊于康熙四十三年。前两种还有明末老学痕迹，而后两种则明显是清代老学的气质。从这几部作品中，可以看出清代老学的演进轨迹。其中最大的变化源于康熙以理学为治国之道，宋常星与花尚之作明显看出理学的影响，而明末焦竑的痕迹已经消失，这是成克巩和顾如华作品还没有做到的。宋常星之《道德经讲义》，已经能体会满人之心态，以圣人依理治天下为中枢，故而康熙读之大悦，遍赐宗室群臣。这里的宗室很关键，说明是有意的取代《御注道德经》。从此之后,清代老学解说进入了一个以理学为标杆的时代。成克巩和宋常星都是明末清初汉族降清士人,大致在一个圈子里工作若干年。成克巩领衔的《御注道德经》和宋常星最后所著《太上道德经讲义》相差近50年,这两部解老著作的更迭,是满清规训道家传统的胜利,是清人汉化成功的某种象征。

第三节 张尔岐《老子说略》

张尔岐(1612—1678)字稷若,号蒿庵,山东济阳人。明清之际经学家。生于明神宗万历四十年,卒于清圣祖康熙十六年,年六十六岁。以诸生入清,不求闻达,教授乡里以终。与顾炎武交游。《清史稿·儒林》中有传。张尔岐一生著作很多,有《仪礼郑注句读》、《易经说略》、《诗经说略》、《书经直解》、《老子说略》、《春秋三传驳义》、《蒿庵闲话》、《弟子职注》等,曾参加编修《山东通志》。

据其自序,《老子说略》完成于康熙八年,则其时张氏58岁,此作为其晚年之作。张氏是一个转型时期的学者,他精研三礼,有"六经皆礼"说。身为理学家而关注到老子,这是一个有意思的现象。从老学史的角度看,他的老子研究是晚明老学向清代老学转型时期的作品。张氏在序自称"偶及是书",似乎是颇不以为然的态度。不过,我们也许可以把这理解为一种姿态。以颇轻视的态度来为自己研习老子做一掩饰。张氏学宗程朱,他多次引用朱子之说,不过显然没有像朱子那样过度贬低老子,他多次谈到老子的佳处,也能在老子意蕴上做新解,这些皆不同于朱子。老子在张氏的知识结构中应该有独特的地位。

张氏在序言中说:"譬之水,瀹茗则苦,渍蔗则甘,和醴则酸,投盐则咸,杂橘橙姜桂,则又橘橙姜桂,谓水味本尔,不诬水乎?"又谓:"贫者啜水,乃厌酒食之为烦。此岂可与言天下之备味哉?虽然,属餍之余,激喉涤齿,亦未必不有取于斯也。"这里显然在讨论儒道关系。道家如同水,可以变化百态而终究为水,虽不能餍饮食,然不能废。此所谓水,也就是他说的"清静",这是他理解老子的根本。就是说,道家是儒家文明的必要补充。《老子说略》涉及历史上的著作不多,多数仅仅引用一二罢了。总的看还是涵泳本文、自抒名理之作。

一、解老的方法

张氏对历代老学,特别是对道教老学和以佛借老的作品,持一种批评态度。对所谓以文士之习解老,亦颇不以为然。他在江海所以为百谷王章中说:"老氏疵处在此。子由云:圣人欲上人,非欲先人也。盖人下之后之,其道不得不上且先耳。增饰之词,非其本旨。诸文士解老佛书,多类此。"这里说的老子之疵,当指老子接近阴谋论的说法,这些是朱子批评老子最厉害的地方。张氏此处以老氏之疵来讲,反对苏辙(即子由)等人的解释,说明他还是有正统意识的。

其自叙作者之意,《老子说略·序》中说:"老子明道德,盖将治身以及天下,与外常伦遗世事者异趣矣。先儒审辨源流,每有论驳,至清净不争之旨,则莫或异议。彼好之者欲以先六经,固不可。若概以浮屠神仙之属等斥之不已,过乎。"这里说的先儒,当指朱子等。所说的好之者,当指焦竑《老子翼》。又说:"注者纷纷,务矜新异,各以其胸中所见之老子为老子,非必西周柱下之老子,而老子殆将隐矣。"这里暗示了张氏要恢复老子的古意。又曰:"偶及是书,目力衰甚,苦不能读细注,浏览本文而已。读有未通,辄以己意占度,稍加一二言于句读隙间,觉大义犁然。迥视诸注勿计,不能读,亦已不欲读矣。"这里说的不能读细注,是谦虚还是真的不能读,或者对古注不以为然,已很难知晓。不过至少表明,张氏注老并未依据旧注,而多从本文,正如四库馆臣说的:"涵泳本文,自得理趣。"(《四库全书总目提要》)查张氏注解,涉及到底古注有韩非、苏辙、王纯甫、王弼、陆希声、开元疏、李息斋、薛君采、焦竑,一共十数条而已。可以看出他主要的参考是焦竑的《老子翼》,所引用最多的也是焦氏云云。这些引用大多是要疏通文义。总的看,他解读老子并不受以上各家影响,而能自述其意。四库馆臣的看法:"是编独屏除一切,略为疏通大意。""故不及纵横捭阖之谈,亦不涉金丹黄白之术,明白简当,颇可以备参览焉。"大致是对的。四库馆臣又引用张氏自跋云:"人问朱子道可道如可解,应之曰:'道而可道,则非常道,名而可名,则非常名。'朱子生平未尝解老,使其解老,此即其解老之法,亦即可谓解一切诸书之法。要在不执解求解,反之是书,以解是书而已。"他以朱子为据,未必合乎事实,不过可以看出这是张氏一以贯之的治学方法,回归本文,求诸原意。这和清初的学风是一致的。

二、朱子的影响

张氏解老自称"浏览本文而已",他并不重视历代的注老之作。不过,从内容来看,他重视对朱子对老子的解读,在义理上,理学的框架是他理解老子的重要资源。不过他没有像朱子那样过度贬低老子,而能看到老子的长处。

他引用朱子的看法有,朱子解说道可道章之徼,"如边界相似,说那应接处。盖事到尽处,必有相承接底。"又引朱子解说玄之意,"玄只是深远而至于黑窣窣地处,便是众妙之门。"载营魄抱一章引朱子解释魂魄之意。在张氏的解老中也可以看到理学的影响。张氏解说老子多次说到理,三十辐共一毂章,张氏注:"故天下之理,皆有之以为利,无之以为用。"曲则全章,张注:"凡物之理,曲者则可全,枉者则可直,窪者则可盈,敝者则可新,少者则可多,多者则可惑,此盈虚消息之一定者也。"这里所谓的一定者也,也就是物之理,这明显是理学的影响。在以道佐人主章中,他也提到"天下盈虚之理。"他在天下皆知美之为美章中,说"美与恶、善与不善,相为循环之理如此",也是这个意思。

总的看,张氏以理来说明"有"的一面,而对无的本体的一面,大多数的时候他没有以理学来解释。也就是说,理学的影响并没有像后来清代中期主流派发挥的那么大。稍微需要说明的一点事,张氏在其他的地方曾说:"道谓理。"(道生一章注)①按:这一说法和道为无的说法不一致,因为理不可能是无。张氏此处大概也是随文作注,他没有深入分析老子和理学的关系。总的看,在张氏的解老中,朱子的影响是有限度的。张氏对老子还是相当肯定的,这和朱子的看法并不一致。

三、有无互为体用说

张氏解老,在义理上并无大的创获,不过其解读老子有一个互为体用的架构,颇有意味,这里介绍一下。

张氏解说道可道章,谓:"故圣人之体道也,常体其无,将以观其无之妙;不离乎有,将以观有之徼。有无两者相为体用,本非有二也,特异其名耳。"张氏在本章末尾总结:"此篇全书之纲领,后凡言道者,皆观其妙也,常道也,无名也。凡言应事者,皆观其徼也,

---

① 张氏在此章特别说明:"此言生一生二与儒者不同。"他在这里也没办法统合儒道之说。

非常道也,有名者也。"这里的解说观无、观有,本无特异之处。其谓有无互为体用,则出于己意,非一般解老者所能言。无为有之体,有为无之用,这是一层,无人有异议。如果将有为无之体,无为有之用,这却出人意外。所谓互为体用,当有此意。张氏以此为框架,多处表达类似的意思。道冲而用之章,张氏注:"言或言似言象,皆不敢质言之也。此常无观妙之事也。"谷神不死章,张注:"此申说首章之旨。谷神不死,即所谓常道也。玄牝之门,是谓天地根,即无名天地之始也。绵绵若存,观妙之事;用之不勤,观徼之事。"道常无为而无不为章,张氏注:"道体本无,而应用则有。"道、物,无、有之间是体用的关系。

张氏注多次谈到道体云云,但并未像宋以来的解老者那样强调心,这是颇有意味的。他大体能体会老子论道之无的意思,"无者,道之本然也。"(反者道之动章注)不可说,不可言。所谓有,即万物。"盖道之本体,隐而难见,无所可名。及其发见于物,则惟道善贷而且善成。"(上士闻道章)万物即可道,可道之道,即是儒家所称的名理,"可道之道,与《中庸》之道,同人之所可循以为行者也。"(道可道章注)这里暗含了对儒道关系的理解。致虚极章,张氏注:"极言虚静之效,其入手处在观复。观复即首章观徼也。"这也是从"有"来论。不过张氏对此意说的并不详密,只是点到为止,故而难得其详。

四、老子思想在政治上的发挥:公私问题

这是张氏解说老子的特点。张氏使用这一观念,显然和理学的公私论有关。理学家多以公私来讨论政治,不过很少有人从公私角度讨论老子,张氏能看到此点,还是清新可人,颇有见地。在清初解老之作中,与船山、傅山解老有相同的意旨,确实可见老子的客观价值。

天地不仁章,张氏注:"天地未尝有私恩于物,但听万物之自生自死。"又:"圣人之于百姓,亦未尝用私恩也,但因民性之自然,而无以害之。"天长地久章,张氏注:"天地所以能长且久者,以其生物而不自私其生。"又:"心无私故能成其私而身以先身以存焉,亦理势之固然耳。"这是承认老子之理的客观价值。将欲取天下而为之章,张氏注:"天下本神灵之重器,不可以一人之私智强为之也。"民常不畏死章,张氏注:"司杀者法也。圣人立法,本乎天讨,不可以私意轻重其间,为废法任情者警也。"信言不美章,张氏注:"圣人之为圣人,无所积以自私,故常为人既已,为人已愈有。"张氏多次提到去除自私在政治中的意义,这是一般解老者不强调的。他看到老子思想在反对圣人即君主之私上有很大的发挥空间,敏锐的抓住这点,这是他解老的特点。

张氏解老,最后归结为"清静",序言提到"清静不争之旨",大成若缺章讲"清静之德",清静即是序言中所说柱下老子之旨,这是张氏探索老子的本意。虽说无甚高论,在晚明清初之时,也不失为清醒的见解。

五、简单的评价

清代解老者评论张作的不多,就我们所看到的,《四库提要》"涵泳本文,自得理趣"一语之外,只有李哲明《老子衍》引用一些,另外左少佐在李哲明《老子衍》序中提到"国初山东张稷若撰《老子说略》,理趣特长"一句。① 总的说,张氏解老,是清初老学的一个案

---

① 王继学《张尔岐的〈老子〉学思想研究》(山东大学硕士论文,2006年)认为,张尔岐的研究是对以前几百年老学传统的反动,具有开一代新风的划时代意义,在明末清初的老学史上占有重要一席。(39页)这些评价不太符合实际情况。

例,其自身的成绩并不突出。其直面本文的方法带来一些突破,但是不能开出新局面。因为回到本文,很多时候不过是字面上的解释而已。① 这一特点在《老子》下篇更甚,似乎不过是老子今译罢了。这既无考释派的专精,也缺乏系统的义理。张氏所期待的老子原意,并没有生发出来。不过,比较而言,张氏对老子的理解并无大的曲解,涉及到儒道冲突的章节,如大道废有仁义章、绝圣弃智章、将欲歙之章、上德不德章,他都能以原文的意思来解说,而不作掩饰,这是难能可贵的。

我们结合船山、傅山和张尔岐,可以看出老子在清初的大致特点。在晚明老学的背景下,还是有所突破。注重老子的政治意涵,能够在相当程度上客观评价老子,这些特点在后来主流派的解老著作中都看不到了。有趣的是,类似的特点在晚清李哲明、张其淦、胡薇元那里略有体现,大致都是直面本文,能够体会到老子的真实意味。只不过,老子的政治意涵在这些晚清人那里没有得到重视,相反大致还纠缠在儒道一致的思路上。这是晚清解老者和晚明解老者之间的差异。

---

① 张氏以解说本文为宗旨,不过有的地方也不能清楚明白,如善建者章,就自注:观身数语未详。

第二章 清初老学的典型:船山的老学

王夫之(1619—1692),字而农,号薑斋,又号夕堂。湖南衡州府衡阳县(今衡阳)人。晚年居衡阳石船山,世称"船山先生"。明清之际著名思想家。主要著作有《周易外传》、《黄书》、《老子衍》、《尚书引义》、《张子正蒙注》、《读四书大全说》、《读通鉴论》、《宋论》等。今人整理有《船山全书》。《老子衍》是船山研究老子的专著,是清代老学中的代表性作品。

船山在其著作中多次提到老子或者道家,不过专门研究老子的著作只有《老子衍》。据《老子衍》自序,该书写作于乙未年(1655),这一年船山37岁,流亡于湖南零陵、常宁、晋宁、兴宁一带。《周易外传》的写作也始于此年,[①]船山又于1656年3月完成《黄书》。这三部书是他早期著述的代表。船山写作《老子衍》后,曾经加以修订。据衡阳学署本及刘氏家藏抄本《老子衍》船山自序之后的补记,[②]船山称壬子年(1672)重订此书,后为友人借去,毁于

---

① 船山是先写作《老子衍》还是《周易外传》?《周易外传》成书时间是哪年?这些都不是很清楚。在《周易外传》之前,船山已经撰成《周易稗疏》(1649)。据《周易内传发例跋》,船山研究《周易》始于丙戌年(1646),有得于戊子年(1648),《周易外传》写作于乙未年(1655)。我们推测,是先写作《周易外传》,后来以《老子》为参考,而撰《老子衍》。《老子衍》成书很快,八月份即成书。《周易外传》成书时间不详,不过据《读四书大全说》多次称引《周易外传》,则成书当在《读四书大全说》完成之前,即1664年前。考虑到船山流亡湘南三年(1654—1657),则《周易外传》或在此时已经完成。

② 此补记,中华本点校后记(当为王孝鱼作)以为是船山之子王敔作,而《船山全书·老子衍》整理者杨坚认为作者为船山,今从后者。相关辨析参《船山全书·老子衍编校后记》。

火。戊午年(1678)其子王敔出所藏旧本施乙注者,乃复录此书。修改稿曾有后序,参魏伯阳、张叔平之说,已亡。依此,则船山曾有《老子衍》的修订本,唯毁于火,今所见者为早年的初稿。我们无法判断初稿与修订稿之间的异同。不过从船山的补记来看,修订稿似乎删去了经文之中他自己的和所引用的各家注解。而且,船山更惋惜后序的丢失,此序侧重道教资源,这是初稿中未涉及的。船山后来对内丹学有专门研究,或可弥补这一缺憾。

第一节 《老子衍》的概况

首为船山自序,曰:昔之注《老子》者,王辅嗣、何平叔合之于乾坤易简,鸠摩罗什、梁武帝滥之于事理因果,陆希声、苏子由、董思靖及近代焦竑、李贽之流,取彼所谓教外别传者以相糅杂。又曰:老子之言是老之自释,庄子又为老释。舍其显释,而强儒以合道,则诬儒;强道以合释,则诬道;彼将驱世教以殉其背尘合识之旨,岂有既与!又曰:夫之察其悖者久之,乃废诸家,以衍其意;盖入其垒,袭其辎,暴其恃,而见其瑕矣,见其瑕而后道可使复也。又曰:天下之言道者,激俗而故反之,则不公;偶见而乐持之,则不经;凿慧而数扬之,则不祥。三者之失,老子兼之矣。故于圣道所谓文之以礼乐以建中和之极者,未足以与其深也。又曰:世移道丧,覆败接武,守文而流伪窃,昧几而为祸先,治天下者生事扰民以自敝,取天下者力竭智尽而敝其民,使测老子之几,以俟其自复,则有瘳也。较之释氏之荒远苛酷,究于离披缠棘,轻物理于一掷,而仅取欢于光怪者,岂不贤乎?司马迁曰"老聃无为自化,清净自正",近之矣。若"犹龙"之叹,云出仲尼之徒者,吾何取焉!末题作岁在旃蒙协洽壮月乙未,南岳王夫之序。

第二章 清初老学的典型:船山的老学

案:船山自序中批判了历代老学,也对老子的缺失做了总结。他对老子的肯定,主要是对老子的历史智慧。他最后把老子归结为一个政治学家,而回到了汉代学者的看法上。总之,批判老子的道体说,使其归于正,同时发掘老子的历史智慧,这大致就是船山自序中的看法。当然,实际上,船山最终处理时要比这些看法复杂得多。

衡阳学署本及刘氏家藏抄本《老子衍》自序后有补记,曰:阅十八年壬子,重订于观生居。明年,友人唐端笏携归其家,会不戒于火,遂无副本。更五年戊午,男敔出所藏旧本施乙注者,不忍弃之,复录此编。壬子稿有后序,参魏伯阳张叔平之说,亡之矣。上巳日湘西草堂记。

关于《老子衍》的题名。衍,学者一般都解释为推衍。李申引船山《说文广义》,"衍,意思是水流入大海。《老子衍》,就是让《老子》这股思想的水流继续行进,找到归宿。用哲学的话说,是王夫之顺着老子的思维逻辑,把老子的思想展开,使它发展,贯彻到底,看能得出什么结果,从而暴露老子思想的谬误。"(《老子衍全译·序》)张学智也这样解释。① 船山在序言中说:"盖入其垒,袭其辎,暴其恃,而见其瑕矣,见其瑕而后道可使复也。"的确可以和学者的解释相应和。不过,这里有个问题。我们认真分析船山的解老内容,就发现他的序言和内容有不一致的地方(详后),序言重在批判,而实际的解说则多同情的理解,因而船山的"衍"并不是"暴露老子思想的谬误"。船山在处理第五章、十八章、十九章、三十六章和三十八章这些儒者最痛恨的文本时,并没有迎头痛击,反而基本上采取一种缓和冲突的态度,这和他在其他著作中的作法是不同

---

① 张学智,《王夫之衍老的旨趣及主要方面》,"衍,多就原文推论。"《北京大学学报》,2004年3期。

的。因而,如王孝鱼在《老子衍疏证》中说,"船山讨厌他(指老子)极了","这种荒诞不经的谬论是船山极力反对的"①,这样的说法,并没有理解"衍"的真实意思。"衍"是在老子的内在脉络中顺次而进,得出他创造性解释的老子之意。对船山来说,这些意思是不是老子本义并不重要。船山在后来解说庄子时说:"故不问庄生之能及此与否,而可以成其一说。"(《庄子通·自序》)和他解释老子的态度是一致的。从船山解说的老子学说来看,他的确是从老子的原文和传统解说中腾挪出来,而赋予老子一种全新的解说模型,其创造性不在河上公、王弼两条路数之下。这就是"衍"的实意。船山在《礼记章句·中庸》中说:"夫之不敏,深悼其所为而不屑一与之辨也,故僭承朱子之正宗为之衍,以附章句之下。"这里说的衍也是这个意思。推开些说,船山的写作整体上都是一种创造性的阐释,即所谓"六经责我开生面",这也即"衍"。

船山所用《老子》文本,未看出属于哪个系统,本子不分上下篇,应该是当时流行的普通本。《老子衍》经文中有注,包括船山自己的注和船山引用的历代注。船山虽然痛斥历代解老者,不过还是引用了很多注释(这些注释在修订本中似乎是删掉了),这说明船山的研究的确建立在对传统老学的深入理解上。其引用的历代注家包括:韩非,严君平(严遵),王弼,钟士季(钟会),李约,《开元疏》,赵志坚,陆希声,苏子由(苏辙),王介甫(王安石),吕吉甫(吕惠卿),刘仲平,王元泽(王雱),邵若愚,董思靖,张文潜,叶梦得,章安,吴幼清(吴澄),李息斋,薛君采(薛蕙)。这里并未回避他所批判的各色解老者,其中引用吕惠卿最多,有8条,李息斋4条,其他

---

① 见王孝鱼《老子衍疏证》,72页,162页,中华书局,2014年。这类说法很多,王孝鱼并没有看到船山对老子矛盾的态度。

大致1、2条。从这个引用的名单来看,船山应该以焦竑《老子翼》为基本参考书,同时也涉猎了道教老学的著作。经文下是船山的解说,即他的"衍文"。章题附于经文最后。船山的注不类传统的注解,而以解意为主,如"道可道,非常道"(一章),注:"常道无道。""前识者"(三十八章),注:"明非在内,取前境而生,谓之前识。"船山的注对理解衍文很关键。船山衍文较之传统的解老文字,以阐发大义为主,而不斤斤于解说经文。大致类似王弼,而更多跳脱的味道。后世学习船山此种解法的有易佩坤《老子解》,而精微开合则远逊之。船山的《老子衍》写作时间应该不长,大概在一年之内,或者更短。不过据他自序说"夫之察其悖者久之",则他阅读思考的时间应该不短。从《老子衍》中对庄子的引用来看,当时他对庄子也是非常熟悉的。再考虑到他长时间研究《周易》,我们可以把《老子衍》理解为船山阅读研究易、老、庄的一个初步成果,这构成了他日后成熟时期思想的基础。

第二节 船山写作《老子衍》的原由

我们首先要理解船山所经历的时代痛楚。如果不是站在今天的视角回看,晚明之清初一段时间,基本可以视作中国文化最大的溃决,用顾炎武的说法就是亡天下。(《日知录》卷十三)在正统儒者看来,士大夫寡廉鲜耻,民众穷凶极恶,整个文明世界都被野蛮的异族摧毁,真是天崩地裂的感觉。这一切是怎么发生的?又该如何在这个崩坏的世界自立?这些问题是船山一类人必须要面对和解决的。反思亡国之故,批判王学荡越,而求学术之实,这是当时的主流看法,如顾炎武、颜元、李塨、阎若璩等,即便如黄宗羲一系,虽为王学殿军,亦转向史学方向。船山也在这一洪流之中,王敔《大行府君行述》中概括说:"明人道以为实学,欲尽废古今虚妙之说而返之实。"这一说法是非常关键的。不过,我们要理解这里的实学不是颜、李所说的六艺之学,也不是顾炎武、阎若璩一类的考辨性经学,而是求"体"之"实"的学问(以及由体达用),和他所批评的虚妙之学类型不同,但在清人的标准下恐怕都是玄学。无论如何,船山的学问已经跨出宋明学问的基本范式,但又不同于清学主流,而自成系统。船山写作《老子衍》,是他早期著述的一部分。他从桂林逃回之后,在湖南南部流亡的那段日子,写作了《周易外传》(可能未完成)、《老子衍》和《黄书》,这是他思想的发端,也大致看出其学说的宗旨和方向:易、老(实际还要加上庄子)通治,①这是他论"体"的部分,发而为政论、史论,这是他论"用"的部分。执体以达用,由道而论治,这是他学问的基本格局。这是我们理解写作《老子衍》的前提。

学者一般会引用船山《读通鉴论》(1687年)中的说法,说明他写作《老子衍》的原因。② 其在《读通鉴论·梁武帝》中说:"概尝论之,古今之大害有三:老庄也,浮屠也,申韩也。三者之致祸异,而相沿以生者,其归必合于一。不相济则祸尤浅,而相沿则祸必烈。"这一观点在《老庄申韩论》中也有类似的表达,"圣人之道且以文邪匿而有余。以文老庄而有老庄之徒,以文浮屠而有浮屠之儒,以文申韩而有申韩之儒,而贼天下以贼其心者甚矣。"(《薑斋文集》)虽说以上的看法都晚于《老子衍》的写作,不过这些说法和《老子衍》

---

① 船山学术以易老为基石,这一点萧萐父已经指出,见《船山人格美颂——为纪念王船山逝世三百周年作》,《吹沙三集》,423页,巴蜀书社,2007年。

② 李申《老子衍全译·序言》之外,如黄丽频《王船山〈老子衍〉论老子缺失之省察》,《台北市立教育大学学报:人文艺术类》,2006年。

第二章 清初老学的典型:船山的老学

的自序对老子的评价大体相当。总的看,说船山是从思考异端学说源头的角度来清理老学,有一定的根据。不过,船山总的思想倾向和《老子衍》的写作并不一定是直接相关的。

我们认为,理解船山写作《老子衍》,还要考虑到如下两个因素。第一:此一时期的船山是易、老兼治,更切近的理由可能是老子有足够的理论空间可以和《周易》对释,进而展开以实为方向的本体讨论,并且讨论实际政治问题。第二:老子对于船山有一种现实的迫切性,有助于船山理解明清之变,也有助于他处理个人的出处问题。在《老子衍》中,我们经常看到船山深深的叹息,即使是解说古人,对于时局和个人命运,也常常抑制不住发身世之慨。"圣人知理势之且然,故哀天而目击夫化。化日迁而不得不听,听化而哀之也抑深矣。"(七十四章)五十章中则畅言"生地、死地"之可畏,这当与他几次濒死的经历有关。他也特别注意进退之机的问题(九章、六十九章),而不同意求仁之名的作法,"远其刑而居于无迹,犹贤于肖迹以失真乎!"(六十七章)。船山注解老子,有一种他自己都未明白意识到的动机,他必须解释自己为什么不像师友那样去殉节。从对《周易》观卦和老子"观"的讨论中,船山获得了一种处理出处、进退困境的理由,这是他由参与实际政治转向建构学术的关节点。① 当然,即使船山并无这样的意图,在其实际的文本中,我们还是可以看出这样的演进。②

---

① 关于《老子衍》中显露的身世之感,详见下文解说类型部分。关于"观"问题需要专门撰文讨论,相关的线索可以看《周易内传发例·跋》以及《老子衍》中的相关论说。简单的说,《老子》和《周易》中观的讨论给予了船山历史视野和退隐的合法性。

② 我们可以举一个例子,老子和庄子以及《周易》中关于公的理解,构成《黄书》中政治批判的理论基石。此点亦需专文讨论,此处不做引申。

理解船山写作《老子衍》,关键在于看到船山对老子存在一种矛盾的态度。阅读船山的著作,读者一般都会得到这么一个印象:船山对于老子充满了正统儒家学者的严厉批判态度,他的很多看法都和二程、朱子很相近。① 不过在《老子衍》文本内部,船山则对老子保持一定的肯定,也有精妙的发挥,从无疾言厉色之时。我们也看到,老子对船山思想有明显的影响。这一特点,在他解说庄子的时候也是如此。② 这一矛盾现象值得认真对待。他的批判和领悟一个是显,一个是隐。老子是必须要清理的危险的异端思潮源头,同时老子也是深刻洞察道体和历史的思想家,在船山人生的困境中给与了他洞察历史的智慧。如何处理这二者之间的平衡,是考验船山的重大课题,也是今天研究船山老庄之学的关节。

第三节 船山解说《老子》的类型

船山的衍与《老子》经文的关系,不是常见的注疏式的解说关系,也不是批判与被批判的关系(如王孝鱼所说),也不是对老子的误解(如黄丽频所说)。李申有一个比喻,就像"两个熟人之间的口角"(《老子衍全译·序》),这个比喻颇有意味,不过也不全面。我们现在看到的《老子衍》是船山的初稿,也是他最早的著作之一,因

---

① 船山在晚年写作《周易内传》时对老子仍旧持严厉的批判态度,其曰:"深有感于圣人画象、系辞,为精义安身之至道,立于易简以知险阻,非异端切盈虚消长之机,为禽张雌黑之术,所得与学《易》之旨也。"(《周易内传发例·跋》)这里的异端显然是指老子。他还是依据朱子的看法,把老子视作阴谋的渊薮。

② 这一点可以参看邓联合的文章,《庄生非知道者—王船山解庄的另一面》,《文史哲》,2014年。作者列出很多导致船山矛盾的原因,但是作者似乎忽略了这么一点,即船山正统观念和实际研究上的冲突。

而有不圆通的地方,有很多基于现实因素的额外发挥,与老子几无关系。不过,详察衍文,很容易看出来,他对老子的批评都很含蓄,更多的是对老子的精妙领悟和发挥。其融通易、老、庄,更是羚羊挂角,妙不可言。因而,船山衍文和老子经文之间存在较复杂的关系。这里对船山的解老做一个类型分析,以便了解大致的情况。

1. 常解

船山有的章节和主流的解老没什么不同,就是对经文作一般的分析和说明,未见什么超绝之处,与经文原旨最相符合。不过这样的解说不多。如八章、五十一章、五十二章、五十六章等。

2. 引其一点而发挥

船山解老基本都是引其一点而发挥,这一点往往能抓住老子一章的精神。这些发挥非常精彩,能够探其幽眇,非仅解说文字而已。《老子衍》大部分章节都是这一类型。比较历代的注老之作,这可以称作是"凌空"作解,自成一格。船山解说老子的这一特点,很多学者多注意到了,如王孝鱼、李申、黄丽频等。有关引起一点,这里略举几例,如三章解"使民不争"之"争",四章解"冲而用之"之"用",二十一章解"中"①,二十七章解"袭明"之"明",二十八章解"知、守",三十二章解"亦将知止"之"止",三十七章解"无名之朴"之"朴",四十一章以"善贷且成"之"贷"论道物关系,四十八章解"损、益",六十七章只引经文一"肖"字发论,六十九章解借"不敢进寸而退尺"之"进退"一语,发乘机之见,与九章遥相呼应。各解均源于经文,又能跳出,顾及上下,又自成一说。当然有时候,他

---

① 二十一章原文:"惚兮恍兮,其中有象;恍兮惚兮,其中有物。窈兮冥兮,其中有精;其精甚真,其中有信。"这里的中并非船山所发挥的"中"。船山何以如此不顾及原文呢?一个解释是,老子这一章描摹道体,是他所说的"凿慧而数扬之"(自序),他干脆不理会原文,借着一个中字,做自己的发挥。

的发挥未注意到经文其他部分，或者仅是个人的理解，和原文关系未必紧密。

3. 不相干

船山有几章衍文和经文几乎没有什么联系。仔细研究，和船山以己意释老有关，也和他的处境有关。这样的解说有十五章、十六章、三十七章、三十八章、四十五章、五十三章、五十四章、七十二章、七十八章、八十章。如十六章，发挥"为腹不为目"一句，全在"机"上着眼。五十三章，由"介然有知"之"知"字引申，这两章解说与原文关系都不大。五十三章斥"莽、操之奉尧、舜为竽，黄巾、赤眉之奉汤、武为竽"，则颇具时代痕迹。七十二章则全不顾原意，而自畅玄言。八十章亦然。五十四章则以经文中未见之"朋"字引论，隐隐可见船山痛惜晚明朋党之祸，一章之关节则在思考如何以道观解之。而如三十八章，为老子攘弃礼乐的代表文字，船山未去直斥，以"前识者"之"前"为关键，而述进退之理。其中"前者犯难，却者观变"八字，隐然有身世之感。而原文大意，仅以"德仁义礼之可名而不常者"一句带过。又如十五章："其徐俟之也，岂果有黄河之不可澄，马角之不可生哉？天下已如斯矣，而竞名者以折锐为功。久矣，其弃故喜新而不能成也！"此的为时势而发。四十五章化用《庄子·养生主》故事，以阴阳之患发论，"始于不依，终于不竞"，正是处乱世之道。七十八章解说与经文各说各话，解说以"攻"入手，其实则讨论心如何面对险阻。"行乎其所不得已，而不知坚强之与否，则险夷无易虑，无他，寓心于汗漫而内不自构也。"了解船山在南明小朝廷事迹的人一眼可知，此为船山痛楚之辞。船山在困苦之中解老，情不自禁发论。这些章节大多与出处进退相关，这是当时困惑船山的大问题。借助老子"观"的智慧，船山获得了大眼量，进而真正转身投入学术之中。

4. 批评

船山对老子的批评都在序言中,他在经文中的批评不多,且很节制。涉及到批评的有三十一章,批评老子不知礼意。四十四章,批评老子孤处远物。五十五章,批评以新生儿为本来面目之说。其他如五章、十八章、十九章、三十六章、三十八章,历代视之为离弃礼乐、暗藏阴谋的章节,船山大多作正面的解说,或者避重就轻。如十八章"大道废有仁义,智慧出有大伪",船山解有"善在己而败在物,谓之不公"一句,暗含批评,是呼应自序中的说法,不过全章仍旧是以庄子意为主来解说,并未大加斥伐。又如三十六章,是历来批评老子阴谋论的渊薮,船山只解"鱼不可脱于渊"两句,而不及其他。总的说,船山是严肃对待老子的正统儒者,这与朱子的蔑视态度还是差别很大的。[①]

这里的分类和举例未必都精准,不过大致可以看出差异。船山解老还是重在发挥,这是他"衍"的体例决定的。有时他不屑斤斤于原文,而自抒名理。总的看,《老子衍》解说和经文是并行的两条线,相互交映,又若有若无,解说探赜索隐,又自成系统,形成和经文的"对话"。前人说,不是郭象注庄子,而是庄子注郭象。拿来类比,船山的衍文和老子经文的关系,颇有些相像。如果把衍文视作传统注疏体来读的话,很多时候是不得要领的。以上是从形式上来分析的,至于船山对老子思想改造的内情,其发挥与老子原意的远近,详见下文。

[①] 朱子曾自矜说,他要是注解老庄,一定超出古人,只是不愿去作罢了。见《朱子语类》,卷一二五。

第四节　船山解说老子中《周易》、《庄子》的因素①

船山直接引用《周易》的文字不多,《周易》的意义在于给予老子解释一个"实在性"的模型,其中往来和阴阳的说法就破除了老子以无为体,易道与文明相贯通的思路则修正了老子反文明的倾向。《周易》对于船山解老来说,把老庄思想中偏于清虚以及超离的倾向转为健动、在世的方向,"生生之谓易","天行健"的健动性,船山把这赋予道体。"夫迎来以强,息往以弱,致用于动,不得健有所据,以窒生机之往来。"(四十章)简单说,把老庄拉回了世界之中,同时保持了其几微流动之整体性的特质。这是船山的创造性所在。船山引用《周易》的有"朋亡"(五十四章),"艮背"(二十五章),"艮其限、列其夤"(三十五章),"先天、后天"(三十二章)"先时、后时"(二十二章)。船山多次使用"往来"的说法(二十一章、二十五章、四十章、六十四章等),其取自于《周易·系辞》"憧憧往来,朋从尔思"、"一阖一闢之谓变,往来不穷之谓通"。"往来"在《老子衍》中有一种虚实互动的意味,取代了老子的"生",是船山借来解说、改造老子思想的关键。②

庄子中有大量引用《庄子》中的文句,也以庄子的思想解说老子,船山在自序中已经明白说出来。借助庄子来解读老子,这是理解船山解老非常关键的地方。船山引用《庄子》的地方非常多,约

---

① 关于船山的庄子研究,参方勇先生《庄子学史》十六章,人民出版社,2008年。

② 船山也大量使用阴阳的概念,此语出现在老子中(四十二章),一见而已。船山把它作为阴阳之气来理解,这还是在老庄的语境下,与《周易》的阴阳观念似乎有距离。

第二章　清初老学的典型：船山的老学

略统计,有如下:章甫适越(十五章),出于《逍遥游》。御风泠然善(五十章),出于《逍遥游》。善无近名(六十七章),出于《养生主》。批却导窾(五十九章),出于《养生主》。无门无毒(三十六章),出于《人间世》。相争以名,阴阳之于人固然(六十一章),此化用《人间世》之意。阴阳之沴(四十四章、五十三章),出于《大宗师》。彼恶知礼意(三十一章),出于《大宗师》。捕亡子(二十二章),逐亡子(四十七章),出于《天道》。单豹,张毅(三十三章),出于《达生》。吹剑首之映而已(七十三章),出于《则阳》。盗跖,鲍焦(七十四章),出于《盗跖》。饮天地之和(十八章),此化用"饮人以和",出于《则阳》。船山亦多引用《庄子·逍遥游》之游,如三章、七章、十四章、二十三章、二十六章、二十八章,三十五章,四十六章,七十二章等。还有机,庄子多以机发论,如机发于踵(《大宗师》),《老子衍》中如一章、九章、十一章、十二章、二十一章、二十四章、三十一章、四十章、四十六章、五十二章、六十八章,皆论及机。还有忘,此为《庄子》独有概念,见于十七章、三十一章、七十一章。还有和,船山解作:"内不自构,和之至也。"(七十八章)此可见《德充符》之意味。① 其中尤以引用《齐物论》最多:同异(十七章、五十六章)。彼此(十七章、二十章)。儒墨是非之争,坐而照之,道固自一(七十九章)。和是非而休之以天钧(六十二章)。休之以天钧(八十一章)。乃入于寥天一(六十六章)。以明(六十五章)。寰中(五十九章)。游环中,环中以游(二十八章)。船山不仅是引用文句,还以庄子的齐物思想解说老子,如二十八章、五十九章、六十

---

① 和,《老子》《中庸》亦多论及,船山使用意义也较多,故不多引述了。

六章、七十二章、七十九章、八十一章，可看出明显的庄子气息。①船山还惯用庄子的吊诡方式来发论，而引致一种回环幽眇之思。"孰知其不相知而相因也，肝胆之即为胡越乎？故同其异，则胡越肝胆也；异其同，则肝胆胡越也。"（七十五章）此绝为庄子口气，试比较一下："自其同者视之，肝胆楚越；自其异者视之，万物皆一也"。（《庄子·德充符》）又如："故真莫尚于无实，信莫大于不复，名莫永于彼此不易，而容莫美于万一不殊。"（二十一章）"以为无用，而有用居然矣；以为有用，而无用居然矣。终日散而未始不盈，徼息通而蠕然似有。"（三十七章）"方且无之，故方且有之。"（五十四章）另外，船山两次提到重玄（三十三章、三十七章），当与《庄子》成玄英疏有关。船山的思维方式明显受到庄子、重玄或中观的影响。庄老异同本来就很复杂，庄子的确在很大程度上修正了老子的超越之道模型。这一点现代学者讨论的非常多了。庄子相当程度上理顺了老子，而倾向一种道物不二、虚实不二的思路，特别是《齐物论》、《秋水》等篇引致一种整体论的框架，这对船山解老极为关键。说庄子是船山修正老子的助力，应该问题不大。甚至可以说，道家之于船山，庄子的影响大于老子。

总之，船山解老是在易、老、庄兼治的背景下完成的，他借用《周易》和《庄子》完成对《老子》的解释。反过来说，他的老学研究也促进了他对《周易》的理解。这些经典的交互影响构成了他早期思想的基本脉络。

---

① 船山之于《中庸》，主要是吸收中和的观念（见自序）。不过，中、和也是《老子》、《庄子》和《周易》的主要观念。这里不再专门讨论《中庸》和《老子衍》的关系。

第五节 《老子衍·自序》对老子思想的判定

船山对老子的批判，除了上面提到的材料外，《老子衍》中最具代表性的是自序中的三句话："天下之言道者，激俗而故反之，则不公；偶见而乐持之，则不经；凿慧而数扬之，则不祥。三者之失，老子兼之矣。"这是船山对老学的总评价，老子的缺失大体都在这里。

这三句话很突兀，而船山在《老子衍》经文的解说中也没有按照这样的思路去论述，这就使得如何解释这三句话变得很有难度。台湾学者黄丽频以船山的思想为背景加以解释，①我们觉得似乎未注意到船山序言和内容之间的不一致，把船山的思想特别是后期思想过度引入对此三点的解说上。我们认为，这三点基本代表了船山对老子的"旧"认定，而这一认定更多是受宋儒特别是程朱的影响，延续了正统儒者的异端说。同时，船山在《老子衍》正文中则给予老子一个"新"解说，从而保证了老子学说的非异端性（至少没那么强烈）。因而，三句判断只是《老子衍》的准备，而不是我们理解的钥匙。要理解船山对老子的新理解，还要进入正文中去。这里，我们先试着分析一下船山的这三个判断。

"天下之言道者，激俗而故反之，则不公。"这句话就是对老子批判礼乐来说的，如十八章、十九章、三十八章、八十章。船山以为，老子批评礼乐的理由并不是完全否定礼乐，否则就是激俗而故反之，即激于世俗中的表面现象就故意完全反对礼乐，这就不公道了。十八章解："善在己而败在物，谓之不公。"船山认为老子割裂己、物，以己之善而败弃外物，这是不公，正当的态度应该是"己生

---

① 黄丽频，《王船山〈老子衍〉论老子缺失之省察》，《台北市立教育大学学报：人文艺术类》，2006年。

贵而物生不逆"（三十四章）。批评老子攘弃礼乐，这是历来儒者的常论，船山大致也在这个思路中。他强调体与礼乐之间有合理的关联性，即"文之以礼乐"。作为儒者，船山自然强调文明的正面价值。在《周易外传》、《思问录》中也有这样的说法，"礼乐德行，相为终始。""然则无礼之则而言尚行，无乐之意而言养德者，其为异端可知已。"（《思问录》）正统和异端的区别在于是否坚持德行和礼乐的正面相关性，这应是船山一贯的态度。

"偶见而乐持之，则不经。"这句话是批评老子对道体的理解的，应该主要就老子的"无"而发论。"老氏有生于无自然之论，不识有无混一之常。"（《正蒙注》）船山从有无之论把握老子，他认为这是区分正统和异端的关键。把老子和佛教捆绑起来，这是韩愈以来的传统做法。其根据就是老子讲无，佛教讲空。老子把体视作无，这的确有所洞见。船山以前很多理学家都承认这点，比如二程，他们称之为有体无用。船山在《思问录》中也是这样的看法，"佛老之初，皆立体而废用。用既废，体亦无实。"故而，依船山，老子偶有所见，还不错，不过看到一点就乐持之，这就不够妥当了（不经）。

"凿慧而数扬之，则不祥。"这句话是批评老子解说道体方式的。船山认为老子过分渲染道，描摹虚无，而这是枉费工夫的。所谓凿，"凿者，理所本无，妄而不诚。"（《正蒙注》）所谓慧，船山批评释老云："力其心不使循乎熟，引而之于无据之地以得其空微，则必有慧以报之。"（《思问录·内篇》）这些可以反过来证明，"凿慧而数扬之"，即是强求无据的慧觉。老子讲道的时候一方面说道不可道，一方面又大量的描摹，如十四章、二十一章、二十五章，这的确是有些自我矛盾,白居易就写诗讥讽他。① 用禅宗的话说,这是拨弄光景。船山对相关章节多作修正,如以有间、无间来分析道物关系,有的章节干脆假借文字另作发挥(二十一章)。在船山看来,老子描摹道体的作法,会把理解引向一个说不清道不明又不在这个世界的境地,必之不详。所谓不详,就是说这一做法会把人拉离这个世界,陷入迷惘不安。这是船山无法容忍的。船山经历了大溃败时代,早年出入于险阻,他不能接受方以智式的逃禅,而要以儒者的姿态直面世界。表现在思想上,他要把老子拉回这个世界。

最后,船山的结论是:"故(老子)于圣道所谓文之以礼乐以建中和之极者,未足以与其深也。"这里的关键是中和之极,或者就是中和二字。② 有中和,再文之以礼乐,这就是儒家秩序。而老子之失就在于谈论体未看到中和的意义,而失之偏颇,又不能联系礼乐这样的文明内容来谈,故有此三失。这三点暗含了回避、逃离现实的态度,这是船山绝对无法容忍的。在《老子衍》的正文中,船山的解老就是从对治老子的这三点出发,而以中和为归处来展开的。

关于船山对老子的这些批判,今天的学者一般会为老子辩护,而指船山过分扭曲了老子本意。③ 我们是同意这一看法的。这里只需要指出一点:古典社会是以民众教化为前提的,而教化的前提是捍卫正统,同时也对知识精英提出严格要求。今天不大能体会到教化的重要性,这些是船山一流人非常关切的东西。如何晏、王

---

① 参钱钟书《管锥编》老子,56 页,中华书局,1986 年。

② 中和,并不仅仅是《中庸》的说法,也是老子特别是庄子和《周易》的说法。船山是在易老庄和《中庸》的基础上讨论中和的,这是一种流动而玄微的中和观念,是他解老的宗旨。船山后来在《读四书大全说》中对《中庸》的中和问题有深入讨论,《老子衍》时期的中和问题当为一发端。

③ 如黄丽频文中对此的评论。也有网络上不知名作者的类似评断。

弱这些人物今天是"哲学"研究的重点,没有多少研究者关心这些人的政治影响,以及对于亡国要负什么责任,而这是儒家学者非常关注的。在纯哲理的角度上,船山对老庄并不是否定的,他在《老庄申韩论》中也承认,不能拿何晏、王戎之流的过失来归罪老庄。所以,对待老子的实际影响做批判和对老子的哲理作吸收,二者之间似乎也并不是完全冲突的。但是,在船山那里,还有一个正统和异端的划分,这大大强化了船山解老的内部冲突。当船山面对国破家亡的困局时,他不由得痛恨一切导致灾难的思想根源。他也接受韩愈、程朱以来以佛老为异端的看法,力辟之而后已。这种以佛老为异端的说法在船山的写作中特别多,在这点上,《思问录》和朱子《近思录》几乎没有什么区别,可以说这是船山保持到底的态度。但是他在面对老庄的文本时,他又能够深刻领悟其中的精妙,看出其中批判儒学的合理性。这些我们在阅读《老子衍》和《庄子通》、《庄子解》中看得非常清楚,他绝不像朱子那样冷峻敌视老子庄子。船山在专门注解老庄时,能心平气和,循理而释。而一旦脱离了原始文本,进入了历史和文化脉络中,他就不能不痛斥老庄的恶劣,认为他们要为天下崩坏负责。

思想家究竟要为历史负多少责任(韩非要为焚书坑儒负责吗?尼采要为奥斯维辛负责吗),这恐怕是很难说清楚的话题。老庄的价值不会因为船山的批判而减低,船山的指责更多表达的或许是他的愤怒。我们需要注意的只是:船山对老庄是异端的判断和他对老庄的深入理解构成了内在冲突。他的确深入理解甚至某种程度上接受了老庄,但是他的政治正确性和时代激愤却妨碍了他承认这一点。于是他在写作上就出现了明显的冲突。这是那个时代正统儒者在面对老庄时的尴尬处境。船山在《序》中对老子是批判的态度,但还这一态度在《老子衍》衍文中则发生变化,以一种更具

"同情的理解"的方式展开。

第六节 《老子衍》正文对老子思想的改造

船山在序中对老子是批判的态度,《老子衍》正文则以一种"同情的理解"的方式展开。他固然修正老子,但都在深刻理解的基础上,因而并不突兀,能自成一体。在船山的新解之前的老学,一般是按照以无为体的思路来理解老子的,即以无为体,道生万物,虚无为万物之本。船山最初也是这样理解老子的,但是他不满意这种解释。他要把"道物二分、道优先于物、无优先于有"的结构改造为道物不二的模型,即道物不二、理气不二、道器不二,而发世界之为虚实掩映、动静相涵的新见解。同时,船山推衍老子有关机微的洞见,并以中和来校正,而创发一历史性的政治智慧。这是船山老子新解的大貌。

一、否定作为虚无之体的道

在老子那里,道之为超越的一极,总是和对物的优先性和给予性相关,道物构成一种纵向的"生"的关联。首先就是天地之始的问题,老子在第一章明确提出"无名天地之始,有名万物之母",其后又有"天下万物生于有,有生于无"。始是道超越于物的关键,只要肯定一个万物之前的"始",道的层级就一定高于物,道与物就不可能是同一层级的。后世解老者多以道为优先的超越者,更以无为体来解释之,王弼如此,宋儒批判老子亦如此。船山则痛击此种路数。

船山首先否定这个"初始"的观念。"有无相禅相续,何有初终?名有则失无,名无则失有。"(十四章)他使用《周易》中"大始"

即太始的观念。"言始有三:君子之言始,言其主持也。释氏之言始,言其涵合也。此之言始,言其生动也。"(五十二章)这是船山对"始"的解说,"生动",是就活动性而言的,已非老子原意。"观于其异,则有无数迁;观于其同,则有者后起,而无者亦非大始也。"(一章)"因于大始者无名,止于已然者有名。然既有名而能止之,则前名成而后名犹不立,过此以往,仍可为大始。"(三十二章)这些根本还是要否定老子"始"之为"初始"的意味。这些观点在《周易外传·系辞上》有类似的表达。四十二章经文"道生一,一生二,二生三",《淮南子》以下至严遵、河上公,皆解为一个生的序列,船山则把道、一、二、三、万物解释为两层,"夫得一者无一,致和者无致。"①也是这个意思。船山既然打破了道的优越性,自然就会对道物关系有新的理解。他把道物关系从纵向的创生改造为横向的隐显,借鉴《周易》中往来的说法,船山把道"生"物解释为物在不同形态之间的变化,而这一变化是一体的。注解四十章"反者道之动"之反:"方往方来之谓反。气机物化,皆有往来,原于道之流荡,推移吐纳,妙于不静。"(四十章)反的解释是一个新见,船山不断重复这个意见。往来说给予道物关系一个新解。如:"物与道为体,而物即道也。物有来有往,有生有反,日饮于道,而究归于未尝或润;日烛于道,而要反于未之有明。"(四十一章)"若夫道.含万物而入万物,方往方来,方来方往,蜿蟺希微,固不穷已。"(四十章)即是表明道与物并不是二分的,二者是同一层次的,船山后来以气论解决了这个问题。明显可以看出庄子、张载和船山在气论上的延续性,都是道物、道器不二之整体论,虚实相映的"一个世界",船山做的

---

① 船山在《思问录外篇》中专门批评了老子"一生二、二生三"之说,而以为"天地之化,迭相损益以上下其生",与《老子衍》中的说法一致。

就是回到世界之中。① 同时期的《周易外传》中有天下唯器说(卷五),批评安立一体(卷二),与解说老子都是一致的。船山的这一思路应该从明末以来的去实体化思潮中理解。②

同时,船山否定道之虚无性。道体之为虚无说,这是后世对老子最主要的攻击。坚持此点,即是道家(或者道教)。否定此点,即是非道家。在船山看来,有无之说是区分儒释道的关键,必须否定道之为无的解释。"庄老言无,言体之无也。浮屠言寂灭,言用之无也。"(《张子正蒙注》卷九)不过,船山给的解释更接近庄子,总的看还在道家的解释空间之内。在解释"天下之物生于有有生于无"时,船山认为:"当其排之而来则有,当其引之而去,则托于无以生有,而可名为无。故于其反观之,乃可得而觌也。"这是对老子"有无"的新解,就是说,并没有一个"无",无是万物往来不穷时的托名,可以窥见"生机之往来"。这个意思可以这样表述:"无者,用之藏也。"(十一章)无总是和生生之用相联系。船山晚年认为,谓有生于无或者无生于有,皆为戏论。故而只能言幽明,不能言有无。(《思问录·内篇》,又见《张子正蒙注》)又说,"人之所见为太虚者,气也,非虚也。虚含气,气充虚,无有所谓无者。"(《张子正蒙

---

① 所谓回到世界中,比如承认欲望。"甘食悦色,天地之化机也,老子所谓犹橐籥动而愈出者也,所谓天地以万物为刍狗者也。"(《思问录·内篇》)"天下之理得,则可以给天下之欲矣。"(《思问录·内篇》)"道亦德也,德亦功也,功亦名也,名亦利也,利亦欲也,欲亦道也。"(《庄子通·应帝王》)这种态度和程朱严分理欲大相径庭,而与庄子"道在屎溺"的思想接近。

② 船山受晚明思想史上的去实体化思潮影响,陈来、严寿澂都有过分析。陈来,《诠释与重建——王船山的哲学精神》附录,《元明理学的"去实体化"转向及其理论后果——重回"哲学史"诠释的一个例子》。严寿澂《船山思问录》导读五,《从明代理学的发展看船山思想》。

注》)这是他一贯的看法。他说:"今使言者立一无于前,博求之上下四维、古今存亡而不可得穷矣。寻求而不得,则将应之曰无。姚江之徒从之。"(《思问录·内篇》)此处说的姚江之徒,即阳明后学。看来,船山对老子的无的否定,不仅是继承了程朱以来对老子的批判,更有对阳明后学厌恶情绪的影响。他认为,最根本的是无间和大始的这个"大朴",这不是唯"物"的,也不是道"涵"在世界中,而是这个世界本来就是流动的道体或者万物之体。① 这一看法是他的关键,他把视野拉回了这个世界,这也是他政论史论的基石。② 船山在这个时期还没有真正建立气本论,③不过气本论的架构在对老子的解说中已经隐隐可见。当然,船山对老子的这些改造是以老子以虚无为本的前提下的,晚明儒者一般认为这是悬设一体的戏论。这种理解是否是老子原意,这里不加讨论。

---

① 船山的哲学思想一般称作气本论,严寿澂称作一元而二分的气化论,这应该是更准确的概括。严说见《船山思问录》导读,上海古籍出版社,2004年。

② 这可以参看《周易》《老子》论政论史之于《黄书》的关系。略举几例,"观初始于天地者,岂不大哉。(《原极》第一)""岂有私神器以贻曾玄之心哉。"(《古仪》第二)"圣人官府之,公天下而私存,因天下用而用天下,故曰'天无私覆,地无私载',王者无私以一人治天下。"(《宰制》第三)"所以助天而保和太和者,始于大公而终于至正也。"(《慎选》第四)"恶有为天下王者自爱而制人,可以宰制九州,建千祀者乎?"(《任官》第五)"天地之气,辅其自然而循其不得已。"(《离合》第七)"非察消息,通昼夜,范围天地而不过者,又恶足以观其化哉!"(《离合》第七) 又颇引老子大制不割、天下神器之说,皆可与《老子衍》相呼应。

③ 船山谈到了气,但是所说的气并不是体,对横渠的太虚说也不以为然。船山晚期接续横渠而以太虚为归旨,是对早期理论的修正与延伸。

二、道体之动

道是动的,体是动的,这是船山解老的根本洞见,也是他晚年"太虚说"的前奏。道是老子的中心观念,人所共知,《周易》也有"一阴一阳之谓道"、"阴阳、动静"的说法,不过"道"这"体"是"动"的,这绝无人能言之。[①] 道是动的,故绝非虚无之体,而有创发之功。船山批评老子言道"凿慧而数扬之"(自序),故其解释道皆从物之变入手,在事物之变中言道,"物与道为体,而物即道也。物有来有往,有生有反,日饮于道,而究归于未尝或润;日烛于道,而要反于未之有明。无润无明,物之小成;不耀不流,道用自极。"(四十一章)"夫迎来以强,息往以弱,致用于动,不得健有所据,以窒生机之往来;故用常在弱,而道乃可得而用也。动者之生,天之事。用者之生,人之事。天法道,人法天,而何有于强?然而知道体之本动者鲜矣。唯知动则知反,知反则知弱。"(四十章)这即是以物之动推出道体之动。"此之言始,言其生动也。夫生动者气,而非徒气也。"(五十二章)"夫生动者气,而非徒气也"的说法和晚年讨论

---

① 道体是动的,如何以现代术语解说,本文无法展开。大致而言,牟宗三讲到的"即存有即活动"(《心体与性体》一)去掉"存有",即是活动。在熊十力、吴汝钧的著作中都显示了这种哲学思路。我们认为,活动性是先秦乃至中国哲学的根本特质。在宋明时代晚期,船山复活了这一传统。

太虚时何其神似。船山所说的道体之动不是动静对举意义上的动,①乃是道物一体之体动观。船山有八个字,极为精妙:"生息无穷,机漾于渺。"(同上)这个大致可以帮助我们了解体如何是动的。唯此实为玄妙脱物之说,故终究靠慧智领悟。德性之动,这是道体之动的主体化。这一点谈到不多,但是是后期船山讨论"日新之性"的先声。和这一思想相呼应的,船山在《周易外传》卷六中说:"太虚,本动者也。"这里的太虚并不尽同于晚期思想中的太虚,不过其表达的意义是很清楚的,"体"具有活动性。船山晚期讲"太极动而生阳,动之动也;静而生阴,动之静也,"(《思问录·内篇》)与解老时相同,这说明易老通治是船山成熟思想的基石。

承认体是动的,这是船山思想格局脱出程朱、陆王回归先秦的关键。朱子的理肯定是不动的,阳明的心体可以活动,②但是心体和物以及历史难以建立内在的贯通性。唯有道体为动,一切才活起来,才能根本解决道物为二的问题,道物问题才可以转化为虚实、有无问题,这样就可以否定虚无说同时又不流于经验的实在论(如颜李学派)。这是船山思想的根本点,引发了一系列的变革,而

---

① 关于动静,五十章衍文中有一番复杂的说法:"死于动者,能不静,而不能静于动也。静于动,则动于静,动静两用而两不用。静于动,则动可名为静;可名为静,静亦乐得而归之;所谓守静笃者此也。动于静,则静可名为动;可名为动,静与周旋而不死;所谓反者道之动者此也。"又曰:"摄生者其用在动,之死者其用亦动。"这是船山借"出生入死。生之徒十有三,死之徒十有三"来发挥的。动是从经文"动之死地者"之"动"来的,但与原意已不同,而专指动静之动。船山依据自己的道体自动说来解释老子,衍文其语缴绕,其意则明:一般动静两者对列,但是船山认为动静不二。其他还有"实元动也"、"静其动"(六十一章)的说法。

② 牟宗三说,认为明道和阳明的道体是即存有即活动的,见《心体与性体》卷一,导论,上海古籍出版社,1999年。

这一突破与老子有很大关系。

三、虚实掩映、动静相涵的世界

一般的我们会用道物不二、道器不二来说明船山的思想,①不过细察船山《老子衍》,他习惯上以虚实来表达,世界有形有气(六十章),这是实,而其后还有无间的"虚"。有时候还有动静,有时以"一、万"来表示(二十一章、三十九章),有时也用"有、无"来表示。一即老庄所说的一,万即万物。虚实、动静两层一体,这是船山基本的解释架构,这和庄子关系很大。船山认为,放开有、实、名的一层,而探求虚、无、无名的一层,这是打破困局的关键。② 这的确是道家的智慧。③ 试举几例。

> 众实求给,一虚无间。(二十七章)
>
> 苟知实之有虚,因而袭之,则祈距万变,而我志无不得。(四十三章)
>
> 无首无尾,至实至虚,制定而清浊各归其墟,赫然大制而已矣。(二十八章)

---

① 萧萐父、许苏民《王夫之评传》第三章,南京大学出版社,2002年。
② 笔者曾以两层一体来概括庄子的思想,船山解老有庄子的这一特征。
③ 陈赟在海德格尔思想的参照下,从时间性的角度对船山做了阐释,其发掘本体的显隐维度值得关注。"如果说,有无的思考范式总是把我们引向寻求世界之最终依据的态度,总是把我们导向某种形而上学的造物主,那么,显隐的视野则把我们引向世界本身。"导言7页。"真实的存在展开为天道和人道的交互作用,换言之,真实的存在是天道意义上的存在和人道意义上的存在的统一。"导言8页。参《回归真实的存在—王船山哲学的阐释》,复旦大学出版社,2007年。

这即以虚实两层来描述世界。这个意思有时用无间、有间来说明。

> 物有间,人不知其间,故合之,背之,而物皆为患。道无间,人强分其间,故执之,别之,而道仅为名。以无间乘有间,终日游,而患与名去。(十四章)
>
> 形象有间,道无间。道不择有,亦不择无,与之俱往。(二十五章)

道即是虚的一层,故而无间。物即是实的一层,故有间,有形有气。二者实际又为一体,"以无间乘有间",显隐不二,共成一世界。

经由对老子虚无之体的否定,对道体"动"的规定,船山呈现了一个虚实掩映、动静相涵的世界。这也是船山解老的主旨,即重新回到世界。船山真正领悟了道家放下自我的洞见,肯定世界的"客观性",世界是"大物","神器","天钧","大制",不是能尽知的,不是能操弄的。这些对认知和政治的理解有很大影响。在船山之前,无论是空、无、天理、心体,都和现实界构成对偶关系,这是船山要反对的。这是"一个"世界,[①]整个的世界,虚实掩映的世界,机微不断呈现开展为历史的世界。《周易外传》有理气互充之说,也是这个意思。参考一下船山晚年的理解,"人之所见为太虚者,气也,非虚也。虚涵气,气充虚,无有所谓无者。"(《正蒙注》)又:"老氏有生于无自然之论,不识所谓有无混一之常。"(同上)太虚与气相

[①] 李泽厚有中国思想是"一个世界"的说法,这是非常有洞见的看法。参《论语今读》,28页,三联出版社,2008年。

涵,有无混一,即虚实掩映、动静相涵之意。这是对理学模型、心学模型的否定。

四、流动的知

世界之为虚实掩映,故不可尽知。"天下不胜知也。知而施之,则物之情状死于己之耳目,而耳目亦将死于情状矣。"(五十三章)此谓知之限度。船山特别反对依赖以往经验而下判断,他称之为"前识","前识者,明非在内,取前境而生,谓之前识。"(三十八章)这是最危险的,"詹詹然以前识之得为墨守,则日见益而所失者积矣。"(四十八章)三十九章衍文讨论了"一"与"以"的差异,"愚者仍乎一,而不能以;智者日以之,而不能一。以者失一也,不一者无以也",其大旨在于说,执于"应该"的作法是误导的。故而他主张"不以识之锐抵天下之巇。"(三十八章)这里似乎暗示了他不像师友那样殉明,在于后者以识抵巇,即无法理解历史巨变,唯有一死报君王。他不做这样的殉名之人。

知与不知的关键在于由有名转向无名。"因于大始者无名,止于已然者有名。"(三十二章)名总是和有形相关。"函道可以自适,抱道可以自存,其如鱼之自遂于渊乎!有倚有名,唯恐不示人,则道滞而天下测其穷。无门无毒,物望我于此而已。"(三十六章)无名才是知的真谛,这是一种新型的知。船山主张一种在世界中游历的知,这赖于一种多视角的"观"。"府天下以劳我,唯其知我;官我以割天下,唯其知天下。夫岂特天下之不胜知?而知者,亦将倚畔际而失迁流。"(七十一章)倚于畔际,即是有名有形的知;顺迁流,此是一种流动性的知。"圣人知其然,阴忿阳忕之变,坐而消之,天固自定;静躁寒热之反,坐而胜之,身固自安;儒墨是非之争,坐而照之,道固自一。"(七十九章)此即多元视角,而得世界之全。

看得出,这和庄子有很大关系。

船山对知的理解明显受道家影响,而不同于朱子和阳明。朱子和阳明都同意体是可以最终把握的,承诺"豁然贯通"为最后成就(《大学章句》)。船山主张体不可尽知,唯因顺之,其解庄子"参万岁而一成纯"即有此意,其历史意识亦由此展开。较之前代的儒者,船山少了明显的乐观精神。

五、机与因

世界不可尽知,人能把握的就是世界的几微之变,则察其机变为根本。船山用机来表达,他也会用几这个字。① 机,出于《庄子》,几,出于《周易》,都是对活动性的描述。船山在这里有非常深的《周易》和《庄子》的味道。道体本动,物必然也要动,而这一动一定是虚与实的互显。一般就能把握的当然是外在的实,而真正的要点在虚微的时候,这里的关键是机。我们认为,这一点是船山解老的精髓,也是先秦时代各家共享的哲理,是区别于宋明时代思想的关键。

何为机?机为两端之反。"天下之变万,而要归于两端。两端生于一致。"(二章)两端是世界之变的基本态势,而两端之间的"反"最关键。"两垒立而善守其间,两端驰而善俟其反。"(三十七章)机也就在反之中,"万物并作而芸芸者,势尽而反其所自来也。"(十六章)机微之动是一切的关键,安危系于此,"一机之动如蚁穿,而万杀之争如河决。故有道者,不为福先,而天下无祸。岂强室之哉?明于阴阳之亢害,而乐游于大同之圃,安能以己之已知,犯物

---

① "道自有此四几。"(六十四章)"目以机为机,腹以无机为机。机与机为应,无机者,机之所取容也。"(十二章)

之必害者乎?"(四十六章)此与晚年在《思问录·内篇》中论"道莫盛于趋时"意同,不过后者换作《周易》的语辞。又如:

> 道盈于向背之间。有所向,斯有所背矣。无所向,无所背,可名之中。乃使人贸贸然终日求中而不得,为天下笑。无已,姑试而反之。反非中也,而渐见其际。有欻乎,如光之投隙;有约乎,如丝之就络。物授我知而我不勤,乃知昔之逐亡子而追奔马者,劳而愚矣。(四十七章)

此章解即深知老子无为之意,即深察"反"之几微,如同由一线之光而求光明,由一条丝线而探绳索。如果这样做了,一切自然就会迎刃而解。船山这样的论说很多,可以说深知老子静观待物之智。如解十六章"致虚极,守静笃,万物并作,吾以观复","故无所有事,而天下为我用,其道不用作而用观。"所以如此,因为"万物并作而芸芸者,势尽而反其所自来也。是故邓林之叶,可无筹而数;千里之雨,可无器而量。"其他如:待物自敝(十二章),老人之师(十七章)①,待物之自成(十七章),老天下之器(二十八章),因而靡之,坐而老之(五十六章),此皆因顺之意。

船山对道家因顺的思想是深刻理解的,

> 我唯灼而知之,顺而袭之,天下不相知而德我,我姑不得已而德之。物者形矣,势者成矣。虽灼知之,不名言之;虽顺袭之,不易置之;虽德我者不相知,终古而信之;

---

① 老人之师,使其师疲老之意。下文老天下之器,坐而老之,同此。

亦可因万物之不相知也,而谓之玄德矣。(五十一章)

因顺是对待万物最好的德行。船山主张应机因顺,最后还是要归于中和。

六、中和

世界是虚实掩映的,关键是观其机而动,得其中和。中和在老子中并不是重要的观念。船山则强调这一点,因为这是他改造老子偏于枯寂而向健动的关键。船山对老子的机微洞见可能流于阴谋颇有戒心,他对老庄这方面有批评。有了中和的校准,"文之以礼乐以建中和之极"(自序),老子就符合儒家的标准了。

中即是超越两端,而得其正。

> 大道在中。(二十二章)
> 居中执常。(一章)
> 圣人知其无正,则亦知其无奇,而常循其冲。(五十八章)

冲,即中。船山后来解庄子《养生主》"缘督以为经"之督为中,此中即善恶对偶之外者,而非善恶之间。

> 两者相耦而有中。恍惚无耦,无耦无中。而恶知介乎耦,则非左即右,而不得为中也?中者,入乎耦而含耦者也。(二十一章)

依船山,中就是非对偶性而又使对偶性可能者。对偶性,也即两端。故中乃能破除两端:"天下之变万,而要归于两端。""圣人之抱一也,方其一与一为二,而我徐处于中;故彼一与此一为垒,乃知其本无垒也。"(二章)这颇有得于庄子《齐物论》。"立德以为德,吐为外景,而不知中之未有明也。含而比于赤子者,德不立德;德不立德,而取舍无迹;无迹则和。"(五十五章)此就德而言中和,颇多庄子气息。虚实相间之中和,此为保障,船山解老归于此。

船山认为释老都是一偏,老子之偏,则失于几微的阴谋化(三十六章)。《老子衍》正文中并未多谈此点,不过船山认定老子之失在此。船山批判老子回避逃离的态度,静坐不为的作法,"所谓至人者,岂果其距物以孤处哉?"(四十四章)他肯定历史和文化的价值客观性,

> 以天下观天下,人同天,天同道,道同自然,又安往而不适者哉?推而准之四海之广:贤贵安其居,而贱不肖不来,则贤贵定;贱不肖安其居,而贤贵不往,则贱不肖和。(八十章)

这章衍文不顾原文而自抒义理,就是要从老子的反文明倾向中回到儒家主流中。船山在《黄书》谈到"黄中",《周易外传》"观卦"谈到"中正以观天下",晚期《张子正蒙注》讲"太和",都是以儒家之中来校正老子。强调中和,是要求道物之间的平衡,以及一种健动精神。要参与到世界中去,不要回避,不要像朱子说的"躲在暗处嘻嘻笑"。要维系世界的基本结构,这是中和。由此,船山思想的历史性也就有了触发点,人类历史也就是大朴的展开。

平心而论,老子确实有流于阴谋论的倾向,易佩绅论之最妥帖。① 船山把视野拉回世界,也把文明内容拉回来,这就是中和的意义。在一个天崩地裂的时代,想来这一点给了船山很大的安慰,而不至于精神崩溃。可以说,由老子引申的历史智慧让船山能够从容面对困境。②

七、基于道家学说的政治批判

船山的思考,以反思巨大的历史灾难为中心。明代政治出了什么问题,为什么会轰然覆灭?船山对老子的新解引出世界,即大物、神器、大制,承认这个世界是第一位的,世界并无一极,人间亦无一极,这就破了历来的皇极一统论。船山不同意以气数解释事实,"彼气数者,日敝敝以杀、活为劳,其于我也,吹剑首之映而已矣。"(七十三章)他从老庄那里看到政治的更高境界。对世界的敬畏,承认人力限度,降低名言的地位,同时加入健动精神。船山对圣人说的很少,也不强调圣人,"即有圣人,岂能使天下之皆孩邪?"(四十九章)其实际的政治意义在于,圣人超越地位的下降,也即君权无限性的打破,这是船山在明代政治背景下发挥的老学深意。

船山批判君主的骄奢。"一人安位,天下失据;一日行志,百夫伤心;杀机发于诰誓,而戎马生于勋名,然则庸人之自奉俭,而贤者

---

① 参易佩绅《老子解》三十六章注。易氏认为老子讲的不是阴谋,但是极易流于阴谋。而所谓阴谋,不过是时势、气机之变,天下祸乱,圣人亦难之。此与船山同,皆为历史变乱时代学者对老子的体认。前代王纯甫解读三十六章也有此意味。

② 这些在《老子衍》中有明显的表露,如:前者犯难,却者观变。以犯难者,敦重而不惊;以观变者,因势而徐辨。(三十八章)圣人知理势之且然,故哀天而目击大化。化日迁而不得不听,听化而哀之也抑深矣。(七十四章)在道家的历史观观照之下,兴废之机不可掩,船山的确深知老子。

之自奉奢,可不畏哉!"(七十六章)此斥妄为之君。这与《黄书》中对皇权专妄的批判是一致的。比较同时代宋常星《道德经讲义》中一口一个圣人,谄谀现于言表,二人真是有天壤之别。

船山批判以一己心智治天下的作法。

> 人之情无尽,取而治之,则不及情者多矣。(五十九章)
> 岂有以治天下哉？莅之而已。(六十章)
> 以一己受天下之无涯,不给矣。忧其不给,将奔心驰气,内争而外渝。然且立德以为德,吐为外景,而不知中之未有明也。(五十五章)

此谓"为"之限度。这与《黄书》"不以天下私一人"是一致的。可以说,船山的反专制思想,道家为其极大的思想资源。

船山认同"天下神器"的说法。① "天下在我,吾何取？我在天下,吾何为？天下如我,吾何欲？我如天下,吾何执？以我测天下,天下神。以天下遇我,天下不神。不神者使其神,而天下乱。神者使其不神,而我安。"(二十九章)解"天下神器"："天下虽器也,神常流荡之不可为也。不神者使其神,而天下乱。"此意即以我测天下则天下乱。又："神者使其不神,而我安。"此谓任天下则已安。"天下神器"的说法是船山的新世界观下的政治视角,不能去妄动这个神器,就如同不能不尊重这个世界一样。必须放弃以人的意志操控天下的想法,而在这个神圣的大器面前保持审慎。"天下神

---

① 船山在《老子衍》中对神的解释和晚期不同,晚期更倾向于横渠的讲法。

器"这个讲法在《黄书》中也使用了,包括船山讨论官制时的历史态度,可见老学对船山论政有直接的影响。

船山认同循自然而任无为的态度。"唯不犯物者,物亦不犯我。非不犯也、物固莫能犯之也。因而靡之,坐而老之,使明如列炬,暗如窈土,锐如干将,纷如乱丝,一听其是非之无极,终不争同己以为贵,乃冒天下之上,以视天下短长之命。"(五十六章)此谓人为去争的无力。"以正正其不正,恶知正者之固将不正邪?故正必至于奇,而治国必至于用兵。""彼多动多事者则不然,曰治者物之当然,而用兵者我之不得已也。方与天下共居其安平之富,而曰不得已,是谁诒之戚哉?"(五十七章)这是对以己正人必至兵争的说明。比较《黄书》对夷夏关系的思考,这里暗含了对明朝和满清关系的思考。

因而,船山主张从"虚"处治理。解"冲而用之或不盈","用之为数,出乎纷、尘,入乎锐、光;出乎锐、光,入乎纷、尘。唯冲也,可锐,可光,可纷,可尘,受四数之归,而四数不留。"冲,船山解作"器中虚处",此章即以虚为治之意。以虚为治,关键在于深察时势之几微顺势而为。"道莫妙于受。"(六十一章)"惟不须臾忍,而轻以往,则应在一而违在万,恩在一隅而怨在三隅,倒授天下以柄,而反制其身。故夏亡于牧宫之造,周衰于征汉之舟。以仁援天下而天下溺,以义济天下而天下陷,天下之大,荡之俄顷,而况吾身之内仅有之和乎?"(二十六章)故船山其给出的思路是守本:"道不滞于所止,而因所止以观,则道之游于虚,而常无间者见矣。"这话比较玄微,有很浓的庄子气息,大意还在深察世界本来面貌,而顺其自然。

船山这样想像圣人与百姓关系,"我为焦土,百姓为灌潦;我为和风,百姓为笙竽。"(四十九章)其理想的政治秩序应该是,"贤贵安其居,而贱不肖不来,则贤贵定;贱不肖安其居,而贤贵不往,则贱不肖和。"(八十章)这是船山希望的"和",其中暗含了贵贱各得其所的意味。这一章的解说与原文关系不大,表达更多的是船山自己的看法。船山认为贤愚贵贱的区分是社会秩序的基础,必须加以维护(《黄书》),这是他改造老子的前提。

船山讨论政治,一如讨论道,都显示出一种客观冷静的态度,其关键是治理思路的改变。世界在治理之前,是高于治理的,不能按照意愿去"治理"世界,治理要退居于世界之后,先要做到不是治理,而是看到自己治理手段的限度,认识到一般所谓的治理是不可能的。船山对老子政治意涵的把握,远迈苏辙、吴澄辈,也不是王弼、河上公所能及。道家的治理不是一套规范,而是一种审慎的态度,儒、道两家对治理的理解是根本不同的。船山看到这一点了,《黄书》论政是这种理解的自然延伸。

第七节 对船山《老子衍》的判定

船山解老是在儒家立场下的扭曲,还是老子本义的发掘?我们认为这两种看法都没有看到问题的复杂性。船山解老既有正统儒者的偏见,也显示了卓越的阐释力。在这二者之间,有相当大的张力。船山对老子的前理解基本基于吕惠卿等的解释,以及理学家的批判,这也就决定了他站在一个传统的下游。他的创新性的理解有的脱离了老子,但是却大幅度靠近庄子,因而并未远离道家传统。说他的新说是对原始道家的领悟,这大概没什么问题。他极强的思辨力,让他实际上接近了先秦古义,这正是他"六经开新面"精神的真正实现。船山对老子的解说,有的是他个人思想的发挥,比如对道地位的降低,老子思想是不能接受这一点的。有的则显示了解说老子的另外的可能性,比如对两端一体的讨论。而对历史性的讨论则是发挥了老子。

总的看,船山的解老把老子拉向了人间,而演化为一种历史智慧。这未尝不是老子所蕴含的,但的确是老子没有明确说出来了的。船山解老最大的功绩就在这里。在老子那里,道与历史是一种背反的方式连接的,但是船山把这种关系理解为一种正向的关系。老子是一个极重要的启发点,但根本还是船山的智慧。老子是船山连接"体"和历史的关键点,使之成为一体。由此可知,老子对船山的影响超出了一般的理解。

从今天的视角来看,我们会发现很多船山自己都不会承认的事实。他的正统和异端立场妨碍他接受他已然在融通儒道上的进展,而这一点我们看到很清楚。当船山站在正统的立场上批判老子时,他的很多看法都受传统理学家评判老子的影响,也和他厌恶晚明王学末流(尤其是李贽)有关,他的很多看法和历史上的老子有相当大的偏差。当他深入老学深处时,他的确能够跳出这些窠臼,而阐发老子思想的真味,这不能不归功于他思想家的素养。经子、正统异端之说妨碍了船山客观评价儒道,但是他在实际研究中贯通了儒道,这是一个坚定的儒者和一个伟大的思想家的结合,其中价值判断和思想体认之间的冲突隐然可见。船山致力于分清老子的本意与老子学说影响下的社会思潮,但是他没有把这个问题清晰化。就如同一个反省社会主义运动的学者,他不会把20世纪社会主义运动的失败和马克思的思想直接挂钩,认为后者导致了前者。同时,他也会在马克思的原著中考察其隐含的理论缺陷,从而改造其理论并且进一步推进。船山做的也就是这样的工作。不同的是,他一生坚持儒家正统立场,故而在主观上无法接受道家。他批判以道为尊,批评以无为先,批评道家反文明的倾向。借助《周易》和《庄子》,他主张道物不二,道与文明的历史发展不二,化纵向的体之"无"为横向的物之"虚",化虚无之体之反文明为整一体与文明历史发展之一致,思想的焦点也就从求体之学到深察体与历史之几微之动之学上。

简单谈一下船山解老的问题。老子的道可以去体化吗?船山的解读可以自成一说,但是老子不会同意道物一体。在老子的学说中,道的优越地位是不能否定的,万物要靠道来说明,而不是道物相互映现。其二,从儒家的视角来说,如果按照船山的解读,那么世界的道德性如何保障?善恶之两端也是自然的吗?仁还有什么意义?① 那些受道家影响的人物,如郭象、林希逸都要面对这个问题,船山以中和校正老子的非道德性,未必就就解决了这个问题。

第八节 《老子衍》与船山的早期思想

船山在早年专究《春秋学》,不过其有影响的著述则从《周易外传》、《老子衍》和《黄书》开始。如何理解其早期著作,需要注意方法问题。我们不能从船山后来成熟时期的思想反过来解释《老子衍》等,而要从早期著作来考察其思想的初始形态。船山的思考是对阳明的主观性或者主体性的学问的一大反动,他追求实在性或者客观性的主旨。借助《老子》和《周易》,物进入了第一序,他反心体说,反理气优劣,也不是经验性的实在论,他主张虚实掩映的两层一体论。船山学问规模开始显示之时,易老互通,以庄释老,以儒正道,这是他的理论支撑。不过,船山此时虽然谈到气的问题,显然没有后来的气本论痕迹,也没有对横渠有特别的关注。同时,

---

① 船山解老时能顺经文原意批评仁之意,如五章、十四章、二十六章。《黄书》后序也不以仁为然,这和他的思想格局变化有关,不仅仅是激愤。

船山过于关注天道这样的形上问题,其基本架构虽已在,但是还没有儒家经学的滋养,其思想成熟还需要等待其后的经学研究。晚期《周易内传》《四书大全说》《正蒙注》的完成,则又在经学研究之后。总的看,船山把老子判定为一因袭待时之说,而将其改造为自然文明一贯说,因而不失观天之智,而人道积极有为,其周普无私则为治政之根本。此为船山早期思想之大貌。

船山的早期思想有助于我们理解其学术史定位。一般认为,船山属于广义的理学传统,与横渠一道构成气本论,与理本论、心本论并立,这当然是合理的评判。不过,拿船山和理学、心学的系统比较,他的思想结构已发生很大变化,而倾向于先秦传统,特别是佛教的痕迹几乎没有了。船山的重心在回到世界中,世界才是最优先的,要尊重这个世界,而世界就是"块然如此"的世界,他不去实现或者证得理体、心体、性体。[①] 活动性或者历史性就是其根本。体是动的,这"体"与物并不二分,道的动即是物的动,也即历史的动。关于性,船山也倾向于从"日新"的角度而不是从"豁然贯通"的角度理解。人之于"体"是有距离的,可以共振,但是不能也不必"悟道"。对欲望并非除之后快,而是承认其为世界的一部分。人的知并不能完全把握世界,也不能让历史按照人的意愿运行,唯有保持谨慎的态度,顺应历史的脉络。相应的,圣人或者君不必那样崇高和优越,他们也要在历史和世界中找到适当的位置。概括起来说,船山对宋明模型有一个巨大的修正。与道体或世界共振、分享,不断在其中呈现自己和世界,在世界中在历史中共享人类的命运,这是孔老的智慧,而不是逃离这个世界缺失历史意识的佛陀

---

① 牟宗三谈先秦儒学和宋明儒学的差异时,谈到这一点。参《心体与性体》(上),上海古籍出版社,14页,2008年。

所能想象的。在历史巨变之中,船山作为一个冷静的儒者,在事实上突破了宋明以来正统、异端的界限,而开创一思想新境。易、老、庄共治是船山能够如此的关键。这是船山对真正中国古典时代智慧的回归。

第九节　船山《老子衍》在老学史上的地位

船山解老是儒者对老子研究的典范。历史上对老子的责难,如阴谋论,逃避,虚无,船山都有一个回应,可以说为老子思想成功的打了补丁。这不一定是老学的正体,却是老学正面化的经典,是解释经典的成功范例。即便大幅度修订老子,总体而言,船山仍旧是在道家的理论框架之下。他不存先见,深入其中,而能透脱,实在是大家手笔。具体而言,《老子衍》在老学史上的意义体现在两点:一、脱离宋明老学传统,为清代政治老学之发端。二、回溯原始老学,而成一解老新模型。

船山对老子的理解就完全超出了宋明时代老学的窠臼。船山对历代老学持一种批判态度,尤其对宋明以来混合三教的解老著作,极为不满。他在自序批判陆希声、苏子由、董思靖、焦竑、李贽之流,认为诸家"引禅所谓教外别传者以相糅杂","强儒以合道,则诬儒;强道以合释,则诬道"。他对焦竑、李贽尤其不满,对于二人的《老子》注释,《老子衍》一字未引。[①]船山反对混合三教,要以老解老、以庄解老。自序中说:"老子之言曰载营魄抱一无离,大道

---

① 在明清之际儒家学者眼中,李贽是晚明心学败坏的代表,船山对他极为痛恨,著作中多次表达此意见于《思问录·内篇》,《读四书大全说·孟子尽心上》,《正蒙注·动物篇》,《周易外传·杂卦传》,皆怒斥李贽混同佛老,导天下灭彝伦,以致日月失其明(即明清嬗代)。

泛兮其可左右,冲气以为和,是既老之自释矣。庄子曰为善无近名,为恶无近刑,缘督以为经,是又庄之为老释矣。"他又引司马迁的说法,"司马迁曰:老聃无为自化,清净自正。近之矣。"船山认同司马迁,畅发老子的政治智慧,已经回到汉代老学传统中,与宋明以来解老之作迥异。他绝不谈心谈性,不言妙悟禅机。在他的解说中,我们的确看出老子学说的真精神,而这些往往是宋明以来老学所丧失掉的。

船山在老学史上重要,在于他事实上结束了宋明模式的老学。在他之后的主流派解老作品,以理学为标杆混同儒道,几乎没有能够达到苏辙、吴澄和憨山解老的水平,不过敷衍陈词而已,既无创新,也无影响。而考证派老学则未真正进入老子的世界。能够接续船山老学的,实际是魏源以下的政治老学一系。比较一下魏源、高延第以下诸人,他们解老无不批判宋明以来老学,推崇司马迁,而以治世为要,这一思路在船山这里已经发端了。因此,清代老学在船山之后,是魏源接续了船山的脉络(当然不是自觉的)。这其中,陈三立和易佩坤是真正了解船山老学并且受其影响的,徐绍桢则将这一思路推向顶峰。严复治老虽另有脉络,在很多方面则与船山保持共识,尤重老学的政治意涵之发挥。因而可以说,船山是清代政治老学的先声。清代老学三个重要人物,船山发其端,魏源继其后,严复开其新,显示了不同于宋明老学的风貌,是清代政治老学的线索。这三个人也是清代思想史的重要人物,都关注到老子,都受到老子的巨大影响,由此看出老子在清代思想史不可忽视的地位。

原始老学的探索之发端。船山对于老子最初的判定,受程朱影响很大,也和他厌恶王学末流相关。他基本把老子捆绑为流于空无本体的释氏、心学,他的改造即以这样的理解为前提。我们知道,这样的老子形象,基本是宋明以来老学学者塑造的,而如虚无、阴谋等的形象则是正统儒家炮制出来的。一旦有意识的反省这一传统,船山的研究就导向了对原始老学的探求。船山多次以异端来指称老子,但在实际的研究中并没有以异端去衡定老子,他认为老子比佛教更重视现实世界,佛教"轻物理于一掷,而仅取欢于光怪者"(自序),不能和老子并列。船山在庄子和司马迁的范围内给予老子一个更靠近原始老学的面貌,这实际上已经脱离了"正统、异端"的框架,而转向诸子学背景下的老子研究。清代老学发展的基本脉络就是从异端走向诸子,这一清代老学发展线索,在船山这里已经初步完成了。单就对老子玄理的理解,比较大致同时代的宋常星的《道德经讲义》,我们发现二者对老子的解释有异乎寻常的一致性,其对有无相生或者两端一体的强调,极为神似。这说明二者确实都深入了老子的思想内部,而能理会原始老学的真精神。而船山对老子历史智慧的发挥,与郭象解庄有相近的妙趣,皆能深解道家学说的历史意味和政治意味,这是原始道家独有的智慧。

总之,船山的解说自成一体,这一解说模型可以和河上公、王弼鼎足而三,是中国老学史上的佳构。唯其为草稿,又仅仅以余力为之,加之激愤之情难掩,其完整自足性尚有不足,故研究者对其评价没有前两者那么高。

第三章 理学阴影下的主流派老学

第一节 主流派老学概说

主流派老学是清代特有的一个现象，简单说就是附和意识形态（理学）的老学研究，人数最多，作品最多，故而称作主流派。和历史上以儒学立场解老者不同的是，清代主流派受意识形态影响更大，解说更生硬，有更强烈的一统心态，内在的冲突更明显。这和异族统治的大背景是相关的。

主流派早期主要是清廷意识形态建构时期新附士人的作品，其中康熙朝有6名进士写作老子作品，这些基本是按照正统理学的观念处理老子问题，尚比较生硬，最明显的就是花尚的《道德眼》。其以满清新贵身份注老，力究其弊，能得到徐秉义等人的附和，可见当时的风气。其后乾隆时期大多作者为底层读书人，无法获得更高的功名，又以"圣道之不一"为忧，故而转而注老，力求道统为一，这是主流派的发展。这一趋向到了乾隆中后期，则更加圆通顺畅，如董德宁《老子道德经本义》，王定柱《老子臆注》。至考证老学兴起时仍旧有力量，不过已经弱化了。晚清还有人如此解老，如李哲明《老子衍》，只是数量已经很少了，而且和早期及中期的解法都不尽同，大致能体会老子原意。偶尔有坚持以理学家言解老者，如光绪十年的时候曾和瑞的《老子集辨》、《老子道德经章句》，以理学为根据评判老子，简单粗暴，只不过已经很边缘化了。

主流派解老者基本上远离上层，也远离学术中枢，他们的工作大多可以视作自觉维护礼教秩序的努力,他们的工作大多肤浅混乱,无法分辨儒道之别。他们的原创性远不足以与苏辙、吴澄等可比,并无独创性的著作。主流派总的讲是一个松散的学术倾向,作者之间很少联系,也缺乏中枢性的人物和成熟的学术范式。这是底层的学术活动,最为分散,影响最小,成绩最少。主流派老学的特征可以用"他者的丧失"来表达,维护一统性,排斥以至于拒绝差异性是其根本。这一特征是清代思想整体上的。其所带来的后果,我们在茅海建《天朝的崩溃——鸦片战争再研究》中看得清清楚楚。主流派解老是清代思想衰弊的一个表现。①

第二节 早期主流派老学

主流派老学兴起于康熙前期,结束于乾隆前期。大致是康熙时期崇尚理学背景下的老学研究。此时的主流派以理学观念为标准,评判和改造老学,有强烈的权力引导色彩,解说比较生硬。我们这里选择了花尚的《老子眼》、吴世尚《老子宗旨》、胡与高《道德经编注》,以见其一斑。

一、花尚《道德眼》

花尚,自称长白沙陵人。长白,即东北长白山地区,包括今天的吉林以及辽宁的部分地区。因为康熙时期还没有行政区划,故以长白来称呼。花尚的两个学生在序中自称长白辉发人和长白乌腊人,辉发在今天吉林省的辉南附近,乌腊(也作乌拉)在今天的吉

---

① 宋常星的《道德经讲义》是以道教徒的身份为之,不过反映的是主流派的意识,更多注意到老学的意识形态意味。考虑到体例问题,我们把宋作置于道教老学部分,此章不再涉及。

林省吉林市附近,则花尚应该也在今天的吉林省境内。惟沙陵一地在文献中难以查证,内蒙古托克托有沙陵县,然而当与花尚所说非一地。今天的吉林省吉林市附近有黑沙岭,不知道是不是花尚所说的沙陵。据书中其子的序,花尚之父为"太史",称作"卜公",花尚则姓花,而其子一个叫杨安,一个叫索达色,则花尚当非汉族。花尚是康熙十二年的三甲进士,在《清代进士题名碑录》中记载其为"镶蓝旗",但是并没有"镶蓝旗汉军"或者"镶蓝旗满洲"的提法,故而其不是满族。又:花尚的学生一个是辉发人,一个是乌腊人。辉发和乌腊最初不是地名,是扈伦四部中的两部,其他还有哈达和叶赫。而叶赫部原是蒙古族土默特氏。扈伦四部是建州女真最早统一的部落,大部分在今天的吉林省。故而我们颇怀疑花尚一家为叶赫遗民,后追随满清。

据其子的序,花尚的父亲跟随满清入关,战死滇南,他自幼受母亲教育长大。康熙十二年中进士,其后参加镇压吴三桂等人战争,"冲锋破敌,身冒石矢火炮之险",之后又任国子监司业8年,[①]之后又参加了其他战事。由此序可知,花尚并非是一个一般意义上的儒生,而是满清入关的"从龙"之士。无论是作战还是从教,他都坚定地站在满清立场上的。故而其注解老子,就有另外一层意味在其中。另外,无论是徐秉义还是李柟都为之作序,这里固然有同科进士的因素,不过未免没有江南人士亲近满清知识分子的意思。花尚的两个学生都提到读老庄不懂,故向其请教,三月而成云云,这大概是花尚注老的原因。满清子弟汉化过程中,如何辨析统摄不同的派别流脉,这是很艰难的事。这在汉族士人徐秉义辈看

---

① 徐秉义序中提到"迁为国子司业,既而以注误罢去。"则花尚此人的专业水准实在是有问题的。

来是很清楚的问题,花尚这些人却很难弄通。儒道关系本来是千年聚讼的问题,花尚汉化不久,就贸贸然以伏羲黄帝之辞来论说,这不免太过勉强。

1.《道德眼》概况

《道德眼》刊于康熙甲申,即康熙四十三年(1704)。其刻本颇为讲究,有自序及徐秉义、李柟、索尔弼、史岱、蒋显祖、善宝、蒙翩图以及其二子的序。徐秉义为清初著名的"昆山三徐"之一,是花尚的同科探花,官吏部侍郎。李柟也是同科进士,官工部侍郎。索尔弼是花尚同里,史岱、蒋显祖、善宝、蒙翩图为花尚的学生。清人注老作品中除了李哲明《老子衍》之外,很少有这么多人作序的。其中徐秉义、李柟、史岱、蒋显祖俱为江苏人,[①]可见江南士人对于出身长白的花尚的应和之意。《道德眼》在版式上也颇有意思,每有"圣明"、"天子"、"我朝"、"圣皇"、"圣天子"、"皇上"、"王事"、"皇灵"、"圣主"、"蒙恩"、"至尊"、"予告"[②]这些涉及皇权的字眼,都抬头一格,非常突兀,这在清人注老之作中绝无仅有。另外,诸人之序在引称老子《道德经》时都以《道德》二字来称呼,而不曰《道德经》,这恐怕不是无意的。这部注老之作,颇不像后世主流派作品那样默默无闻,而是充满了浓浓的时代气息。其中江南与长白、满清和汉人、正统和异端,统统搅合在一起,颇能看出康熙晚期思想界的一些迹象。

徐秉义序曰:老聃著书大旨,不过守啬致柔冲养虚应,以全其身于末世而已,非有神仙诞妄之术如后世道家之言也。道德之旨

[①] 徐秉义为昆山人,李柟为兴化人,史岱、蒋显祖皆题作金山某某,当为南通金山人。

[②] 予告,清代高级官员致仕。

虽不尽合圣人而说亦未可尽废。其得之者或为申韩之刑名,或为苏张之纵横,或为盖公、孝文之治。以道德为学仙之祖,岂非学道德者之过?又备述历代注老之作,从河上公、严遵、王弼、张君相、陆希声、杜光庭、司马光、王安石、苏辙、陆佃、吕大临、叶梦得,到元明郝敬、张子羽、王龙溪,以为元明以来寻摘章句,过求高渺,索之于清虚窅渺之中,而不衷之以圣人之道。又谓:遭逢圣明恢弘道化,敦崇正学,何独取是书而注之?其书则往往折衷于圣人之道。如此则诸子百家之书不足以病圣人之道。

案:徐氏对老学史非常了解,的确是江南名族之后。此序代表了明末清初江南正统文士对老子的一般看法,看得出较之明末要严厉多了。徐氏又谓老子无后世神仙诞妄之术,三致其意,此明显是说花尚引用《阴符经》解老以及所谓的圣道、仙道说为妄。既然为同年作序,又直接批评花尚政治不正确的地方,徐氏的序像是导师在训斥落后地区的学生。此序用大字刊刻,其他序皆小字,可以看出花尚非常想借重徐氏的声望。只是,不知道他是不是读出了徐氏的批评意味。

李柟序曰:花公具大法眼,详为笺注,以发前人未发云云。案:此解《道德眼》之题目。案:李柟的序写的相当敷衍,大概是不以为然,又却之不恭。

索尔弼序曰:古来道家之经唯有《黄帝阴符》及老子《道德》,此二经寓性命微旨,为道家鼻祖。儒者通之可畏圣贤,道家修之可成仙成祖,黄帝老子著经之意其在斯乎?故吾友为《阴符》、《道德》双眼。案:索尔弼之说与花尚说相合,其所说双眼即《阴符眼》、《道德眼》。大概索尔弼也是尊崇道教者。

史岱序曰:老子之术以无为为本,自然为宗,立论不经,为世道人心病,置之可也。后受《道德眼》,其常释义卦畴而通乎《周易》,

则仍为儒者之书也。故知善学者释二氏之书而会归于正学,难为尠见者道也。

蒋显祖序曰:予自束发受老子一册,心知其美而口不能言。花老夫子释老子一编,言简意赅,旁通性理全书,其情吻合义文秘指。又曰:老氏之学一日不明,孔子之心一日不安。

案:从此序来看,直接把老子定为异端远远不能解决思想问题,最好的办法就是以儒学来解说老子,这是清代主流派源源不绝的根本原因。

自序曰:伏羲书卦尊阳为旨,黄帝作经契阴为事,六十四卦寓扶阳抑阴之意,三百余言露不生而杀之机。又说:是以孔子继伏羲而系十翼之辞,集圣道之大成。老子继黄帝而作五千余言,为仙道之大宗。又解说儒道意相通而用不同,并以有无、性命、性情来解说道德。最后解释《道德眼》的题名,而以尧舜、孔子一贯之道为归终。

案:所谓"杀机"的说法当然与《阴符经》相关,就花尚来说,与他的经历自然有关。他是冲锋陷阵的满清武人,所谓"不杀则其生不盛"也自有他的体会在。不过,此类说法在徐秉义辈看来,既无经典的依据,也不免有违儒家气质,故而完全不能接受。花尚所说的圣道、仙道说,不仅政治不正确,也在历史上没有依据。不过是汉化未深的满清知识分子的牵附而已。

善宝序曰:今四海一家,中外一统而圣天子心体躬行,制作文为之际,道至今可谓既明且行矣。吾侪从龙长白,不当勉强学问,仰答我皇上之深恩乎?又谓诸人读《道德经》茫然,因请注于夫子,三月而成,读之眼为之明,神为之爽。又引花尚说,用虽不同,体得一端。虽非主帅,可为先驱。

案:这序说明花尚代表的不是一个人,是满清一群人对于汉族文化的要求。《道德经》注解也是这一要求的体现。

蒙翻图序曰:童子时从师授四书本经,读后即取三秦两汉书,诸子集中而老庄尤为所嗜,未能窥其指归。因问夫子老庄同异,夫子曰南华太不近人情,老子五千言伤周末文胜,内则成己,外则成物。又谓请夫子注释此经,夫子同于吾儒者是之,异于吾儒者非之。读之不啻拨眼中重翳而重显光明。最后说,夫子之注《道德》,其即老子之著《道德》乎?

案:此序我们可以看出满清人的确对于汉族文化有很深的学习热情,这是花尚注老的重要推动力。

花尚其子杨安、索达色的序叙述花尚的经历,最后引诸君子说,以为《道德眼》有裨正道,可与四子书、易相发明云云。

花尚《道德眼》的注解颇为简陋,一是所引历代注老者颇少,仅仅袭用王弼数章注解而已。如十八章、十九章、二十章,这是儒者解老的难点,花尚干脆引王弼注草草交代。这在清代老学作品中算是较差的。二是所用版本当为王弼本,不言上下篇,而曰上下卷。各章又无章次,只引经文而已。① 这些都很不严谨。第三,花尚注解老子大多数篇章仅仅是循文解句而已,并无发挥,颇似寻常的章句。此书不少地方行文令人费解,在义理上还是文辞上水准都不高。惟三十一章、三十六章、五十四章、七十三章注解能见出佳处,这些都有《阴符经》的意味。

2.《道德眼》为改造异端之作

关于《道德眼》的题名,花尚在自序中说:"小字尚久沾圣皇之化深,赖在天之灵,中心耿耿,故犯不言之戒,不避不知之名,而注

---

① 花尚注老无章次,为方便起见,这里引用原文皆按照王弼本章次来标明。

第三章 理学阴影下的主流派老学

《道德经》,颜之曰《眼》。眼者,谓学者即此注解,庶几可见一斑云尔,抑以寓我但微有所见云尔。"花尚是说于老有所见地之意。李柟序曰:"花公具大法眼,详为笺注,以发前人未发云云。"是不是就是大法眼?恐怕这是李柟强为之解。不过在其学生善宝那里,眼又有判摄之意,以老子归于六经四子:"其以眼名篇之意,或非以所注为眼。其欲以所注之《道德》为六经四子之眼与?"而蒙翻图的序中说:"读之不啻拨眼中重翳而重显光明。"大概《道德眼》之意就是独具只眼以解老子之意,不过在花尚那里更多是慧解,而在学生那里更多是判解。我们大致可以把《道德眼》理解为"吾儒"对于作为异端的老子的一种改造之作。

花尚在序中虽说以圣道和仙道解说儒道两家,不过其终究以尧舜孔子为归终:"若夫尧之允执厥中,舜之人心惟危,道心惟微,惟精惟一、允执厥中,孔子之一贯时中,下学而上达,则浩浩乎两在不倚,超乎阴阳之外,入乎有无之间。噫!难言也矣。"这些说法仍旧是理学的腔调,是他们所说的"正学"。其在注解中几次辨析孔老关系,也是这样的见解。七章注:"圣人修己,修己之至,而至于无我。老子外身,外身之至,而至于身存。公私所以异与?"这是以孔子为公,以老子为私,十一章、十五章注也讲到老子"未免有欲",这是程朱以来的习见。十五章注论"至中",而批评释老为异端,说:"圣人之于天地所以同也。同于此者谓之同德,异于此者谓之异端。"又曰:"释氏者,则以至实者为泡影,以至确者为幻象,是必于无者也。彼老氏者,则以其暂寄求其常存,以其有限翼其无穷矣。"最后总结说:"此释老之与圣人所以异也。谓为异端,不亦宜乎?"这是他对老子的判定。

故而花尚的《道德眼》就是对老子的改造,使之归之于正。他终究还是以理学的标准来看待老子。其多以"性之中、情之中"(十四章)"大中之志"(三十三章)"大中至正"(三十五章、三十八章)"性之中"(五十二章)来评断解说老子,就是这样的工作。

3. 以儒学解说老子

以儒学经典和理念来解说老子是花尚解老非常明显的特点。这一点在前面的序中说的很清楚。其弟子蒙翻图说:"夫子同于吾儒者是之,异于吾儒者非之。"其子序中说:"《道德眼》有裨正道,可与四子书、易相发明。"徐秉义的序说的更清楚:"遭逢圣明恢弘道化,敦崇正学,何独取是书而注之?其书则往往折衷于圣人之道。如此则诸子百家之书不足以病圣人之道。"花尚自己在序中也说:"故道德之名,有以无与有言者,有以命与性言者,有以行与情言者。"有无尚且是老子的用语,而性命与性情则完全是儒说了。他认为:"以气化推迁之命为道,而以维皇降衷之性为德。"又说:"以未发之性为道,以中节之情为德。"这类的解说牵强附会儒道经典,完全不顾内在的条理。这样的说法在注解中也很多,如引用《大学》"格物"(十六章),引《诗经》"维天之命,于穆不已"(八章),以仁来释慈(六十七章),引用孟子(六十三章),也多次使用《周易》的说法,"太极、阴阳"一类。

花尚使用六经、四子书来解说老子很多都生硬,如六章"谷神不死",解作:"上四句言命之中,下两句言性情之中。"完全不知所谓。又如十四章"视之不见名曰夷,听之不得名曰希,搏之不得名曰微",解作:"夷希微,无而有,命之中也。不皦不昧,状不状而象不象,惚恍两在,浑而明,性之中也。以道御有,以虚御实,天道立而人道正,先之不觉其过,后之不觉其不及,动而定,情之中也。"这是直接拿《中庸》辞藻来套老子。二十五章"有无混成,先天地生",直接用《周易》乾卦"元亨利贞"来解:"就其独立不改,强名曰大。大者,犹言元也。大曰逝,元而亨也。逝曰远,亨而利也。远而反,利而贞也。此言始母之自然。"这些都缺乏义理的圆通,读起来扞格不入。给我们的印象是,花尚很多时候根本没有读懂老子,不过就理学的观念强行解释而已。

4.《阴符经》的影响

此作还有一个值得注意的地方,就是《阴符经》的影响。据索尔弼序,他写作了《道德眼》和《阴符眼》,《阴符经》是他解说老子非常重要的依据。《阴符经》来历不明,历来都是非正统的文献,与道教的关系更为密切。花尚解老原是改造异端之作,不过又和《阴符经》息息相关,这说明他解老充满了内部矛盾。

花尚在注解中多次引用《阴符经》的"宇宙在乎手,而万化生乎身"(四章、十四章、二十五章),也多次使用"机"、"盗机"、"自然之机"的说法,也用天人的框架来分析(二十一章),七十三章更直接引用"天地之道浸,故阴阳胜",这都是《阴符经》的痕迹。可见,《阴符经》是花尚解说老子的助力。《阴符经》是道教系统的产物,与老子的确有一定的相关性。其中讲到的"杀机"尤其对花尚有意义。花尚在自序中说:"伏羲书卦尊阳为旨,黄帝作经契阴为事,六十四卦寓扶阳抑阴之意,三百余言露不生而杀之机。然不杀则其生不盛,故杀之者正所以生之,不抑则其生不惩,抑之者正所以全之。"这些说法当然和《阴符经》有关,[1]在花尚那里完全能和他的经历印合。满清入关有一个大肆杀戮的过程,如何解释杀戮的合法性? 康熙以来的清廷大多按照儒家的救民水火来解说[2],而花尚这里给出了另外的思路。杀戮是无情的,但是杀戮也会带来新的

---

[1] 《阴符经》:天发杀机,移星易宿。地发杀机,龙蛇起陆。人发杀机,天地反覆。又说:天生天杀,道之理也。

[2] 雍正的《大义觉迷录》就是一个典型。

生机,以至于阴阳调和。这是老子"天地不仁"、"天道无亲"思想非常重要的阐释,只有汉化未深的满清征服者才会这么说。① 索尔弼能认同这样的看法,却让徐秉义辈汉族士人非常尴尬。儒道冲突、满汉矛盾在这里表现的最为明显了。

《道德眼》乍一看是理学统摄老子,可是细读不免有老子统摄孔子的味道,②这显示了花尚思想的复杂性,这和祛除异端的倾向是冲突的。我们能感觉到花尚对《阴符经》的理解比较切近,借助其解说老子也很独到,③但是花尚很难把这一点和他的解老主旨统合起来。借助《阴符经》,花尚所看到的老子的这一面和儒家直接冲突,把这些纳入到了一个体系中,对于他这样的满清征服者来说是很恰当的,对于汉人以及儒家知识分子来说是非常冒犯的。徐秉义的序中对这一点毫不客气,其他作序者则只强调花尚政治正确的一面,这显示了花尚思想的复杂性是不被认可的。

5. 一点总结

花尚的《道德眼》是清代老学主流派早期发展的一个典型。以圣道来匡正、改造作为异端的老子,使之合乎"正学"、"圣学"的要

---

① 在经历了太平天国叛乱的易佩绅那里,也能看到类似的见解。详参易佩绅部分。

② 其自序及三十三章中有圣道、仙道并举的说法,也有论说儒道、阴阳、神气、道德、有无迭为宾主的话,以及八十一章以有无为一书关键的话,这些绝不是理学家所能同意的。当然,他在序的最后还是强调孔子超出阴阳之外、有无之间的。在正文中,多次论说儒道优劣,善宝序中提到花尚说老子"用虽不同,体得一端","虽非主帅,庶几可为先驱",说明他还是承认儒家和孔子的优先性的。这里包含了花尚的自我冲突。

③ 花尚对老子也有由衷的赞叹,五十四章注:太史公曰老子远矣,岂不信哉? 六十五章注:老子五千言,诚有道之文也。七十三章注:犹龙之叹,乌能已乎? 花尚借助《阴符经》,则多能理解老子,借助六经四子,则多扞格不通。这是他自己看不到的,他是那个是时代意识形态的俘虏。

求,这是清代自康熙亲政后理学意识形态建构的一个环节。无论是康熙的"圣训"要"黜异端,以崇正学",还是熊赐履《学统》以老、庄、杨、墨和释、道为异统,要"尊正统,辟杂统,黜异统",都讲求攘斥异端。在老子研究领域中,无论是宋常星还是花尚,都在这一风气之下,而以反省明末老学、以理学视角重新解说老子为宗旨,这和清初老学多为过渡性作品差异明显。宋常星《道德经讲义》刊于康熙四十二年,比《道德眼》早一年,且有康熙御笔序。宋作也是为清廷统一思想而作,不过其会通三教,义理圆融,宗旨突出。与之相比,花尚的研究尚显生硬,水准不高,且有杂糅的倾向,与宋常星的《道德经讲义》相比就高下立判了。① 不过这是满清"自己"知识分子的作品,显示了满清接受汉族文化的程度,以及其意识形态化老子的努力。花尚在解读过程中,融入了自己的立场,这就使得他的理解不像宋常星辈那样飘忽含混,而能看到老子对于"杀机"的态度,这是清代老学史上很少有人能够解读到的。改造老子而又体贴老子,儒、道为圣道仙道之别与孔老为圣人、异端,这是花尚的自我矛盾。② 他用毫无依据的伏羲、黄帝之道,或者圣道、仙道来勉强统摄,在汉人士人看来不过是牵强附会之辞。花尚的努力终究是一场空。

我们今天阅读《道德眼》,不由得会想起关锋,其生硬、颠顶和真理在手的"自信"让人叹气。他们同是参加过战斗的人,是统治

---

① 不过,宋常星之作和船山相比,就高下立判了。船山的解老是真儒者解真老子,宋常星不过是文化奴才之解老,而花尚又等而下之,是不知孔不知老者之解老。

② 如花尚讲到圣人之自然(十五章、十六章、三十四章),这个圣人不是指老子,而是指孔子,那么孔子这样的圣人如何自然呢?这显然是不合乎理学的标准的,也不合乎《道德经》的内在脉络。这种理解非常古怪。

集团内部的人,同是要解决旧思想格局的人。在他们那里,思想的改造一如战场上的厮杀,为圣王祛除异己是自己的责任。而他们晚年思想的变化,显示了"战士老学"的复杂性。这是老学史上的一个特殊面相。

二、吴世尚《老子宗旨》

吴世尚,字六书,号群玉,安徽贵池(今池州贵池区)人,生卒年不详,当为康雍间人。据《光绪贵池县志》卷二十六、卷四十一载,世尚少肆力于六经、子、史,手自钞览,至腕脱,以左手作字,名其居曰"易老庄山房"。为人刚介不阿,老于诸生,未贡而卒。著有《老子宗指》、《庄子解》、《楚辞疏》,订正过《易》学著作。[①]《老子宗旨》成书于康熙六十一年(1722),是清代主流派解老的一个标本,以沟通孔老为宗旨,试图论证老子之学出于先天太极图。此注略有发明,而终不免于附会,是下层文士的解老作品。

1.《老子宗旨》概况

首为吴世尚自序,谓:夫老氏之言何宗也?宗我伏羲先天之图,文王六十四之象者也。又谓:老子深悟图之仪象卦画皆有对待、变化、断续、起止,不能知太极之常而不已,一而不杂也,故教人反朴归元,致虚守静。又谓:老子之所宗实与吾儒无异指也。又谓:余于《易》得见此图,推以观老,则见其所言无非从此流出,遂尽屏诸家之解,而独以其所宗者疏而通之,且更以先天之图图于前,

---

① 关于吴氏的易学著作,有人认为其有《周易注解》,不过我们没有看到。在常见的目录均未见著录。我们发现有吴世尚"更定"的《朱子周易大全》,其中至少包括朱子的《易学启蒙》和《周易本义》。《老子宗指》陈以明后序以及曹青跋文引郑太宗,都提到吴氏"订"过《易》,但是没提到吴氏"作"过《易》。故而我们认为,从目前的材料来看,吴氏没有易学专著。

复取老子之所言吻合于我孔子、周子之所言者,总汇而分注于其下。文末提作康熙后壬寅夏五月贵池吴世尚序。按:康熙年间有两个壬寅年,第二个壬寅年是康熙六十一年(1722)。

次列各卷章题,如卷一体道、养身、安民,卷二异俗、虚心、益谦等,这些都取自世传河上公注本。下文又谓:右老子八十一章,章章有题,此即所谓"节解",乃老子与尹喜者。其题字最有深意,一篇根柢全在于此。又谓:三代之书,自六经、论孟外,其最堪吾儒育味者厥维《老》《庄》。又谓:老子之大原出于先天之图者也。夫先天之图不传久矣,唯老子说得直恁分明,故遂注而释之,为《易》之一助。

按:吴氏以河上公本章题为老子写给尹喜的,这是盲信杜光庭说。自来注老者几乎无人这样断言,可见吴氏之缺乏辨别力。其谓六经、论孟外就是老庄,可知其的确欣赏老庄,不过最后解老还是放在解易之一助上,这是他不能真正领悟老庄的地方。

次则为上下篇大意五则,分别为老子学本先天、羲皇手画先天图、老子未尝贵无贱有、老子非养形者、老子思用世。"老子学本先天"一则是吴氏注老主旨,其谓:以庖羲之所画者为纲为经,以孔子、周子、老子、庄子之所言为目为纬,始见其背驰,继觉其比附,中欢其和会,久忘其一致。夫乃知先天之精,夫乃知先天之蕴,夫乃知老子之所谓言有宗者果宗于我先天也。

"羲皇手画先天图"则介绍吴氏所云先天太极图,共六幅图,第一幅为全图,第二幅为中空圆圈,第三幅为阴爻阳爻环绕而成的圆圈,第四幅为两圈,内圈为阴爻阳爻环绕而成的圆圈,外圈为四象环绕而成的圆圈,第五幅为先天八卦环绕而成的圆圈,第六幅为由内到外八卦、十六卦、六十四卦环绕而成的三个圆圈。这里的关键图是第一幅的全图:中间为一中空的圆圈,在其外一圈为半圈型的阴爻和半圈型的阳爻组成的圆圈,再其外为四象,围绕在外,再其外为八卦,围绕在外,此八卦是按照先天八卦的次序排列的。再其外是十六卦,环绕在外。再其外是六十四卦环绕在外。

"老子未尝贵无贱有"谓:晋人尚清谈,以为老子贵无贱有。有之与无,元相为表里,互为经纬,欲除一个而不得者。"老子非养形者"谓:后世内外丹皆祖老子,此傅会之说,老子无是也。"老子思用世"一节,谓:老子千古有心人,非忘世者比也。如在"制惑"章中,吴氏就叹服老子之人君不能以刑罚为治论。不过这样的解说不多。

全书共分四卷,卷一共十九章,卷二共十八章,卷三共二十二章,卷四共二十二章。又分老子为上下篇,卷一卷二为上篇,卷三卷四为下篇。各章无章次,有章题,章题为世传河上公本所有者。吴氏又提到河上公分为上下篇,上篇首体道,下篇首论德云云,从这些情况来看,吴氏所据当为河上公本。吴氏注文中偶尔提到庄子,也提到周敦颐和朱子的研究。除此之外,历代的注老之作基本不涉及,全篇基本就是他自己的解说。

文末有陈以明、郎遂的后序,以及吴氏学生曹青的跋。两篇后序和跋文都提到吴氏注老的关键是论定老子之学出于先天太极图,而给予吴氏注老很高的评价。

2. 易老庄兼治

吴氏的学术背景是易老庄共治,其著作除了《楚辞疏》之外,都和易老庄有关。他自名其屋为"易老庄山房",正表明其学术旨趣。吴氏自称"读《易》数十年"(知难章注),而且专注于所谓"先天太极图"。不过他似乎于《易经》并无发明,也无专著。我们所看到的,只是订正过朱子的易学著作,名为《朱子易学全书》。这件事他

第三章　理学阴影下的主流派老学

的朋友在《老子宗旨》序中提到过。① 吴氏学术研究主要是就易以谈老庄。

吴氏很重视老庄,他说:"三代之书,自六经、论孟外,其最堪吾儒育味者厥维《老》《庄》。"(自序)吴氏研究庄子在先,《庄子解》成书于康熙五十三年,此书收入四库存目之中。四库馆臣对之评价颇低,以为:"是编成於康熙癸巳②,所说止《庄子》内七篇。大旨引《庄子》而附之儒家,且发挥其文字之妙。观其目录后附记,称向来解《庄子》者惟林西仲可观,但有不尽洽乎文义者,是不知古有向、郭;又开卷即云《庄子》自名其书曰《南华经》,是并《唐书艺文志》亦未考也。"说吴氏不知道向郭注,恐怕是过分了。③ 不过,《庄子解》一味混同儒道,又专以文句来解说庄子,其水准是不高的。

《老子宗旨》作于康熙六十一年,在《庄子解》完成后8年。吴氏解老不同于解庄,大抵以构造道统为宗旨,尤以易老沟通为主,而不及文辞。④ 总的看,是以《易经》的先天图为基点来解说老子。

吴氏解老重在沟通易老,他在自序中提到王弼、邵雍和陆希声,因为三人都是兼治易老。吴氏还引述陆希声说,谓老氏与伏羲

---

① 陈以明后序,提到"其所订《易》义",曹青跋文中引郑太宗说"订《易》具有卓见",都只提到"订",而不是注。

② 四库馆臣说《庄子解》作于"康熙癸巳",是误读了原书序言。北京大学图书馆藏清康熙五十四年光裕堂刻本《庄子解》吴氏自序末题作康熙甲午夏六月癸巳,则此书作于康熙甲午年,即康熙五十三年(1714)。

③ 吴氏的学生曹青跋文提到,郑太宗说吴氏注庄"虽向郭有过之而无不及",虽不是吴氏亲口说自己的话,不过或可说明吴氏了解向郭注。不过,吴氏注老注庄往往自矜其意,不法古人,他对历代的注家确实不够重视。

④ 吴氏在自序中约略说过一些,引录于下:(《老子》)每章义味皆不出题字之外,而常有悬空一句,唤起一篇之意者,如天之道大者为之下是也。有一句而自叶其韵者,如名与身孰亲,我好静而民自正是也。此三法,摘文者尤不可不知。按:吴氏在注文中几乎没有谈到这些问题。

氏同其原,与文王同其宗,与孔子合其权,吴氏以为陆说以伏羲老子为二者并立,岂理也哉?他认为,"老氏实祖述伏羲,宪章文王,何尝别辟一途,另启一户乎?"按:唐人以老子为祖,故而伏羲老子并立,吴氏在理学时代,故而必以老子为伏羲之流,此皆价值判断,非历史之说也。易老庄是吴氏的学术格局,不过他对庄子的研究更多是属意文辞,与前两者关系不大。吴氏在《庄子解》序中说:"《易》之妙,妙于象;《诗》之妙,妙于情。《老》之妙,得于《易》,《庄》之妙,得于《诗》,而大旨归于《老子》。《老子》则皆本于《易》也。《易》昌于天下之道,羲皇之图尽之。"这是他对易老庄关系的看法。

吴氏的易老庄兼治,最后还是落在易上。他自己说注解老子,"注而释之,为《易》之一助。"陈以明后序和郎遂后序都提到吴氏解老氏为了解说《周易》。① 所谓研究老庄是为了解易,恐怕只是一种自我标榜。吴氏的学术成绩在老庄研究上,而不是易学上,这是学术史的事实。

3. 吴氏解老的基本特点

吴氏解老有两点需要注意,一是强烈的一统意识,另一个是盲信流行说法。

吴氏解老的动力源于强烈的一统意识,而最终归于上古圣王伏羲,

夫道一而已。(法本章注)

---

① 吴氏自序:夫先天之图不传久矣,唯老子说得直恁分明,故遂注而释之,为《易》之一助。陈以明后序:"吴之注《老子》,皆为《易》疏也。"郎遂后序:"吾友有得于《易》,以之注老庄,老庄之旨明儿易理愈明。"曹青的跋中也说:"注庄注老,非为庄老计,为易计也。"

第三章 理学阴影下的主流派老学

> 老氏亦实祖述伏羲,宪章文王尔,何尝别辟一途,另启一户乎?(自序)

这是根本否认老子思想与儒家道统有区别。
吴氏把伏羲、尧舜、孔老看成是一贯的,

> 尧舜自其外而内者言之,故曰执中。孔子自其内而外者言之,故曰一贯。老子则以内对外而言之,故以本为精,以物为粗。虽其歧本末为二致,校体用之重轻,立言未免未莹,然不谓之勘验分明不可也。(自序)

天地之间原本只有一理,圣人只此一道,

> 盖天地间只此一气,只此一理故耳。(法本章注)
> 其所言,无非天地间圣圣相传、人人固有之理。(显质章注)
> 盖天下止此一理,在己者即其在人者,在人者即其在己者。人同此心,心同此理。(显质章)
> 道之为物,虽无嗅味色声之可寻,而内圣外王,存神过化,上下与天地同流,前圣后圣无不本此以为治,而卒未见其有或尽而无余者也。(微明章注)

吴氏最后把一切都统合起来:

> 以庖羲之所画者为纲为经,以孔子、周子、老子、庄子之所言为目为纬,始见其背驰,继觉其比附,中欢其和会,

久忘其一致。夫乃知先天之精,夫乃知先天之蕴,夫乃知老子之所谓言有宗者果宗于我先天也。(老子学本先天论)

按照这种理解,先天图是统合一切的根本,孔老儒道都在这个系统下。所以吴氏会批评后世老学不明老子宗旨,"第此书为后世养生家所附会,而汉唐宋明之解之者又不克深知其所以然,遂使老子著书以明先天之苦心不白于天下,而且与末季之飞仙幻化丹药符箓之流同被异端之斥也,可不为大哀乎?"(均见老子学本先天论)这是他相信自己解易解老有助圣道的缘由。

吴氏这种强烈的一统意识是清代普通读书人的共识,这是清代文化控制下的思想状态。这种意识在大多数主流派解老学者那里都有。在这种意识的影响下,对于理学家所批评的异端如老庄,吴氏诸人也把他们归化为圣道之一端,这样完整的道统秩序才算完成。这是理解主流派的关键。

吴氏解老还有另外一个问题,即盲信流行说法。吴氏在文献问题上,都是盲从流行说法,而不作辨析。如对老子各章章题,吴氏引杜光庭说,以为章题是老子与尹喜解者。河上公本的章题出自何时何人,这历来没有定论。当代学者多对章题不以为然,偶有以为间有可取者[①]。吴氏解说老,基本依赖章题来做解,有的章节则未免生硬。如王弼本八十章,河上公本题作"独立",王弼本二十四章河上公本题作"苦恩",简直不知所云。吴氏对此并无辨析,反而据之大加解说,看得出他实在是缺乏基本的判断力,只是一味盲

---

① 如刘笑敢在《老子古今:五种对勘与析评引论》中的看法,中国社会科学出版社,2006年。

信书本而已。又如对《周易》的看法,对太极图的看法,吴氏皆据主流文本。如:"开辟以来,唯伏羲之图乃是作,自羲之后,则无非述已。虽然,羲之图则河洛者也,则羲亦述也。"(体道章注)这是相信伏羲及河图之说。伏羲作图,文王演卦系辞,孔子作十翼,这些说法都源于主流文本,但是历来都有学者怀疑。吴氏生在乾嘉学术兴盛时期,对此并无一点自觉去去辨析,这不免让人遗憾。

吴氏的大量论说都是建立在清人一统意识和对文本的盲信之上,这就使得其所做的老子注解缺乏理论的自觉和文献的自觉,其所自得的洞见,最后不过是下层读书人的常识而已。

4. 以先天太极图解释老子

吴氏所谓的先天太极图,在学术史上一直模糊不清,直到现在也难以说清。① 我们能知道的是《易经》在上古应该有不同的源头,且最早应是以数字卦的形式出现的。至于伏羲先天太极图,至少是唐宋之后的产物,与道教有较大的关系,一般认为经由陈抟、邵雍、周敦颐、朱子而传于天下。这其中有很多的细节没有办法证实或者证伪。此外,历史上先天太极图的图样有不同的传承,各家不尽相同,如《道藏洞玄部上方大洞真元妙经图》、陈抟之先天太极图、宋林至《易禅图》、朱子改动之先天太极图等等。吴氏所出先天太极图的出处,据他自己说,"余读《易》数十年,不意而得先天之图,遂于易大有所会。"(知难章注)吴氏所谓"不意而得"的先

---

① 邵雍继承陈抟,在《皇极经世》中区分了二种八卦。他把由"天地定位"的八卦位图称为先天八卦,又名伏羲八卦,把《说卦传》"帝出乎震"一段谈的八卦称为后天八卦,也名文王八卦。朱熹《周易本义》采用邵子说法和图式,使其说流行于世。先天八卦是乾南坤北,离东坎西,兑东南,震东北,巽西南,艮西北。后天八卦是乾西北,坎北,艮东北,震东,巽东南,离南,坤西南,兑西。

天图,显然不是朱子《周易本义》中所载太极图,我们实际上很难考察其来历。关于此图的具体形态,可参前文《老子宗旨》概况部分。

不过对于吴氏而言,这些问题都不存在,他只是信赖常见经典中的说法,如十翼为孔子作、先天太极图为伏羲作等等,然后就发挥自己的想象,以先天太极图为老子思想之渊源。吴氏说:"余初注此不知几易,而殊不合也。后以先天图观之,乃焕然无疑。"(体道章注)对于老子和太极图的关系,吴氏认为:"老聃为周之守藏史,掌三皇五帝之书,则兹图(即先天太极图)固其所亲见也。"(体道章注)这种推测当然很难令人信服。吴氏是这样想象老子和太极图关系的:"盖伏羲画图,不立文字。文周取其图之六十四卦而一一系之辞,孔子乃将此图之全者以示人,使知有六十四卦三百八十四爻之源头。老子则脱离文周之易而悬空,止说此图之理,又不提出先天图画字面来。"(体道章注)这就强调老子传承伏羲之图,而别有理趣。

吴氏这些讲法从学术史的角度看毫无依据,不过从沟通不同的思想模型来看,也能带来一些新的理解。先天太极图与唐宋以来的道教传统有关,这与老子思想本来就有相关性,宋常星解老就很受此种传统影响。因而吴氏分析先天太极图与老子二者的异同,就颇有一些意味。

关于老子与先天太极图上,吴氏说:"(老子)十数章者,或备举全图,或独阐一极,语语透宗,丝丝毕现,虽孔子之十翼微言,周子之《太极图说》,亦似乎未有以过之也。"说孔子、周敦颐之说皆未及之,可见吴氏对老子与先天图关系之重视。吴氏认为最主要的章节是道体章、象元章及道化章,即通行本的一章,二十五章和四十二章。这些章节,吴氏皆以先天太极图来解说。

吴氏首先以先天太极图之中空圆圈来解说道。①

> 道即先天图中太极圈也。(道化章注)
> (玄之又玄)即太极空白之至中处也。(道体章注)
> 伏羲手画之图,其中之混成而寂寥者,即道之全体大用所由出也。(道化章注)
> 玄者,幽深微远之意,即太极也。伏羲画图,不立文字,随人所见以为之名。孔谓之太极,老谓之玄,庄谓之太初,皆指此一物也。(体道章注)
> 盖尝观之羲皇手图仪象卦画,四周于外,数及于九百六十有三,而太极则混而为一,而处乎中,是固所谓体用一源、显微无间者也。(自序)
> 道即先天图中太极圈也。溯厥大原,则庖犧手画之图,其中之混成而寂寥者,即道之全体大用所由出也。(道化章注)

而道与物的关系也可以用太极图来解释,

> 庖犧先天图,其中一圈,其外自一画二画三画,以至四画五画六画,而为一大圈,层次虽有很多,其实中之一圈即外之一圈也,外之一圈即其中之一圈也。盖体用一源,显微无间,道之为道,本是如此。(体道章注)

---

① 吴氏在"体道章"中以一阴一阳来解释道,这是袭用《易传》的说法,和他用太极图中空来解释道是相矛盾的。

吴氏注意到易老结构上的类似处,即两层结构,在易中为形上形下,在老子中是道与物,这用宋儒的说法就是一本与万殊。

>愚以为羲皇手图太极,仪象卦爻,一盘托出。故我夫子曰:形而上者谓之道,形而下者谓之器。而程子谓此语截得最分明。其实器即道也,道即器也,更自分别不得也。老子有见于此,故以深为根,以约为纪,以本为精,以物为粗,以有积为不足,而知雄守雌为天下谿,知白守辱为天下谷。(老子学本先天论)

吴氏以先天太极图来解释老子,最重要的创见可能就是以先天太极图中间空圈来解说老子之道。这种解法在宋代白玉蟾的《道德宝章》中就有了,的确给人带来很大的启发。因为中空是很难定义的,同时和其他的圆圈有一种"生化"的关系,故而与老子的文本有相互阐发的空间。我们推测,太极图的最初可能就是唐宋间道教学者对老子文本的解说,吴氏拿到先天太极图后,用来说明其与老子的关系,不过是领会了唐宋道教人士的本意,而又赋予了其道统的意味。就前者来说,吴氏解老还是探到微妙之处,就后者说,他又不能真正领会老子的真精神,而被世俗的观念所束缚。

不过,吴氏以先天太极图来解老,也会有很多扞格不入的地方。如"体道章"解说"道可道,非常道,名可名,非常名",他以"一阴一阳谓道,此道字即图之奇偶阴阳之画也"来解释"道",以"有奇画,则自然生太阳太阴,而乾兑离震三十二阳卦由之以出。有偶画,则自然生少阳少阴,而巽坎艮坤三十二阴卦由之以出"来解释"可道",以"两仪生四象,四象生八卦,脉络分明而往不息"来解释

"非常道",以"图之两仪四象八卦六十四卦"来解释"名",以"奇加以奇曰阳之阳,奇奇而奇初一曰乾之类"来解释"可名",①以"仪有两象,有四卦,有八与六十四,虽迭推荡,互相变动,而各有体质,实有能所"来解释"非常名"。这些解释都很勉强,且前后矛盾。再如"道化章"中,吴氏注解"道生一",以太极圈解释道,以两仪解释一,并用"易有太极,是生两仪"来解说。两仪如何能解释一?在解释"一生二"时,用四象来解释二,在解释"二生三"时,用八卦来解释三,四象和八卦怎么来解释老子的二和三?老子的"二"一般注释家会解释为阴阳,吴氏不取这样的解法,而用两仪四象八卦来比附,这种解释实在不够流畅。老子是道一二三,而《易经》是太极两仪四象八卦,这如何能相互解释?最多我们只能说二者之间在结构上有很大的相似性。吴氏坚持如此解释,是因为他立说云老子学本先天太极图,结果就自乱阵脚,不得不勉强解说。

吴氏的学友郎遂在后序中说:"(吴氏)将庖羲所画、孔子老子庄子所言列图分疏,和盘托出,置于卷首。此真石破天惊,注疏家不可无一,不能有二者也。"这当然是朋友的推崇,在一般读者看来,吴氏的解说更多是生硬的比附,缺乏真实的经典阐释意义。

5. 依赖宋明理学

吴氏除了沟通易老之外,并无别的发挥。在涉及到老子与先天太极图之外,其解老更多是附会宋明理学的一些陈词,敷衍清人一般的流行意识,这里简单说一下。

吴氏会用天理来解释道,如:"夫真实无妄之天理之本然,乃道之本体也。"(返朴章)这是主流派的故技。吴氏自称解说老子以太

---

① "奇加以奇,曰阳之阳,奇奇而奇,初一曰乾",出自朱子的《易五赞》。

极图云云,实际上最后义理上还是归宗于宋明理学。

《老子宗旨》书中一直充斥宋明理学的陈词滥调:"一本万殊,万殊一本","一本散为万殊,万殊源于一本","天理流行,私欲净尽","上天之载,无声无臭","体用一源","欲净理纯","未发已发","太极无极",这些词语不是一次两次使用,而是很多次重复使用,像"一本万殊"至少用了八九次,似乎除此就没有什么可用的术语了。

吴氏在注解老子时,时时流露出宋明理学的气味,我们引用一些具体的例子:

> 唯见一理浑然,无穷尽,无方体,非有非无,无终无始,而为造化之枢纽,品类之根柢焉。(赞玄章注)
>
> 气载理,理载气,无极太极,太极无极,无古无今,无始无终,而为造化之枢纽,品类之根柢也。(虚心章注)
>
> 日日克之,不以为难,则私欲净尽,天理流行,而仁不可胜用者也。(忘知章注)
>
> 世故纷纭,情欲炽盛,吾之所以用心者,惟反观内照吾虚灵不昧之本然。(归根章注)
>
> 任德以治天下,使天下之人皆复其性情之正,而无一毫之伪妄而已。(任德章注)
>
> 第道体无为而人心有觉,人心有觉而圣心独灵,以圣人之德居圣人之位,参天地赞华育,乃为有功于天地,有功于道而成其大耳。(象元章注)

这些理学家式的表述和老子并没有什么内在的关联,不过是吴氏思想的底色,他的很多解说只是毫无实际意义的话头罢了。

由此可以看出,在一般的意义上,吴氏解老和其他主流派一样,不过在宋明理学的语境下作一番会通儒道的工作。如果不是有一个所谓的先天太极图的说法,吴氏解老实在没有什么可以称道的。

吴氏也提到儒道之差异,其在"老子思用世论"中说:"老子道德仁义名义与吾儒异。道德仁义四字,各有体用,皆兼内外、该本末而言也。孔孟之后,唯程朱看的分明,训得亲切。老庄于道德则语体而遗用,于仁义则语用而遗体矣。"又说:"言仁而第以博爱当之,而不及乎心之德爱之理,言义而第以断制当之,而不及乎心之制事之宜。"他在处理这些的时候,并没有像一般主流派解老者那样混同或者牵扯,而是就老子本文来解说,特别涉及到儒道冲突的章节都是如实解说,这是他解老能够畅达的地方。盖在吴氏的理解中,儒道都承续伏羲先天太极图,则一些细节的差异就没有那么重大了。不过,大多数时候,他并不对儒道作区分,反而任意的混同二者。如:"当此之世,而不知返朴还淳,敦忠信,崇道德,犹相与盛登降之仪,饰簠之具,此诚大乱之道也。"(论德章注)又如:"礼乐刑政,治国之正务也。分合变化,用兵之奇术也。清静无为,治天下之要道也。"(淳风章注)其他类似的地方也很多。这说明他对儒道的差异性并没那么重视。看不到儒道之间的关键差异,这是主流派解老者的通病。

6. 对《老子宗旨》的评价

吴氏解老最重要的是提出老子和所谓先天太极图的关系问题。他认为老子是对伏羲先天太极图的继承和发展,伏羲、文王、孔子、老庄以及周敦颐等共同演绎了一统的大道。清代老学学者中以《周易》解释老子的还有邓晅,他的解说和吴氏很接近,只是没有吴氏这么系统。①

我们今天不会接受所谓上古圣皇伏羲创制先天太极图这类的看法,也无法接受老子阐释先天太极图的论定。那么,吴氏解老还有什么意义呢？吴氏凭空创造了一个道统系列,以及老子师法先天太极图的说法,不过是他希望统合不同经典的想象而已。吴氏一心向学,老而不倦,是一个勤勉书生。只是他身处底层,无法了解学术发展的大旨,而以强学苦读来弥补自己的不足,这就带来盲从书本、盲信主流的问题。他所信奉的先天太极图,早为清初学者所痛斥。他所信从的伏羲以来的道统也不过是一流行信念而已,并无依据。乾嘉学者重新反省古典的精神,他没有一点体会到。他解说老子一以先天太极图为依据,不过是牵强的附会。他最终还沉浸在玄想的道统光环中自得不已,为自己的发明而兴奋。②

在吴氏的学术研究中,我们看到的不过是底层文士在奋力敷衍一套主流的观念而已,经典的主旨和不同体系的脉络完全丧失掉。而这些义理差异在道教老学学者和政治老学学者那里是很清晰的,道教学者捍卫老学的独立性,政治老学学者强调儒道并立。即使是四库馆臣,在理解这些问题上也有很清晰的学术形态观念,绝不会随意混同儒道。总之,吴世尚的老学研究显示了清人思想中"他者的丧失"。《老子宗旨》是主流派解老的一个标本,让

---

① 邓晅在《道德经辑注》第十章注中说:"孔子于道主刚,盖体乾之键,合乎《周易》首乾之义。老子于道主柔,盖体坤之顺,合乎《归藏》首坤之义。二圣人各成其是,各造其极,然亦止首乾首坤之不同耳。至于刚柔相推而生变化,则唯有不同者也。"案:邓氏也是以《周易》来判定沟通孔老,只是未如吴氏系统详尽而已。

② 陈以明后序中说吴氏"灼见道体,直窥圣心",这大概是吴氏一流著书的根本目的了。曹青跋文引张篙亭说:"不独老子之功臣,而亦羲皇之承流宣化者矣。"这些底层书生都相信一个伏羲以下一以贯之的道统。

我们看到在强大的文化控制下,一般的读书人的精神世界是何等的拘谨和无趣。

三、胡与高《道德经编注》

胡与高,字岱瞻,号云山。① 安徽黟县人,雍正元年(1723)癸卯恩科举人。仕宦情况不详。② 著有《存悔斋诗草》《道德经编注》。《道德经编注》成书于雍正十三年,收入《四库全书》道家存目类,为早期主流派解老作品之一种。

1.《道德经编注》概况

《道德经编注》是胡与高和胡与宗两兄弟合作的著作,写作时间较长。据黄兰谷序及胡氏自序,该书胡与高部分的初稿在雍正二年即成,③最后定稿于雍正甲寅十一月,即雍正十三年(1734)年末。而胡与宗依据胡与高的嘱托又增加附解部分,④此书直到乾隆十三年戊辰(1748)才刊刻,前后历时大约30年。这和清末徐绍桢、徐棨兄弟合著《道德经述义》颇为相似。

首为黄兰谷序,谓:昔我先师孔子见老聃,曰其犹龙,其倾倒至于如此,故老子者非异端之人,而其书质奥深淳,尤非异端之书也。又谓:孔子称舜曰无为而治,老子之书,以斥奢傲,禁贪残,崇尚无

---

① 据胡与宗后序,胡与高晚年完成此书不久即亡故,故而胡氏卒年应在雍正十三年左右。又,胡与宗称胡与高晚年注此书,则胡氏应该是康熙前期生人。

② 《四库提要》题作"胡与高,雍正癸卯举人",雍正癸卯即雍正元年(1723),癸卯科为恩科。

③ 黄兰谷序:年兄胡云山,雍正甲辰以所注《道德经》见示,且云,吾将刻以问世。

④ 武作成《清史稿艺文志补编》著录《道德经编注》时,把附解部分单独标名为《道德经编注附解》,题胡与宗撰。

为,又宗治身治国,殆异世而同揆欤。又谓:自汉以降,多附会而穿凿之,显与吾道相倍,注之尤不易。又谓:老子一书,三代而下好之者众矣,独我紫阳夫子之言云云,使朱子得见此本,必许为深合吾儒道法也,岂徒柱下史之功臣也哉。

案:黄兰谷为今安徽休宁人,雍正八年进士。据序言,胡氏与黄氏于雍正二年同赴甲辰科会试,二人为同年友。有意思的是,黄氏在雍正二年并没有答应胡氏作序的请求,直到乾隆间才为之,这或许和他对老子的态度变化有关。

次为潘伟序,谓:夫质之趋于文者,势也。欲变文而尽返之质,是犹驱江河而行之山也。一于文而不救之以质,则奢泰巧伪之弊不知其所终极。贤人君子悯时病俗,欲以质救文。而后之治天下者,亦尝师其意而有效。此老子《道德》之篇所由著也。又谓:老子书仅五千余言,牢笼百家,包含万汇,多合于孔子。唯以礼为忠信之薄,又以道德仁义轩轾升降,与孔子异旨。吾安知其非疾当时之文胜,而为是激论欤?又谓:予反复读之(《道德经编注》),殆深合乎老子以质救文之义。

案:潘伟自署年眷弟,又称同年友,则应为胡氏的朋友。此篇以质文之辨为要点讨论老子,认为老子所论不可实现,"欲变文而尽返之质,是犹驱江河而行之山也。"但是老学可以修正文明的积弊,"贤人君子悯时病俗,欲以质救文。"由此来肯定老学的价值,以与儒家价值相适应。潘氏说胡作"深合老子以质救文之意",实际上胡氏在自序中说的是"举一世而登乎无怀、葛天之上",无怀、葛天,显然是质而非文,故与潘氏的看法相左。潘氏等于修正了胡氏的看法,这在今天来看也算是通达之论了。

次为胡氏自序,谓:《灵枢》《素问》诸篇,明养生之旨,作医家之宗,而非明道之书也。若《道德经》一篇,法天效地,明道推心,始于一德之莫名,终于弥纶而莫竟,匹夫守之而身修,公卿大夫守之而家国治,有道之主守之而天下平。持此道也,而刑政胥乎太古,礼乐化乎本初,举一世而登乎无怀、葛天之上,不其盛乎? 又谓:大舜之垂拱无为,夫子美之。如是书发明无为之旨,至精至悉,自当与圣贤经传并垂弗朽,何至例于子书之列而莫之究? 谓非学者之大关也欤? 篇末题雍正甲寅岁十一月。

案:此篇可以看出胡氏的知识体系不同于一般儒生,胡氏说老子书应该置于经书之列,则老子亦为圣贤,这是颇犯忌讳的说法。

书末为胡与宗后序,谓:予兄岱瞻病是经(《道德经》)之注茫若烟雾,援笔构思,抉微发奥,文不粉饰,而务归辞达。较之前人注释,特见明晰。又谓:五千言中实有与六经四子书相发明者,非如庄列之荒唐幻诞,止以写其放达高旷之怀而已。又谓:不揣愚昧,爰为补解,以附于逐章之末,俾读者知其结构之严密、章法之完善,源委浅深,详略轻重,井井有伦。篇末题乾隆戊辰岁。

案:胡与宗的附解在胡氏注之后,小字,首题附解二字,以分析文章章法结构为要,理解经文均依据胡氏注文。

2. 胡氏考订的古本问题

胡氏在注解老子时,对于文献问题颇为重视。他在自序中说:"遍访名都古本而阅之,因为考正其文,注释其义。"他所说的名都应该包括南京和北京。他在例言中多次说依古本改正云云,但古本是何版本,他自己并没有说,故而我们也不得而知。胡氏在解说老子时只引用了焦竑和河上公,没有说到王弼注,他看到的版本大概不会很多。

胡氏对于《道德经》章次做了自己的安排,他所引经文无章题,而是在经文之后注文之首题作右第某章云云,他在例言中自述:"旧本每章或摘章内数字,或自撰数字以为章目。按以本章之义多不该括,且亦各据所见,无一相符。特仿朱子《中庸章句》,以第一章第二章列于各章之后。"案:依据《中庸章句》之例处理章次问题,这是没有道理的作法。胡氏还把上下篇分别排序,上下篇各有第一章第二章等等,这和董德宁的作法一样,都是盲从理学家著作体例,对于老子文本而言都缺乏依据。①

胡氏对分章问题上也有自己的看法,他把《道德经》为上下两篇,上篇三十六章,将通行本第三十三章与第三十四章合为一章,下篇四十五章,将通行本第五十二章分为两章。他在例言中说:"今旧本相沿,上经于知人者智章分大道汜兮以下另为一章,下经合天下有始与见小之明为一章。窃案:分者义实相联,合者义绝不贯,自属后来舛错,兹特依古本改正。"这样的分合仅仅依赖他的主观判断,并没有版本依据。②

胡氏也考订经文的异同,在经文之末以小字双行书写,如第八章:"与善人,一本人作仁。政善治,一本正作政。"第二十三章:"一本无道者同于道三句,失亦乐得之,失一本作得。信不足二句,一本多二焉字。"下篇第五章:"我亦教之,一本作亦我义教之。"不过,他的考订只是举出了不同的文本,并没有做出判断,这就意义不大了。况且,他所说的古本、原本云云,根本没有说出是哪种版本,这就完全没有意义了。故而四库馆臣说他的工作"未免无征",在四

---

① 我们在引用注文时,上篇内容直接引作第某某章,下篇内容则引作下篇第某某章。
② 传世本第三十三"知人之智"章,与三十四章合为一章的可能性不大。至于传世本下篇五十二章,郭店本有闭其户以下六句,帛书本在章首和章尾都有分章圆点,在"塞其兑"前也有一个圆点,故而胡氏认为当分为两章,是有可能的。老子分章问题历来复杂难辨,胡氏的意见只能是一种推测,还缺乏证据。他所说的古本云云,究竟有还是没有,我们也不得而知。

库馆臣的标准之下,胡氏的工作还是业余水准的。胡氏对于版本并无精深的功力,其所作考订并不专业,和乾隆中后期考订派老学比较,他的研究是有严重不足的。

3. 以体道为中心的道德论

胡氏对老子的理解相对要妥帖些,这和他独特的知识结构有关。胡氏有医学家的背景,黄兰谷序中说:"胸中深博无涯涘,而特精于黄老家言","云山有子三人,具以文学显,尤邃于医,盖以黄老之学世其家者也。"这说明胡氏的家族有医学的背景。胡氏自序中说:"余年二十后习岐黄术,及老乃究性命之旨。"这是他自己的明言。胡氏在序言中拿《黄帝内经》与老子并言,可知其确实不同于一般儒生的知识结构。故而他对老子的解读不同于一般的下层文士,能够相当程度上体贴原意。这和医学家徐大椿、黄元御解老均能体贴原意有相近的地方。

胡氏在序言中说:"若《道德经》一篇,法天效地,明道推心,始于一德之莫名,终于弥伦而莫竟,匹夫守之而身修,公卿大夫守之而家国治,有道之主守之而天下平。持此道也,而刑政胥乎太古,礼乐化乎本初,举一世而登乎无怀、葛天之上,不其盛乎?"这是非常大的肯定,较之清早期一般的解老者不同。胡氏对老子原义的体会主要在道论上。由于胡氏的解说相当程度上受讲章体的影响,更重视从文法上理解老子(详后),他对道体等等的关注大多集中在如何体道用道上,道对于他更多是一个不需要讨论的结论,最重要的是如何体会发挥道的作用。故而他注解老子多以体道者云云为论,这是他注解老子的特点。

就老子的道论而言,胡氏最重视的是有无之际的玄之义。他在第一章注中说:"(第一章)乃全经之要也。以道为体,以玄微用,以无为经,以有为纬。八十一章大旨,总不外是。"(第一章注)附解也指出此点:"玄字实全部之枢纽。"这是胡氏对老子的理解,大致来说还算是妥当的。胡氏发挥的主要是玄之意,而玄就是有无之辨。

> 体道者当体道之本来,自无而有也。言道果何名乎?将欲因其不可见者而名之,则当名之曰夷,将欲因其不可闻者,则名之曰希,将欲因其搏之不得而名之,则当名之曰微。要之,此三者虽可以为名,而皆莫可穷处,于是混三为一,而谓之无。(第十四章注)

有名而实无,这也就是道,也即玄之意。①

> 体道者,当以无藏有也。(第十五章注)

也是此意。

> 道德必至于浑然难名始为贵也。谓深知此道者,心能领之,常不能形之于言。若执一言以明道,则为不知道矣。(下篇第二十章注)附解:章以玄字为主。盖道德惟玄,所以不可名而可贵。

这是胡氏兄弟对玄的解说。

玄和虚相近,虚是体现在人心上的,"言道之至虚处,即在人身。人人能养其至虚,则人人可以尽道。"又:"虚灵之用,生生不

---

① 此意也见于"上篇总注"中,该部分引文见下文以文法解老部分。

竭,是所谓玄牝也。"又附解云:"惟本体虚灵,斯用亦虚灵,此神所以为玄之母也。"(第六章注)"体道者,当体道之本原于心。"(第十六章注)

对于老子其他的思想如自然无为等,胡氏也能顺承经文作解。

> 道虽无定体而不可执,要非随流合众以为道,故以自然二字开其宗。又:盖道家之微旨,止在自然而已。(二十三章注)
>
> 言体道德者,当以无为为主。有一毫作为处,便非玄德。(第十章注)
>
> 体道德者,当以无为为主,有一毫作为处,便非玄德。(第十章注)

这也是从玄处讲无为。这样的说法很多。

胡氏以有无之际的玄为关键解说老子之道,这种理解还是妥当的,只不过他的解说往往停留在字面上,缺乏精微深入的研究,故而还有相当的不足。

4. 胡氏未明言的儒道关系论

胡氏注解老子大多循文解句,并不牵合儒学经典,偶尔有一些理学术语,也是随文而出,这和李大儒、董德宁诸人以天理、太极云云解说老子迥异。故而他不是依据理学家说来解老,而是自有主脑。胡氏在自序中说:"(《道德经》)是书发明无为之旨,至精至悉,自当与圣贤经传并垂弗朽,何至例于子书之列而莫之究?谓非学者之大关也欤?"这段话很有冒犯正统的意味。胡氏以为老子一书当为经书而非子书,说这是学问的大关节,这与主流看法显然是不大一致的。可以看出,胡氏的确对老子有独到的评价,和一般的儒生不同。

胡氏在解说明显的儒道冲突的章节时，大致也能顺从原义。如第五章"天地不仁"，他注作："夫天地圣人，至仁也。而究竟不能全其仁者，则知仁之为道，有行必有止。"第十八章"大道废有仁义"，解作"此章言有为为道之病也。"第十九章"绝圣弃智"："此章言无为为道之益也。"大致都能顺承原义作解。下篇第一章（即传世本第三十八章）"上德不德"："此章原德之本于道，非离道而有德也。"解说"夫礼者忠信之薄而乱之首"："夫礼也者，缘人心忠信之薄而制，乃礼制愈烦，而人心愈伦，非乱之首乎？"也是顺着经文来解。胡氏在解老时偶尔也使用"天理"这样的词语，①但是基本上不涉及儒家著作和理学家观念，而只是就老子经文解说老子。胡氏在注文中也并没有明确提出对儒道关系的看法，他只是就老子说老子。这和徐大椿一样，仅在序言中谈重要的观点，注文中不再涉及。是出于避祸的原因，还是体例问题，我们不得而知。

不过，为他著作作补充和作序的人则明确提出儒道一致的观点，这是很有趣的。黄兰谷认为，"孔子称舜曰无为而治，老子之书，以斥奢傲，禁贪残，崇尚无为，又宗治身治国，殆异世而同揆欤。"潘伟认为："老子书仅五千余言，牢笼百家，包含万彙，多合于孔子。"胡与宗认为："五千言中实有与六经、四子书相发明者，非如庄列之荒唐幻诞。"这些说法等于是为胡氏注老提供了政治正确的保障，也是他们理解的老子与儒家的关系。在他们的观念中，只有吻合了儒家的义理框架，老子才有其相对的价值。

---

① 上篇总注，"以无为为要，明天理之本然。"又三十五章："道之体即天之理。"他在下篇总注还提到"学者于是潜心而会焉，则修齐治平之道举而措之也。"所谓修齐治平，大概不是指儒家的政教体系，而是他自序中所说的"刑政胥乎太古，礼乐化乎本初，举一世而登乎无怀、葛天之上"之意。

在胡氏的注解和诸人的序言之间，我们感到了微妙的差异。胡氏是注意到孔老相异而没有明言，还是没有清楚意识到孔老之异，这一点很难判断出来。总之在注解老子之中，他尽力不去触及孔老异同的问题。而在后来的解老之作中，大多数主流派作者都直接把孔老视为一体，这是胡氏与后来主流派解老者的不同。

5. 以文法解老

胡氏解老有一个比较明显的特征，就是以文法来解老。他在例言中讲到经文"似连非连、似断非断"云云，这是典型的文章家的说法。又说："经文诸家注释杂多合少，间有采用一二者语，以贯入讲章内，不便标为出自某氏云云。"这里提到"讲章"，是他对自己注老的定位。"讲章"是明清流行的一种著作体，以解释经书为主，与"讲义"相近。胡与宗在后序中引述胡氏嘱托说："经之大旨兹注已备，顾其中提纲段落与夫句概字措，尚有未尽详者。"其中所说的"提纲段落与夫句概字措"，就集中在文法上，这是清人解说经典的习惯做法。

胡氏以文法解老体现在两则《道德经》总注中，我们略引一段：

> 上篇凡三十六，大要言道之大纲。不外于有无，而有无之用，不外于玄。故首章三者并出，所以为一篇之总领也。二章为明道之体，三章揭道之要，皆为求道者大道之则也。四章明道之渊源莫测，以其玄字之义也。自五章至孔德章，所以申明有无之体，以发玄字之深际也。曲则全四章，承上启下，明自然之义，以结玄字之意也。重为轻根三章，又以申明有无之用，用以发自然二字之实际也。将欲取天下七章，言道无大无小，皆以无为为要，明天理之本然，以总结玄与自然之旨也。末章则取道之体

与体道之体,合而言之,以应首章而结通篇之要也。

这些可以视作胡氏理解老子的总框架,看得出有浓厚的"章法"意识。① 老子义理上的洞见在哪里,看来他并不深知。

胡氏对于《道德经》的整体理解也有这样的特点,他大致理解为上篇谈道,下篇谈德,他认为:"上篇凡三十六,大要言道之大纲。"(上篇总注)"下篇凡四十五章,大要言德之体用。"(下篇总注)一般的,学者都认为《道德经》上篇谈道较多,但也谈德,下篇谈德较多,但也谈道,很难认为上篇谈道,下篇谈德。从帛书本来看,汉代学者确实把两篇分别题作德经和道经,这似乎暗示了与胡氏相近的看法。不过我们认为胡氏的看法很多源自文章学的理解,是从"章法"的角度来理解的,这和文献学的讨论是不同的。

以文法解老更明显的则体现在胡与宗的附解中。胡与宗的附解有非常明显的以文法解老的特点。他在后序中说:"不揣愚昧,爰为补解,以附于逐章之末,俾读者知其结构之严密、章法之完善,源委浅深,详略轻重,井井有伦。"②所谓章法、结构云云,明显是就文法来解说老子。

如上篇第二章附解:"章分三段,首四句反言,见不纯者不可以为道。中六句喻言,以物之不纯者,明道之不纯。圣人以下,见圣人能全此章,亦以其浑美善于不见。"这种段落分析非常多。

上篇第八章附解:"章以善字为大纲,不争字为眼目。几于道

---

① 与这最相近的的例子是孙嘉淦对庄子章法的解说,参方勇先生《庄子学史》(三)第六章第二节,人民出版社,2008年。
② 以文法解古代典籍,清人对《史记》《庄子》均如此,对庄子的解读可参看方勇先生《庄子学史》第三卷,第三章第三节,第四章第三节,第六章第二节。

句截,上是推原所以善之故,下又推原所以不争之由。"这里的大纲、眼目云云是文章分析的故技。

下篇第一章附解:"章首四句是提纲,通章以有德无德为主脑。上德无为二句,申上文上德下德,而推言所以有德无德之故。上仁四句,又则承下德说,见有名目,则有为无为俱非无为之真,以申明无德之旨。失道四句,又推言无德之流失。夫礼者三句,又侧承礼说下,见礼为流失之极。前识者三句,即是智之事。故从礼说到智,而所以失德之意乃尽。大丈夫至末,总结上文,欲畜德者会下德而几上德,以终一篇之局。"也是章法分析为主。

胡氏兄弟以文法来解说老子,看起来更多是一种著述习惯,而不是有意识的以文法解老,这和姚鼐一辈人还不同。由此看出一般的下层文士仍旧受四书讲章一类著述的影响,其理解思路、语言习惯都受很大限制,基本是对经典文本的文意解说,而不及义理。主流派很多著作都有这个特点,这是他们的知识结构决定的。

6. 对《道德经编注》的评价

胡氏解老开始于在雍正早期,与花尚等人距离时间不长。四库馆臣把《道德经编注》收入道家存目类,对于胡氏校订工作,四库馆臣认为"分合增改之处,绝不注所据者为何本,未免无征"。而对胡氏解老的评价是"其谓《老子》与六经相发明,亦苏辙之绪论。"[①]大致是一种不以为然的态度。我们认为,胡氏能够看到老子的益处,这已经不同于所谓异端的说法。他认为老子可以称经而非子,

---

① 所谓苏辙之绪论,四库馆臣是这样看待苏辙的《道德经解》的:"若为二氏之学而注二氏之书,则为二氏立言,不为儒者立言矣。故自儒家言之,则辙书为兼涉两歧,自道家言之,则辙书犹为各明一义。"这态度是颇不以为然的。又:所谓其谓老子与六经相发明,是胡与宗的说法,不是胡与高的说法。二人在儒道关系上有细微的差别。

这也不同于习见。但是他没有深入触及孔老异同的问题,他的解老固然能够妥帖理解,但是缺乏精微深入的层面。他认为老学足以治世复古,但是没办法回答潘伟的质疑:"欲变文而尽返之质,是犹驱江河而行之山也。"另外,胡氏解老大体还在以文句来解说的层次上,缺乏对老子思想内涵的讨论,故而只是一个喜爱老学的下层文士的平庸解老之作。

我们需要注意的倒是和胡氏前后的文人的看法,他们大多持老子非异端、老子与六经相发明的观点,这些已经是一个比较普遍的看法了。黄兰谷为雍正八年进士,他为胡氏作序,特别要把朱子拿出来做招牌。朱子对老子的态度是非常严厉的,正统理学家也都把老子视作异端。黄氏说朱子看到胡作也会赞同,这既是客气话,也说明他强调胡作合同儒道的意义。而潘伟作序,劈头就是孔子"虞夏之文不胜其质,殷周之质不胜其文",以道家之质对应儒家之文来肯定老子的价值,最后归于"老子书多合于孔子","不谬于圣人"。胡与宗在后序中明言"五千言中实有与六经四子书相发明者",这些都是清代儒生肯定老子的政治正确性所在。这些看法都是有限度的承认老子的价值,认为是对儒家体系的有益补充,和后来的四库馆臣的看法相近,①是清代儒生的一般看法。胡氏解老被笼罩在这样的看法之下,他的一点异见也就黯淡无光了。我们统观《道德经编注》可以发现,和康熙早期比较,这时的一般文人已经

---

① 四库馆臣对老子一方面视作异端,一方面承认老学清净说的救世意义。可参《四库群书总目提要》凡例及道家类总论、题顺治《御注道德经》徐大椿《道德经注》两篇提要。

可以正视老子,不过朱子等理学家的看法仍旧很有影响力。① 对于孔老之间的异同问题,还要等到乾隆中后期,才有一个相对圆熟的看法。

第三节 成熟期的主流派老学

成熟期的主流派作品是乾隆中晚期到嘉道之际,基本代表了主流派老学的最高水准。此时的研究以会通孔老为宗旨,强调老子之道与孔子之道无二。比照早期的主流派,此时的研究者更多了自信。不过,同时,老学研究者的身份日益下降,这显示了主流派实际影响力不足。我们选择了徐大椿《道德经注》、董德宁《老子道德经本义》、吴鼐《老子解》和倪元坦《道德经参注》,介绍此一时期的解老作品。

一、徐大椿《道德经注》

徐大椿(1693—1771),江苏吴江(今苏州吴江区)人。原名大业,字灵胎,晚号洄溪老人,著名医学家。徐氏天资聪颖,学识渊博。自幼习儒,精研《易》学,旁及百家,好读黄老及《阴符》家言。后多位家人因病去世,遂致力于医学。著有《道德经注》、《阴符经注》、《乐府传声》、《洄溪道情》,医学专著有《医学源流论》、《难经经释》、《神农本草经百种录》、《兰台轨范》等。《清史稿》有传。

徐大椿在清代人士中是一个奇人。据《洄溪府君自序》,他出生前三日,有僧告其先祖说:"我有一弟子寄汝,是时贫衲不能来,

---

① 嘉庆间广东新会邓暄作《道德经辑注》,于理学家如朱子等论及老子之言多所诋刺驳正,如十九章注、五十九章、八十一章注,可见乾嘉时期儒生解老渐次摆脱理学家的藩篱。

遣苍龙送来矣。"三天后,徐大椿降生。他母亲见有金色大蛇盘旋而去,于是取名大椿,字灵胎。这样的出世颇为传奇。徐氏父祖皆为江南文士,祖父徐釚为康熙十八年鸿词科翰林,任检讨职,纂修《明史》。父徐养浩,精水利之学,曾聘修《吴中水利志》。而徐氏则颇厌弃科举,初以诸生贡太学,弃去,以医为业。后应召赴京,入太医院供奉,寻乞归,可见确实淡泊名利。他有《洄溪道情》三十余首,其中有讥刺科举一篇《叹时文》,颇有愤世之意。徐氏死于北京,据传死前自拟墓前对联曰:"满山芳草仙人药,一径清风处士坟。"此联今天仍在其墓前,可谓平生写照。总之,徐氏是一个人生经历颇奇特的人,他以医学家居世,以处士自处。①

徐大椿的《道德经注》成书于乾隆二十五年,他解老和一般的儒生解老不同的,也和一般的道士解老不同,颇能跳出俗解,而有独得之见,这在清代老学著作中是很少见的,属于颇优秀的著作。此作很难归类,有一定的宋明理学框架的影响,不过能够把握道家义理规模。如果归之于主流派的话,也是主流派中的一个异数。徐氏此作显示了乾隆中后期学者解老的纯熟。

1.《道德经注》概况

徐氏解老颇精妙,但是在文献上不够精审。《四库全书总目提要》概括其大致情况:"是编以《老子》旧注人人异说,而本旨反晦,乃寻绎经文,疏通其义。仍分上下二篇,而削其道经、德经之目。仍分八十一章,而削其章名,但以每章第一句标题。其字句参考诸本,取其词意通达者。"基本如此。徐氏其时,考证老学还未兴起,故而他选择版本也只依个人看法。如他不取《道德经》之道经、德经,而只题作上经下经,各章章题未按照王弼本题作第几章,而是

---

① 清代医学家解老者还有黄元御的《道德悬解》。

取首句数字,题作道可道第一,天下皆知第二等等。全篇不解字词,不标注音,只是发挥经文义理。文字较洗练,每章的解说大多篇幅较短,不像宋常星等人那样反复申说。本书有乾隆二十五年徐氏自刻本,四库全书本,光绪丙申年珍艺书局《徐氏集著四种》本等。

首为《道德经注序》:此为徐氏自序,谓:"《道德经》非谈道德之书也。昔老聃氏去周,令尹喜谓之,子将隐矣,强为我著书。夫著书而曰强,喜真知道德之意者乎?夫道固不可以书明而非书又无以存道,强之云者,明书之不足以言道也。"又谓:"老聃氏曰:吁!道可道,非常道。反覆其义,成五千言。夫以五千言言道者,则道仍可道也,乃矢口即曰:可道者非常道,则五千言皆非常道也。非常道而仍有五千言,此乃不得已而有言,不可以五千言为即道也,故曰强也。"又曰:"夫书固不足以言道,而道又未尝不在书,知书之为强而著,则知书之所名皆强而名,从其强而求其所以必出于强,因以得其非强者,则不可道者因可道者而见,五千言又皆道也。"又曰:"后之学者,能知此意,则道德经可晓然矣。道可道非常道,此五千言之宗旨也,即五千言之义疏也。"序文末题乾隆二十五年岁在上章执徐如月中干洄溪徐大椿序。

案:此篇序文盛发"强著书"之"强"之意,意在强调老子之书不在言,而在其意。道由书而存,而道非书,此意在注文中多次出现,是徐氏解老的关键。王弼解老即以此为关键,而徐氏对于王注并不以为然,在《凡例》中以为肤近无发明,这和徐氏本人狂放自高有关,四库馆臣对他的批评是对的。

其下为《道德经注凡例》,共五条。

其一谓:"此书古注不下数百家,非汗漫支离,即疏略浅陋,更有鄙俚荒谬并文理不通者,盖其人本不足以知道,强而求解,宜其如此也。"又说:"王弼之注为最著,词亦肤近无发明。至所云河上公之注,真所谓文理不通者也。"又说:"余惟熟读经文,深参至道,不袭群言,直疏经意。其说或有与前人同者,此乃一心暗契,并非剿袭也。"

案:四库馆臣批评徐氏,以为:"惟其凡例诋呵古人,王弼注谓之肤近,河上公注谓之文理不通,未免过当。"这里是批评徐氏訾议古注,大致可通。不过,我们想出了徐氏为人狂放外,要考虑到他所处的那个庸俗的时代。他同时代的解老之作的确不令人满意,所谓汗漫支离,疏略浅陋,鄙俚荒谬,文理不通者,要是讲他那个时代的老学著作,大致还是对的。徐氏对他当时的学术和思想不满,延及整个老学史,虽说立论过当,也是事出有因。而他解老的方法则是从本文出发,以意会之,这是理解老子非常重要的原则,可与庄子、王弼相通。

其二谓:《史记》云老子著书上下篇,止有上下篇,而无分章之目,后世有分五十五、六十四、六十八、七十二、八十一之殊,并有每章各立名目,皆后人之所拟,皆无足取。唐玄宗又分上篇为道经,下篇为德经,亦未为的论。

其三其四又谓版本及训诂之事,谓经文取诸本明白确当词义通达者,字义取与本文最切确者。案:从此处可以看出,徐氏解老论道颇精微,但是对于老子文献问题的掌握则不足,所说的两原则并无实际意义。不过,徐氏注老的价值在前者,不再后者,所以这一点就没那么重要了。

其五谓:"老氏之学,与六经旨趣各有不同。盖六经为中古以后文物极盛之书,老氏所云养生、修德、治国、用兵之法,皆本于上古圣人相传之精意。故其教与黄帝并称,其用甚简,其效甚速。汉时循吏师其一二而已,已称极治,后人訾议不一,所谓下士闻道而大笑者也。学者熟读深思,其于修己治人之道,岂云小补?"

案:此点为徐氏判定老子思想地位之关键,我们会在下面详细分析。这里要讲的是,徐氏所论此点极为重要,而仅在《凡例》中一见,正文中并未细述。我们觉得不排除徐氏有意点出,而为避祸不去盛发其意。四库馆臣批评徐著,着眼即在此。可见此点关系重大,写作者与批评者皆能体会。我们今天评价徐氏著作的历史地位,也在这一点上。

2. 以道体为本

道体说,是徐氏解老的关键。以道为体,强调道体的重要性,这样的说法多次出现。所谓道体,乃是不可名者,"常者本然之谓。道本无名,指为道者,非道之本名。所谓强名之曰道,非道体常然之称也。"(道可道第一)又:"绵绵不已,虽无所见而若有存焉,用之则动而愈出,又自然无息,不见其劳,此道之本体也。"(谷神不死第六)

其他地方讲到道体的也很多,如唯道体之是从(孔德之容第二十一),盖道体本如是(孔德之容第二十一),混成不凿,而自成体。(有物混成第二十五)久而不易,此言其体(有物混成第二十五),道体尽矣(有物混成第二十五),道体之长存(以道佐人主者第三十),道之本体(上德不德第三十八),其实即道体也(昔之得一者第三十九),道体之渊微(上士闻道第四十一),这说明徐氏以道体为解老之关键。

以道体为根本,这仍旧在宋明理学的大框架下,可以说徐氏解老的兴趣都在论道上。① 不过徐氏和一般的解老者不同,道体已经

---

① 除了道体之外,徐氏也使用其他理学术语,如理(天下皆知第二,致虚极第十六),理势(天长地久第七,将欲歙之第三十六,人之生第七十六),性(宠辱第十三),性命(致虚极第十六),体(视之不见第十四),心(宠辱第十三),体用(有无混成第二十五)等等。不过这些术语在徐氏时代是常用术语,在徐氏注中并没有严格的理学限定。

置换了其内涵,而归宗于道家智慧。道体的关键是虚无之意,

> 道未见端之时,虚空洞徹,而又无所不包。观之乃见其神妙无方也。(道可道第一)
> 道寂然不动,无所为也。(道常无为第三十七)
> 若道之为体,则空虚无有,体物不遗。(天下之至柔第四十三)
> 虚空玄妙之谓道。(为学日益第十八)

这就显示出徐氏对老学的准确把握,这就不同于主流的理学家说法,而倾向于道家传统。

3. 强为之名

以道体为解老关键,如何理解道体则为关键。徐氏不仅是照着经文来解说道体之虚无,而且自觉从方法论上来理解道体之体的意味,这就是其强为之名的主张。

徐氏在自序中说:

> 老聃氏曰:吁!道可道,非常道。反覆其义,成五千言。夫以五千言言道者,则道仍可道也,乃矢口即曰:可道者非常道,则五千言皆非常道也。非常道而仍有五千言,此乃不得已而有言,不可以五千言为即道也,故曰强也。
> 后之学者,能知此意,则道德经可晓然矣。道可道非常道,此五千言之宗旨也,即五千言之义疏也。

这一点可以视作徐氏解老的方法论。强为之名之意,徐氏在

序中全篇发挥此意,引文可参《道德经注》概况部分,此处不再多论。徐氏在注中也多次说明此意,"夷,平也。希,少也。微,隐也。此皆借其字以形容道之无迹,皆强名之也。"(视之不见第十四)其注解"强名之曰大":"无名天地之始,道在天地之先。岂得有名?然无名则难以指称,故姑字之曰道。道又不足以尽其形容,故又强名之曰大。曰道曰大,皆非道之本名,乃不得已而强加之者也。"(有物混成第二十五)也是强调"强"的意思。

把握道,需要不依赖言语。要理解《道德经》是言道之"书",但不是道本身。故而我们就能理解徐氏在自序中劈头就讲:"《道德经》非谈道德之书也。"因为一切都是强为之言,而不是用语言直接就指向道体,故而必须对道体与言说之间的异质性有清醒的理解。否则,是没有办法理解《道德经》的。徐氏在自序中说:"后之学者能知此意,则《道德经》可晓然矣。知此意而无《道德经》亦晓然矣。"这话说的很奇绝,真有点禅宗言语道断的味道。当然,据我们所知,徐氏并没有佛教的背景,所以他的理解应该完全是从道家自身来的。

4. 以意会之

道体为首,强为之名,以意会之,这就构成了徐氏解老的关键。道体不可言,故而真正把握道体的,就是以意会之。"见道之不可以言语形容,而人当以意会之也。"(道可道第一)"道微妙难言,言则愈多而愈晦。默会于中心,则道反湛然而可见也。"(天地不仁第五)以意会道,这就摆脱了言语的限制,而去真正把握住道。

徐氏讲到意,也讲到心。"默会于中心。"(天地不仁第五)"不能变动其心。"(宠辱第十三)"独不以经心为静。"(重为轻根第二十六)"心愈虚而道愈充。"(知其雄第二十八)"一心之真识。"(不出户第四十七)这一点在徐氏所注的《阴符经》中也有体现。《阴符经》本来就强调心的意义,"天性人也,人心机也"。徐氏注:"人有心,当其未动,全无所见。一有感触而心即于此见端,所谓机也。盖心既发之后,反有利害嗜欲以扰之,而本心或渝。惟方发之一念为最真耳。"(《阴符经注》)不过总的看,徐氏讲心是带着意来讲的,而不是如理学家或者心性派人士,把心和性连起来讲,或者把心作为枢纽。他对于心的芜杂比较注意,①而强调本来或者最初的意念。"至要之妙道,而非常人思议之所及也。"(善行无辙迹第二十七)故而,徐氏解老还是重视以意会之。

徐氏解说老子颇为精要,无论是讲道体,讲以意会之,都很简疏,意到辄止。唯强为之言说的较细致,不过那也是在序言中。所以很难深入讨论这些概念的内涵和关系。从这里大概也能感受到徐氏解老的风格。

5. 儒道并立

徐氏所著《道德经注》,最大的意义在于提出儒道并立之说,这在老学史上非常关键。徐氏在《道德经注凡例》中说:

> 老氏之学,与六经旨趣各有不同。盖六经为中古以后文物极盛之书,老氏所云养生、修德、治国、用兵之法,皆本于上古圣人相传之精意。故其教与黄帝并称,其用甚简,其效甚速。汉时循吏师其一二而已,已称极治,后人訾议不一,所谓下士闻道而大笑者也。学者熟读深思,其于修己治人之道,岂云小补?

---

① 在道常无为第三十七章中,徐氏有"惟使之不萌欲心而已"的说法,这种欲心的提法还是很少见的。

第三章 理学阴影下的主流派老学

此意在《道德经注》中仅一见而已,然而非常关键。在儒道关系问题上,历史上的注家大多以和同儒道为事,如河上公、王弼、开元御注、苏辙、憨山等等,而如二程、朱子等,以儒学观点批判老学,以至于后世崇理学者莫不视老子为异端。徐氏云"老氏之学与六经旨趣各有不同",又以老学为上古之意,六经为中古之书,这分明是儒道并立之说,已不同于古人。此说在《道德经注》中虽没有发挥,但是已经点出要点,确为独到之见。徐氏对老子的判定,除了厌恶科举之外,如果不是有医学家的思想背景,是很难理解的。在传统医学的理论预设中,黄帝为万法之祖,黄老相贯,道通古今,故而以黄老对应周孔六经,是很自然的思路。

此点非常敏感,尤其是在康乾时期,无怪乎四库馆臣一眼看出,此说非常危险,故而对此大发议论:

> (徐氏以为)老氏之学与六经旨趣各有不同,六经为中古以後文物极盛之书,老氏所云养生修德,治国用兵之法,皆本上古圣人相传之精意。故其教与黄帝并称,其用甚简,其效甚速。汉时循吏,师其一二,已称极治云云。亦未免务为高论。夫老子生乎乱世,立清净之说以救之,特权宜拯弊之一术,犹曰不药得中医耳。盖公以是术教曹参,亦适当秦虐之後,人思休息,犹适当静摄可愈之病耳。必谓老氏欲以此术治万世,非老氏之本意。至於黄帝以七十战定天下,一切礼乐刑政无一非其所制作,古书具在,班班可考,必谓黄帝以无为治天下,尤非黄帝之实事。大椿此书,于《老子》之学不为无见,而跻《老子》于六经上,则不可以训。故录存其书,而附辨其说如右。(《道

德经注提要》)

此处四库馆臣对老子的看法,与徐氏解老有根本的差异。这段话的关键是辨析儒道关系,四库馆臣显然在捍卫正统观念,认为"老子生乎乱世,立清净之说以救之,特权宜拯弊之一术",而且是"不药得中医耳",也就是说无药可救之时聊胜于无,又谓"欲以此术治万世,非老氏之本意"。此正看出徐氏注老确有独到之处,他从黄帝入手,黄老并立,而论如儒道之并立。这里暗含着对老子思想的判定:老子不只是救急之学,还是万世之学。所以四库馆臣说徐氏要"跻《老子》于六经上",这的确是一个原则问题。

在清人对老学的评价中,除了继承理学家的异端说之外,研究老学的主流是判老子为圣道之一支,也就是唯一的圣道之一种偏颇形态,而给予老学有限度的肯定,而所谓的圣道也就是程朱理学,如花尚、吴鼐、李大儒、王定柱、王绍祖、董德宁、朱敦毅等等都是如此。徐氏的儒道并立之说则超出了此窠臼,而能从儒学之外的角度去肯定老学。固然他讲的老子为上古圣人之意,与黄帝并称,实际上并没有办法证实。实际上,四库馆臣反驳徐氏所说的黄帝"一切礼乐刑政无一非其所制作,古书具在,班班可考",也同样是空口而论,皆无实据。后来的魏源在其《老子注》中也遇到这种难题,只能勉强为证。不过这里的关键问题不在于历史上的黄帝如何作为,而在于是否承认儒道相异而并立,是一种思想类型的判定。徐氏因为有医学家的背景,故而首发此论。这实际上打破了长时期存在的儒道和同说,而遥遥指向早期老学的图景。这在理学盛行、考据学方兴的乾隆时期,实在是卓识。

6. 对徐大椿《道德经注》的评价

在清代中期,老学解说以主流派为主,这些人大多以理学理论为归依,习惯以天理来解释道,杂引儒书来证老。在这种背景下,徐氏的解说就有不同于众人的意味。其解道体为道家之真味,其在解说老子本文时也不做缴绕牵合,而能通达本义,有的解说如天长地久第七、视之不见第十四、太上第十七、上德不德第三十八、大成若缺第四十五、使我介然有知第五十三,皆精妙妥帖。① 不引儒书,不重理学家说,以老学为尊,明确提出儒道并立,这在清人解老之作中是很少见的。后来嘉庆时期南通人王绍祖作《老子袭常编》,就颇倚重徐注,大量引用徐氏注文。

《四库全书总目提要》评价徐大椿《道德经注》说:"其训诂推求古义,取其上下融贯者。其所诠释,主於言简理该,大旨与张尔岐《老子说略》相同,而研索较深,发挥较显,在《老子注》中,尚为善本。"这种评价还是公允的,徐氏之作确实和张尔岐《老子说略》颇有相近之处,以自抒理致、简洁畅达为特征。徐氏在《凡例》中说:"余惟熟读经文,深参至道,不袭群言,直疏经意。"这一方法和张尔岐也是一致的。当然,如四库馆臣所言,徐氏之作较之张作确实精微圆通,义理上更为深邃。

不过,在清代老学史上评价徐作,张尔岐不是好的参照系。我们需要统观清代老学史,更要结合魏源以及晚清政治老学的发展,才能判定徐大椿的历史地位。我们认为,徐大椿是魏源以及晚清

---

① 不过,徐氏解老唯道生一第四十二,解释"道生一、一生二、二生三、三生万物",多引数字,如一三为四,二二以为四,二三合为五,三一一二亦为五,一一二二亦为五,云云,完全不知所云。这还是四库馆臣所说的务为高论所致。

政治老学这一系列最初的源头,其关键点就是儒道并立的看法。①徐氏提出儒道并立,使得儒道关系有了一个新视角,是老学史上重要的论断。徐氏说"学者熟读深思,其于修己治人之道,岂云小补?"正是批评与四库馆臣"特权宜拯弊之一术"相类的看法。这里的关键就是老学究竟是一时之救弊,还是具有恒久价值。徐氏在康乾时代还没有办法发挥此意,他的看法还是悖理的,四库馆臣要特加驳斥。但是到了嘉道之际,魏源继承了这种看法,一切就不同了。魏源解说老子,就是要解决道家是否具有恒久价值的问题。魏氏发挥儒道并立之意,以黄帝老子之道为道,与徐氏之间有明显的继承性,可以说魏源发展并解决了徐氏的问题。从晚清的老学发展来看,儒道并立、以老学为用,这样的思路从徐大椿发端,至魏源而畅其意,又经过高延第、陈三立、易佩绅,一致延续到清末民初的徐绍桢。这些学者都不是在"特权宜拯弊之一术"上肯定老学,而是要肯定老子更根本的地位和价值。在这个意义上说,徐大椿可以说是魏源以至晚清政治老学的重要源头。有了徐大椿,魏源解老就有了历史依据,晚清政治老学就不仅是时势使然,而有思想

---

① 据我们判断,魏源很有可能读过徐氏《道德经注》。魏源作《老子本义》,没有明确提到徐大椿。但是徐注采入《四库全书》,《四库全书》有副本藏翰林院,以魏源之博闻强识,应当看到了此书。另外,魏源以黄帝、老子之道为太古之道,以对应儒家之道,这正与徐氏相契。此外,魏源三十二章注:"盖欲作者欲生萌动也。苟无以镇之,则太古降为三代,三代降为后世,其谁止之?"(三十二章注)此语与徐氏注解"道常无名第三十三"极为接近:"上古必不能不变而为中古,知止不殆。中古必不可不维持之以至未来也。"这正是魏源一直要解决的老学治世何以可能的问题。徐、魏二者的问题意识非常切近,说魏源受到徐氏影响,应该是合理的推测。当然,即使魏源没有看到过徐氏注,二者之间也存在着思想史意义上的联系。关于魏源的解老情况,参本书魏源部分。

史的支持。这一如晚清公羊学的兴盛不仅是时势使然,也是思想史的积累延伸一样。从这个角度来看,徐大椿的《道德经注》在清代老学史上可占一席之地。

二、董德宁《老子道德经本义》

董德宁(1730—1798),字静远,号元真子。浙江绍兴人。自称"初以业儒,心好真玄。乾隆三十七年遇高人,始悟大道。"后隐居于会稽四峰山,建集阳楼,与论道者多有往来。著有《黄帝阴符经本义》《老子道德经本义》《周易参同契正义》《太上黄庭经发微》《悟真篇正义》《元丹篇》,编纂《仙传宗源》《丹道发微》《性学筌蹄》(三书合为《元真录》),校订南宗六组经典为《修真六书》。以上诸书辑为《道贯真源》,有乾隆五十三年至嘉庆九年古越集阳楼自刊本。

《老子道德经本义》,有时也写作《道德经本义》,是董氏注解《道德经》的著作。董氏倾心道术,但不弃儒学,其注解《道德经》以儒道合一为宗旨,可以视作乾隆时期典型的主流派解老作品。

1.《老子道德经本义》概况

首为程昌期《老子道德经本义序》,其谓:余读董子注《道德经本义》毕,而喟然曰:此注出,而老氏本旨旷古昭若发蒙矣。自汉以来,世之宗老者绌儒,宗儒者绌老,非真能绌儒绌老也。乃并其各自为学者,而亦昧之。则儒非真儒,老非真老,徒袭文辞,分门户,以未尝心得躬行之。又曰:子曰予欲无言,又曰为政以德,又曰无为而治,不与老子修道德其学以自隐无名为务者有同旨耶?末题乾隆五十八年翰林院编修程昌期。

案:程昌期为今安徽歙县人,乾隆四十五年(1790)探花,累官翰林院侍讲学士。程昌期和董德宁有什么交游不得而知。乾隆五十四年程昌期曾在浙江主考，或许与董氏有交往。从序文来看，二人交情似乎不深。值得注意是程氏赞许董氏孔老合一的看法，这表明董氏与高层文士的看法距离并不很大。

次为董氏自序，谓：道为三才之原，万物之奥，天得之以清，地得之以宁，人得之以灵，物得之以生，故曰：道也者，不可须臾离也。又曰：道德者，包乎五常，统乎万物，物莫不尊道而贵德，夫莫之命而常自然者。又曰：老子之《道德经》，先道德而后仁义，以仁义居道德之中也。厚忠信而薄理智，以理智在忠信之内也，而绝圣弃智去其伪，绝仁弃义就去真。天地不仁大恩生，圣人不仁至德化。大道化而为仁义，智慧生而为知识。此数者，是反言之而若正者也。又曰：所谓无为者，乃道之体，无为而无不为。有为者，乃道之用，有为而有以为也。虚静为身心之本源，非空静寂灭之谓也。卑弱乃谦退之自牧，非庸懦无刚之比也。而用兵伐逆以其慈，修身治国用其啬。先人以后己，退高以就低，利而不害于物，为而不争于民，此老子立言之大意，为后学之指归。

案：从此序来看，董氏解老与道教学者并不相同，他强调老子治世的价值，以及儒道之相通，而不强调老子的神仙角色和道教内丹修炼问题。

次为《老子道德经本义凡例》，共 11 条。谓：《道德经》上下两篇，乃吾儒之专书，以其内有修养之旨，故道家宗之可也，而释家法之，亦无不可也。后人注此书者，竟将其修身治国之道俱解为禅家性宗之法，以致儒者非之，此盖不善注解之故。又谓经中有反激挽世之言，及救弊补偏之语，乃圣人不得已而为之。又谓：经旨中印证，恒用《四书》之文，而解释亦仿其式者，此正明孔老之学固非两途，儒道之源并无二致。又谓：是注务求其合乎周孔之道，不敢妄述谬剌之言,以惑乱圣人之训,而遗诮大方之家。又谓:孔老本同家之好,并无彼此支吾,观《礼记·曾子问》可概见矣。奈后世互相是非,以致人人之言各殊,径视为两歧。故学者诚能以二圣人之书参互考证,细细辨其同异,详其义理,自然知孔老之合一。又谓:是经也,儒家读之,可以修身齐家治国平天下,而养生家得之,能究其精微,可以尽性致命。则是书也,岂非祈天永命之书乎?

案:董氏之凡例并不整齐,11条中未必都合凡例之体,其大旨还在说明其著述之宗旨。不离于周孔之道,明儒道合一,这是他写作的宗旨,典型的主流派作法。

《老子道德经本义》分为上下卷,卷上为上篇,下卷为下篇,每一章以首数字为章题,题作道可道章第一、治大国章第二十四等。上篇从道可道章第一到将欲歙之章第三十六,共三十六章,下篇从道常无为章第一到信言不美章第四十五。与通行本不同的是,他把通行本三十七章划到下篇,且下篇重新排列章次,而不是从三十八章起顺次排列。① 这种作法与通行版本不同,历史上也没有过,是他个人的意见。

篇末为《老子传略》,引《史记·老子列传》全文。次为《诸家语略》,节略焦竑《老子翼·附录》,录历代解老者之说。最后为其弟子董采正的后序,谓:乾隆庚戌岁,闻吾师元真先生隐道于会稽之四峰山,穷理尽性,养气颐真,得孔颜真乐,视富贵如浮云,彻黄老根宗,等光阴似驹隙,名儒道之同源,阐性命之一

---

① 他把道常无为章第一置于"上德不德章第二"之上,谓:"按此章或有列于上篇之末者,误也。盖上篇之首曰道可道非常道,而下篇之首曰,道常无为而无不为,此各有深义。且上篇三十六章,下篇四十五上,其数目亦是有理,岂可紊乱?"这完全是臆说。

致云云。

据董德宁自序,书稿完成于乾隆五十五年冬,乾隆五十六年誊清。程昌期的序写于乾隆五十八年,则刊印应更晚。孙殿起《贩书偶记》著录《道德经本义》有稿本及乾隆六十年古越集阳楼刊本。熊铁基主编的《老子集成》(卷十)所收录本以北京大学图书馆所藏乾隆六十年刻本为底本,孟金霞整理。该本有题乾隆五十六年的自序和题乾隆五十八年的程昌期序,后有董采正乾隆五十九年后序,与孙氏著录相合,当是董氏自己的集阳楼刻本。

2. 董氏的学术格局与《老子道德经本义》的性质

董氏自称会稽四峰山人元真子董德宁,似道而非道,其与人交游时并不以道流自居。① 对于《道德经》,董氏也并非以道教徒的视角看待,他不称老子为太上,不以老子为神仙,篇末引《史记·老子列传》,也无历代仙传的痕迹。他明言老子生周末云云,则是承认老子为一历史人物,与孔子同时而稍早。《老子道德经本义》写作于乾隆五十六年,其宗旨为合儒道为一,注重义理,并不讨论道教内丹修炼问题,甚至对丹道问题颇反感。② 故而我们认为,此书道教色彩非常淡,并不适合归类于道教老学系统,当以之为主流派老学作品。

从董氏的学术格局来看,宋明理学、道教之性命之学、《老子

---

① 不过后世多以内丹家视之,其所编辑的《道贯真源》是清代重要的道经合集之一。

② 董氏在自序中说:"(《道德经》)又有解为兵机诡诈之术,及炉火吐纳之方,甚至解为房帏邪术,种种谬误,殊为痛惜。"他对把老子解为丹书的作法不以为然。此意又见上篇出生入死章第十四:"又有心欲长生,而不求至道,乃妄用闭气行气,以为内丹者,炼服五金八石,以为外丹者。"以及含德之厚章第十九:"益生者,谓本无亏损,乃妄为增益保生之事,如饕餮无厌,及炼养无方之类。"

第三章　理学阴影下的主流派老学

翼》为主的老学传统是其解老三个基点。

首先,宋明理学尤其程朱之学是董氏解老的藩篱。董氏在《老子道德经本义·凡例》中说:"是注务求其合乎周孔之道,不敢妄述谬剌之言,以惑乱圣人之训,而遗诮大方之家。"又曰:"经旨中印证,恒用《四书》之文,而解释亦仿其式者,此正明孔老之学固非二途,儒道之源并无二致。"故其在注解老子时多引《四书》,以"所谓云云"来牵合儒道,如道常无为章第一解作:"其视听言行,无不动于礼,所谓不勉而中,不思而得者也。""不勉而中,不思而得"出于《中庸》。其他这样的例子特别多。董氏还引用其他经书,《尚书》《诗经》《礼记》《孝经》之外,《周易》引用最多。经书之外,宋氏还引用朱子、程子、邵雍、周濂溪,尤以朱子说为多。董氏在自序中说:"又窃效于朱子《易本义》之意也。"则其书的写作完全是模仿儒家著作而成。这是他为自己的学问定下一个政治正确的框架。

宋明理学之外,董氏还引用了一些道书,如《阴符经》《悟真篇》《参同契》,这是他解老的重要依据。董氏在凡例中说:"引用诸书,除儒书之外,偶有一二语道书者,以经中有养生之旨,故间及之,然亦是儒道并行之语也。"这话有为自己辩护的意味。董氏在《悟真篇正义·自序》中说:"其《阴符》《道德》,为黄老之专书。然其立言发论,虽备述天人之学,而于治道,多为明显。乃于丹道,稍开其端。"也就是说,董氏承认《道德经》的丹道思想,但是认为其不是主体,这种看法还是合理的。《老子道德经本义》不以讨论内丹心法为主,但是董氏要扣住此意,以便勾合理学与道教传统。董氏在《丹道发微·并序》中说:"此数公之往来恒久,且授予道要极多。除已经融会,而述于《道德经本义》、《阴符经》、《元丹篇》诸书之外,尚存本原精义百余条。"《丹道发微》是董氏专门的内丹学著作,写作于《道德经本义》之后。《道德经本义》之中论及丹道思想,为的是给《元丹篇》《丹道发微》这类内丹专书留下伏笔,以便沟通老学与内丹学。值得注意的是,董氏还大量引用了《关尹子》,他应该不知道此书为伪书①。

理学家、道教资源之外,还有历代的老学研究著作。董氏引用了苏辙、王纯甫、李息斋、薛君采、吕吉甫、焦竑等,这些显然是以焦竑《老子翼》为蓝本的。董氏书后还有"诸家语略",基本是节略焦竑《老子翼·附录》而成。董氏在凡例中说"所见诸书不广",的确如此。他对老学史了解不多,一些著名的注本他都没有涉及,老学传统对他而言相对较弱。

综合起来看,理学著作、道教内典、《老子翼》是他解老的三个资源。他写作的目的就是综合三者,而为一浑融体系。

董氏的根本思想无疑来自于道教传统,其在《悟真篇正义·自序》中说:"即年既壮,常多家变,而碌碌谋生,未遑专志,但未尝忘其道耳。至乾隆壬辰年,赖天之眷佑,不负其初心,获遇真师,授传玄妙,并嘱后日当注《悟真篇》以启后学。"此序作于乾隆五十三年。由此可知,他所说的真师,还是属于道教系统的人物,所依据的资源也是如《悟真篇》一类的道教经典,故而他的主要见地在道教上,

---

① 《关尹子》之伪,古人早已明言。《隋志》《唐志》不见著录,陈振孙《直斋书录解题》始著录之,而言其非真。宋濂作《诸子辨》,更明确其为伪书。胡应麟《四部正伪》也明白指出其伪,至四库馆臣称其虽出于依托,不可废也。清人解老者几乎无人引《关尹子》一书,概此书之伪,人皆知之。唯董氏多引此书(共7条),可知其不知学术史常识。

也即是他所说的"性命之学"。① 但是,他从小业儒,《四书》、程朱深入他的思想,这是一条没办法回避的"正学"。董氏在《丹道发微·并序》中说:"身固业儒,而性耽玄理。"在《悟真篇正义·序》中说:"家传儒业,心好真玄","自幼虽伊吾于经书,而常吐纳于玄牝。"这说明,在他的内心中存在着冲突,他无法回避如何处理二者之间冲突的问题。程朱对于道教从无好感,斥之不留情面。即使对于老子,也是视之为阴谋家。道教自古以来自成系统,对于理学亦不以为然。理学、道教和老子之间,一直有着巨大的鸿沟。所以董氏会说:"奈后世相互是非,以致人人之言各殊,径视为两歧。"(《老子道德经本义·凡例》)这种思想上的对峙一直是常态,对于普通读书人而言,都是巨大的困扰,在清代思想一统的高压下更是如此。董氏深入不同的脉络之中,当深知此种冲突之苦恼。

故而,董氏的《老子道德经本义》就不仅仅是解说老子之作,而是他力图证明儒道不二的作品。他在《老子道德经本义》凡例中说:"是经也,儒家读之,可以修身齐家,治国平天下。而养生家读

---

① 《老子道德经本义》中涉及到性命之学的地方很多,如不尚贤章第三:"心藏神,使神安则心静,心静则心虚,而性得其养也。肾藏精,使精足则气充,气充则腹实,而命得以立也。精神凝固,尽性至命,自然浩气流行,而塞乎天地之间。"道冲而用之章第四:"故神御其气,气持其神,神气相须,真精相合,是谓玄牝立焉。"其他如载营魄抱一章第十,古之善为士章第十五也同样,均以精气神来说性命之学,有明显的道教痕迹。董氏在《悟真篇正义·自序》中说《道德经》:"乃于丹道,稍开其端。"故而其解说《道德经》的丹道思想时比较小心,不像黄裳、李西月那样连篇附会。董氏在《丹道发微·自序》:"学道之人,当率其天赋之性,以克其气质之性;安其分定之命,以养其形体之命,则修炼之能事毕矣,其余皆末务耳!"此书成于乾隆六十年。这也是董氏所说的性命之学,性命之学超过了修治之学,是他思想的关键。不过,在老子解说中,这一点并不是最重要的部分。

之,能究其精微,可以尽性致命。"①这就是说《道德经》同时满足了他的两种要求。他在某种程度上回到了先秦语境,摆脱了道教对老子的限定,就是为了证明老子不是和孔子对立的异端,孔老有共同的宗旨,而修身治国为其共享的思想结构。这样,他所迷恋的丹道思想就不再是正统儒者所鄙弃的异端,而是上古以来大道的传承者。其中,如何处理道教传统和理学的关系,即如何保住程朱所痛斥的"性命之学",又不违背所谓"圣学"、"正学",这是一个关键问题。只有这样去理解,董氏的写作意图才清楚。这是清代大一统思想格局下特有的问题意识,也是主流派解老者共同的困境。

我们看董氏注老,并无特异之处。除了证明儒道合一之外,全文不过是普通的注解而已。既不象黄裳、李西月、刘一明一样斤斤于丹法,也不象苏轼、王雱、吕惠卿、焦竑一样孜孜于性与天道。董氏一生思想的中心还在《元丹论》和《丹道发微》一类著作上,他不承认自己是道流,自以为跳出三界。在我们看来,《老子道德经本义》是他用来缓解内心冲突、为自己辩护的著作,故而强调儒道合一,甚至说《道德经》是"吾儒之专书"、"孔老为通家之学"②这样毫无依据的话来。这反映了清代儒生研习道经、道家的自我矛盾,这在后来的朱敦毅、刘沅身上也有体现。

3.《老子道德经本义》的宗旨是论证儒道合一

此书的宗旨即是论证"孔老之合一,儒道之同源"(自序)。至于其他的地方,注音解词皆泛泛,略及丹法而不细密,解说经文多

---

① 养生家,有时也写作修养家,是董氏对道教内丹学的叫法。这是他一生思想的主脉。

② 所谓通家之学,董氏在凡例中说:"孔老原为通家之学,并无彼此支吾,观《礼记·曾子问》可概见矣",又见知其雄章第二十八:"然而孔老通家之学,亦于此可见其概矣。"所谓孔老通家之学,真是不知从何说起。

以《老子翼》为依托,故而并不突出。

董氏《老子道德经本义》的关键是缓解理学家和道教传统的冲突,他对老子作去道教化的处理,回归先秦老学,强调老学为修身治国之学,这就把老学从道教的面貌中拉回来,以与儒家并立。董氏也沟通理学与道家说,如以天理、太极之说来解说道论,这就缓解了理学和老子的冲突。由此,老学与孔子接近,和天理说相合,这就减少了异端属性。另一方面,老子又有修身之说,这就为道教内丹学的合理性埋下伏笔。董氏论证儒道合一,大旨如此。论证的详情,主要通过以下几种办法。

(1)修身治国为儒道之共识

董氏认为儒道都是修身治国之学,《道德经》同样是修身治国之书,"余尝考老子当周末文胜之时,列国争雄之际,而目击多艰,欲挽其溺。"(天下有道章第十,又见天下柔弱章第四十二)儒道两家有"修齐治平之道,孔老合一义"(自序),又说:"是书以修身治国为主,其炼养性命之机,乃兼及之焉。"(自序)故而强调老学治世的意义,"或谓老子专主无为退弱,不可以理天下,此岂其然哉?盖老子之无为者,无有妄为也;退弱者,卑以自牧也,非寂灭无作之类,柔弱无刚之比。"(以道佐人主章第三十)这段话是合理的。

董氏突出老子修身治国的意味。老学谈到治国总涉及到无为,一般人都会把无为解释为无所作为。董氏在谈及无为的时候,特别强调无为与有为的相关性。

无为者,无妄为也。(天下皆知美之为美章第二)

为治之道,以无为为体,有为为用。(将欲取天下而为之章第二十九)

无为者,道之体。无不为者,道之用也。(道常无为

章第一)

　　然无为者,非蠢然一事不作之谓,乃当然而为,无所妄为,所谓无为而成,无为而治,皆是此义。(不出户章第十一)

故而董氏特别反对禅宗式的老子解读,认为丧失了老学的特质:"盖自来注老子书者,多以禅家性宗之旨为解,而略其修齐治平之道。"(善为士者不武章第三十二,此意又见凡例)这种看法也是合理的。董氏在解说时常常提醒修身与治国兼顾,也有强调儒道修身治国合一的目的。

　　此章备言修己治人之道,而养生之旨亦具乎其中矣。(不尚贤章第三)
　　此章言养性修身之学,及养民治国之道,二者并行不悖。(载营魄抱一章第十)
　　盖省刑罚,薄赋敛,所以啬俭其国也。收摄心神,保惜精气,所以啬俭其身也。(治人事天章第二十三)

今天我们也会承认,就先秦儒家道家来说,认为两家都是修身治国之学,这是一种合理的看法。不过在董氏的时代,对于老子最常见的评价,一个是宋明理学的异端说,一个是道教的神仙说,二者都会忽略老子的现实意义。即使是苏辙、焦竑一类学者也相当程度上忽略了老学的治世意义,因而董氏的老子治世说是有意义的,说儒道都是修身治国也无大误。不过问题在于,修身治国只是一个框架,儒道两家如何理解修身治国,存在着很大差异,董氏并没有就此讨论,这就只言其一不言其二了。再者,在董氏这里,他所说的修身暗含了道教内丹修炼的意味。在载营魄抱一章第十中,他认为,老子所讲为"性命兼修之学""养气修命之学""养心修命之学",就有道教的意味。其他讲到精气神修炼的地方还很多,故而他讲的修身说不一定符合老子修身说的本来意思。董氏这样处理,既承认了老子的非道教性,又为道教内丹学的合理性埋下伏笔。还有,董氏对于老学治世意义的强调也是字面上的,他无法提出新的解说,他的这些看法说到底还是为老子去污名化,以与理学家说相容通。只要证明了老学也是治世的,然后把儒家的治世之说铺排开,他的目的就达到了。实际上这样做没有什么意义。

(2)道为自然之天理

董氏解说道论,基本以理学家说为依据,以天理说来解说老子之道论。

> 道者,太极自然之理也。道者,天理之自然,人事之当然也。(此引朱子之说)理有万殊,道无二致。(此引程子说)(道可道章第一)
> 道者,天理之自然。(有无混成章第二十五,道常无为章第一)
> 道者,天理之自然,人性之固有。(吾言甚易之章第三十四)
> 务使其妄尽诚至,无一毫人欲之伪以杂之,则自然天理浑然,而真性彰著。(为学日益章第十二)

这段话完全是朱子口气。

董氏又以太极来解说道,"道即太极,其动而生阳,其静而生阴。"(有无混成章第二十五)以太极解说道,见于陈北溪(即陈淳)

说,董氏引陈说:"道即是太极。"用以解说老子道论。而关于太极、无极之说,则极力加以牵合:

> 按孔子赞十翼,乃言太极,而老子作五千,乃言无极,故后贤或言太极,或言无极,或并言无极而太极,及太极本无极等说。盖太极者,谓有至极之理也。无极者,谓无穷极之道也。谓道之与理,同归而殊途,有之与无,同出而异名,其实合一,非有二也。(知其雄章第二十八)

说到底,就是"道之与理,同归而殊途",即道家之"道"与理学家之"理"为一,即《自序》中所说:"务求其合乎道,而不悖乎理。"把两个思想体系中的最高观念解释为同质性的,而不相互冲突,这是思想统一最简单的作法,但是并无说服力。简单来说,老子讲"以虚为体"(道冲而用之章第四),那么虚之道如何是天理呢？理学家讲的天理无论如何不可能是"虚"的啊?①

董氏不仅以理学词汇解说道论,即使是具体的说辞也借鉴理学家的说法。董氏对道体的解说最多的词是"浑全""浑然",而这些是朱子最常用的术语,用来解说天理。②

> 盖道则浑全无迹,为德之体,而德则纯实有力,为道

---

① 关于三教异同问题,明清以来的讨论非常多,不过没有一个大学者会把道家之道和理学家之理简单等同起来。

② 以浑全(浑然)和有方体来区分道与德、道与物,苏辙有类似的思路,但是没有这样明确的说辞。以浑全来说本体,最多是是朱子,如浑全、天理浑全(见《朱子语类》《近思录》),后来的理学家多用此类说法。董氏的说法应该受朱子的影响,这和老子的原意有相当的距离。

之用。(道可道章第一)

　　道体浑然无间。(视之不见章第十四)

　　大道浑然无方体,仁义确然有成用。(大道废章第十八)

　　无方体,有时就是未斲。(道常无为章第一)

　　道则浑全无穷尽,德则纯实有方体。(上德不德章第二)

　　夫道之为物,浑然无体,无为而成。(有物混成章第二十五,又见于知其雄章第二十八,道常无为章第三十二,圣人无常心章第十三。)

这些说法用来解说老子是可以的,但是会忽略掉道论的很多重要内涵。把道解释为自然之天理,这些说法林希逸就有,不过林氏对天理的理解不同于朱子。而董氏完全遵从程朱之说,以之解说道论,则见出其对于道家学说缺乏深刻理解。

(3)道论通五常

董氏还把道家的论说和儒家的价值体系勾连起来,以道论来贯通仁义礼智信五常。

　　道则浑全无方体,而德则纯实有成用。道是形而上者,德则形而下者。德则生之,德则蓄之。是以道德者包乎五常,统乎万物,万物莫不尊道而贵德。(自序)

　　德者,包乎五常,贯通百行。(上德不德章第二)案:

董氏直接把老子的德和儒家的德混同起来。①

  大道浑然无方体,仁义确然有成用。而仁为天德之全,义为天道之正。道德仁义,自是一致,但有体用之分,初无彼此之别。(大道废章第十八)案:董氏是以体用的方式来讲道与德的关系,也就是道家之道与儒家之德的关系。

董氏在《太上章第十七》注中,解释"太上,下知有之。其次,亲之誉之。其次,畏之。其次,侮之。"先以仁义礼智来附会经文,"仁者人也,谓爱养其人,如保赤子,故民乃亲近之也。而义者,宜也,谓分别其宜,各得分愿,故民乃乐誉之也。其次以礼防闲之,如威畏其民,不敢逾越也。其次以智制御之,犹侵辱其民,不使放逸也。"这样解说毫无道理。其次又强把信附上,"夫为治之要,自仁义礼智之后,乃继之以信,所谓民无信不立是也。"其后自己又解释:"或诘余曰:经文止言一信字,而子以五常解之,此何所据也?曰:在天地为五行,在人道为五常。而五常之中,其信属土。土则无所不在,故经文中只用信字。"这是强辩。论证儒道为一,重要的不是可不可以,而是是否精妙妥帖,董氏所论过于粗糙。

董氏以道论通五常,即以道德为根基来解说仁义礼制。董氏在自序中说:"老子之《道德经》,先道德而后仁义,以仁义居道德之中也。厚忠信而薄理智,以理智在忠信之内也,而绝圣弃智去其伪,绝仁弃义就去真。天地不仁大恩生,圣人不仁至德化。大道化

---

① 董氏在为无为章第二十七中说:"夫子所言之德,乃恩德,而老子所言之德,乃道德,是为稍别耳。但细味之,其实一也。盖道德为恩德之体,而恩德为道德之用也。"董氏经常用体用说来淆乱理之差异,最后混为一谈。

而为仁义,智慧生而为知识。此数者,是反言之而若正者也。"也即是说,老子所否定的价值都不是本体的否定,而是作用的否定,其实际还是要保住这些价值。这样,就不是如《道德经》本身把道与政教的关系解释为日益背离,而是一种顺成的关系。这种论证方法在老学史上并不少见,在庄子后学的黄老派、战国黄老学、汉代严遵等人那里已经很清楚了,苏辙、焦竑等人也是这样解说的,董氏所论没有超出这些。与历史上的学者不同,董氏特别注意道与五常的关系,他把五常视作道的自然延伸。实际上,这种尝试更加困难。像绝圣弃智章第十九,董氏基本就在强解,毫无说服力。

(4)以儒家经典和《道德经》互释

董氏在《凡例》中说:"经旨中印证,恒用《四书》之文,而解释亦仿其式。"又说:"引用《四书》之语,以及本经之言,则以所谓二字该之。"在《老子道德经本义》中,董氏大量引用儒家经书,如《易》、《诗》、《书》、《礼记》、《孝经》,以及《四书》、宋儒语录,尤其是《易经》《四书》,来解释比附《道德经》,以此证明孔老合一。我们略举几例。

> 谓常无者,将以观其神妙之无方,此即无声无臭之义也。常有者,将以观其边缴之有极,此即格物致知之义也。(道可道章第一)案:"无声无臭"出于《诗经·大雅·文王》,"格物致知"出于《大学》,董氏用来比附常无、常有。
>
> 而其来则无始,其去则无终,故迎之不见其首,随之不见其后也,所谓瞻之在前、忽焉在后是也。(视之不见章第十四)案:"瞻之在前、忽焉在后"出于《论语》,是颜渊描述孔子之语,董氏拈来比附道论。

> 所谓其为物不二,则其生物不测,《易》曰天下之动,贞夫一者也,皆此义耳。(昔之得一者章第三)
>
> 故谓坚强者死之徒,柔弱者生之徒也,所谓苟得其养,无物不长,苟失其养,无物不消,即此之义也。(人之生也柔弱章第四十)案:"苟得其养,无物不长,苟失其养,无物不消",出于《孟子》。此意与"坚强者死之徒,柔弱者生之徒"有何相通之处?不得而知。

董氏的这些引用很多都是语文意义上的,而不是思想意义上的,很多时候他的比附都很牵强,并没有说服力。

4. 对《老子道德经本义》的评价

董氏所著《老子道德经本义》大致可是视作他个人的感悟,或者出于个人的信念。董氏解老缺乏学术史和思想史的脉络,妄图混同不同的义理系统,故而他很难客观的把握《道德经》的内涵。和那些主流派的解老著作一样,此作在清代老学史上并不重要。

此作在文本处理上有很多粗略的地方,略举几例。董氏在《凡例》中说:"《道德经》上下两篇,河上公分为八十一章,乃吾儒之专书,以其内有修养之旨,故道家宗之可也,而释氏法之,亦无不可也。"案:"《道德经》乃吾儒之专书",这真是不知如何说起。他在3年前写作的《悟真篇正义·自序》中还说:"其《阴符》《道德》,为黄老之专书。"到了注解《道德经》时就称之为"吾儒之专书",这真让人无法理解。还有就是删改经文。孔德之容第二十一"其精甚真"一句,其谓:"余尝闻至人曰:真当作贞,乃传写之误也。若作真字解之,则浅矣哉。下篇第十八章之其德乃真,亦是此义,故宜从之。"董氏在善建不拔第十八注解中以及治人事天第二十三的注解中,都把"其德乃真"引作"其德乃贞"。① 这些在今天来看,毫无依据。其他如称"象帝之先"之帝为"五帝",以孟子与老子相近②,无不牵强无理。至于引伪《关尹子》,更见其不知学术常识。

董氏对于《道德经》的理解,应该说较之康乾时期一般读书人是超出的,他强调老子的"本义":

> 所谓无为者,乃道之体,无为而无不为。有为者,乃道之用,有为而有以为也。虚静为身心之本源,非空静寂灭之谓也。卑弱乃谦退之自牧,非庸懦无刚之比也。而用兵伐逆以其慈,修身治国用其啬。先人以后己,退高以就低,利而不害于物,为而不争于民。如此者,是正言之而若反者也。故曰道可道非常道,又曰上德不德,是以有德也。此老子立言之大意,为后学之指归。(自序)

这种理解,无论较之正统儒者的异端说,还是道教学者的神仙说,无疑更接近老子之本义。在理解老学和儒家、道教的关系上,董氏和一般的道教徒相比,能够更贴近历史,也少有理学家的偏见,这在清代还是不容易的。不过,这些理解如果没有偏见的话,大多读者都能看得出来。董氏的思想原在理学家和道教系统笼罩之下,故而有了这些看法,自以为突出庸常,在今天来看不足为奇。

---

① 董氏的老师和他所以有此看法,或许和他们以《易》解老有关,故以贞改真。
② 以孟子与老子相近,见上篇载营魄抱一章第十:"谨案:孟子言养气,则曰至大至刚,塞于天地。今老子言养气,则曰专气致柔,能如婴儿。二者若相反,而其实一也。盖孟子言其用,而老子言其体。"下篇天下有道章第十也是如此,谓老子著书与孟子著书同旨,皆欲以救世。

他所解说的修身治国之道,也不过是重复一下《道德经》的经文意思而已,并无发挥(比如与晚清政治老学诸家相比),况且很多时候还和儒家相比附。

董氏解老的关键是证明儒道合一。不过,他的证明并不让人信服。这里有三个问题。宋儒之天理很难直接解释为虚静之道,① 性命之学与道家传统的不能一概而论,原始儒道有之间共识,也有差异,总之难以合一。这三个问题都是思想史上的老问题,很多人论述过。我们读古书,当然知道孔老、儒道使用了很多共同的概念,也有一些共同的倾向,如董氏所谓修身治国一类。假如我们在不同系统的经典之间寻找类似的表达,当然会有很多例子(就如同董氏所找到的一样)。但是,这些都不足以证明儒道具有相通或相近的义理类型,这是完全不同的两回事。朱子诸人虽说对老子有偏见,但是能够清楚看到儒道之间的差异,这一点很难抹杀。我们看乾隆时期吴鼒的解老,就明白说出儒道使用的词汇虽近但是意义不同,这是基本的事实。至于四库馆臣如纪昀诸人,斠理道家诸书,也能明白辨析儒道宗旨之异。董氏不顾及这些,一味为了"道唯一而已"这样的信念找例证,不同的强合之,类似的强加之,这样就没有办法真正把握古代经典的事实,而只是证实他早已经认定的信念而已。和历史上如苏辙、林希逸、焦竑等合同儒道的学者比起来,董氏做的更粗糙,更缺乏说服力。

董氏在内丹学上有何等造诣,我们无法判断。但就其注解《道

---

① 董氏对于道的理解,虽然有《老子翼》的支撑,由于依据天理说,根本上还是很混乱。如以天理以及太极来解释道,其他地方讲道"以虚伪体""以虚无为体"(道冲而用之章第四、致虚极章第十六),其他地方又说,"夫道以虚为用,以静为体,惟虚无则尽性,静定则复命也。"(致虚极章第十六)前后矛盾。他真正把握的还是道的"浑全",而这与老子对道的理解有相当的距离。

德经》而言,并无足轻重。其既宗道教内丹传统,又不接受道教的基本框架,于是把老子解释为一个儒家义理的同旨者,而以儒道合一为归,多有师心自用的嫌疑。董氏就如同之前的李大儒、后来的王绍祖、王定柱、朱敦毅,其合同儒道之论不但无法为道家辩护,也损害了儒家的义理系统,这也是吴鼐等人解老坚持儒道之异的意义。对于董氏一类主流派人士来说,大一统的文化正统无法抛弃,就不得不用牵强的理由来为自己崇道作辩护,这是那个时代读书人的悲哀。其统合各家,大多是以意逆之,勉强为说,而最后不过是以理学家说来文饰老学,而达其"道一而已"之信念。圆凿方枘,何苦来哉!

三、吴鼐《老子解》

吴鼐(1705—?),字大年,号拙庵。江苏无锡人。乾隆元年(1736)进士,官至工部主事。著有《周易大衍辨》、《易象约言》、《老子解》、《老子别录》、《非老》、《三正考》、《朱门授受录》等。《四库全书》收录其《三正考》,《四库存目》收录其《易象约言》。四库馆臣以为《三正考》"于经学亦为有功矣。"而《易象约言》则"泥古太甚"。《四库全书》未著录其老学著作,直到《清史稿·艺文志》才收录其三部老学作品。

关于吴氏三部研究老子的著作写作顺序和时间,吴氏在《老子别录·序》中说:"余既注老子讫,(中略),为《老子别录》。"则《老子别录》晚于《老子解》。又沈懋德在《非老》的跋中说:"拙庵老人既为之注解,而又出其余论为《非老》一卷,就其言而剖析之。"则《非老》在《老子解》之后,我们猜测也在《老子别录》之后。那么,应该是吴氏最早注解《老子》两卷,其后又编辑老子资料为《老子别录》,最后又写作论述性的《非老》。观沈懋德所称"拙庵老人",又结合清人先经学后老学的惯例,则吴氏注解研究老子当在其晚年之时。

1. 吴氏老学著作的概况

《老子解》:此书分作上下篇,无章次,每一章经文不引全文,仅仅标作"道可道至众妙之门","朝甚除至非道哉",等等。上篇从"道可道"到"道常无为",下篇从"上德不德"到"信言不美",大致与通行本吻合。其注解经文时,有的一章之下为注,有的则一章分为两部分为注。更有的离合不同章节来作注,如"谷神不死至天长地久",就把传世本六章、七章合在一起,这是很随意的。其注解各章大多类似章句,不过是敷衍文句,解以常理而已,并无义理发挥。此作也没有考证,也不引用诸家。这些说明吴氏作解之时,并不以老子为然,大致只是不经心之作。篇末有吴氏的跋,论说释老之别,指出老子以无为宗的特点及其弊端。①

《老子别录》:其序曰:"余既注老子讫,复即传纪子史之言,凡系老子之生卒、出处及师弟、知交之绪言,与夫传授次第、著述疏解诸家,撮其要而集之,为《老子别录》。"则此作为《老子解》之后为进一步了解老子而作的。书中引《说苑》、《庄子》所载老子事迹,罗列老子之师友弟子,以为"常摐者老子之师,孔子与庄子所称关尹,老子之友也。杨朱、柏矩、崔瞿、士成绮、庚桑楚、南荣趎、尹文子、叔山无趾、秦失,老子之弟子也。列子、庄子皆私淑老子。"又认为杨朱、列子、庄子和韩非都得其一偏。其后引《史记》、《列仙传》有

---

① 需要提及一句的是,吴氏在解释"夫佳兵者,不详之器"时,认为"佳"字与"惟"通用:"佳音追,发语词,与惟通用"。吴氏解老并不长于考辨,类似的解说仅此一例。不过我们都知道王念孙考证过此条,认为佳字为隹字之误,隹为古唯字,唯可作惟。吴氏此说早于王念孙的考证,虽不及其精审,也算是有见地。不知道王念孙是否看到过吴氏此说,受其启发而再做深入研究。

关老子的传记,又引《说文》、《续博物志》、《水经注》、《括地志》等书老子里居的材料,最后又引《汉书·艺文志》、《隋书·经籍志》、《唐书·经籍志》的历代老学著作。篇末有沈懋德的跋。

案:吴氏的这些材料既不全,有的也不可靠。不过他花时间来整理,说明他对老子还是重视的。

《非老》:此为吴氏辨析儒道关系的重要文章,表达了一般儒者对老子思想的判断。和前两部作品相比,此作更为重要。吴氏在注解和整理材料之后还有此作,说明他真的认真思考了老子与于儒家的差异之处。其内容详见正文。

2. 以无为体的评判

吴氏解老大多平平无奇,仅仅敷衍文句而已,可称作文士之解老。不过,他对老子无的看法略有意味,这是他理解老子的关键点。

解"道可道至众妙之门":此言道之妙在无。无者,老氏之妙用。又说:玄,无也。玄之又玄,无之至也。无之至者,众妙所从出。天地之始,无之体也。众妙之门,无之用也。案:此节以无为中心来解说。

解"三十辐共一毂至无之以为用":此言无之妙用。无者,毂空壶中有此空,则利转。埴以为埏而铸器,其妙用在受金中空。有户牖,斯有室之用。有之以为利,有此无始为利也,无之以为用,无此无则无用也。案:这里所谓的"无此无",在解"道可道至众妙之门"中还有"有,有此无者也"的讲法。这说明吴氏对老子之无并无真正的体会,大致还停留在字面上。

在《老子解跋》中,吴氏认为,老氏之无非真无,乃是清静,清静则能贞下起元,包诸所有。天地自无而有,万物自无而有,此身自无而有。又以草木为例,认为草木必始于根芽,肢体必始于胚胎。

由有天地而极,之于未有天地,由有万物而溯之于未有万物,由有此身而反之于未有此身,此老氏之所谓无。案:这一说法非常有意味,从有之生来解说无。不过,根芽或者胚胎终究还是有。吴氏对无的理解还是不够周延。

吴氏理解老子以无为体的说法并不新奇,王弼就是这样解老的,程朱以来以至吴澄辈亦以无为体来解释老子。这是一种习说,而如船山就能从此种窠臼中脱出。吴氏仍旧在此框架下来理解老子,他以从有之生来理解无,也算是体贴细致。吴氏认为老子的弊处也在此,在《老子解跋》中,他说老子皆救时之论,寓有于无,惜其持论过高,直欲举斯民而愚之,未免太偏。至失道而后德、失仁而后义、礼者忠信之薄而乱之首,又过激之论。总之认为这些都是以无为宗的弊端。值得注意的是,吴氏解说老子基本上没有理学的痕迹,像太极无极、理气这样的说法,他都没有涉及。对于老子以无为体这样的判断,他也只是如此说而已,看得出并没有深入思考。这大概和他的学养拙于玄思有关,也和他更关注老子的价值影响有关。

3. 以儒说解释老子

吴氏解老,在涉及到儒道冲突的章节,都以儒说来解释经文。一般的主流派解老者多有此类讲法,很多时候他们以为一般读者误解了老子。我们会发现,吴氏这样解说不是出于他对老子的误解,而是他真的理解了老子,知道儒道的冲突,故而必须这样去解释,才可以校正老子的弊处。我们略举一些例子,看一下吴氏如何以儒说解老。

解"象帝之先":帝,天载也。天载形于事物,故原其始而以为帝之先。案:此以天来解道,天乃儒家最高观念。

解"天地不仁":不仁犹言岂不仁。圣人之于人物,岂不仁哉?

案:此意恰与经文相反,而回护天道为仁的观念。

解"大道废至有忠臣":仁育万物,义正万民,大道之世,物无不育,民无不正,非无仁义也。案:此以大道之时有仁义,恰与原意相反。

解"知人者智至死而不亡者寿":君仁臣忠,父慈子孝,所谓所也。案:此句是解释"不失其所者久"一句,以儒说来解"所",非老子之意。

解"上德不德至而有以为":此言上德无为,如舜居深山,与野人同也。案:此以舜为上德无为,是以儒家传说来解老。此章又以仁义礼之为德,犹耳目口之为面之例,说明道为全而仁义礼为一端之意,此意在《非老》中有进一步的阐发,而谓,德犹浑全于吾心,而我分支为仁为义为礼,名目愈分而浑全者愈失。他认为老子的看法是把道德仁义礼信智看成分别的七物,后借韩愈说论儒家之仁礼信义智解出于性而结之。此种解说是对儒家观念的一种捍卫,其解老子亦可成一说,可通庄子之混沌。苏辙解老就有此说。

吴氏的这些解释大多和老子的原意相反,主要是他不能接受老子对儒家价值的否定态度。在有的章节中,他不再曲解经文,而是直接批评老子的看法,下面详细论述。

4. 对老子的批评

吴氏在《老子解》中多次说到"此老子之弊也",这是他明确对老子的批评。

解"绝圣弃智至故令有所属":此言去文存质。圣智仁义何恶于人,而与巧利同弃?此老氏之弊也。彼以圣智仁义为文,故以为不足而一切荡然涤之,俾有所属,属于素也。案:吴氏又赞同韩愈的说法,认为老子非毁仁义,是其见者小。这是对老子反仁义的批评。

解"绝学无忧至相去几何":此言唯恶善恶相同。唯恭而阿慢,一恭慢,齐善恶,则可以无学矣。甚矣!老子之弊也。案:这是对老子齐善恶、反知的批评。

解"上仁为之至而乱之者也":今言失义而后礼,此乃不义之礼,如沐猴之冠带,盗贼之揖让也。又言忠信之薄,则是不忠不信,乃可为礼。而所谓忠信者,无与于衣冠、言动,无关于君臣父子也。又言乱之首,则是弃其尊卑上下等级隆杀之仪,乃可以为治也。宜其为后儒口实矣。案:此处显示了吴氏对老子否定儒家价值的不满。

解"为学日益至无为而无不为矣":此言求无为者当日损,老氏恶言学,一弊也。案:此处批评老子去学。不过,在解"是以圣人欲不欲至而不敢为"时,吴氏承认,"老氏言无欲,非无欲也,欲其所不欲者也。言绝学非绝学也,学其所不学者而已。"则吴氏也看到老子的去学去知并不是完全不学不知,而是有另外一种对知和学的理解。不过,他还是不接受老子学说对儒家之知儒家之学的否定态度。

吴氏对老子的批评,都是基于老子对儒家价值的否定态度,故而无论是仁义,还是礼制,还是知与学,他都坚持儒家的立场。这些问题在吴氏后来的《非老》中有更深入的讨论。

5. 辨析儒道之别

辨析儒道之别,主要是《非老》中的见解。很多看法在《老子解》中大多表达过了,在《非老》中,吴氏更多是在儒道比较的角度来论说。吴氏的看法,代表了乾隆时期儒者对老子的基本态度,很值得注意。

(1)儒道之为阴阳和刚柔

吴氏说,孔子喜刚,老子喜柔。《易》尚阳,老尚阴。吴氏也说到老子以退为法。《老子解》中解"知其雄至复归于朴":"黄帝之学,日中必熭,操刀必割,①以进为法。老氏以退为法。"吴氏的这些说法大致一般人阅读时都有此体会,也大都会同意。

(2)儒道区别在是否区分善恶是非

这一点吴氏在《老子解》中也提到了,这里论说的更为绵密。吴氏认为,孔门以是非为一定,老子以为无定,畏言是非。孔子之教好善恶恶,老子之教善恶平等。吴氏提到,老子之善犹言佛氏善哉善哉,如善为道、善为士、善行、善时、善救之类,为吾心善之之意,与孔子止于至善、孟子性善不同。案:吴氏此点观察非常精到,老子之善的确有"善于"之意,而非善恶之善。不过,"天下皆知善之为善斯不善已",此善字应该还有有价值的意味,只不过如吴氏所言,不是指儒家的善。

吴氏又引庄子的很多说法,如毛嫱丽姬之类,来说明此点。又说,老子不言性,若言性,必曰无善无恶。而无善无恶谓之至善,可以释老,不可以释孔。案:此点观察也非常精到,无善无恶之说阳明有,林希逸的老师陈藻也有类似的说法。无善无恶是至善,还是无善无恶就是自然,不可言至善与否,这都是很关键的问题。

(3)儒道之于仁义

吴氏说,仁者,无私心而合天理之谓。仁者心本善,天理本善。老子绝仁,而刑名法术肆其毒矣。案:此说在《老子解》中已经涉及到,说老子绝仁而刑名法术肆其毒,则不免于门户之见。以儒家之

---

① 日中必熭,操刀必割,出自《六韬·文韬·守土》,又《汉书·贾谊传》引黄帝曰云云。此语本不可靠,吴氏只是用来说明老子以退为法。

仁义来对比,最好的对手是自然,仁义未必就真的可以压倒自然。不过,吴氏似乎根本没注意到自然二字的意义。他的理解还在为儒家辩护上,对于老子的理解还是太不够客观。

(4)儒道在学与知上的冲突

吴氏接着说,有善恶则有是非,是非之心,智之端也。有是非,则害老氏之所谓善,故弃智。圣,通明也,善恶太明,非老氏之意,故绝圣。又说,儒门言学,学乃复其本然。老子绝学,学不学,则无以入于至善之域,而刑名法术肆其毒。又以为庄子的"圣人不死大盗不止"之说出于老子,是不得不然的。案:儒道在学与知上的确有冲突,不过历来的解老者基本都同意,儒家的知与学和道家讲的不知之知不学之学是两种不同的知识形态,或者智慧形态。吴氏的看法,还是基于儒家的成见,认为老子的讲法过于偏激。

6. 辨析释道之别

吴氏在《老子解跋》中也辨别了释老。他认为,世人以释老并称,此谬论也。释氏之宗旨曰无,老氏之宗主亦曰无。但释氏之所谓无者真无也,绝灭也,绝灭则空诸所有。老氏之所谓无者非真无也,清静也,清静则贞下起元,剥而又复,包诸所有,皆以空为无。这一点在《老子别录》中也有说明,其引用《史记》孔子适周问礼于老子,老子"有为人子者毋以有己,为人臣者毋以有己"一语,加案语说:"为人者数语,卓然名教之言。先儒议其遗弃三纲五常,与释氏同,殆非也。"也是不同意释老并提。以释老来捆绑异端,自韩愈以下,直至宋明儒者无不如此。吴氏能够辨别释老之别,不信从理学家的观点,称之为谬论,这是他和早期主流派的区别。

吴氏辨析儒道及释道之别,颇有意味。如此,则老子和孔子异,不过老子与释氏也不同。那么老子应该是有一定问题的思想家,用他的说法是"立论过高"①,但不至于为异端。这种理解倒是颇为清醒。

7. 一点总结

吴氏是雍乾时期的人,乾隆元年中进士,大概活到乾隆的晚期。他所处的时代已与早期主流派不同,此时理学的权威还在,但是已经呈现出颓势。吴氏解老几乎不涉及理学词汇,也批评理学家对老子的误解,这就说明了时代的变化。吴氏是一个经学家,他的观念更偏于元典意义上的儒学,故而他更强调老子和儒学在价值观上的差异。吴氏对老子能够下很大的工夫,也能理解甚至欣赏无的智慧,但是他对老子对于儒家观念带来的威胁非常警惕,要以儒家观念来校正老子。和其他主流派的作品相比,吴氏解老更加清醒,他意识到儒道之间的差异性。老子和儒家讲求的善恶之分、仁义礼制以及求知进学皆有冲突,这对儒家社会的秩序来说是很大的威胁。历来解老者都在试图解决这一困境,无论是王弼、苏辙、吴澄,还是船山、魏源。吴氏在统合儒道上没有什么新办法,也缺乏对老子的深刻理解,但是他提出了一般儒者最直接的质疑。今天我们研究老子,未必要接受吴氏的看法,但是他提出了很重要的课题,应该去注意。②

---

① 吴氏在《老子别录》中引用《史记》中孔子那句著名的"其犹龙耶",评点说:犹龙一语,孔子之赞老子者,至矣!夫龙者,立于不测,游于无穷,升天入地,恍惚变幻,不可端倪。犹龙一语,言外又过高之意。案:此种解说,也是基于吴氏自己所说的立论过高。

② 善恶之分是不是确定的和普遍的?这是伦理学上的大问题,古今中外都有讨论。依吴氏所论,儒道两家的基本冲突就在这里。这是很有价值的问题。

四、倪元坦《道德经参注》

倪元坦(1756—?),字省吾,号畣香,江苏松江府(今上海市松江区)华亭人。松江俯学廪膳生。其父倪思宽为乾隆恩贡生,曾主讲山西阳城书院。著有《经籍录要》、《文选意义订正》、《二初斋诗文集》、《二初斋读书记》、《算法》等。倪元坦学术研究受其父影响,以理学为宗旨,旁及庄老,著作有《儒门语要》、《性理探微》、《二曲集录要》、《老子参注》、《畣香草存》、《志学会规》、《家规》等。据郑麈《中国古籍校读新论》著录,倪元坦还有《庄子诠》,未见。《道德经参注》是嘉庆时期主流派老学著作,以会通理学与老庄为要旨。倪氏博学深思,深通庄老,该书水准要高过一般主流派著作。

1.《道德经参注》概况

首为倪氏自序,谓:余方舞勺,①读《四书》经传毕,先君子命读《老》、《庄》,虽不甚解,然若有所契。又谓:比年十九,患怔忡,咯血且剧,因取《庄子》"身如槁木,心如死灰"二语,书于座隅,夜不能寐则观心达旦,期年而瘳。又谓:窃以柱下薪传,惟漆园独得其秘,《庄子》即《老子》之义疏也。末题嘉庆丙子,

次为李威跋,谓:所见注释《道德经》,大抵杂养生久视之术,谬以此经为修炼家鼻祖,遂使本指不明,以异端为诟病,不独五千余言之奥义无能窥其端倪,自上古以来帝王继天立极之大原,修己治人之切务,皆汩没于文字糟粕之中,所关于学术治法者非鲜浅也。又谓:汉世儒学与老子之学已分门户,道不同一语,职为厉阶焉。

---

① 舞勺,《礼记·内则》:"十有三年学乐诵诗舞勺。"则舞勺之年为十几岁的儿童。

第三章　理学阴影下的主流派老学

尝论儒者若不知抱一得一,则于惟一之心传,一贯之授受,亦第循习于口耳之间尔。天下何思何虑,上天之载无声无臭,与视之不见曰希,听之不闻曰夷,搏之不得曰微,有以异乎?我孔子之圣,其能外一贯何思何虑无声无臭而别有高远难几神奇迥出者乎?又谓:老子尚清净无为,未尝不有心于天下。其书曰为无为则无不治,与孔子称舜无为而治合符。无为者,不以私意为之,故曰为无为。圣人治世,一顺大道之自然,因物以付感而遂通。孔子又曰:舜禹之有天下也,而不与焉,正无为而治之注脚,亦非不以位为乐也。由是观之,老子《道德经》独非儒学之冠冕哉?

案:从李威后来的自述来看,他和倪元坦并无交往,只是因为钦佩倪氏所注《道德经》,故而前往相会。李威的序显示了大多数清代儒者对老子及儒道关系的看法,这说明类似倪氏这样的主流派注老者并不是孤立的。他们的看法,如反对老子为异端,合同儒道,主张学无门户,以及老子为道统之一端,都是当时一些读书人的基本立场。这和清代思想强烈的一统意识是分不开的。

《老子参注》以吴澄本为底本。吴澄本《道德经》共六十八章,对《道德经》原文多有离合。《道德经参注》分为四卷,第一章至第十六章为第一卷,第十七章至三十二章为第二卷,第三十三章至四十八章为第三卷,第四十九章至六十八章为第四卷。倪氏注老以义理为主,偶及版本比较,[①]差异处皆从吴澄本。吴本篡乱经文,殊难信服。倪氏盲从之,大概和他信从理学有关。倪氏解老,并不以文献研究见长,其关注点还在会通理学和老庄上,最后归宗为切身

---

① 如第三十七章"却走马以粪",据吴澄本作"却走马以粪车"。三十四章"致数誉无誉",据吴澄本作"至誉无誉"。第五十四章"轻诺必寡信,多易必多难",其自言亦据吴澄本而定。倪氏在版本上并无过多关注,偶尔提到王弼本和河上公本,历史上其他的版本及考证派学者的研究成果并未涉及到。

体会之作。倪氏引用的经典有限,除了大量《庄子》之外,偶尔引用道典如《阴符经》《参同契》,以及佛典如《楞严经》,不过很少。

2. 会通不同学术资源

倪元坦解读老子最主要的是对理学传统和老庄思想的会通,其中也涉及到道教资源。倪氏自幼接受理学的训练,后来的思想则和李颙(李二曲)有很大关系。二曲的学术就是合同朱陆而更近陆王,①倪氏也体现了这些特点。他专门有《二曲集录要》一书,并刊刻二曲的其他著作。他说:"戊辰得关中李二曲先生集,谓之有省,爰节录付梓。今岁江苏学宪阳公以拙刻《二曲集录要》广播杏林,并刊李先生所著《四书反身录》行世,而关学薪传藉垂不朽。"(《儒门语要·自序》)他的《儒门语要》、《性理探微》等著作也在这种学术背景下。

倪氏在解说老子时有非常明显的李二曲的意味,比如他讲到心性,"人之有心,先天地而独存,历事变而不朽,先际无始,后际无终,廓彻圆通,灵明虚湛。性具于心,性即心也,神明之官,神即心也。故言心不必言性,言性不必言神,言神不必言心性,其实一也。"(第三章注)这段话解说第三章"不尚贤使民不争"云云显得很突兀,可是我们看了李二曲的说法,就了然于心了。

先生曰:不要引训诂,须反己实实体认。凡有对便非

---

① 其他还有,"以致良知明本体以主敬穷理存养省察为工夫,由一念之微致慎从视听言动加修,庶内外兼尽,姚江考亭之旨不至偏废,下学上达一以贯之矣。故学问两相资则两相成,两相辟则两相病。"(《富平问答》)"先生曰:陆之教人,一洗支离锢蔽之陋,在儒中最为直切,令人于言下爽畅醒豁,有以自得。朱之教人,循循有序,恪守洙泗家法,中正平实,极便初学。"(《靖江语要》)

独,独则无对,即各人一念之灵明是也。孟子谓天之所以与我者,与之以此也,此为仁义之根,万善之源,彻始彻终,彻内彻外,更无他作主,惟此作主。(《靖江语要》)

楷问心。先生曰:无心。曰:心果可以无乎?曰:行乎其所无事则无矣。其未发也虚而静,其感而通也廓然大公,物来顺应如是,则虽酬酢万变而此中寂然莹然,未尝与之俱驰,非无心而何?(《传心录》)①

再看倪氏接下来的话:"圣人心为真心,性为天性,神为元神,由其无所欲也。常人心为嗜欲之心,性为气质之性,神为思虑之神,由其有所欲也。心本光明,为欲所累,故失其本体,而性失其为性,神失其为神。"这和二曲的说法非常接近。二曲曰:

天地之性人为贵。人也者,禀天地之气以成身,即得天地之理以为性。此性之量本与天地同其大,此性之灵本与日月合其明,本至善无恶至粹无瑕。人多为气质所蔽,情欲所牵,习俗所围,时势所移,知诱物化,旋失厥初,渐剥渐蚀,迁流弗觉,以致卑鄙乖谬,甘心堕落于小人之归,甚至虽具人形而其所为有不远于禽兽者,此岂性之罪

---

① 李二曲说:"吾身尚非吾有身以外,何者是吾之有?须及时自策自励,自作主宰,屏缘涤虑,独觑本真,毋出入,毋动摇,毋昏昧,毋倚落,湛湛澄澄,内外无物,往复无际,动静一原,含众妙而有余,超言思而迥出,此一念万年之真面目也。""无念之念乃为正念,至一无二,不与物对,此之谓止,此之谓至善。念起而后有理欲之分,善与恶对,是与非对,正与邪对,人禽之关于是乎判。"(《学髓》)"先生曰:吾之教人,使其鞭心返观,重本轻末,久则自觉意思安闲,襟怀潇洒,一切外物自不入虑。"(《靖江语要》)

也哉？然虽沦于小人禽兽之域,而其本性之与天地合德日月合明者,固未始不廓然朗然而常在也。顾人自信不及,故轻弃之耳。辟如明镜蔽于尘垢,而光体未尝不在。又如宝珠陷于粪坑,而宝气未尝不存。诚能加刮磨洗剔之功,则垢尽秽去,光体宝气自尔如初矣,何尝有少损哉。(《改过自新说》)

这些说法如出一辙,只不过对象由儒学转向老子。所以李威在序中说:"得《老子参注》一书,凡所发明,皆维天之命于穆不已,溥博渊泉而时出之之义。"这是说倪氏解老有会通儒道之义。和二曲略有不同的是,在会通心学理学之外,倪氏把基本的观念扩展到老庄上去了。

倪氏研究老庄有其父的影响。倪氏在《道德经参注·自序》中提到父亲倪思宽在他幼年时就要他读老庄,这在清代读书人中是少见的。倪氏还提到重病之中阅读庄子对他的巨大意义。倪思宽本人对庄子并无恶感,他在《二初斋读书记》卷九中谈到庄子:"庄子之学非不粹然至正,而后世白日飞升之说皆幻妄也。"说"粹然至正",这显然很推崇庄子。倪元坦在自序中说幼年就读理学著作和老庄,又说:"先君子讲学于太行之巅,折中濂洛关闽,元坦乃探讨儒先语录,寝其间。然每当风潇雨晦,展诵《老》《庄》,如旧国旧都,虽草木之缗者十九,尤之畅然,况见见闻闻者也。"这里的旧国旧都,是借用《庄子·则阳》中的寓言,来说明油然而来的亲近感。这里说的是庄子,倪氏解老也是这样的思路。故而倪氏就是在理学和庄老并治的学术背景下解说老子的。我们从倪氏的著作中也能看出这样的特点,如《儒门语要》、《性理探微》、《二曲集录要》都是讨论理学中的心性问题的,而《老子参注》是研究老子的,据说倪氏还有研究庄子的《庄子诠》,这样的著作结构就是理学与庄老合治。

倪氏还谈到了一些道教资源,他对道教的看法并不如一般的儒者那样激烈,反而能够同情的接受,有时候他还称呼老子为太上,也引用了一些道典,这些说明倪氏在道教那里也吸纳了一些资源。倪氏在理学和庄老之外能够吸纳道教资源,应该和他注重老学的养身思想有关。故而他借鉴道教思想,更多在养身上,而不是仙学思想。这些问题我们会在下面详细论述。

总之,倪氏解老的宗旨是会通不同的思想资源,这是一位理学学者在其学术脉胳之内的延伸和深化。当然,倪氏解老其中也有一些个人的因素(详后)。

3. 以庄解老

倪氏解说老子是以老庄并举为前提的,他在自序中谈到幼年就从父命读庄老,其患病后也依据庄子学说而痊愈。倪氏对老庄的关系有不同于一般清儒的看法,他认为:"窃以柱下薪传,惟漆园独得其秘。《庄子》即《老子》之义疏也。"(自序)庄子是老子义疏,这本来不是什么高见,历来解老者多能同意。不过,清代学者解说老子,除了船山、吴世尚、倪元坦、高延第等少数几人外,大部分离斥老庄。他们认为庄子思想是对老子的背弃,容易引发像魏晋时代那样蔑弃礼教的危机。倪元坦则无此陈见,他注解老子大量依赖庄子。其在自序中说:"今岁成《参注》四卷,其中奥义难剖,必融会《南华》,批郤导窾,由训诂而阐精微,去澶漫而存要妙。"这是表明他解老的方法。

倪氏对庄子的体会很深,其在自序中说:"道可道非常道,名可名非常名,即于不道之道,不名之名见之,乃知书不过语直,古人之糟粕也已。"又说:"不言则齐,齐与言不齐,言与齐不齐也。"这些都是颇得庄子真义的。在第六章注中,倪氏更是详举《养生主》庖丁解牛及《齐物论》《大宗师》《应帝王》等诸篇问答之语,而云:"此皆人无其人,问无其问,答无其答,闻无其闻,直示人以虚无。大道不可求之于有,所谓唯道集虚也。玄门秘钥,一以贯之。熟读内外杂篇,而所谓橐籥、守中、谷神、玄牝,尽得之矣。"(第六章注)看得出,他对庄子玄妙一层的理解颇为通透。

倪氏以庄解老,首先是在注解老子时大量引用庄子原文。我们粗略统计,全书共引用了《庄子》近60次。倪氏一般都是引《庄子》原文来解释老子,如第一章"玄之又玄,众妙之门",引《庄子》来解释:"庄子曰:有有也者,有无也者,有未始有无也者,有未始有夫未始有无也者。"这是用《齐物论》中的句子。又如第五章"绵绵若存,用之不勤"引用《外物》及《大宗师》之句:"庄子曰:物之有知者恃息,天之穿之,日夜无降,人则顾塞其窦。又曰:古之真人,其息深深。"又如第十七章解释"绝学无忧",引庄子之文:"恬淡寂寞,虚无无为,则忧患不能入,邪气不能袭,故无天灾,无物累,无人非,无鬼责。其生若浮,其死若休。不思虑,不豫谋。其寝不梦,其觉无忧。其神纯粹,其魂不罢。"这是引用《刻意》之文而略作修整。其他的地方还很多,就不一一举例了。

其次,倪氏对老子义理的理解也是依据庄子而来的。如倪氏对心的解说,"人心本自虚明,而外之声色饮食货利所夺。"(第十一章注)"心本光明,为欲所累,故失其本体。"(第三章注)就有明显庄子的意味。不过在倪氏这里,心即是性,性即是体,这一层含义在庄子那里是没有的。他对心的理解还在陆王心学的结构里,这也是他能够会通理学和老学的关键所在。至于庄子齐物的思想,处世的思想,以及政治批判,则倪氏很少涉及到。他对庄子的接受是以心说及气说为中心的,这些影响了他对老子的理解。

再者,庄子涉及到的修养及接近仙学的内容,也被倪氏大量引用。如第二十八章注引《天地》中的"千岁厌世,去而上仙,乘彼白云,至于帝乡。三患莫至,身常无殃。"以及第五十章注引《在宥》黄帝问道于广成子,广成子曰:"我守其一以处和,故我修身千二百岁矣,吾形未尝衰。"而庄子《大宗师》中踵息的说法倪氏也多次提到。这些是倪氏特别关注的地方,和他的人生经历有关。《庄子》书内尤其是外杂篇的很多内容无疑给了他巨大的心理安慰,以及解老的灵感。

老庄异同是千古聚讼的话题,倪氏解说老子大量引用《庄子》原文,他似乎不注意庄子的内外杂分篇问题,也不注意庄子及庄子后学的分辨问题,他也不管庄子是否尽同老子。因而,这些解说有的很妥帖,有的不免显得有些生硬。不过,以庄子来解老,较之一般主流派作者动辄引述五经、四书、理学家言,无疑更贴近老子。他对老子与儒学冲突的章节都能循文解意,而不作巧辨,这是倪氏高出他们一头的地方。①

4. 虚无、心性及精气神

倪氏解老在义理上最关键的就是沟通理学、老庄及道教这些不同的传统,其关键就在于会通虚无与心性及精气神这些关键观念。

虚无是庄老使用的观念,倪氏多次谈到虚无为体,

  道体冲虚,人之用此道者,亦当虚而不盈。(第四章注)
  大道不可求之于有,所谓唯道集虚也。(第五章注)

---

① 倪氏在十八章注中批评说:"各家注解,或据儒书,或参释典,胥失之矣。"这虽是就一章解说而言,不过其全书大旨也是如此。

道之体至虚,而弱者虚之似,故为道之用。(第三十四章注)

倪氏对于虚无的理解,很多是从心之虚来的,

盖心包太虚,反求诸心而无不可得,至于归根复命,而恍惚窈冥,即先天自然之道也。(二十一章注)
体道者可以游心于太虚而入于无何有之乡矣。(第十三章注)
圣人之心虚而无所倚著。(第五章注)
虚心实腹,息息归根,而道可得矣。(第十七章注)

心之虚是性或道呈现的进路,这和庄子一致,也为沟通性体埋下伏笔。

性,或心性,倪氏基本是从理学家的角度来谈。他认为,心即性,

人之有心,先天地而独存,历事变而不朽,先际无始,后际无终,廓徹圆通,灵明虚湛。性具于心,性即心也,神明之官,神即心也。故言心不必言性,言性不必言神,言神不必言心性,其实一也。(第三章注)
圣人虚中无我,此心不变不坏,浩然与天地同体,以真性为身则公而无私矣。(第六章注)

这些说法都可以推到陆王或者李二曲。如何把这些说法和老庄勾连,这是倪氏解老最切要的地方。他自己对此有清楚的认识:

"老子言道,不言心性及精气神者,道一而已,虚而无所有也。言心性,即著心性,言精气神,即著精气神。有所著,则不虚矣。"在倪氏的解释之下,老子不言心性和精气神是其理论架构决定的,而不是因为老子时代还没有此类问题。他认为庄子谈到这些问题:"庄子则言心性及精气神矣,而皆入于虚无。"(第五章注)

依照倪氏的看法,庄子为老子义疏,老子未言之意为庄子盛发,庄子则言心性,而心性之说又固为理学诸大家所畅言,则虚无与心性实为相通相同之说。"惟象罔可以求玄珠于虚无之中,自得之则性体自现。"(第五章注)"积功既久,虚中证实,无中生有,无古无今,浩然常住,不死不生,湛然长存。"惟虚无可致性体,这样就会通了不同的义理系统。

虚无与心性不二,此为体。而其用则为精气神之复归。精气神本来都是先秦就有的观念,不过三者并联且指向修身,则与道教传统相关。倪氏大致在道教的背景下解释精气神。"人以神为主,以精为卫,而必以气为守。故养生者,必先养气。"(第四十五章注),可见,精气神指向的是养生。倪氏把虚无作为精气神的根由,心性为精气神的依据,这样就把精气神和虚无及心性沟通起来。倪氏如此解说:

> 盖虚无者,精气神之所由生。精为元精,气为元气,神为元神,是谓先天得之者,真人也。若非入于虚无,则精气神之所生,皆属后天,而非元精元气元神,是为众人所共有。(第十章注)
>
> 惟象罔可以求玄珠于虚无之中,自得之则心性自现,精气神自复,不知不觉,通于一而完事毕。(第五章注)
>
> 盖必先死其心而后精气神来复。(四十七章注)

倪氏不是一般的讲精气神,他特别关注到胎息、踵息这样的具体修养方法,①这样,虚无、心性的讨论就会落在精气神这些修养的观念上,于是对理学和老庄的研究自然就导向了修身。

5. 养身为本

倪氏解老能够注意到不同义理系统的会通,不过我们细查其解老文字,他根本关注点最后还落在养身之上。在倪氏的理解中,各家义理的会通往往在个人的修养之中,尤其是养身上,这是倪氏解老的结穴处。

倪氏在自序中说:"比年十九,患怔忡,咯血且剧,因取《庄子》身如槁木、心如死灰二语,书于座隅,夜不能寐则观心达旦,期年而瘳。"可以看得出,庄老对于他有特殊的意义,这是和真切的生命体验相关的。"槁木死灰"又出现在第四十七章注中:"故《庄子》言槁木死灰,盖必死其心而后精气神来复。昔人谓若不大死一番,必不能大悟大澈,诚然。"倪氏在篇末有后记,谓《老子参注》完成后得句一首:"身如槁木,心如死灰,处和守一,婴儿未孩。观复踵息,地中有雷。华池灌溉,月朗天开。"此诗最能表现倪氏对老子的理解,其中第三次提到"身如槁木、心如死灰",这正是他早年读庄养身的感悟,而如"处和守一,婴儿未孩。观复踵息,地中有雷",正是倪氏深入研究的养生之法,他对调息非常重视,最后的"华池灌溉,月朗天开",则是养身所达到的的境界。

倪氏会讨论一些玄虚的问题,如老子之有无。"观有而知其无,观无而知其有,尤为工夫吃紧处。"(第一章注)"盖有中之有,人

---

① "盖人欲养气凝神,而心猿意马,骤难静定,故必先数息,自数息而调息,而胎息,而踵息,至于无息,则谷神不死矣。"(第五章注)

皆以为有,不知有中反无。无中之有,人皆以为无,不知无中反有。"(第十八章注)这些说法都得老学之真。不过,这些在修身的角度才可以有真实的意义。他说:"惟有明之体,而有强之用,积功既久,虚中证实,无中生有,无古无今,浩然长住,不生不死,湛然常存。"老庄对于倪氏而言是切己的学问,这些玄虚的话头在修养的维度上才能够真切理解,故而他在解释"吾何以知众甫之状哉"句时说:"养心、养性、养神,千古不传之秘,老氏尽之矣。"(第三章注)要减损消耗,虚心以养性,精神气自来复,这是他的切身体会。他又说:"无始之始,非有非无,不生不死,众妙之门,万化所由出。此玄门切要工夫,在身中体验,方知其妙。"(第十八章注)"在身中体验,方知其妙",这是倪氏解说老庄独特的地方。其他如第十章就完全从存形、存气、存身、养形、养气、养神六中情况来解说,为其他解老者所未见。

故而倪氏对于道教并无偏见,而能较为客观的辨析。他说:"后世谈玄者,名曰金丹,曰龙虎,曰铅汞,曰烹炼。虽上根利器,得到者代有其人,而中下根器,识神未除,为所误者不少。甚至以守中、谷神、玄牝于身各指一处,是以虚为实,以无为有,而太上薪传罕有知者。"(第五章注)他对道教的义法有自己的解释:"人之精气神为三宝,养精养气养神不外致虚守静四字。虚极静笃,一无所为,能使精自然化气,气自然化神,神自然还虚,此举上兼下也。后世养生家不能无为,炼精成气,炼器成神,炼神还虚,此自下而上也。自下而上者,差若毫厘,谬以千里。举上兼下者,瞬其自然,有得无失,故为真常之道,众妙之门。"(十五章注)这些话道教人士当然不能同意,不过是倪氏据自己的身心体会而说出的。

有时候他会说一些过分的话,比如:"惟收视乃能胎息,惟胎息乃而后归根。盖收视胎息之法,贯彻三教。儒曰瞬有存,息有养。

释曰旋见循元,反息循空。人能收视胎息,久之自然得道,此修真要妙也。"(第十一章注)儒家和佛教当然讲修养,但何时谈到过胎息?这就是以己观物了。

6. 对《道德经参注》的评价

评价倪氏的《道德经参注》要放在清代儒者的思想脉络之中。倪氏的学术大致在李二曲的笼罩之下,以合同不同派别理学家的思想为宗旨,这在《儒门语要》自序中说的很明白。倪氏学术的这一特征,后人已经看得很清楚。① 我们比较关心的是老庄在这之中的意义。

清代儒者大多要面对朱陆异同的难题,倪氏的父亲也是如此,一生折中濂洛关闽。② 倪氏尊父命参究儒先语录,也是如此。后来他读到李颙《二曲集》,颇受影响。二曲治学也是折中朱陆为宗旨。和父辈及二曲之学仅仅合同程朱陆王不同,倪氏因为自身疾病的原因,颇能深究老庄养生之旨,故而并老庄而合同之。比如,倪思宽辨析周子所谓"无极而太极"之"无极"出于孟仲子,而非毛西河以为出于道教《灵宝经》(《二初斋读书记》卷九),至元坦则无此顾忌,解老则直言"无极而太极"矣(三十四章注、三十五章注)。

倪氏对历史上的注老之作颇为不满:"千百年来,微妙玄通之旨,一灯将熄。"(自序)他自己要揭出这千古之秘。就注解老子而言,倪氏勾合儒道两家,横贯理学、庄老和道教三大传统,可谓深博。统观全书,其以心学传统尤其是二曲之学来解释老庄,强调以

---

① 如恽毓鼎:"连日无事,细观倪畬香先生所辑《儒门语要》三卷,确然见静坐养心是学者入手第一义,向来只谓心学为禅,未尝措意,今乃知周、程、李、杨、罗、朱以来相传指诀,正是如此,与孟子正合。"(恽毓鼎《诚斋日记》)

② 见《儒门语要自序》及《老子参注自序》,及《府君传略》(《二出斋读书记》)。

虚致性,而归于养身,确实在某种程度上会通了儒道。倪氏所接受的理学传统更近于心学一脉,故而与老庄特别是庄子的思想很容易结合起来。

不过,理学家讨论最多的是心性问题,尤其是性的问题,这在老子那里还没有充分展开。况且,儒道两家对于心性的理解有相当大的差异,性到底是虚无的还是实理,这有很大的冲突。倪氏在解说之中也是首鼠两端,这和历史上如林希逸等人是一样的。水和火是可以相济的,但是有"水火"这种东西吗?就像海德格尔说的,有"圆的方"吗?在理论的极致意义上,儒道两家可以合而为一吗?这实际是主流派共同面对的难题。①

总之,倪元坦融会儒道精妙顺遂,是清人主流派作品中上乘之作。不过,倪氏仍旧在宋明理学的框架内打转。他论及心性微妙玄通,但是一涉及到老子的政治思想,就了然无味。② 在《道德经参注》的后半部中,倪氏几乎没有什么可以发挥的地方,不过是解说章句而已。在倪氏注老之时,考证派老学重要的著作已经出版了,③倪氏没有看到。而魏源革命性的老学著作也在此时孕育。在清代老学整体发展视角下,倪氏的《道德经参注》显然缺乏创新的地方。

---

① 倪氏当然可以如此立说,不过也留下一些自相冲突的地方。虚无道体和心性之体如何共存?当然,这些可以在修养的维度上来解释,即以虚无为心性复归的条件。不过这样虚无就不是"体"了,而只是"真性坚固"(第六章注)"真性湛然"(第二十八章注)的导引,这在理论上还是存在不自洽的问题。

② 李威的序言中倒是涉及到这个问题,但是倪氏对这个问题缺乏敏感性。

③ 纪昀校订的王弼注《老子道德经》和毕沅《老子道德经考证》都是在乾隆中晚期就完成的,魏源就利用了很多这样的研究著作。

第四节　晚期主流派老学

晚期主流派老学从嘉道之际到清末民初,此时期的主流派日益衰微,作品也较之以前减少。与考证派老学和政治老学皆无法相比。比较而言,清末民初的主流派大致能够维系住基本格局,而能更客观理解老子。此时的主流派和历史上一般的以儒解老没有什么不同了。我们选取了朱敦毅《道德经参互》和豫道人《老子约》、李哲明《老子衍》,略作说明。

一、朱敦毅《道德经参互》

朱敦毅,号达斋。浙江会稽(今上虞)人。据其经历则大致为道同间人,当为下层文士。此作题作:会稽青州从事朱敦毅达斋存稿。《世说新语·术解》中谓"桓公有主簿善别酒,有酒辄令先尝,好者谓之青州从事。"则此处之青州从事或为朱氏自号。此作称作"参互",当是结合儒道之书相互参悟、以心印之之意。① 朱氏又有《庄子南华经心印》。此作为嘉道之间主流派作品。

1.《道德经参互》概况

自叙:壬戌岁,天主教匪称长毛者骚扰全浙,掩扉避祸,检兹编读之,借以活性。静中参悟,有会于心。又谓:是经在孔子前,其性理修功,凡出孔氏门者,本不与之分门。不知后儒何意强为之分门,而加以毁斥。又谓:书未曾读,先纽一习见胸中,再不肯尽心体贴其妙。又驳老子书文辞奇奥与孔书异之说,以为《大学》、《中

---

① 三宝第六十七说:大凡读老子书者,先殉一俗见,横亘胸中,断不肯将读熟经文处处印证,细细体点。案:所谓处处印证,细细体点,即是朱氏解老的方法。

庸》《周易》其文奇奥,而人以为性理书而不可废。又谓:历来解者浮光歧曲,惟邵康节谓得易之体,为今古一人。又解参互。参互者其说也,参互者其道也。其道其德,即其准则也。又谓:参互焉,因有得诸私淑者,证诸斯编,无不符合。又谓:五千言焕乎其有文章,荡荡乎民无能名焉。又谓:以修性修命流入神仙家说,此强分儒道门户也。三代前心传危微精一,初无门户,传斯道,得斯道者,定有大智人。

此序作于同治元年,同治二年四月又补:叙成稿后未及誊清,至此时复得誊录。同治二年五月又补:《道德经》者,性命书也。夫子之不得闻,非不言也。言之不得闻,闻之不流传,以待积学功至者。老子言之,非易言也。是以性命真言,本同一派。后儒强分儒道,真传熄矣。举世读书人讳称老子言,羞读老子书。又谓:得诸家传解,多空谈禅性,与孔门各路,无补于性命之功。又有崇道者为孔老排解,愈排愈分。又谓:四书五经以印证《道德经》,可知同为一派而自然融贯。又谓:道德经文,性命全功,齐家治国平天下,皆道德之枝叶花果也。又谓:古人来说破道德二字,今强为之说破:道者,性也。德者,命也。

此本依河上本,又分一至三十六章属上篇,三十七章至八十一章共四十五章属下篇,以合九九之数。一一列各章章题,如体道第一,养身第二云云。并附云:此称题精妙,后注解者不录。案:此皆可见其见识狭窄。又多引《中庸》、《尚书》、《大学》、《孟子》、《参同契》、《南华经》、《阴符经》、《黄庭经》以解说。其引用《尚书》有《古文尚书》部分,可知其于当时学术之发展并不了解。

2. 解老基本情况

朱氏解老,是患难之中为之,最初的目的是"借以活性",之后是"静中参悟,有会于心",这些表述明显的有宋儒的痕迹。朱氏在序中还说:"讲究道学先生,倘未曾悟得,未曾参得,请勿以为笑。"这是颇为自负的话。其中心还在一个悟字。故而朱氏解老基本上是以道统为据融通儒道,其实质不过是依照宋明心性模型来解老。

(1)儒道不异

朱氏在序中说:"是经五千余言,在孔子前,其性理修功,凡出孔氏门者,本不与之分门。"又说:"不知后儒何意强为之分门,而加以毁斥,遂使继起者共相效尤。"又说:"岂知三代前心传危微精一,初无儒道分门哉?"这几句话基本代表了他对儒道关系的看法。

在注文中多次以四书五经来证明老子,如体道第一注:"常者,《中庸》之庸。《易》所谓百姓日用而不知不可须臾离者。"又解有无之意,"有无参互包环,分明周子《太极图》也。"又引《中庸》、《大学》、《康诰》、《太甲》、《帝典》来说明老子之意。运夷第九注:"邵子曰:老子得易之体,孟子得易之用。孟子,子思之徒也,是以《中庸》、《孟子》之言,俱与老子言符。盖道学渊源,本来一脉。"所谓道学本来一脉,就是朱氏解老的前提。其所谓道学,不过是宋明以来心性之学而已。其在显质第八十一注中说:"成己,仁也。成物,智也。性之德也,合外内之道也,故时措之宜也。不诚无物,至诚无息也。天之道,大明终始,六位时成。各正性命,保和太和乃利贞。天心仁爱,有利无害。圣人天心,造化何心。"这么抄袭儒家经典文句来解老,也真是奇葩。

总之,在朱氏这里,根本没有思想和学术的分际,一切都混杂在一起来证成他所认为的大道。

(2)以《道德经》为性命之学

朱氏在序中说:"《道德经》者,性命书也。"又说:"《道德经》文,性命全功。齐家治国平天下,皆道德之枝叶花果也。"又说:"道者,性也。德者,命也。"淳德第六十五注:"修性不修命,无本。修命不修性,无光。"这就直接把老子解释为性命之学。

体道第一中解说玄而又玄,引《中庸》首章:"天命之谓性也,天命之玄也。性又玄,则命与性合,性与命一。"养身第二则说:"空空如焉,还其本性之固有,顺其恒性之自然,如保赤子。"这是以性来解老。安民第三解释"不尚贤":"性本善也,恶乎尚贤?"这是以性善说来解,完全不知所云。又说:"性地上人欲尽,天理流行,随处充满,无少欠缺。"这是以宋儒天理说来解,完全不解老子本义。能为第十注说:"所谓天眼,亦谓慧眼。涤除尘垢,人欲尽处,天理流行,随处充满,无稍欠缺,一轮高照,万里无云,山河摇影,郎印千谭。"这些无稽的想象与老子何干?其在还淳第十九中说:"见得纯白之素,要抱纯一之朴。于是人欲尽去,天理流行,少私寡欲矣。见素者,最初之性光。抱朴者,点魄之命根。"又说:"公私相合,性命双修,还太古之淳风。"这里能看出朱氏在解说老子时,除了理学之外,还有道教的一些影响。

朱氏在《西游记叙言》中说:"《西游记》,性命书也。"(《〈西游记〉资料汇编》)他大概把任何看到的文献都看作为性命之书。

(3)道教的影响

朱氏解老常引邵雍说及《周易参同契》和《阴符经》,很多解说有道教的痕迹,如赞玄十四解说"此三者不可致诘,故混而为一":"眼离火,耳坎水,既济焉,会守中宫意土,杳杳若忘,无名之始,故三者混而为一。"又说到"其下命门基造,有种有名,本不昧也。"这都是以道教修炼学说为基础来谈的。显德第十五注说:"保此道者,炼石补天,天缺西北,一轮圆满,点魄成姤。"这是借道教说、《易经》来解老子。异俗第二十注解说"如春登台";"享太牢,登春台,本有一种求之之景况。《黄庭经》曰:闭口屈舌,食胎津,其庶乎?"

此以道教观念解说老子。巧用第二十七中有"一粒性珠"的说,归元第五十二讲到"胎元",这都是典型的道教用语。不过总的说,道教不是朱氏解老的关键,道家之于朱氏解老只是一种助力。

3. 简单的评判

朱氏代表了主流派的一般特征,此辈人多以为实有一真实道统,自古以贯今。儒道两家,或者四书五经与老子,不过是此道的不同表达,其根本则是性命之学。这是流行于有清一代的宋明心性模型的通俗版本。朱氏这种理解较之朱子那样的批评者更不懂老子,朱子虽然批评老子,毕竟能够客观理解儒道之异,而朱氏根本就不能真正理解老子的真实内涵,满篇《中庸》、《孟子》,不过就老子之只言片语作自己的引申发挥而已。故而朱氏解老不过是敷衍这么一个常识而已,并没有什么价值。他的解说非常主观,所谓"参互",就是在不同脉络的经典之间作任意的比附,以合其自己的臆断。在这种解说下,老子的基本品格就被湮没了,儒道之间的基本差异也就丧失了,称之为庸儒之解老是合适的。这是文化大一统时代理解老子的标本。

二、豫道人《老子约》

豫道人,即张其淦(1859—1946),广东东莞人。光绪十八年进士,官知县。民国后入道。张氏在自序中谓又有《读老随笔》、《读老小言》。未见。张氏自称豫道人,然其注老并无道教气息。偶有论及修身者,亦点到为止。故此作实为清遗民之解老,非道教徒之解老。

1.《老子约》概况

此书为朱孝臧题书名,有彊邨印章。有题签:稿藏罗浮酥醪观浮山第一楼。

第三章 理学阴影下的主流派老学

自序曰:"老子,道家之经也。"叙孔子论易引孔氏书叙,而云"言道之书,莫古于三皇而老子之书独与易合","老子之言,伏羲、神农、黄帝相传之言也。"引雷氏论归藏,黄帝反羲农之易,"以坤为首,以阴为主,以静为道,以柔为用,"而引申。"老子之言道,即本于此。"又引邵康节论老知易之体之语以证之,盖此书以上古道术属老氏,黄老并用,以易老相通为旨。又曰:后之人宗无言之教,得无为之旨,谓一言可括五千言可也,谓五千言无一言可也,即善易者不言易也。此则见其体贴老氏宗旨。"老子之言道宗法自然,自然者即无为之谓。"又以老子和释家比较,引《庄子·天下》论老子语,以为"老子之言即有以言无,与释氏之言空言寂者不同。""易明器即道,老明有即无。"又以为易之称名,老之为术,盖皆衰世之意。又列述历来解老之作,以为言兵者、神仙吐纳者不足道,鸠摩罗什以禅理、苏子由援儒入墨,亦各言一义尔。提及严遵、王弼,未做评论。而归老于上古:老子言道之书也,其道即伏羲、神农、黄帝相传之道,其言即伏羲、神农、黄帝相传之言也。引《列子》证之。又引杨龟山解《论语》"老彭"一语,又引朱子谓聃为周史官,掌国之典籍,五千言亦有是语,以证之。又谓:余学道未深,身经丧乱,国变而后终老于黄冠,因取老子书熟读之,成老子注一篇,取人说者半,自体会者半,悟老子书多譬喻之言,引申比例之语。乃斥老子阴谋家之浅薄,谓孔孟俱辟老。又谓学派之分,儒道无异。治国者于老子如对病用药,惟其时而。结以:今日之世,复用老之道,可见太古之风。

按:此篇治老之宗旨谓老子所言乃上古之道,又易老相通,此本无殊义,乃清人习见。于今日观之,此说难以否定,亦无法证实。谓老子于上古有源,此尚可说,谓老子直传上古之道,此为无稽。惟其谓儒道两家各为学派,又以老庄列与孔孟荀并列,已非往日主流派之态度,隐然可见诸子学意味。不过张氏在经文注解中,还是多有合同孔老的地方,他对儒道的基本差异还是不明确。

次为凡例,述以王弼本为主,参以诸本。又论及分篇、分章、章题诸问题。又谓老子书多引古语,颇多譬喻比例之辞。又谓兵家阴谋说、神仙修炼说皆为附会,亦不理会最高哲学之新说,只知发明黄老之学,得其微言,会其要旨耳。又自解老子约之义,乃博览诸注由博反约之意。又谓道家老子之于庄列,如儒家之孔子之于孟荀。老子为约,庄列为详,孟荀亦然。

《老子约》共四卷,卷一为前十六章,卷二为十七章至三十七章,卷三为三十八章至六十一章,卷四为六十二章至八十一章。此书用王弼本,谓王弼注分为上下篇,不分道德二经,以上下经均言道德之意,不必分析也。分八十一章,而不取河上公章题。注解先自注,再引用各家。注释不做考证,不解词句,首句多提示大旨,次则解说全章,能前后贯通,绵密顺畅。有时能做剖析,非止循文释义而已。如第七章天长地久注云:"此章言道之无为本于无私。天地之根出于玄牝,天地法道,亦不自生也,不自生乃能长生。夫道无私者也,天地无私者也,人亦法其无私可矣。唯圣人能体道,私欲不存,上下与天地同流,与物无竞。然圣人岂成其私哉,只法斯道之为公而无私而已矣。"余皆此类。此书亦博览沉思之作。

此书引韩非子、严遵、僧肇、鸠摩罗什、政和注、吴澄、王弼、开元注、陆希声、王纯甫、杜道坚、程俱、刘师立、赵秉文、马巨济、太平光师[①]、李息斋、苏辙、司马光、王安石、王雱、吕惠卿、林希逸、陆农师、朱子、陈碧虚、黄茂材、叶梦得、刘仲平、董思靖、薛君采、焦竑、王船山、徐大椿。此书引用以王弼(14次)、苏辙(13次)、吕惠卿、

---

① 太平光师,又引作光师,乃赵秉文《道德经集注》所引,生平不详。

吴澄、焦竑引用为多。可以看出此作当以王弼《道德经注》、赵秉文《道德经集注》、焦竑《老子翼》为依据，并旁涉诸书。唯不及河上公注，不知何故。其引用各书，并非泛泛而用，也非据前人转抄，而是体贴其意，以己意去取，如二十九章引薛君采解甚、奢、泰，三十八章引王弼、韩非，多能切中要害，故能合乎全书大旨。张氏也能对各家说不同意者以"豫按"的形式加以辩驳，如二十三章批评焦竑之自然说，三十六章批评王弼说，能取能去，可说是用心剪裁之作。其在"凡例"中说过，效仿杜预《左传集解》、朱子《四书集注》之体，从引文的组织上来看，这是有道理的。

2. 解老大旨

（1）批驳对老子的诸种误解

驳吴澄杨朱源自老子之说。张氏在十三章注中引了吴澄的说法，杨朱为我之学源于"贵大患若身"。他加按语说："杨朱之为我，拔一毛而利天下不为也。老子之及吾无身，即无心也。草庐之言误矣。"草庐即吴草庐，吴澄是也。又四十四章注："后世乃疑老子重视其身，杨朱为我之学原于此。而不知老子之重视其身，即抱道之身也。"按：说杨朱出于老子，大致是后世共同的看法。张氏为了回避孟子所斥，以抱道之身来区别老子和杨朱，这多少有些牵强。

驳老子为阴谋家说。三十六章注引韩非、王雱、苏辙、王纯甫、叶梦得、赵秉文、徐大椿说，皆指老子言变化之机，最后是他自己的按语："此章王弼注将欲处强梁去暴乱云云，遂令后世疑老子之言有权术之用。善乎李息斋之言曰，此篇解者不循其本，多以孙武之兵说杂之，此势力之所以发冢也。"此章的解者意见不纷纭，我们不去评判。张氏为之辩解，说明他还是希望去除老子身上的阴谋家印象。五章注中引王弼、王纯甫说，其中王纯甫之说辨老子与申韩之异，当是张氏所赞同者。

张氏还辨析老子和佛家的关系,其序中说:"老子之言道,即有以言无,与释氏之言空寂者不同。"这是对释老并提的反驳。十一章注也表达了此意,"自正心修身以及治国平天下皆此无之以为用也,与佛氏之徒言空寂者不同,而圣人无为之治亦不外此。"这种辨析还是有道理的。

张氏的辩驳有的合理,有的不合理,大致还在排除掉种种旧观念。不过,他对老子和儒家的关系还是持旧的看法。

(2)合同孔老

张氏解老,能去除很多误解,他在对待儒道关系的时候也能不守旧辙。他引时人之说谓:"或者谓杨朱宗于老子之体,失于不及,以至贵身贱物。庄周述老子之用失于太过,故欲绝圣弃智。申韩失老子之名,弊在苛磣刻急,王何失老子之道,流于虚无放诞,以为此六子者皆老子之罪人。"他不同意这一看法,认为道家与儒家一样,"学派之分,愈传愈失。"儒家子思之后有荀斯、朱陆、阳明,道家与之岂有异?此意又见"凡例"之中。他并且说,六朝谈老庄而乱,汉以黄老则治,治国者如对病用药,惟其时而已。今天来看,这也是通达之论了。

不过,张氏在注解中还是极力合同孔老。其中一个要点是他从《易经》来沟通孔老。张氏经常引《易经》词句来解说老子。他在序中说:"老子言道之书也,其道即伏羲神农黄帝相传之道。"又说:"孔子之言性与天道不可得而闻也,然而孔子赞《易》,性与天道之言在是矣。"既然孔老皆论道,所以他认为"天不变道亦不变",虽未如董德宁一类明说儒道之道为一道,但大意不外于是。他也经常引用儒家说和老子比附。十五章注中有按语:"孰能浊以止四句,与孔子圣经知止而后定,定而后能静,静而后能虑,虑而后能得之训相吻合。"所谓孔子圣经即是《大学》,这里是说老子和《大学》相合。又如："此篇皆是老子自道之语,与孔子生而知之、安而行之、不思不得、不勉而中、无为而成相吻合,水谓老子非圣人乎?"(四十七章注)又有七十四章注:"此章即孔子政刑不如道德之意。"其他也引孟子来牵合老子,如"人之性本善也,人之心本明也。"(二十七章注)此引孟子说合老子。又如论心和孟子的夜气说结合,"从空山枯坐万籁俱寂之时,体认此心夜气之存,可谓致虚守静矣。"(十六章)四十四章则从自然的角度分析儒家的仁义,"孔曰成仁,孟曰取义,皆行其心之所安,出于自然而然,无待勉强。所谓求仁得仁,杀身以成仁,君子不怨,是可贵也。"这种以自然解说儒家核心观念的例子很多,如程颢、林希逸、阳明后学等等。张氏此说也是一例。

张氏大致认为孔老所道为一道,儒道无大异,这是一种旧见。晚清魏源以下诸人皆能揭儒道并立之旨,儒道各有宗旨,不必强求其合。张氏解老时颇能知其本义,不过还是要讲孔老不二,这说明他还是不能突破习见。

(3)体察老子本义

张氏有一个老子述黄帝之道的说法,其在序中说:"老子言道之书也,其道即伏羲神农黄帝相传之道,其言即伏羲神农黄帝之言也。"一章注说:"老子发言之始,意谓可道之道可名之名者五千文之言也,而黄帝不传之秘则在人之观无观有玄而又玄而自得之也。"也是此意。六十五章注:"老子生周末,每念上古无为之治,其民皆淳朴而愚,因慨然曰云云。"大致也有此意。

按:张氏此说并非创见,此说也无法证实,他在注文中也没有集中阐释。此说的意义在于承认老子的独立地位,等于给了老子学说一个正当的名分,也有其意义。不过,老子述黄帝说是徐大椿最早发起端,然后魏源继其后,盛发此论。张氏可能未见到魏源之作,不过他在序中和三十六章注中都提到徐大椿,这说明他看到了徐作,而竟然一字不提此说出于徐大椿,此实为奇事。

张氏解老偶有理学的影子,其在全文中多以"无"来解"道",不过一章注中以"无名而真常之理已具,天地之所由始"解释"道",所谓"真常之理",此"理"字不免有些无谓。四十八章注,亦引用"天理净尽",可见尚有痕迹在。不过总的看,他还是能体会老子本义。张氏对于经文中讥斥儒家的章句(十七章、十八章、十九章、三十六章、三十八章),亦循文作释,不复百般缴绕。

张氏对老子有颇妥帖的体会,于有无相生之意体贴甚佳,"老子之言,非舍有以求无也。当其有时,人见为有,我见为无。"(二章注)又,"然所谓无者,非弃而去之也,但有之而未尝有耳。"(十三章注)此意为焦竑所盛发,①不同于一般的以无为体的说法,确知老子之意味。其他如老子书多言相反而相成之说(四十五章注、六十七章注),如老子之书最禁人用智(六十五章注),如老子之道最重常字(五十五章注)。张氏对于老子的文体特征也注意到。序中说:"老子之书,多譬喻之言,引申比例之语。"这一点在"凡例"中也说到了,"老子书皆引古语,亦多譬喻比例之辞。"只是这一点他在注中没有详细说明,只是在三十六章注中谈到:"老子之书每用譬喻,如二十七章言善救人善救物,而先用善行善言善计善闭善结为譬是例也。此篇将欲欲之八句,皆引古语。"这一点在老学史上没有什么特别之处。

(4)重视心的地位

张氏解老一个特点是很重视心,这是他理解求道的关键。他

---

① 张氏十章注引焦竑《笔乘》,"庄子云老子以空虚不毁万物实,其说亦甚明矣。绌老子者犹谓其弃恚人事之实而独任虚无也,则未考其文而先有意诬之耳。"焦氏此意也可参其《老子翼》首章注。

在很多段落中谈到心。很难看出张氏论心是从何处入手,不可能是阳明,因为他直接批评阳明。可能是庄子,但是他对庄子引用的并不多,也有直接的批评。我们推测,张氏重视心应该大概不是从哪一家理论出发,而是他解释老子的道的自然延伸,因为心是把握道的通道。

张氏强调此道在我心,需要以意得之。"然既强名之曰道,当以意想得之,是谓无状之状,无象之象。"(十四章注)这里的以意想得之很重要。意想当然就和心有关。"知此道在吾心,则闭户而求之可也。"(四十七章注)

张氏强调不能有自心,二十四章注:"此章戒人于自然之道外有心求益也。"又说:"因其失自然之道,志在求益,而先有自心也。"不有自心,就是无欲无心。张氏认为道生万物也是如此,"道之生物出于无心也。"(三十四章注)故而圣人法道也是如此,"圣人本无欲之心以行无为之治,中无抱朴之念,外无抱朴之迹。"(三十七章注)圣人治世也是无心行无为,"圣人无为之治出于无心也。"又:"天下以无为为治而本于无心,虽天下人之心万有不同,而圣人自有玄同之法。"(俱四十九章注)这就把老子的道论和治论以无心来沟通了,这自然是很简洁的办法。

张氏以心为得道的关键,这并不是特出之处,老学史上这样的例子很多。不过,从张氏解老的大体来看,他颇能体会老子之意。故而他论及心就不会太突兀,虽说远远超出了老子本文论及的范围,也可以接受。不过老学到了晚清,有一个制度层面的觉醒。张氏仍旧在心的层面上打转,论治身与治国,这说明他还不能触及当时代的老学主流,他的老学还是旧的。

3. 简单的评断

张氏著书在辛亥之后,不过其解老的基本模型还是传统的,基本可归入主流派。他强调孔老无异,老子之说与儒家经典并无冲突。只不过比较康乾时代的花尚、徐永祐、黄文莲、李大儒,同光时代的裕英、朱敦毅,他能够更接近老子原意,对老子有更多的肯定,这显示了时代的力量。清人主流派老学以此类作品结穴,亦为回复其本。

张氏解老对于老子的界定不出前人之外,在义理上基本也没有新意,在文本整理、文字考辨上也没有建树。不过此作在细节上有值得称赞的地方,能体贴老子之意,善于剪裁历代著作,而不作过分的牵扯。在清末民初三部遗民解老作品中,张氏之作比之胡徽元和李哲明要高出一层。即使今天,此作也可以作为一种妥帖解老之作来参考。

三、李哲明《老子衍》

李哲明,字星樵。号静娱,又号迂石。湖北汉阳人。清光绪十四年(1888)举人,光绪十八年(1892)进士。选庶吉士,后授翰林院编修。主考贵州乡试,累官至翰林院侍读。民国初年,夏口县创修县志,审定志稿。辛亥革命后,不问外事。博通群籍,著作宏富著。有《老子衍》、《周秦褚子校勘记》、《说文声类韵编》、《自然室诗文集》、《黔游纪行》等。此作为晚清主流派解老之作。

1.《老子衍》概况

李氏篇末记述编著过程,谓始于辛亥(1911)十二月,脱稿于壬子(1912)二月,计三月。丙辰(1916)复校,壬戌(1922)完成,费时十一年。

案:虽说费时11年,但是实际写作时间只有数月,据篇末李遑跋,"辛亥军兴,伯兄由会垣避地邑之侏儒山,人事旷绝,则覃思撰述于其间,著《老子衍》,数月书成。"则此作初稿成于辛亥年间,清廷存亡之际,这是写作的背景。张尔田在序中说岁戊午与先生同使馆,戊午年是1918年,史官是清史馆,其时夏孙桐、李哲明和张尔田都在清史馆,则李氏此作修改后,曾给夏、张二人看过,故有二人的序。又,此作题作《老子衍》,则似乎李氏未见到过船山的《老子衍》。

有左绍传序、田文烈序、柯劭忞记、马其昶记、夏孙桐记、黄翼会记、张尔田记。

左绍传序谓:"其书扫除后来注家胶滞之习,息心平气,含嚼本书,循文而细。其义虽未必尽如老子之意,要其得之者则十有七八矣。"又谓:"国初山东张稷若撰《老子说略》,理趣特长。李子闭户研精,与古人相视而笑。"案:左氏谓"息心平气,含嚼本书",这是就李氏解老的正文而言,和张尔岐(张稷若)的确有相近之处。不过这仅就文字解说而言,就解老宗旨而言,二者还是有差异的。

田文烈谓:"老子非神仙家言。"又批驳老子为禅寂、为为我、为法家、为阴谋诸说,以为皆无当于老子,谓:"余读老氏书而窥其旨,穆然于老子抱济世之心,非忘世者也,且陶铸天下非经营天下者也。"又曰:"孔子隆事老子,问礼尤汲汲。逮乎订礼经,则抗志于大道之行,三代之英,跂慕大同之世运,而叹其未可旦暮期也。恶知乎阅数千百年而迄未睹其盛也。今世言大同者纷纷矣,取是编为之鹄,庶其不妄发哉。"案:田氏于老子之理解颇需注意,能辩驳谬说,指老子之济世心,又能合大同说而言之。可惜没有专书,无法更深了解。

柯劭忞记颇简洁,谓"此书义例庶几合宋元儒者著述之规模。"

马其昶记,谓:"以儒解老,异乎昔之为老子说者,抚时感事,发愤一道,而又能出以雅辞。"又谓:"必规规焉衡校章句之异同,训义之当否,犹未窥见作者深处。"案:马氏自己有《老子故》,刊于民国九年。此中讲到"以儒解老",是很恰当的评价。而他对"规规焉衡校章句"的考证派老学的批评,可说是中其肯綮。

夏孙桐的记也很简洁,谓:"借题发挥,自成一子,古人著书原多有此,王辅嗣注易是也。"案:所谓借题发挥,与马其昶的以儒解老说相近,皆谓李氏解老非老氏原旨。

黄翼会记,"道统之传,尊儒者竞攘佛老。性理昌,老氏学益晦,盖积习然也。"又谓:"《中庸》之不言而信,不见而章,不动而变,无为而成,《论语》之北辰居所,毋意、毋必、毋固、毋我,可由不可知,皆老氏学。"案:此皆儒生之习说。

张尔田记,谓:"儒之言常,老子探世变多奥微。游乎儒之世,老子诚为无所用,一旦大瘥炽溃,六经日所纂者不足挈人心,而老子之言验矣。太史公曰为儒学既绌老子,老子亦绌儒学,若是乎不齐也。吾则以为此末流之所抵,非其本师然。"又谓李先生为通儒,退而诂老,于六经游而皆通,推而无阂。

案:张氏谓太史公说非,此乃主流派之常说。由此可见辨析儒道之异今日为常事,清人殊为难事。所谓"于六经游而皆通、推而无阂",即马氏、夏氏所说之"以儒解老"和"借题发挥"。

篇末有同族李暹跋一通,叙李氏著书之原委,又谓"推儒者经世长人之学,务合于道法自然之旨,而非夫人之言老也"。又自谓不明太史公儒道相绌之意,当为末学之辨,非二师之本旨。《论语》赞尧舜禹、天无能名、有天下而不与,皆老氏之精。又谓庄杨之放荡大异于老氏之谨严。又谓禅宗与儒道别为一途,"若盖合禅于儒者,取其所本无而加之,犹植树者之有移接也。若以儒释老,则因其所自出,而为归根复命之学。"案:此跋大致还在说李氏之解老为以儒解老。

全书分两卷,一章至三十七章为卷一,三十八章至八十一章为卷二,实际就是王弼本的上下篇。李氏注中颇引《淮南子》、《文子》、《中论》诸书,附注中,小字双行。清人解老多引儒书,李氏引用《淮南子》、《文子》、《中论》,尤其是《文子》,颇不同于他人。不过引用的不多,数例而已。其他研究者的注本引用的也很少,只涉及到张尔岐一条(一章注)。故而李氏解老纯粹是自发其心,于老学之脉络所知颇少。虽说他在山中完成此书,手头没有资料,不过后来也没有补充。又有附记三十二则,附在注文之后,多借助儒说、史实引申发挥经文之意。

2."以儒解老"

李氏解老颇知老子道体虚无、盈虚变通(一章、九章、十六章)、圣人无为(九章、十章、二十七章、二十九章、三十七章)之意,亦以太上之治为大道,(十七章、十八章)也有至道之世的想象。(五十八章、八十章)老子经文中反儒的几章,如十七章、十八章、三十六章、三十八章都不批判了,这说明老子之于李氏,的确是一个值得关注的对象,也能看到老子的妙意。不过,总的讲,李氏还是在儒学的视野下看待老子。

"以儒解老"是马其昶序中的说法,夏孙桐则说"借题发挥",用语颇独特,或者不以为然。张尔田说李氏以通儒而诂老,"推焉而毕无闳",也是此意。李暹的跋则为以儒解老做了详解:"若以儒解老,则因其所自出而为归根复命之学。兄之此书所以独得老氏之正传,迥非夫人之言老也。"这些做序跋者都认为李氏解老是从儒家立场来解说老子。从李氏解说的内容来看,的确是如此。

李氏多以儒家上古之说来附会老子,七十五章附记言唐虞无为而治,八十一章附记以"有虞氏未施信而民信","文王日昃不遑食"来解说。或者以孔子来符合老子,二十三章注"希望自然":"易曰燥人辞多,孔子曰予欲无言,诚恶徇众听者之伪也。惟希于言,斯无所饰而协乎自然。"其他引孔子证老者,如九章、十八章、二十三章、四十五章等,兹不细述。

李氏解老多言圣人云云,如三十五章:"圣人心与道一,弗倚于偏,斯能执之,匪滞其形,操心则存,持群彙絜,兆民天下归往。"其他如五章、七章、四十七章、四十九章、五十三章、七十二章也是如此。又言与道同体云云(二十三章、五十五章),"性命一原,人我一贯"(二十三章)云云,这些仍旧是主流派解老的老论调。

需要注意的是李氏在体例上的新变。李氏有附记32则,附于经文注文之后。附记中多申之以人事(十二章、十三章、十八章),证之老理。这种体例在清人注解中很少,仅仅李西月注老约略似之。然而单独以附记为例,又有不同。此见其与注释文关系不大,重在申发论证。颇类似今人注释解说老子之例。如二章附记以禅让说说明名之变幻,以尧舜说明功成不居。九章附记以苏秦、季伦、陶朱、文种、韩信、张良之事论证"富贵而骄自遗其咎"之理。十二章引夏桀商纣亡国之戒。十三章以周公、子产、正考父、子文来证明位高者为下之理。四十五章附记以孔子为大直若屈、大辩若讷的范例。七十一章附记则引申知之不可遍之理。如七十五章附记以汤武、伊周说明君逸臣劳之理。余皆类此。李氏的附记多述以常理常事,以符会老子,殊无胜义。李氏何以有如此体例之变?我们只能推测。一个重要的原因是以儒解老的话,在注文中很难施展开。唯有另辟一途,在附记中论说,才能以儒理说老子。

3. 以大同说解老

在李氏以儒解老中,特别需要注意的是以大同说来合同孔老。这是李氏不同于以往主流派解老最关键的地方。以往会通孔老者,或者以易说,或者以天理说,或者以上古之道说,而李氏借助大同说,则为一新尝试。

李氏以大同说老子,十七章注:"太古上德之时,均不甚贵,民不甚贱。绝尊卑之差,仅统理之以人事耳。"此章附记则谓:"太上之治,所谓大同也。"此解"太上不知有之"。四十六章"天下有道,却走马以粪",此章李氏注曰:"天下之治乱存乎道之有无,道者足己,无待于外,放诸天下而准焉。"附记则谓:"大同之世,天下均平,朝野淳朴,其求易给,其欲易淡泊乎？无所云不足也。"又谓有人阳奉大同之名,阴售专私,吸膏自肥,此大同之蠹。此正发挥注文之意。可见,有道之世即是大同之世。李氏亦偏颇注意"同"的意味。三十九章注:"夫一之用,天地万物无拂同也。"五十三章注:"和合万民,可以共由,无所分异者,大道也。"这是讲道的同。此理发挥在世间,即使上下之同,"故贵所以统贱,不隔于尊卑,富可以安贫,不歧于苦乐,强足以扶弱,不畸于优劣,智足以牖愚,不判于爱憎。道一风同天下。"这是李氏期待的秩序。

大同说对于李氏来说,的确有助于解决儒道冲突的问题。概儒道同出于上古大道,则彼此实无大异。不过李氏对于大同说的理解不同于同时期的徐绍桢。八十一章注,"圣人为而治之,等其相悬者,而剂于平,平则不争,必无争而后可与大同。大同者,治之极即道之极。而或者曰大同倡于平等,则又不然。"又曰:"人类不能无智愚贤不肖,而等差形焉。贤治不肖,智治愚,亦自然之常理,岂可绲乎？"此处析大同,斥平等说,实在是旧观念的关节。八十章讲民不能自治,七十五章引孟子无君子莫治野人,无野人莫养君子之说,也是此意。故其说的同或者大同只是不过度的尊卑秩序而已。由此可见,大同说只是李氏统合儒道的一个助力,而非如徐氏有自治之说,讥帝制,能发挥出扬老抑儒的新意。故而徐氏是老子新解,有时代意义,而李氏不过是借大同说以文旧解而已。多说一句。除开老学史,我们从李氏的解说,可以看到康有为新说对晚清思想界的冲击之大。

4. 以儒解老带来的自我矛盾

清人主流派解老,以合同儒道为宗旨,李氏之作也属于此类。这样作的结果是解说中的自我矛盾。试举几例。

李氏十七章言太古之治君不甚贵、民不甚贱,其次则尊之若帝天而亲之拟于父母,则言太古之治不以君为父母。这都是依据老子经文之说。但是在十六章又言:"乃为天下王,作民父母,则巍巍荡荡,德洋恩美,称天而治,乃与天同体。"那么到底是作不作民之父母?君主和民众到底是什么关系?这是自相矛盾。又言圣人不爱民(二章、三章、五章、十章),四章注言不必用仁,何爱何憎一刍狗云云,而十三章附记又言"古先哲王爱民如子"为爱以身为天下,又是一矛盾。其言大同之世,十七章言大同之世,"君不甚贵,民不甚贱,绝尊卑之差"云云,而七十五章、八十一章又言不能无尊卑,这是李氏解老不能自圆其说的地方。此正看出儒道两家的根本差异,李氏以儒解老,不免于首鼠两端,欣赏老子而不能破儒学之藩篱。此与徐绍桢之论终究南辕北辙,而为守旧派之解老。

5. 简单的评判

《老子衍》是一部作者在艰难时期的作品,写作时间很短,也没有深入了解老学的脉络,只是抒发儒者的一己之见,故算不得是精审之作。从老学史上来看,只是主流派解老的最后回响而已。

李氏论圣人,论自然无为,论道,均无新意。合儒道而不知其异,自相矛盾。在李氏这里,老子之于儒学秩序,大致就在于修正和调试,使之不至于太过僵硬,上面所引的五十三章注表达最清晰。与徐绍桢相比,同是以大同学说来解老子,李氏其识乃不及之,其思乃芜杂,李氏概知老学而难弃儒学者也。然其于老无一讥弹,见其确有体会,以孔说老,以儒释道,亦见时世之变。此为清人儒学家立场论老氏之标本,序中诸家所言不虚。

  我们今天看待《老子衍》,不应只看到他的以儒解老,还要看到一个主流的儒生是怎样看待老子的。在战乱的时代,老子引起了他和同一层次的人的重视。在给李氏作序的人中,除了左绍传、黄翼会不详外,如田文烈、柯劭忞、马其昶、夏孙桐、张尔田,都是当时的主流人物。田文烈后为袁世凯亲信,任河南省长等职,马其昶为古文家,也有注老之作。夏孙桐为进士,曾任杭州知府,后为清史馆总纂。张尔田为学者,曾任候补知府,任职清史馆,后任燕京大学国学总导师。这些人是李氏的朋友故旧,有的同在清史馆工作。他们的经历和观念大致相同,是清代读书人中的上层。固然他们仍旧守儒学的藩篱,但是对老子都不排斥,而能观其佳处。如张尔田和李暹都反对司马迁的儒道相绌说,强调孔老一致,黄翼会说孔氏学即老氏学,田文烈说老氏乃济世之学。这当然都是以往主流派解老者的论调,不过由这些高层儒生说出来,显示了老子命运的变化。

第四章　乾嘉学术影响下的考证派老学

第一节　考证派老学概说

清代的学术主流是经学考据,这在当时是最有影响的学术范式。这一派学者的重心在经学,尤其是在经学文献的整理与考证上。就老学而言,考据学家开始并不关注,如戴震、惠栋这样的汉学名家对老子基本持一种正统的观念,这完全不同于他们在经学上对宋学的驳正,而如章学诚这样的学者也不关注老子。随着汉学的发展,以实事求是精神考订文献,诸子学首先作为有效的二级文献为他们所关注,戴震、惠栋的学生辈如王念孙、毕沅开始研究诸子学,考订诸子文献成为朴学发展的新领域,由此引发了考证派老学的兴盛。具体来看,老学逐步进入考证学者的视野,有如下两个因素:

首先是四库馆的开设。全面清理传统文献,就必然涉及到老子与道家文献,四库馆臣尤其是纪昀秉持一种相对客观的态度面对老子与道家文献。虽然四库馆臣把老子及道家置于诸子之末,迥异于传统的书目分类,但是在评价老子著作时,尚能平心静气。这就很大程度上破除了宋明理学"异端"的评断,而代以更客观的

第四章 乾嘉学术影响下的考证派老学

诸子学的视野,有助于学者从学术的角度去研究老学。① 由于四库编纂是国家行为,而四库馆又聚合了大量第一流的学者,这样的风气对老学研究是很重要的影响。其中纪昀校订的王弼注《老子》,就是很好的示范。这对考证派介入老学是有很大推动的。

其次是汉学家开拓了诸子学范畴。在老子考证研究过程中,诸子学逐步显示出独立的研究价值,这对老子的去异端化是有助

---

① 四库馆臣关于学术流派的辨析虽说也强调政治正确,如《四库全书》凡例中云:"盖圣朝编录遗文,以阐圣学明王道为主,不以百氏杂学为重也。"在目类编辑上也歧视道家(以及道教和佛教)。不过,在对道家和道家研究著作的评价上相对还是客观的,体现了清醒的学术史立场。其谓:"学术各有源流,非惟佛道异途,即道家不能概以一轨也。"(《金丹大要》提要)这是很公允的说法。其对儒道关系的理解,谓"儒书如培补荣卫之药,其性中和,可以常饵。《老子》如清解烦热之剂,其性偏胜,当其对证,亦复有功,与其他子书之偏驳悠谬者异。"(《御注道德经》提要,梁章钜《退庵随笔》引此作纪文达师说)这段话或许有点为《御注道德经》回护的意味。下面一节则更表明立场:"夫老子生乎乱世,立清静之说以救之,特权宜拯弊之一术,犹曰不药得中医耳。"(徐大椿《道德经注》提要)这段是批评徐大椿儒道并立说的,强调儒家的优先性。总的讲四库馆臣也自成一说,认为老子虽不及儒家,要之有其益处,有其道理。这和主流派老学混同儒道比较起来显得清醒多了。此外,四库馆臣对诸种道家研究之作评价也颇中肯。如不从朱子《杂学辨》之说,而谓苏辙解老"自道家言之,犹为各明一义。"(《道德经解》提要)谓焦竑《老子翼》"说二氏之理者,转具有别裁云。"(《老子翼》提要)这些看法在康雍时期是没人能说的,四库馆臣如此评断,的确是尊重道家学术之本然。四库馆臣在徐大椿《道德经注》提要中所说的"立清静以救世之术",以及道家类总论中的"主于清静自持",可以视作他们对道家的基本立场。这种看法较之理学家的异端说还是更合理一些。四库馆臣的这些看法在清代老学史上是一个重要的节点,对于清除学界对老子的理学式偏见是有益的,考证派老学的兴起或许与此种去污名化有关。

力的。① 从毕沅、汪中开始,到俞樾、陈澧,诸子学已经成为学术的必要成分,这是一个诸子学在经学格局中逐步走出的过程。对待老子的态度逐步由正统派的异端走向诸子之首的地位,到了民国初年,胡适《中国哲学史大纲》(上)一出,就有了所谓"婢作夫人"的局面。实际上这个过程,持续了近一百五六十年。当然,在这个过程中,汉学家的研究并没有脱出考据的格局,他们的研究仍旧在文本上,他们的工作只是一个转换的平台,以考据方法作文本研究是一个极有力的传统,不过也是仅此而已。

一、考据派研究类型

1. 版本校订

清初最流行的老子版本是焦竑的《老子翼》,很多注本都以此为底本。这种格局的改观源自纪昀等校订的武英殿本王弼注《道德经》,其后又有毕沅校傅奕本《老子道德经》,以及陆心源校订的严遵《道德指归》,这些整理工作意义很大。此外,钱大昕、王昶、严可均等学者校订的景龙二年易州龙兴观本《道德经》,是清代老子版本研究的重要成绩。清代的《老子》研究者在此之前都没有可靠的版本,大多数采用传世的俗本。这一局面到了考证派研究老子开始才转变,研究者有了比较可靠的文本。晚清直到民国时期老子的重要版本都和考证派的工作相关,而如武英殿本及浙江书局本的王弼注《老子》,更是成为最有影响的老子读本。在清代学者的影响下,考订老子版本也成了重要的研究工作,一直延续下来。

---

① 参罗检秋《近代诸子学与文化思潮》,第一章,"从经学到子学",第二章,"诸子学的兴起",中国社会科学出版社,1998年。刘仲华《清代诸子学研究》第六章,"乾嘉子学与学术重建的局限",中国人民大学出版社,2004年。

2. 文句考订

这种工作是从王念孙开始的,其后俞樾、于鬯诸人继续,一直延续到民国时期,如于省吾,还以这种方法去研究。清代考据学是其主流方向,成果最丰硕。在老学研究上,单以考据方法来校订老子原文注文讹误说的,从王念孙起,有俞樾、于鬯、洪颐煊、刘师培,之后民国时还有于省吾等。王念孙是一个发凡起例的人,他树立了考据老学的基本规范,他所考证的四条几乎无可争议,因而引领了后代学者继续前进。俞樾在王念孙之后,他的《诸子平议》规模更大了,但是不免于漫衍,而于鬯更是如此,到了刘师培考订老子,错误更多。

清代考据学者使用的方法有如下几种:1. 版本的斠对,2. 以音韵、叶韵来判断,3. 以上下文义、文例来推断,4. 古书引文来对斠。这些方法如果能综合使用,能起到很好的效果。但是总的看,清代考据老学的用力很大,成效很少,特别是帛书本、郭店竹简本《老子》出来后,他们的错误一目了然,他们大部分研究都是错误的。[①] 这可说明,老子文本的一致性是非常强的,并没有那么大的考证空间。

3. 音韵研究

音韵研究是清人的绝学,从顾炎武开始,直到江永、戴震、段玉裁、王念孙、章太炎,代有名家。这种研究一直延续到当代。《老子》是有韵的上古文献,因而得到很多学者重视,其中清人的老子

[①] 有关清代老学的文献考证情况,可参乔天一《清代老学文献文本研究》,作者认为,"(清人)校勘研究成果较为丰富,但受材料影响,不能有大的突破;训诂研究引进文字学、音韵学方法,故达到新的高度;分章研究受到材料和前见的双重约束,不能另有创见。""清代老学文献在文本研究方面的成绩也不宜估量过高。"(72页)首都师范大学硕士论文,2013年。

音韵研究专著有四种,分别是邓廷桢《双砚斋笔记》、江有诰《老子韵读》、李赓云《老子古韵》、刘师培《老子韵表》,他们的基本特点是把老子作为音韵资料来使用。对于老子的音韵研究严格讲不是老学研究,但是音韵研究对老子研究有一定的帮助,如写作时代的判定,文本的校勘,故而也不需要完全否定其意义。

4.《老子》的辑佚

清代辑佚是非常兴盛的,不过就老子而言,成果不多。主要是王仁俊的老子辑佚。

二、对考证派的定位

清代汉学家对老子的研究主要是在文本的考订上,基本上不涉及思想研究,汉学家偶尔有对老子的分析,如钱大昕《老子新解序》,这样的分析都很有限,可以说汉学家对老子的研究一如其经学研究,是细碎不成统序的。[①] 晚清马其昶在李哲明《老子衍》的序中说:"必规规焉衡校章句之异同,训义之当否,犹未窥见作者深处。"此处虽未明言,要在批评考证派解老之失。

汉学家研究老学,功绩有二。其一,为后人提供了更加可靠的老学版本,也开了老子及老学考辨的先河。我们看清初直至考证老学兴起之前,解老者都不注意版本问题,也缺乏好的版本。而清末民初的老子研究都有较可靠的版本,这就是考证老学的功绩。而关于老子其人其书的讨论也是从考证派学者开始的,一直讨论到今天。其二,其真正的意义在于一种学术范式的转移。老学及诸子学逐步由边缘转向中心,汉学家是一个重要的助力。这一点

---

① 《四库全书总目提要》涉及到对道家及解老著作的分析,但并不是对清代老学的专门研究。

在魏源和陈三立身上已经非常明显。魏源注解《老子》就有汉学家的影子,其还注解《孙子》、《墨子》、《吴子》等①,这更说明汉学家的影响。在王念孙、俞樾、陈澧诸大家参与之后,诸子学很快成为一种专门之学,突破了汉学家的藩篱,成为了新学术的前身,如章太炎的研究即为一个高峰,其他如刘师培、梁启超、刘咸炘、蒙文通也是如此。原本边缘化的诸子学在汉学家的培育下慢慢长大,最后成为主流。在这个过程中,汉学家成了一支重要推手,学术之演进由此可见。

第二节 传世本校勘类著作

考证派老学的重要功绩是对传世老子文本的校勘,纪昀校订的王弼注本《老子道德经》、毕沅的《老子道德经考异》、卢文弨的《老子音义考证》、陆心源的《道德真经指归校补》,都是有代表性的著作。尤其是纪昀校订的王弼本《道德经》,影响极大。我们分别加以说明。

一、纪昀《老子道德经》校订

纪昀(1724—1805),字晓岚,一字春帆,晚号石云,道号观弈道人。直隶献县(今河北沧州市)人。乾隆十二年(1747)举人,乾隆十九年(1754)进士。任山西乡试考官,主持闽省院试。历左都御史,兵部、礼部尚书,至协办大学士,加太子少保。任《四库全书》总纂修官,主持编纂《四库全书》、《四库全书总目》等。著有《阅微草堂笔记》、《纪文达公遗集》等。《清史稿》有传。纪昀等校订《老子

---

① 据其子魏耆《邵阳魏府君事略》所述,其中《老子》注之外的诸子注解皆佚。

《道德经》是考证派老学的发端,对于后来的老学研究特别是版本研究影响巨大。①

1. 概况

纪昀等校订王弼注《老子道德经》,首列老子道德经目录,上篇一章至三十七章,下篇三十八章至八十一章,下有武英殿聚珍版六字。次附案语:谓唐刘知几欲去河上注用王弼注而不得,《经典释文》用王弼注,则隋以来王注为重。自宋以来,诸家解老日众,而王注遂微,传本亦多讹谬。此本从明华亭张之象本录出,校以永乐大典本。是书晁以道跋、熊克跋皆称不分道经德经,今依原本。而《经典释文》称老子德经,殆传刻者据俗本增入。末题乾隆四十年正月,总纂官侍读纪昀,侍读陆锡熊,纂修官庶吉士周永年。

该本双边框,页九行,行二十一字,版心题老子道德经上篇、老子道德经下篇,版心下部有朱攸校、裴谦校、王福清校、项家达校字样,单鱼尾。正文顶格,王注退一格另起一行,校语小字双字一行,附于所校文字之下。八十一章终,次以政和乙未年晁说之跋及乾道庚寅年熊克跋。于各章次下标明河上本章题,如一章标为:案河上公本此为体道章,二章:案河上公注本此为养身章,八十一章:案河上公注本此为显质章。

余则据大典本加以校订,共校订近178条,其中校订老子本文125条,校订王注53条。纪氏此本多注重老子本文的校订,于王注的校订不十分细密,特别因为大典本三十八章以后无注,故王注脱误甚多而无本可校。这实际是半部校本,颇为可惜。纪氏用以校订的本子除了永乐大典本外,也引用了河上公本、吴澄本、焦竑本、

---

① 此书的实际校勘者为朱攸、裴谦、王福清、项家达,以及子部负责人周永年。我们按照惯例称纪昀为校订者。

《释文》、《淮南子》、《韩非子》，特别是下篇部分，各用河上本、韩非子校，其中韩非子使用颇多，这对后来的考订工作有导夫先路的作用。

纪氏的工作还在草创之中，又并非专门校订工作，故而较之以后的老子校本，显得简略。不过，纪氏校本把一般的异文标出来，这对后来的研究是一个基础。

2. 校订的内容

纪氏校订主要有如下内容：

(1) 校勘大典本与张之象本的异同。

如故常无欲的观其妙，纪氏校云：永乐大典本此句上无故字。有的据大典本补字，如故有无相生节，王注，不可得偏举也，据永乐大典本补而字。又如不见可欲，使心不乱，据永乐大典本补民字。这种例子不少。有的以大典本、张之象本、河上公本对勘，如爱以身为天下若可托天下，纪校引大典本校河上本异文。

(2) 指出张之象本的讹误处。

如此两者同出而异各同谓之玄句王注，是各则失之远矣句，纪氏按云：案此二句疑有脱误。又如涤除玄览能无疵乎，王注不以物介其明疵之其神乎，校云：案此二句疑有脱误。又如天门开阖，能无雌乎，校云：王义无似作为。指出这类疑处，为后来王念孙、俞樾的工作提供了方向。

(3) 对章次提出异同。

如十九章，标注：永乐大典本此章与上章合为一章。又有字句次序不同的，如绝圣弃智、民利自信，校云：永乐大典此二句在绝仁二句之下。又如二十八章复归于婴儿，校云：永乐大典此节在复归于无极之后，据注仍宜在前。

3. 简单的评断

纪昀校订的王弼注本《道德经》在清代老学史上意义重大。

第一,这标志着清代考释派老学的发源,其后继之以毕沅校订傅奕本《道德经》,老子文本的考释工作就开始了,如王念孙、俞樾、于鬯等校订文句,钱大昕、严可均、王昶考订唐碑本,江有浩、邓廷桢等的音韵研究,以及老子的辑佚工作,全部展开。在此,纪昀以学界领袖之尊领衔校订老子,列入四库全书,又有武英殿聚珍版刊行,这样的示范意义是巨大的。

第二,纪昀的工作使王弼注《道德经》重新进入人们的视野。从张之象本两跋来看,正如纪昀前言中所讲的,宋以后随着苏辙、吴澄等人注老的兴起,王弼注渐受冷落。我们看清代前期的老子注本无人用王弼本,诸家提到王注,不过以清虚误国一句带过。而纪氏校本出来后,遂成了最流行的老子版本,梁章钜称"王甫嗣注最古,词义简远,妙得唯契。"(《退庵随笔》)为解老第一。其后诸家如俞樾、于鬯等,无不以王弼本为底本,晚清浙江书局所刻诸子集成本亦是此一系统。其后世界书局诸子集成、四部备要也用这个本子,今天楼宇烈校释的《老子道德经校释》也是这个系统。学者开始去除宋儒的偏见,以更客观的视角看待王弼注,对王弼注的评价也越来越高,这都源于纪氏最初的工作。①

二、毕沅《老子道德经考异》

毕沅(1730—1798),字纕蘅,亦字秋帆,自号灵岩山人。江苏

---

① 《四库全书提要》涉及到清代老子著作6部,是早期研究清代老学的著作。此与纪昀有关,可参王闯《道与世降—清代老学的传承与演变》第四章第二节"《四库全书总目》中的清代老学著作",华中师范大学博士论文,2015年。

镇洋(今太仓)人。乾隆二十五年(1760)进士,廷试第一,状元及第,授翰林院编修。累官陕西布政使,河南巡抚,陕甘总督,湖广总督。受业于著名学者沈德潜及吴派大师惠栋,经史小学金石地理之学,无所不通。编纂有《续资治通鉴》、《西安府志》、《湖广通志》等。著有《传经表》、《经典辨正》、《墨子注》、《道德经考异》、《晏子春秋注》、《吕氏春秋注》、《灵岩山人诗文集》等。毕沅与当时汉学家多有交往,如章学诚、孙星衍、洪亮吉、段玉裁都受知于门下。除了老子,他还校定了《墨子》、《晏子春秋》、《吕氏春秋》。作为乾隆二十五年状元,汉学吴派传人,他的著作对于后来的老学及诸子学的发展有重要影响的。

1.《老子道德经考异》概况

前有《老子道德经考异序》一篇,题兵部侍郎兼都察院右副都御使巡抚陕西西安等处地方赞理军务兼理粮饷钦加一品顶戴毕沅撰,后有乾隆四十六年十月,则此书成于1781年,毕沅52岁时。乾隆四十五年守制在家,乾隆诏毕沅置理陕西巡抚,四十六年三月甘肃发生内乱,毕沅平乱有功,赏一品顶戴。后甘肃州县有冒领赈济案,毕沅未据实参奏,四十七年降旨褫夺一品顶戴,降为三品。此书当成于平乱之后,赈济案发前。毕氏平乱之余成此作,可见其确是书生本色。

该序首辩《史记》所载太史儋、老聃为一人,据《说文》《大荒北经》《吕览》以证,以儋、聃字通,以音通证义,此是清代学者风气使然。毕氏又以老子与老莱子为二人,以为老即古寿考青之号,而老莱子即古莱氏之寿考者,与老子一为苦县人,一为楚人。又引《庄子》孔老相会材料,以为老子即著《道德》之老子,不当疑之。又论老子本黄帝之言,多述而不作云云,其引《汉志》黄帝四篇,《列子》引《黄帝书》,庄子引有炎氏颂,以证。老子为黄帝之传,此是清人习说,毕氏所论本无新意,而其所举实不足以证之,大概也是一种推论而已。毕氏谓老子述而不作,此当非实情。毕氏又据《史记》《魏书释老传》,《庄子》《水经注》以为老子亦优人而已,其神仙之说好奇行怪,实不足证。又论及河上公及《章句》。次则谓所见老子注家不下百余本,佳者有数十本,唯唐傅奕多古字古言,且为世所希传,故就其本加以参校,折众说以定是,字不从《说文解字》出不信。其又谓然浅近者有因陋而无专辩,或好求异说以讨别绪,沉不敢为之。案:毕氏论老子、太史儋为一人,著《道德经》,孔子问礼之。汪中作《老子考异》,论老子与太史儋为二人,太史儋著《道德经》,自此开启了考辨之风。

《老子道德经考异》分老子道经考异卷上和老子德经考异卷下,题唐太史令傅奕校定本,毕沅撰。卷上三十七章,卷下四十四章,每章原文与校证文字后标章次及文字数,如右第一章五十九言,右第二章九十三言。每章标明河上公本章目。毕氏用河上本、王弼本、顾欢本、永乐大典本、《淮南子》《韩非子》《庄子》所引文字,《史记正义》所引文字,《后汉书》所引文字,《太平御览》《释文》所引文字,加以校正,并广引《说文解字》、《广雅》、《墨篇》、《方言》、《释名》以辨正文字,这自然是汉学家本色,也是此作最大的特点。

2. 基本情况

毕氏此作重在校定傅奕本与诸本之异同,不过他特别重视古字的辨析,这是汉学家的本色,如常无欲以观其妙,他特别注明:古无妙字,引《易》《文赋》《九歌》以证。又如长短之相形,他注到:古无较字,王本作较非。又用道盅而用之,他引《说文解字》盅虚器也,诸本作冲并非。而如敠而悦之,谓《说文解字》无敠字,以为敠字或为揣字古文。又如众人熙熙,如享太牢,以汉碑证亨享同字,并以享饔字通。亭之毒之,据《说文》《释名》,以为亭、成、毒、孰声义皆相近。这样的例子很多。毕氏校老子用傅本正是因为保存了许多古字,这正合乎他的趣味,是他著此书的根本。其一以《说文》为凭断,这自然也是汉学家通病。故而很多时候对文字考辩的兴趣成为此作的中心。

傅奕本《道德经》学者多怀疑(如刘师培),毕沅以此为底本,但并未说明详细的理由,光以多古字古言为据,这是好古偏好使然。其后毕校本影响不大,这与毕氏对该本未做根本的考论有关,而与纪昀校的王弼注《道德经》命运迥异。不过,毕氏的老学研究是在诸子学的框架下,他还涉及到《墨子》、《晏子》、《吕氏春秋》等,这对后来如魏源的影响很大。我们看魏源早期著作的路数,就一目了然了。毕沅是吴派传人,他研究老子以及诸子,和王念孙非常相近。他们的老师辈如戴震和惠栋不注意到领域,他们都涉及到了,这反映了考据学在领域上的开拓。这在清代老学研究上是很重要的变化。

三、卢文弨《老子音义考证》

卢文弨(1717—1795),字召弓,一作绍弓,一字檠斋,晚号弓父,堂号"抱经",世称"抱经先生"。浙江仁和(今杭州)人。一说原籍余姚,迁居仁和。著名刊校学家。乾隆十七年(1752)进士,高中一甲探花,授翰林院修编,上书房行走。历任侍读学士,湖南学政。主讲江浙钟山、崇文、龙城等书院。一生从事文献整理校勘工作,最精于校勘学。所校勘、注释的经子诸书为《抱经堂丛书》、《群书拾补》。著有《抱经堂文集》、《仪礼注疏详校》、《钟山札记》、《广雅注》、《龙城札记》等。《老子音义考证》是《经典释文考证》中的一部分,并非考订老子的专书。

1. 概况

唐代陆德明《老子音义》为《经典释义》卷二十五,分老子道经音义、老子德经音义,首叙老子事迹,又论河上公章句与王弼注本,次则列出经与王弼的字句注音,版本差异,及训诂的不同,也有部分是对老子重要概念的解释。陆氏《老子音义》以注音为主,共有500多条。卢文弨有《经典释义考证》,收入《抱经堂丛书》,刊于乾隆五十六年。其中《老子音义考证》是整部书的一部分,并非专门的老学著作,今略举几例,以见其梗概。

卢氏的考证,共九十五条。最主要的工作是对《老子音义》作校斠、讹误、校正、增补遗佚,包括经文与王注,如弱其志,卢氏校云:旧在隆之孙也上,误。案:本文云弱其志,强其骨,今移于强字。隆之孙也是王注,注释不贵难得之货的,《释文》以弱其志在此句上,是一种讹误,卢氏校正之。万物舍,校云:旧捨仍作舍,今校正。这是对文字讹误的校正。有为,卢校云:旧有字未刻,今补。这是对遗佚文字的订补。又如处,释文原作:本合作居。卢校云:一本作居、这些都是对《释文》文字的校订。

其次是对《释文》原引文的校订,这涉及到《释文》所引经文与卢氏所依本的对校,如不昌,卢氏校云:王弼注雌应而不倡,不作昌字。又如绳,《释文》云:河上作绳。卢校云:当是作绳绳,少一绳字。有的又据王注校订《释文》引文,如无所容锋刃,校云:王注作兵戈无所容其锋刃,有其字。则濡,校云:王注则相濡之德生也,有相字。

再次是对王注的校订,如舍本,校云:今王注作捨母。案此下今王注有脱文。上云本在无为,母在无名。案此下云捨母而适其子,则上句当云弃本而逐其末,脱四字。又如内,校云:王注頟圸也,不作内。《说文》无圸字,以音求之,当与由块字同。又有对不同版本的对校,如樊,校云:旧作弊,今从宋本,是,河上公、王弼本也。傅奕本作敝,从宋本正。卢氏校斠时用到河上本、王弼本及道藏本。

卢氏又有《佳兵者不祥解》一文(《抱经堂文集》卷二十二),谓:"佳者以为嘉美而喜悦之也。佳兵不经见,然古人多自造语。或曰佳字乃唯字之文脱耳(案:此指王念孙),曰是不然。老子之文凡云夫唯者众矣,其语势皆不若是也。经典中若佳兵之新创者多矣,今不疑祥刑而疑佳兵,何也?佳字有确诂,断然不可易也矣。"

案:此文专驳王念孙佳为唯字之说,以佳兵与祥刑相类,皆古人之造语,又《老子》中夫唯之语与此不同,故不必改字。卢说称佳兵为古人造语,此或可能。至其论及语势云云,乃个人读书之判断,于校勘实难断言。不过,卢氏对于王念孙的说法提出不同意见,可备一说。今北京大学出土文献研究所编《北京大学藏西汉竹书(二)》即北大简本老子,此句作:"夫鮭美不详之器。"陈剑在《老子译注》(上海古籍出版社,2016年)认为,帛书甲乙本、北大本代表两个系统,一本作"夫兵者",一本作"夫佳美",今本是糅合两个版本的结果(118页)。如依此说,则王念孙说与卢文弨说可并存。唯北大本老子之真伪问题经学者提出,尚无定论。故陈剑说姑为一推测。"佳兵"之争,现在还难以断言。

四、陆心源《道德真经指归校补》

陆心源(1834—1894),字刚父,号存斋,晚号潜园老人,浙江归安(今湖州)人。咸丰九年己(1859)举人,援例捐知府,分发广东。后赴福建总办厘税,及通商、善后诸局,署粮盐道。著名藏书家,清代四大藏书楼之一"皕宋楼"的主人。著述合编为《潜园总集》,共九百四十种。其中《皕宋楼藏书志》、《续志》、《仪顾堂题跋》、《续跋》及所刊《湖州丛书》、《十万卷楼丛书》,最为有名。此作是对严遵《道德真经指归》的校勘。

1. 概况

题《道德真经指归校补》,归安陆心源伯刚甫辑。首叙《道德真经指归》历代著录情况,《新唐书·艺文志》十四卷,明胡震亨《秘册汇函》刻本只六卷,其后毛子晋《津逮秘书》、张海鹏《学津讨源》皆此本,亦今通行本之祖本。又叙虞山钱遵王得明钱叔宝手抄本,存卷七至十三,有总序及谷神子注,乃知胡本出于此谷神子注本,而改其卷次删去注,又有脱佚。又叙陆氏自得影抄叔宝本,又得张学庵校本,遂以胡本参注,凡胡本所无者逐条补录,原文用大字,注文用双行,胡本别体伪字注于旁。又谓严遵本姓庄,《汉书》避明帝讳改为严,书中所称庄子即严遵。

陆氏用为底本的影抄明钱叔宝本有总序一篇,陆氏注胡本、王本、张本所无。此序谓:昔者老子作《道德经》,原本形气以至神明,性命所始,情意所萌,进退感应,呼吸屈伸,参以天地,稽以阴阳,变化始终,人物所安,穷微极妙以睹自然,演要伸类。这是对老子思想的一个概括,属于汉代解老的系统。又谓:著经二篇,叙天之意,见地之心,将以为国养物生民。章有表里,不得易位,章成体备,若本与根,文辞相践,不可上下,广被道德,若龙与麟,增一字即成疣赘,损一字即成瘢疮。

案:这是对《道德经》结构的说明,二篇即上经、下经,这在"君平说二经目"中已经很明确了,序下文中有"自大陈小谓让,纪道论德谓之经"二语,即解上经之义。这种分法不同于我们常见的各章的关系,力图用一种内在的理路加以解释:"始焉上德不德,化由于道,而道不为之,故授之以昔之得一者,昔之得一,动由反行,非有性黄之能闻,故授之以上士。上士性高聪明,深远独闻,傲世轻物,唯道是荷,故授之以道生一。(中略)小国之君,形虚势弱,恩命于邻,故授之以信。信者,万民之所助,而将相之所存,天地之所祐,而道德之所助也。"这样一种叙述有三点要注意:一是以上德不德至信言不美为上经,这与帛书本德经在前,道经在后相一致,这证明严遵本也是以今本下篇为前,且以为更加重要。这不同于王注本以来的一般理解。其次是严遵本并无章名,这也与帛书本相一致。第三,这种对老子章目内部结构的分析应是一种理论化系统化的努力。

我们分析,这篇总序当出于谷神子之手,惟谷神子的时代难以考定。在陆氏校本《道德真经指归》卷之九的注"皆归自然"有如下的文字:"夫指归所以屡指归于自然者,明至道之体,湛然独立,自古固存,其能然于众物,而众物不能然之,故谓之自然,非言虫鸟之分以为至极。"这句话很有意味,明显是对郭象《庄子注》思想的继承与修正,既承认自然之体独立,又反对万物之性都能逍遥的主张。下文又云:"夫有体此自然之道者,则能同光尘,不立圭角,使物自化,悉归于善,进其独志,甘性自然,所谓圣人不言而饮人以和。"这同样充满了庄子郭象注的意味。由此,谷神子一定在郭象之后。又考唐玄宗御注本以道经在前,德经在后,其后世人多从之,则谷神子似在玄宗之前。又考《博异志》,《四库提要》撰旧题唐谷神子撰,或以为唐人冯廓,余嘉锡《四库提要辨纪》以为唐人郑还古。

钱曾《读书敏求记》引谷神子序云,《道德指归论》陈隋之间已逸其半,今所存者止《论德篇》,与上引序不同。如此二序为一人所作,则谷神子当为唐人。关于《指归》,四库提要持一种怀疑的态度。以为文士之所赝托,其不明书中所言庄子即严遵,陆氏已指明其误。至陆氏得钱叔宝本,此书的真伪问题才得以解决,故而陆氏的工作是很有意义的。

不过,陆氏的工作名曰校补,只是对胡本的补与校,而不是依钱叔宝本作全面整理,这颇令人不解。或者校定全书过于繁琐,抑或其所据版本仍有不足,此已不可知。陆氏不知道《道藏》中仍有《指归》本,即是谷神子注本,卷次与钱叔宝本同。陆氏的校主要是就钱本与胡本的异字加以校订,这种校处极多,基本是异文、异体字或误字,如博校博,鸿校洪,而校并,茫校芒,物皆校万物等。陆氏的补就是跋胡本中所缺的部分标出来,其中谷神子的注全部都补上,包括对经文的注与对指归的注。其实补全体例,即附上每一章缺失的指归二字,以作为标记。第三是补上《道德真经指归》卷十三,这一卷为胡本所无,故全文录入,不再是补缺。

陆氏的工作为后人提供了一个老子新版本,及一个老子研究文本,不过他只是补校,没有全部校订,这使得他的校还是没办法用,这一全面整理的工作一直到今人才完成。①

第三节 碑本校勘类著作

清代碑学发达,学者的研究自然延伸到老子。从钱大昕、王昶到严可均、吴云和魏锡曾,这些学者利用碑本,校勘和考订老子文本,从无到有,渐次细密。其中易州龙兴观本《道德经》的考订是一个重要的成果。在马王堆帛书本《老子》发现之前,这是学者们都颇为重视的一个版本。

---

① 今人的整理本有王德有点校的《老子指归》(中华书局,1994),樊波成的《老子指归校笺》(上海古籍出版社,2013)。

一、钱大昕的老学

钱大昕(1728—1804),字晓徵,号辛楣,又号竹汀。江苏嘉定人(今上海嘉定区)。清代史学家。乾隆十六年(1751)乾隆南巡,因献赋获赐举人,官内阁中书。乾隆十九年中进士。复擢升翰林院侍讲学士。乾隆三十四年入直上书房,授皇十二子书。后为詹事府少詹事,提督广东学政。后归里潜心著述,历主钟山、娄东、紫阳书院讲席。晚年自称潜研老人,其学以"实事求是"为宗旨,主张从训诂以求义理,不专治一经,亦不墨守汉儒家法。与纪昀并称"南钱北纪"。著作有《二十二史考异》、《元史艺文志》、《潜研堂文集》、《十驾斋养新录》、《潜研堂金石文跋尾》等,又与修《音韵述微》、《续文献通考》、《续通志》、《一统志》及《天球图》诸书。钱氏最早发现了景龙二年龙兴观本《老子道德经》的价值,并且对老子思想有整体的理解,这在乾嘉一流学者中是少见的。

1. 易州龙兴观碑本《老子道德经》跋

《潜研堂金石文跋尾续》中跋景龙二年易州龙兴观碑本《老子道德经》,先叙其卷次,有老子《道德经》两卷,上卷曰道经,下卷曰德经,分两面刻之。又叙其题额:大唐景龙二年正月易州龙兴观为国敬造道德经五千文。

钱氏据此碑本,比较河上公及王弼注《道德经》,引王注本晁说之跋所论王本不分析道德而上下之为近古,以为据《释文》用王本正题作道经卷上德经卷下,晁氏所见为宋时转写。又谓家藏石刻《道德经》五本,惟明皇御注本及易州龙兴观本分道经德经,此盖汉魏以来篇目如此。又谓此本唐初所刻,字句与它本多异,如无作无,愈作俞,芸作云,譽作豫,荒作忙,佐作作,垸作垸,皆从古字。又举古文能敝不复成等四处异文,指出此类皆远胜它本。

钱氏此跋文字不多,但影响很大,后来严可均、魏锡曾都专门对易州龙兴观本做全面校雠,此本后来成为清代最重要的版本之一。在帛书本出现之前,有相当多的学者同意钱氏的看法,认为此本是汉魏以来古本,价值极高。惟钱氏以为王弼本分上下篇为宋时转写,颇难服人。纪昀校王注本《道德经》即不从《释文》说,而存上下篇之制,反谓《释文》为传写者据俗本增入。《道德经》分道经、德经自汉以来即然,学者多同意,今依帛书本可定案,惟王弼本最初是上下分篇,还是仍旧道经、德经二分,还难以断言。

2. 老子救世说

除了提出易州龙兴观碑本的价值之外,钱大昕还有对老子比较通达的看法,这就是老子救世之说。钱大昕的看法在《潜研堂集》卷二十五中,为《老子新解序》。此《老子新解》的作者,据该书卷四十六《国子监学正戴先生墓志铭》,当为戴祖启。戴氏曾受毕沅推举,有《老子新解》若干卷,此书已佚。

钱氏劈头即谓老子五千言救世之书也,次谓周道先礼而后刑,其敝至于臣强君弱,以文胜质,老氏知后之失者,必以刑名进也。又谓太史公谓韩非惨礉少恩,皆原于道德,其实乃以韩非失老子深意而然,然后人误会史公以韩非为道德统,非史公之义。又谓汉文为君有得于老子,遂培四百年之祚。又谓予览数藏说老子者无虑数十家,求之玄虚而于当日立言之心无解者。又谓酸咸甘苦,对病则为上药,识儒道之异同,亦有功于世。

钱氏的救世之说并无新意,但是他是从理事的视野来理解老子立言之切世,亦算是一种客观的态度,他辨析韩非非老学之正脉,指出老子对刑名的重视,这一点很少有人注意到,可见他的见识颇高。不过他的立论仍在用世上,以至于对他以为的玄虚之论,都不以为然。老子之学在他那里还难成为专门的研究对象。钱氏此序后来经节录收入高延第《老子证义》历代人物评论老子中,算是清代第一流学者中少有的对老子的评论。

3. 简单的评价

钱大昕是乾嘉学者中以史学见长的著名人物,在清代老学史中他的贡献是最早提出景龙二年易州龙兴观碑本《道德经》的文献价值。他对老子的评价也从历史的高度出发,无俗儒之见。钱大昕并没有专门研究老子,但是他代表了乾嘉主流学者中对老子抱有的一种开通的态度。他的学生李赓云就有专门的老学著作,他的朋友戴祖启和黄文莲也有专门的老子著作,这和吴派、皖派第二代弟子开始研究老子一样,表明乾嘉学者对于老学的关注。

二、王昶《玄宗御注道德经》

王昶(1725—1806),字德甫,号述庵,又号兰泉。江苏青浦人(今上海市青浦区)。乾隆十九年(1754)进士,官至刑部右侍郎。有《春融堂集》、《金石萃编》、《明词综》、《国朝词综》、《湖海诗传》、《湖海文传》等。此作选自《金石萃编》卷八十三。王氏好金石之学,收罗历代石刻一千五百余种,编为《金石萃编》一百六十卷。此作是对开元廿六年易州玄宗御注《道德经》的校订。

1. 概况

首题玄宗御注《道德经》,次叙形制:石约高一丈八尺,八面,面广一尺七八寸不等,前三面分三截,上截额题太上玄元皇帝道德经,及大唐开元神武皇帝注共十八字。六行,行三字,正书。次载敕文三十行,行七字。下载经文各十一行,行九十九字。其注每经文一字皆双行写作四字,后一面上截行六十字,下截列各官姓名,皆正书。在易州。

下引敕文,以为玄圣玄言,遗文诚在而精义颇乖,严遵撮其指归而病,河上摘其章句而略,其余固不足数,玄宗恐失无为之理,随所意为,遂为笺注。又询于公卿释道二门,勿为来者所嗤云云。末题开元廿年十二月十四日(即公元732年)。

敕文下有开元廿六年岁次戊寅十月己丑朔八日壬申奉敕建字样,则此碑建立公元738年。下有建碑官员、道士官阶、姓名、道号。

王氏又引相关文献五则,分别为宋王之象《天下舆地碑记》、归有光《震川集》跋、明安世凤《墨林快事》、钱大昕《潜研堂金石文跋尾》、武亿《授堂金石跋》。《天下舆地碑记》载此碑乾道五年由开元观移于府治。《震川集》记述邢州本原由,谓邢州龙兴观于开元二十七年立石,至宋端拱初观台已废,知州何缵始修复。归氏时观已废,仅有半亩宫,太守徐衍改为庄学,石台尚存而人少知之。《墨林快事》谓玄宗注《道德经》有古哲源流而无后人穿凿,又谓此为苏灵芝之笔,此石为其最善者。《潜研堂金石文跋尾》以为明皇御注本欧阳修、赵明诚所收为怀州本,久不传。邢州本归有光尝见之,未审有否。此易州本验其笔迹,盖苏灵芝书。石文间有残缺,亦有石本元无者,以注证之,皆当与今本同。武亿《授堂金石跋》则详述碑本形制,以为与古本相仿。又论《道德经》道经、德经与上篇、下篇之分,引邢氏《论语疏》及《后汉书》诸例,及贾公彦《周礼疏》、章怀太子注,以为道德分篇,而与《释文》合。《老子》分篇问题有一种说法认为是唐玄宗改上下篇为道经德经,从武亿所引证据,特别是帛书本来看,至少汉代的老子本就是分道经、德经的。

次则为王氏校语。王氏先叙老子传略,次则引《旧唐书》本纪开元二十一年制,令士庶家藏《老子》一本,贡举量减《尚书》《论语》两条策,加《老子》策,又引封演《闻见记》,云开元二十一年明皇帝注《道德经》,令学者习之。又引《唐六典》、《孝经》、《论语》、

《老子》皆为大经,用玄宗注,弃河上注。又引《道藏目录》:御注八十一章,分章逐句,以为今碑但分上下篇,不标篇目,殆从略。又以为玄宗所注分道、德二经,实从古本,则董逌《藏书志》所谓玄宗改定章句为道德经,言道者类于上卷,言德者类于下卷,非也。又谓玄宗所注,《正统道藏》尚存其书,而传刻之为误,多有增减,石刻千年不易,最为可据。其下则合各本(含焦竑所引龙兴观碑,王氏以为邢州本)加以校订。

王氏共校订近六十余条,最后称:以上诸条,皆石本异文,遍考诸家,率多吻合,知当时撰注时,大率参采旧说,择善而从,成此定本也。又谓写刻时又有之为脱不可为训者,举例十余数条以证,多为脱字,亦有误倒者,衍文,误字。此为碑本一大弱点,严可均所校景龙二年碑本亦如此。篇末又考订此碑为苏灵芝所作,并考证苏灵芝生平。

王氏又录有奉仙观老君像碑、老子度关铭并四子赞、终南山古楼观大宗圣宫立石,与《道德经》关系不大,就不多介绍了。

三、严可均《老子唐本考异》

严可均(1762—1843),字景文,号铁桥。浙江乌程(今浙江吴兴)人。文献学家、藏书家。嘉庆五年(1800)举人,官建德教谕,以疾辞归。精考据之学,著有《说文长编》、《铁桥漫稿》等。辑有《全上古三代秦汉三国六朝文》。《老子唐本考异》出自《铁桥漫稿》,是对景龙二年龙兴观本《道德经》的校订。

1. 概况

首题龙兴观道德经。景龙二年正月。次则叙此碑本,谓右道德经碑在易州,前代金石家未著于录,欧阳修、赵明诚所收皆明皇御注,怀州本今不传,邢州龙兴观石台本亦未见传拓,易州苏灵芝书御注本刻于开元二十六年,而此景龙旧碑同在易州,而无问过者。又谓《道德经》自御注后久相传习,其所见《道藏》七十余本略同,而河上、王弼二家亦颇改就御注,而傅奕古本较繁,亦难尽从。因而严氏得出结论:则世间真旧本,必以景龙碑为最。其异同数百事,文谊简古,远胜今本者甚多。故而合苏灵芝书御注本、河上本、王本及《释文》所载,参互校斠,以证此本之善。

次则校斠《老子》原文,题作《老子唐本考异》,严可均撰。严氏并未引老子全部原文,而只是撮取该校之句的数字,于下校以河上、王本、御注本、《释文》,又涉及大典本、王昶《金石萃编》所引邢州本、傅奕本、《韩非子》共校三百四十九条,分老子道经一卷、老子德经两部分。结尾则称:已上三百四十九事,皆景龙本异文,是时御注未出,所行皆六朝旧本,故文句简古,卓然可据。如斯间亦有承习旧讹,或写刻时错脱不可为训者,是在善读者之择善而从也。

2. 校勘的结果

严氏所做的校斠工作,其后魏锡曾曾有批评,认为他做的并不严谨:"今审碑拓,知严氏所举异文,间有伪舛,其引各家不著某刻,证以聚珍王注、王刻河上、毕刻傅本,皆有出入,而所采《释文》不尽,体例不一。"魏氏又就严氏校文校证四十三条,补其所缺,证其所误。详参本书魏氏部分。

严氏对此碑本的判断,以为其为六朝旧本,版本价值胜过其它版本,这对后人的影响是很大的。当代学者朱谦之校定《老子》,用的就是景龙观碑为底本,这在帛书出土之前看起来应是一个顺理成章的事。但是对景龙碑本的版本价值,也有怀疑者,如钱钟书在《管锥编》(老子王弼注部分)中的评论。我们这里了略举几例,了解一下严氏的校勘工作。

无名天地始,苏书御注本同,河上、王本作天地之始,帛书本作万物之始也。下句有名万物母也,帛书本作有名万物之母也。常无欲观其妙,常有欲观其徼,苏书御注本与此同,河上此句上有故字,观上河上、王本有以字,帛书本此句上有故字,而观上有以字。由此可证此本是否如严氏所谓六朝旧本,实可怀疑。钱钟书以为经道教人士修改,当有一定的合理性。

不过该本的确保留了一些古本的痕迹,如不上贸,各本均作不尚贸,而帛书正作不上贸。又安以动之徐生,苏书御注本、河上、王本作安以久动之,大典本无久字,帛书本无久字,竹本亦无久字,此碑本保留古称之一证。

使知者,各本使下均有夫字,帛书本亦有夫字,此本当是删去夫字。玄牝门,天地报。河上、王本作玄北之门,天地上有是谓二字,帛书同河上、王本,则此又一例。

能无离,能婴儿,能无疵,能无为,四句皆无乎字,河上本无乎字,王本、傅本有乎字,帛书本有乎字,则此乎字当亦删去者,不知是河上原本即删去,还是至唐代删去。

能弊复成,苏书御注本作弊不新成,河上本、大典本、王本同御注本,帛书作敝而不成,竹本无此句,则此本异于众本,可供参考。

此本亦有明显错讹者,这一点严氏也不讳言,今举几例。如忘作凶,各本均作妄作凶,帛书亦作妄作凶,此当为讹误。又如大道废,有人义,各本均作有仁义,帛书本、竹本亦作仁义,则此人义当为讹误,或有意改写。忙其未央,各本均作荒兮,帛书本作恍呵,则此忙字当为俗字。是乐煞人,各本作杀人,帛书、竹本亦作杀人,亦为一例。又如万物,诸本作萬物。若婴儿未孩,河上、王本作如婴儿之未孩,傅本作若婴儿之未咳,帛书作如婴儿未咳,无之字,此亦保留了部分古本样貌。修之家,修之乡,修之国,河上、王本作修之于,傅本、帛书同碑本,无于字。忽恍中有象,恍忽中有物,河上、王本、傅本作惚兮恍兮其中有象,恍兮惚兮其中有物,帛书作忽呵恍呵,中有象呵,恍呵忽呵,中有物呵,碑本无两兮字或呵字,当亦是删去了。窈冥中有情亦如此。岂虚语,诸本均作虚语哉字,帛书亦有哉字,则此哉字当是删去了。其他类似的例子还很多,就不再多举了。

3. 简单的评价

碑本多任意删去虚词、助词,这当不是原本如此,而是刻碑时去掉的。这说明碑本并非好的版本。故而此本虽保留了唐以前本的旧貌,不过严氏以为其为六朝旧本,版本价值超过其他各本,这显然是不准确的。另外,严氏提及龙兴观本时,并未说到最早发现此本的是钱大昕,不知道是否有意如此。

四、魏锡曾《校老子》

魏锡曾(1828—1881),字稼孙,号鹤庐、印奴。浙江仁和人(今杭州)。出身名族,咸丰间贡生,曾任福建候补盐大使。晚清金石学家、印学理论家和印章鉴赏家、印谱收藏家。著有《非见斋金石文字》、《魏稼孙集》、《绩语堂诗存》、《文存》等。此作是对之前碑本研究的进一步整理。

1. 概况

魏氏所著《校老子》,是对之前碑本研究的一次整理和补正,其所作工作主要有如下几点:

其一是对严可均景龙二年易州龙兴观碑本做补正,其二是收录吴云所录泰州《道德经残幢》。魏氏对泰州残本只是简单收录,略谓此幢存字无几,中惟喘者不文句为今世所传板本及他石刻所无,其余异同亦多互见,如此而已。这里主要介绍魏氏对严可均所校景龙二年易州本的补校工作。

严可均校本不录全文,只录所校句。魏氏则录碑本全文,首题易州龙兴观道德经碑,次叙形制:扼本二纸,各高六尺二寸,广二尺六寸五分。正面额十二行,行二字,下道经三十二行,前二十九行,行七十一字。后三行,行七十字。碑阴德经三十三行,行六十六至一百一字不等,并正书。录额额:大唐景龙二年正月易州龙兴观为国敬□(此缺字)道德经五千文。

次录碑本全文,老子道经一卷,无章目,章与章之间空二字间距,由道可道非常道至不欲以静,天下将自正。共三十七章,末有龙兴观主事经历,称号一行二十九字。次老子德经,由上德不德是以有德至圣人之道为而不争。体式如道经。碑文间有脱字,共八处十二字。

次则引钱大昕《潜研堂金石文跋尾续》,洪颐煊《平津读碑记》,严可均《铁桥漫稿》,记述此碑本源流,版本异同,又录严可均校订全文,而加按语:此碑始见《潜研跋尾》,继得严氏详校,益显于世。今审碑拓,知严氏所举异文,间有之为舛,其引各家,不著某刻,证以聚珍王注、王刻河上、毕刻傅本,皆有出入。又谓采《释文》异文去取不一,移动先后之次,此中义例,窃所未喻。故就严氏所校之误者,据苏灵芝所书御注本及吴云所录泰州本加以补校。

魏氏共校订四十三条,其中大多是严氏失校的,魏氏据两石本增补,还有部分是严氏误校的,如无名天地始,严校云各本作无,下皆仿此。魏氏指出道经作无,德经前作无,行无行以下作无。又如夸者,严谓当作夅,魏氏以为当为夸字失刻左半,以严氏误甚。无有入于无闻,魏氏以为闻当为碑误,严氏释闻为间误。故终无难,严氏误作欲。从魏氏的补校来看,严氏的问题并没有他说的那么严重,除了失校之外,讹误的地方并不多。

易州龙兴观碑本经钱大昕、严可均和魏锡曾的校订,成为清代后期非常有名的一个老子版本,考据家多推崇有加,以为近于汉魏古本。其后朱谦之即据此本校订老子,而当代亦有学者整理此版本。不过,碑本有其不可避免的问题,如漏刻、误刻、改字等。又加之帛书本、竹简本等《老子》古本的出现,这个版本的价值就显得没那么大了。

五、吴云《老子道德经幢残石校记》

吴云(1811—1883),字少甫,号平斋,晚年又号退楼。堂号有两罍轩、二百兰亭斋、敦罍斋、金石寿世之居。安徽歙县人。一说浙江归安(今湖州)人。屡困场屋。道光二十四年(1844)援例发江苏镇江任通判。咸丰中,以筹饷功用为道员,权知苏州府。性喜金石、书法、绘画,收集汉印、晋砖及宋元古籍颇多。有《两罍轩彝器图释》、《二百兰亭斋收藏金石记》、《焦山志》、《两晏轩藏器目》、《两罍轩印考漫存》等。此篇校记即收在《二百兰亭斋收藏金石记》中,是对唐广明元年《老子道德经》经幢残石的校记。

1. 概况

题作:老子道德经幢残石校记。首叙经幢形制:"石高一尺二寸许,八面,面宽四寸许,乃最下一段。"每引一节,则以他本相校。如首节:善,斯不善矣。故有无之相生,难易之相成,长短。校以诸本无二之字。李道淳曰:此间有二之字,非也。句首上标上阕、余同四字,句末标行底、余同四字。其余各节皆如此。道经部分共引残文二十节,无老子道经字样,德经部分有老子德经字样,并有河上公章三字样,共引残文二十一节。尾有三娘,次二十四娘,广明元年十一月日建。吴氏于碑文后有说明:经文所存九百三十四字,合款及年月共九百五十字,无书人姓氏。以今世传《道藏》葛长庚、吴澄、焦竑本校之,颇有异同。又谓唐本中怀州碑不存,易州碑本尚存,次则《释文》所引,又依王本,此石以河上公章为主,故与毕沅所校傅本相较,亦是觅考证云。

又据此石谈及道经德经分篇问题。末则叙得此石经历,称咸丰乙卯春中获此石于海陵故家,石质脆裂,似经火劫。恐日益残损,因手榻其文,冀垂久远云云。吴氏用此校斠的本子主要是毕沅校订的傅奕本,涉及到王弼本、河上本、严遵本、《释文》、《淮南子》、易州本。

前六条后有右弟一面,六行,一百九字一句。第七条至第十四条后,有右弟两面,八行,一百五十八字一句。《老子德经》部分前九条后,有右弟五面,七行,一百五字一句。最后一句提款后,有右弟八面,八十八字,款十六字一句。

由校语来观察,此碑保留了汉魏古本的一些原貌,如"有无之相生,难易之相成",与帛书本合,而存世诸本皆无二之字。又有"其后,迎之不见其首"一句,正合帛书本,而传世本则作迎之云云,随之云云。吴氏以为此语倒转,实则传世本为后改者。其用字多异体字,如美之者,是乐杀人,作是乐煞人,吴云:此石俗字也。又有一些与传世河上本的区别,如三十六章将使弱之,必固强之,此本作欲弱之,必固强之。

此本多与王弼本同,而不同于傅本,则可能受王本影响。此本残损,版本价值并不大。又:此碑建于唐末(公元880年),据文末三娘、二十四娘云云,似为女性平民捐建而成。

第四节 训诂考订类著作

清代训诂考订类老学著作是最具乾嘉学术风范的研究,第一流的学者如王念孙、俞樾都以自己在经学研究中成熟的方法来治老学,这是清代考证派老学最具活力最有延续性影响最深远的一条线索。包括王念孙《老子杂志》、俞樾《老子平议》、于鬯《老子校书》、孙诒让《老子札迻》、洪颐煊《读书从录·老子》、刘师培《老子斠补》,也包括毕沅、崔述、汪中等人对老子其人其书的考订。民国时还有很多这样的著作,如马叙伦的《老子校诂》等。

一、王念孙《老子杂志》

王念孙(1744—1832),字怀祖,自号石臞。江苏高邮人。其父王安国官至吏部尚书。王念孙乾隆四十年(1775)中进士,历任翰林院庶吉士、工部郎中、吏科给事中、直隶永定河道等职。个性正直,好古精审,与钱大昕、卢文弨、邵晋涵、刘台拱有"五君子"之称。王念孙师事戴震,精音韵、文字、训诂之学,著有《广雅疏证》、《读书杂志》、《古韵谱》及《道河议》、《河源纪略》等。与其子王引之并称"高邮二王"。此部分为《读书杂志》中关于老子的部分,故题作《老子杂志》。

1. **概况**

此为清代以小学为方法校订老子的先驱之作,做一种点式的精准研究,对后来的示范意义极大,是老学史上重要的著作。惟其篇幅太小,只校订四条,因而示范意义大于所取得的成绩,后来的俞樾、孙诒让、于鬯、刘师培,以至于于省吾等,都在这一方向上努力,成为清代老学重要的一个流派。

其著述方法不同于以往老学史上的校斠之作,如《经典释文》、傅奕《道德经古本》校注、陈致虚《老子音义》一类的作品,其并不仅仅依赖不同版本间的对斠,而是利用清代考据学逐渐发展并成熟的文字、音韵、训诂这些专精之学,依据实事求是的精神,博取经史子集各类相关文献,对于老子文本中历来的难点、重点作点式的集中研究,力求在文献学的层面上彻底解决问题。这是清代学者在经学研究之余,所从事的工作。因为有经学研究的成功经验,其考据方法已日臻成熟,故其对老子的研究能够在文献上超越古人,而成为清代老学研究中非常重要的一支,甚至可以说是清代主流学者最主要的老学研究路数。

其研究范式,基本是列出要考证的文句,然后根据文献反复论证。从王念孙《老子杂志》到俞樾《老子平议》、于鬯《老子校书》,到孙治让《札迻》、刘师培《斠补》,以至于于省吾,无不如此。

2. 考订文句情况

王念孙《老子杂志》共考订四条。

第一条:信不足焉有不信焉。

考订当无下焉字,王弼本衍,河上公本是。当断作:信不足,焉有不信,言信不足,于是有不信也。焉,于是也。博引《吕氏春秋》、《聘礼》、《月令》、《晋语》、《三年问》、《大荒南经》、《管子》、《墨子》、《楚辞》、《左传》、《西周策》、《史记》、《公羊传》、《管子》,证明焉与于是同义,又引《祭法》、《大戴礼》、《曾子制官》、《荀子》、《史记·礼书》、《淮南子》,证明焉与则同义。进而总结:后人不晓焉字之义,而读信不足焉为一句,故又加焉字于下句之末,以与上句相对,不知其谬也。又指王弼本二十三章信不足焉有不信焉句,河上本亦有下焉字,为后人所加,注文亦有移置改动,又王本今注信不足焉之焉字亦后人所加。又二十三章河上注忠信不足于下焉有不信也,永乐大典本作也,今本也作焉,亦后人所改。孙氏总结,以为此皆不晓焉字之义,故训诂失而句读亦舛,不得不改注以就之。

按:此为考据派最精当的研究,以精微的助词研究为根据(《经传释词》即后来王引之的同类研究专著),而考定老子文句的谬误处。其论证以材料为中心,铺排推衍,极具说服力。察帛书之甲乙本十七章,皆作安有不信,郭店本作信不足焉有不信,则下一焉字确为衍文,而焉字(即安字)确当属下句,断作信不足,(焉)安有不信,焉(安)当训作于是、则。这可见王氏考证之高明。其论断二十三章河上本信不足焉有不信焉,下一焉字乃后人所加。及其论河上注与王注所改易处,帛书本无同于德者德亦乐得之,同于失者,失亦乐得之,信不足焉,有不信焉三句,最后两句作同于得者,道亦得之,同于失者,道亦失之,与傅奕本极相近,则河上王本最后三句,当为帛书之后所加,何人所加,我们不知道。王氏所谓河上王注改易者,当确有后人改易了河上、王弼本人的注文,但是否如他所说做了前后的移动,这不易断定。

第二条:校订"夫佳兵者不祥之器",以佳字为隹字之误。

王氏以为佳兵云云不成文,河上、《释文》所释均不当。隹,为古唯字,唯可作惟,又做维,金文、籀文、石鼓文可证。上言夫唯,下言故,文义相承,老子此类文例甚多,王氏举八章、十五章、二十二章为证。又据夏竦《古文四声音义》所载《道德经》唯字古文,而断定今本唯字皆后人所收,此佳字乃误,否则亦将改作唯。

按:此条以文字学为根据,而证以老子文例,且据古《道德经》材料,三个角度入手,而汇成佳字为隹字之误,精当超绝。帛书本作"夫兵者,不详之器也",无唯字。而非"夫唯兵者",此可作间接证据。人们据王氏的考订,大多支持王氏的判断,认为佳字确为唯字之误。不过也有学者反对此说,卢文弨即撰《佳兵者不祥解》一文以驳之,详见本书卢文弨部分。至于老子原文是有此唯字,还是无此唯字,尚难断言。

第三条:考订为天下正。

王氏以为王弼本三十九章侯王为天下贞,贞为正之借字,当解作君长之义,河上作正,是,其注作天下平正误,当从《尔雅》《广雅》

《吕氏》高注,作君长之义。

按:据帛书本《老子》,确为以为天下正,正当从王氏,解作君长义。此王氏以训诂方法考订之一例。

第四条:五十三章唯施是畏,以为河上、王弼二家以施为义释施字误,施读为迤,邪也。言惧入邪道。王氏引《孟子》《说文》《淮南子》《史记》《汉书》《韩非子》释迤施的各种材料加以证明。按:此条专于训诂,以邪释释,可作一例。

此外,王念孙在《史记杂志》中还考证了有关老子的记载讹误。他认为传世本《史记》作"老子,姓李氏,名耳,字伯阳,谥曰聃",这是后人取神仙家说改窜的结果,而原文当做"老子名耳,字聃,姓李氏。"这一看法得到后来很多学者的认同。

总之,王氏的研究,利用其传精的小学功夫,利用大量文献,多角度深入,又集中于一点,可谓老吏断案,四条考证几无破绽,的确是大家手笔,为后来的考释派提供了一个门径,篇幅虽小,在老学史上可占一个位置。

二、俞樾《老子平议》

俞樾(1821—1907),字荫甫,自号曲园居士。浙江德清人。著名学者。道光三十年(1850)进士,曾任翰林院编修,河南学政。后罢官归居苏州,取《老子》"曲则全"之意,建成"曲园",因号曲园居士,乃潜心学术。治学以经学为主,旁及诸子学、史学,乃至戏曲、小说等。晚年在杭州西湖畔孤山下诂经精舍讲学,章太炎、吴昌硕皆出其门下。所著凡五百余卷,称《春在堂全书》。包括《群经平议》、《诸子平议》、《古书疑义举例》、《茶香室经说》、《春在堂随笔》等。《清史稿》有传。《老子平议》出自俞氏《诸子平议》,是研究老子的部分,故称作《老子平议》。此为清代老子校斠最有代表性的著作,上承王念孙而篇幅远过之,下则开于邲、孙诒让、刘师培,至民国于省吾诸人,可谓清人考据老学的代表作。

1. 考订的方法

俞氏以王弼本为底本,据河上本、傅奕本、景龙本,以文献学方法全面处理老子的疑难问题。俞氏所校定者共涉及四十章,共58条。先列出章节,然后引所校原文,次则以樾谨按开始,加以校定说明。如一章:"道可道,非常道,名可名,非常名。"樾谨按:常与尚古通云云。其他皆类此。

(1)据龙兴观碑校勘

唐景龙二年易州龙兴观《道德经》碑本,俞樾前有钱大昕、严可均,同时有魏锡曾都做过研究,是清代学者非常重视的一个版本。不过此碑本因是道教徒所刻,多改篡文字的地方,钱钟书《管锥篇》已指出。俞氏据景龙碑本做的校斠多为不当,如一章常无欲以观其妙,常有欲以观其徼,据碑本以为当无二以字,实误。又如十章能无离乎,碑本无乎字,而《淮南子·道应训》引有乎字,俞氏又谓古本有乎字。自相矛盾如此。这样的例子又如三十章,校以道佐人主条,据碑本以为作以道作人主,误。又如三十二章,校知止可以不殆句,以为当从碑本去可以二字,证之帛书、竹本,误。不过也有对的,如六十二章不曰以求得,碑本、傅本作求以得,俞氏以为当从,证以帛书正确。

(2)据古籍校勘训诂

俞氏据先秦两汉文献加以校订。如八十章使用什伯之器而不用,俞氏以为什伯之器乃兵器也。引《后汉书》、《周书》、《礼记》以证,的确自成一说,有考据家风范。四十六章祸莫大于不知足,以为当据河上本及《韩非子·解老》,上有罪莫大于可欲。这条王本确佚一句,帛书本、竹本均有。不过这条校语的关键是据《韩非》以校斠老子,引用《韩非》校斠的还有五十章入军不被甲兵条,五十三章是谓盗夸条,五十九章是谓早服条,六十七章不敢为天下先条,七十一章圣人不病条。五十五章引用《淮南子》、《文子》,六十二章引《淮南子》,这里的问题与后来的刘师培一样,都是过分倚重古书引文。如六章各种不死,据《释文》、河上本作浴,则浴当凌作縠,生养义。

按:以《释文》所引异文而推断浴縠通假,此实太过流易。河上、王本、傅本俱作谷,帛书本亦作谷。俞氏这种以通假为方法推测式的研究,实际上意义不大。有的实在无考据必要,如六十九章,故抗兵相加,哀兵胜矣条,以为哀兵无义,疑为襄字之误。又博引《史记》、《竹书纪年》、《日知录》、《周官》、《释文》加以考订,以为当为攘字,假襄为攘,又误襄为哀。此章哀义甚明,而一味求文献,推衍讹误之迹,这就是为考据而考据了,徒为炫才了。

(3)据注文、上下文推求文意来校正

校订十章,天门开阖,能无雌乎,据王注、河上注,乃谓当作为雌,证之帛书,确实如此。不过这类的校订都比较弱,比起王念孙那几例,从不同角度以不同方法来论证一个结论,终究是显得力道不足,很多无法说服人。有对王注、河上注训诂的校正,如十二章五味气人口爽,引《吕氏春秋》、《列子》、《庄子》、《淮南子》、《新序》证爽为口病之名,口爽如口暗之义。比起王、河以差失,亡释义的确胜两家一筹。在校斠时,俞氏根据河上、王注做判断,推求文意,亦有所得,如三十章,不敢以取强条,据河上、王注及景龙碑本,以为敢字衍文。此句帛书本作毋以取强焉,正合俞氏所说,又有碑本做旁证。又如三十章果而勿强条,据傅本、景龙碑本,及上下文义,以为当作是果而勿强。此条帛书本作是谓果而强,竹本作是谓果而不强,确当补是字,实际是是谓两字,以作结语之用。不过帛书本、竹本,一作果而强,一作果而不强,文仍有不同,当从竹本。多据河上、王注来校原文,这均未必能合。如二十四章,王本作其在道也,河上作于道也,俞氏据河上与王弼注,以为当作其于道也。查帛书作其在道也,证王本不误。又如二十八章,以不同版本来对斟,而择善从之,然而亦未能做到精准,如二十六章轻则是本,躁则失君,俞氏谓河上本、王本俱误。当从《永乐大典》本作轻则失根,而以上下之义推证,又谓王弼不晓子义,曲为之说。

这里涉及到俞氏的理校问题。把一切文义难解的都视作讹误,而以为后人不明此遂改之云云,这是另一种玄想,把流传过程中的问题夸大了。俞氏校老子以推求文义为重要方法,他根据河上注、王注与经文比对,以确定语义疑碍处必有讹误。不过,有时文义调整顺畅了,未必真的合乎古本。如五十五章,蜂虿虺蛇不螫条,他根据河上本,以为此六字为是河上注误羼入,王本原文当同河上本,作毒虫不螫。又如七十一章,圣人不病条,以为文复。实际上原文就是如此。如果我们没有帛书本、竹本,会以为这样的校斟可信度很高。然而帛书本、竹本正作蜂虿虺蛇弗螫,这可见以文义推测的方法并不可靠。因为今人所理解的文义顺畅未必一定就是古人文本的原貌。俞氏的这种方法比起王念孙的多种角度入手,要危险多了。

俞氏对老子文本疑难处的推求,很多时流于推测。如校二十章而我独顽似鄙作顽以鄙,证以帛书,的确如此。俞氏多推求讹误的原因,提出他自己的推测。如五十五章,未知牝牡之合而全作,以为王本全当是古文朘字之误,而河上作峻,当有别本。按:此字,帛书本作朘,《玉篇》解作赤子阴,与河上注正合,可知峻与朘为通假字。河上本不误,王本误。全字是否为朘字之伪,俞说可备一解。不过俞氏大多数推测不可信。如十三章何谓宠辱若惊句,以为王弼本、河上本均有夺误,当据陈景元、李道纯本作何谓宠辱若惊,宠为上,辱为下。不过证之帛书本、竹本,这种推测并不成立。又如十五章,以为古之善为士者,当从河上本作古之善为上者,这未必太轻率了。河上本注者的特点,就是以君上解释一切文句,此非据以校订原文的依据。又如四十八章取天下常以无事条,以为当从河上注义,常作当。这样校斠就太轻率了。这类推测,不知大义,往往以意逆之,过于轻率流易,所做的结论也很多不可信。

(4)也有以音韵协调是否来校斠的

如六十八章,是谓配天古之极,以为句句有韵,配天为句则不协,故古字衍文。按:此实不信人,证以帛书本,误。以音韵校勘老子是一种特殊的方法,俞氏使用这种方法不多。

(5)俞氏也讨论了分章问题,他认为五十七章以正治国至以此二十三字当属上章

按:此误,帛书本、竹本亦在五十七章。俞氏对分章问题讨论不多,与黄元御、黄文莲相比,他的态度比较谨慎。

俞氏同其它古人一直都以老子古本原貌为工作目标。然而今天我们通过帛书及竹本,已发现老子文本存在一个长期的衍变过程(参刘笑敢说,见《老子古今》导论一),则他们所校出的讹误很多是文本变迁过程中留下的痕迹,如二十九章,或挫或隳条,据帛书本,则是由三句式过渡到四句式。又如二十三章从事于道者,道者同于道,俞氏依文意及《淮南子》引文、王注,以为下道者二字衍文,证以帛书,确无道者重复。然帛书作故从事而道者同于道,语义不畅。叠道者二字,则文义流畅多了。

2. 俞氏对老子的理解

有意思的是,俞氏对朱子报怨以德处在老氏书的说法提出批评,以为老氏意不如此,报怨以德不过是将欲歙之,必故张之,损之

而益,益之而损,图难于其易,为大于其细之意,报怨以德,正深于抱怨。老子之道正在天之道不争而善胜一句,则朱子以释《论语》,与老子不相干。

又:俞氏对王弼注多不以为然,二十六章、五十五章校里,感慨王本不能传古本之原。这是清人常有的习见,不足为奇。证以帛书,王本无误。此处可看出俞氏对老子总的理解。六章校语中批评王弼,不达古文假借之义,而倡无之说,斯魏晋之清谈,非老氏之本旨。

3. 简单评价

俞樾的老子考订是在王念孙示范下的用力之作。比较王念孙,篇幅增加了,但收获并不大。一是他校斟的很多意义不大,一般的文句差异,二是他的方法单一,无法让人信服,以帛书、竹本对照,成立的不多。又如从文法一律上来校,如八十一章,以为信言不美,美言不信当作信者不美,美者不信,以与下文相一律,这太轻率了。

俞氏对后来的影响,直接开出了诸多校老著作。如使用《韩非》、《淮南子》、《文子》校订,这开了后来刘师培《斠补》的思路。不过,以考据学研究老子有专业盲点。考据学者把很多文本理解问题归结为文献流传中不明古字古义纂改而成的,认为考据可使古本大明于世。问题在于,古文献中文字错讹有多严重,是否影响到了对文本的基本理解?今天看来,大概并非如此。从帛书本、竹简本来看,老子文献问题是有的,但不是根本问题,根本问题还是理解。

总的看,俞樾这部《老子平议》所获不得,精微严谨方面比起王念孙来相差较大。另外,清代考据派老学的通病,不通大义,只考字句,俞樾这里也是如此。在今天大量出土文献的证据面前,这样的老学研究意义并不很大。

三、于鬯《老子校书》

于鬯(1854—1910),字醴尊,一字东厢,自号香草。江苏南汇人(今上海市南汇区)。光绪二十三年(1897)拔贡生。著作二十多种,主要有《卦气直日考》、《周易读异》、《尚书读异》、《新定鲁论语述》、《香草校书》、《香草续校书》等。此作出自《香草校书》,是研究老子的部分,故题作《老子校书》。

1. 概况

于鬯的《老子校书》是继王念孙、俞樾之后,另一部专门以清儒考据学方法校订老子的著作,于鬯是有意识地继承王、俞二人的研究路径的,他在前言中说的很清楚。

于鬯的校订形式与俞樾的《平义》一样,以王弼本为底本,分上下篇,列出章次,所校定的原文引出,然后以鬯按为首,详加校订。于鬯共引三十四章,校订42条,其中有一条校订句读的涉及两章文字,一条涉及老子分篇分章问题,实际校订的共40条。这40条校订共分如下几类:

(1)以通假订正老子原文讹误的

如一章以天地无名之始,始通胎。又一章故常无欲句,赞同俞樾,以为常当通尚。二十章荒兮其未央,以为央字通殃。五十三章,朝甚除句,除通舍,废之义。六十七章,天将救之,以为救通仇字。七十九章,无德司彻句,彻通掇,取之义。这些通假字的考订,证以帛书、竹简本,均无实据。

(2)以文例推求,改校原文

于鬯和俞樾一样,重视从老子原文的文例上推求,见到不和规则的,就以为是讹误。虽然他批评俞樾,六十七章不敢为天下先条,他引俞樾校语:上言天下,下变文言成器,古人自有此例。然后广引古人以器为官长之例驳,而曰:然则质言之,不敢为天下先,故能为大官,未可以上下变文之例相例也。俞说的确过勇,不过于氏自己也多以文例相推求。九章末句天之道,十章首句载营魄抱一,于氏以为当依四句一例,以例相推,作天之道载,此大谬。又十章,专气致柔句,以无疵、无知、无雌、无为为例,以为专当训小义,二十章唯之以阿句,求上下文例,以为阿当作呵。三十章,果而不得已句,以文例求,以为当从得之句。四十三章无有入于无间,依文例以为无有上当有出于二字。五十四章以天下观天下句,以为依文例王注非,六十九章扔无敌句,依文例校,以为与下句执无兵互倒。七十二章夫唯不厌句,依文例以为当作夫唯无厌。

在七十一章和七十二章校语中,他还总结了一条文例:凡用夫唯,句法紧承上文,恒倒也。又说:凡言夫唯,显承上句字者,恒倒也。于氏这种依文例来推求古本的做法,刘笑敢称作"整齐化"努力,这是后代整理老子文本的一个基本方向。不过,于氏的这种推求,以竹书本、帛书本《老子》来看,多不成立,也有若干条可参考。其中二十章的唯之以阿,阿当作呵,帛书、竹本正作呵。六十九章扔无敌与执无兵互例,傅奕本、帛书同证其是。七十二章夫唯不厌,以为作无厌,帛书作弗厌,差近之。此三条依文例校订,证以竹本、帛书本,当是。以文例推求古本原貌,这是一种较危险的方法,因为古本文例完备这样的前提本就不成立。

(3)以上下文义推求古本原貌

以文义推求原貌,这是俞樾使用最多的方法,俞氏常结合河上、王本二家注及老子原文互注,这是内证的办法。于氏也用这种办法来校订老子,十三章何谓宠辱若惊条,以为古本宠为下之下当有辱为上三字,二十五章,故道大条,以为王亦大及王居其一焉而

第四章 乾嘉学术影响下的考证派老学

王字当作人,二十九章,或歔或吹句,以为据上下之义,当作或吸或吹。四十二章,人之所教我亦教条,以为我亦教之,当作亦我教之,仍是主要以文义推求,同时证以焦竑、郑瓛所见本。五十七章天下当忌讳而民弥贫条,以为民弥贫与国家滋昏当互易。如非其神不伤人条,以为非字衍。又七十章,夫唯病病,是以不病,以文义推,以为前句衍一病字。

于氏这些推论,严格说很难叫考证,只是一种推测,尤其是最后两条,完全凭借感觉,以为有衍文,这距王念孙的那种严谨考据家作风离得太远了。于氏以文义推求古本的这些考订,证之以竹本、帛书本,都没有什么依据,均是于氏的一人之见。如或歔或吹句,他自己就无法解释吹何以讹作歔,而六十章非其神不伤人,以为非字衍,不伤人当作神,明明《韩非子》已有引文同王本,他仍旧以为非字衍,这尤不可取。此种推求,根本称不上考据家作派了。

(4) 对词义的考订

这实际上就是在古注之外再作训诂了。如第八章,心善渊,渊训作深藏静默。如二十八章,为天下式,式之言轼,车轼义。如二十九章,或行或随,以行字作二人并行解。如三十八章,前识者句,前识犹古之记,犹《礼经》。四十一章,建言有之句,以为建言当为书名,六十九章用兵者有言,用兵亦书名。五十八章,正复为奇,善复为妖,以复当训作反,有二义,一为反转,一为悖反。又七十章知我者希,则我者贵句,引倪元坦,以为则训作法,贵训作少。七十四章而为奇者句,以为而训如。于氏这些对词义的训诂,大多是对王注的修证,有的可观,有的无足为奇。这些也可看出考证家的功力,但是较之考证古本原文这样的根本目的,还是隔了一层。

(5) 句读与分章的研究

如第二章,天下皆知美之为美条,赞同姚鼐的意见,俞氏以为当与第三章不尚贤条合为一章。第十章载营魄抱一,载字当上属,第九章末句当为天之道载,此已见第二类中。十三章故贵以身为天下句,以为当读作贵以身为天下若。二十章绝学无忧句,赞同姚鼐说,以为当属十九章。这些意见证以竹本、帛书本,都是错误的。其中十三章,句读作贵以天下若,引《易经》证明若字结句例,尤其难以服人。《周易》与《老子》时代相隔甚广,文例亦绝远,以彼证此,完全不伦不类。这只是考据家的思维习性而已。

不过,于氏在三十八章还提到老子分章与分篇的问题,颇有见地。于氏谓:"此可明分章之出自后人,非《老子》原书所有,否则既别下篇,合仍依上篇例,标一章起,何得以三十八章续上篇邪?故使分章而出于旧,则篇之分上下转在后,上下篇之分为旧,则分章在后,章与篇不能并分于原书,为其以三十八章续三十七也。"于氏又据《史记·老子传》及《释文》,以为分篇有自来,则章必分于后。《老子》分篇与分章问题今天仍不易解决,竹本出来后,问题更复杂了。于氏对这一问题的推测,在当时是有见地的。

(6)对其他学者老子研究的批评与评论

于氏在校定老子时,基本以王本为据,也涉及到河上本,但几乎不提傅奕本。对清代学者的研究,他提到王念孙、俞樾、姚鼐、倪元坦和郑环。他赞同王念孙付佳兵者条的论证,批评了郑环不通古音而好言谐音,而对俞樾的考证有赞同有批评,如三十八章下德为之而有以为,赞同俞樾,以为以字当作不。而五十八章如军不被甲兵,则批评俞说,以为甲兵者,因兵兼言甲,止谓兵而已。又六十一章,大国以下小国句,驳俞樾,以为不须补字,六十七章,不敢为天下先,驳俞樾,以为成犹为之义,器长即大官。于氏对俞樾的这些批评,多是正确的。俞樾校订多有曼衍处,于氏能指出,但于氏自己也有这样的问题。

总的看,于氏的《老子校书》,其严谨远不及王念孙,亦不及俞樾,他每一条考证,多是据文以推,很多缺乏证据,而以文字通假来解释的又多错误。他的老子研究,已经不是纯粹意义的考据家作派,而流于臆测。他留给我们的有参考价值的不超过十条,除了考定正确的三条外,对分篇分章问题有一个清理认识,能给出一些新的训诂选项,仅此而已。

四、孙诒让《老子札迻》

孙诒让(1848—1908),又名德涵,字仲容,别号籀庼。浙江瑞安人。同治六年(1867)举人,五应会试不中。官刑部主事,旋归不复出,专心著述。有晚清经学后殿、朴学大师之誉。与俞樾、黄以周合称清末三先生。著书三十余种,有《周礼正义》,《墨子间诂》,《札迻》,《契文举例》,《温州经籍志》等。此作出于《札迻》,是研究老子的部分,故题作《老子札迻》。

1. 概况

《老子札迻》共七条札记,既有对老子形制的讨论,又有对字句的考订。作者熟悉纪昀校王弼注本、毕沅《老子道德经考异》、王念孙《读书杂志》、钱大昕《金石跋尾》、俞樾《诸子平议》、武亿《授堂金石跋》、王昶《金石萃编》,能够补各家所未备。

第一条:考订老子形制,以为王弼、河上本分上下篇八十一章,河上本《经典释文》所载王本、傅奕本、唐玄宗石本均分道经、德经,又据《弘明集》牟子理惑论,证汉时已分道德二经,则今本王弼本出宋晁说之所校,不分道德二经,非汉唐之旧。按:老子汉时已有道经、德经之分篇,帛书已证实。惟王弼本是否原分道经、德经,实难定论。

第二条:推测唐时有两种王注本。此条与上一条有一定联系。

孙氏通过考证第五章天地之间其犹橐籥乎句,今本王注与《一切经音义》所引不同,一作排橐,一作橐籥,《释文》同今本王注,则唐时王注或有两种。按:此说证据甚弱,殆不可信。

第三条:校第九章揣而锐之,不可长保句。引王注、河上注、《释文》、傅本注、毕沅《考异》,以为:揣字当读为捶,揣捶声转字通,并引《淮南子·道应训》《说文·乎部》加以证明。按:帛书本作揣,竹本作湍,读为捶恐非。

第四条:考订第十章载营魄抱一的异读。载营魄抱一句,载属本句,历来无异议。孙氏据《册府元龟》唐玄宗五年诏及郭忠恕《佩觿》,改老子上卷载字为哉,合于此者惟载营魄抱一句之载字,则载合上句而为"功遂身退天之道哉。"孙氏并谓毕沅、钱大昕、武亿、王昶均未及此。此处异读为唐人所改,关系不大。孙氏指出,亦为一得。

第五条:校四十五章大成若缺,其用不弊,大盈若冲,其用不穷,大直若屈,大巧若拙,大辩若讷。据傅本及《韩诗外传》,屈作诎,大巧若拙在大辩若讷下,下又其用不屈四字。按:帛书本、竹本俱作屈,则孙氏所校非。大巧若拙句,帛书本在大直如屈后,竹本在大成若诎前,诸本确有先后不同,然非孙氏所谓大辩若诎后。而其用不屈四字,诸本皆无,孙氏非。孙氏校此章,以汉人为据,亦如刘师培以子书为据,均不能实有得。

第六条:校四十六章罪莫大于可欲。引《韩诗外传》,以为可欲作多欲,其义较长。按:帛书作可欲,竹本作甚欲。此校意义不大。

第七条:五十二章塞其兑,闭其门。以为兑当读为隧,引《左传》襄二十三年、《礼记·檀弓》郑注、《晏子春秋·内篇》以证。又引《广韵》遂,道也。《左传》文元年杜注遂,经也。以为塞其兑,谓塞其遂也。按:兑字,帛书作垧,郭店竹简本作兑,孙氏读为隧,可备一说。

总的看,孙氏在缺乏今人出土文献情况下所作的文字校订多不可靠,其余分篇、异读、诂训,亦间有得。然而零星分散,这也是清人校老子的通病。

五、洪颐煊《读书丛录·老子》

洪颐煊(1765—1833),字旌贤,号筠轩,晚号倦舫老人。浙江临海人。嘉庆六年(1801)拔贡,官广东新兴知县。阮元督两广,延入幕。富收藏,聚书四万卷,碑帖千余种。著有《礼经宫室答问》,《孔子三朝记》,《读书丛录》,《管子义证》,《筠轩文钞》,《筠轩诗钞》等。论及老子者为《读书丛录》卷十三,为洪氏读老的札记。

1. 概况

洪氏用河上本,共作十三条札记。

洪氏"王弼注"一条,引《辨正论》卷七人法地四句,王弼注,与今本不同,故以为今本王弼注明代始出,或后人掇拾为之,故多校河上公本。

洪氏有"老子序"条,引梁萧绎《金楼子》、唐法琳《辨正论》所引河上公本序言,均不同于今本。按:今本老子序,出于《神仙传》卷三,当是后人附入。原本是否有序,序为何面貌,已不可考。洪氏所引两条,可资参考。

洪氏读书颇广,又通清儒小学,于河上公本及河上注均能辨正,如谷神条,以为谷、浴为欲之借字。用之不勤条,勤通作廑。故能蔽条,蔽即敝。智惠条,智惠出惠当作慧。怕条我独怕兮引《说文》,而以泊字非,锱重条,辨河上注锱静也之非,而以锱为重车。不毂条,以河上读为车毂之误,当作穀之借字。琭琭落落条,以为琭琭犹錄錄。邦丰条以修之于国其德乃丰,国当作邦。峻作条,谓

《说文》无朘字,疑为夋字之伪,若烹小鲜条引《韩非》解治大国若烹小鲜。

这些辨正中,有的是对的,如对河上公误读的驳正,有的可备一说,如峻字本字,有的则误,如谷神条以谷为欲之借字,谷为山谷义甚明,诸本(包括帛书本)均作谷,不需另出新说。

总的看,洪氏的札记内容不多,辨析也颇简略,价值不是很高。

在卷十九中,洪氏辨正《汉书》古今人物表,有老子一条,引《隶释》老子铭,谓班固以老子为乱首,与仲尼道违,抑而下之,在中上。《辨正论》卷五亦以老子为中上流,洪氏故谓今本在上上是唐天宝元年改。这是洪氏提到的一点史实,可备参考。

六、刘师培《老子斠补》

刘师培(1884—1919),字申叔,号左盦。江苏仪征人。出身名门,著名春秋学学者刘文淇曾孙。光绪二十八年(1902)举人。早年在上海与章炳麟交游,著《中国民约精义》,宣扬民权反满思想。后入两江总督端方幕府,兼任两江师范学堂教习。辛亥革命后,与谢无量、廖季平、吴虞等人成立四川国学会。袁世凯称帝之际为"筹安会六君子"之一。1917年,被蔡元培聘为北京大学教授,为民国初年"国粹派"学者。曾拜徐绍桢为师,研究天文历法。年36去世。专著七十四种,收入《刘申叔先生遗书》,包括《左盦集》、《左盦外集》、《左盦诗录》、《词录》等。刘氏诸子学研究推崇汪中,其在《国粹学报》创刊号中表示光大诸子学,以排斥孔学。在《中国民约精义》中亦以老子比附民约论。其老学著作两种,为《老子斠补》、《老子韵表》。此两部作品写作时间不详,其属于清代老学之脉络,当无疑义。《老子斠补》在这里介绍,《老子韵表》我们置于音韵研究类著作部分。

1. 概况

《老子斠补》是刘氏校订老子文句与古义的专著,以文献工作为主,不涉及义理。其序曰:老子文莫右于唐景龙碑,注莫右于王弼,次则释文所详异字,唐宋类书所引异文,亦多故本。然讹脱已多,古文欲释旧文故谊,必求周秦之书。下面引出《庄子》、《列子》、《韩非子》、《淮南子》、《文子》、《荀子》、《吕氏春秋》、《商君书》、《墨子》,又指汉代陆贾、韩扬雄诸人所引亦故书故谊。刘氏特重《韩非》"解老""喻老"二篇,旁引以证今本讹脱,如鱼不可脱于渊证以"喻老"上脱深字,故能成器长,证以"解老"成上脱为字等。余又引《说苑》、《文子》、《淮南》,以证古本老子异文。而以为:后也而降,各本互有异同,凡与古籍所引相合者,均属未改之本,故讹脱之迹,非斠以诸子弗明。这是他的第一项工作,以诸子引文斠定古本。其次,亦引《韩非》、《吕氏》、《淮南》、《文子》等以证老子古谊者,而以为:老子汉注今既不传,欲稽古说,惟资诸子,诸子而外,文同老子而汉儒作解者,亦足匡王弼诸家之失。这是他的第二部分工作,借助诸子及汉注来斠定老子古义。

刘氏以为:其所发定,约百余事,以补王念孙、洪颐煊、俞樾、孙诒让诸家所未备,这可说是清人老学研究校订文句考证文意的后来居上之作。刘氏此作仍以文献工作为中心,而不涉及义理,故他说:若夫宣究义蕴,以经史大义相阐明,比傅穿凿,穷高远而乖本真,概无取焉。这是他这项工作的自我界定。也可说是清儒老学的自我限定,专校斠而不及义理,以为非学问正途,这是清人考证学的局限所在。案:刘氏以为汉注今不传,则以为河上公注非汉注,此当误。

2. 校勘的成果

刘氏校订老子,体例接近王念孙、俞樾,先引原文,再加以论说。共校订文句77条,少者仅引三四字,如正善治,长短相较,虚而不屈,各作一条。多则引半章或一章,如引宠辱若惊章引一半,"夫佳兵者不祥之器"章全引,大部分则是只引一句,然后加以考订。我们据其类别,分别说明。

(1)对文句的校订

据《喻老》,鱼不可脱于渊,渊上脱深字。按:傅本、帛书本无深字。又据《喻老》,子孙以祭祀不辍,以下脱世世二字。按:印本、帛书、傅本皆无世世二字。据《解老》,惟施是畏,唯字下脱貌字。按:傅本、帛书本无貌字。又据《喻老》,复众人之所过,复下脱归字,傅本、帛书本、印本无归字。其它所校订者多类似。而据《说苑》、《文子》、《淮南》所校亦然。也有校订合乎古本的,如据《解老》,故能成器长,成上脱为字,帛书本有为字,据《淮南子》,长短相较当从河上作长短相形,帛书、傅本作形,但这种情况不多。总的看,刘氏据子书校订老子,大多不成立。

(2)对古义的考定

如训非常道之常,引《韩非·解老》、《文子·原道》、《文字·精诚》、《淮南·道应训》,而以为韩以有定、不易为常,文子、淮南以糟粕非久远之道,非久远之名释常,又据老子二十八章、五十二章互释此常字。这类考定不多,刘氏仍以文句校订为主。

(3)对以前校订工作的批评

对俞樾的批评,如道冲而用之或不盈句,俞以为,唐景龙碑或作久,殊胜今本。刘氏以为,王本训作又复不盈,《淮南·道应训》引作又不盈也,盈《文子》作满,《墨子》佚文引作有弗盈,有又古通,则古本当作又。而以为前氏误。此据帛书本,刘氏正确。又如对故常无欲以观其妙,常有欲以观其徼两句的断句,以为三十四章有常无欲可名于小,以彼例此,亦当从无欲、有欲联文。而不同意俞樾常无、常有的断句。此处断句,千古争讼,俞氏、刘氏亦各言其所见而已。刘氏对俞氏说多有辨正,有是者,有非者。其以为后世而降,各本互有异同,凡与古籍所引相合者,均属未改之本。完全是错误的。古人引文不严格,据引文校书不可行。

刘氏据子书及汉注来校订老子,从今天来看,大概校勘的意义已不大。其一,子书所引老子是否有增删,是否完全符合古本老子,此实不可知。此为间接证据,信度低。刘氏校勘对《韩非子》依赖最多,这是受俞樾启发。惟《韩非子》历史上并不通行,其版本本来就有问题。刘氏以为《韩非子》可考订古本,这是完全错误的。这是他基本方法上的缺陷。其次,刘氏不信傅本,不信河上本,亦是偏见。故而此作为清代校勘老子的专门之作,代表了清代老学文献工作的水平。惟其成果有限,于今日已无太大意义,这是颇为遗憾的。

第五节 音韵研究类著作

清代音韵学发达,《老子》为先秦古籍,音韵研究自然也涉及到了。此于老学虽非直接相关,然而对于老子研究还是有诸多帮助,故而我们也把音韵研究类著作做一说明。此类著作有姚文田《老子音谐》、李赓云《老子古韵》、江有诰《老子韵读》、邓廷桢《双砚斋笔记》、刘师培《老子韵表》。这里简单介绍一下后三种著作。

一、江有诰《老子韵读》

江有诰(1773—1851),字晋三,号古愚。安徽歙县人。著名音韵学家。江有诰无意科举,杜门著书。著作有《音学十书》、《诗经韵读》等。老子研究是其先秦音韵研究著作《先秦韵读》的一部分,故题作《老子韵读》。

1. 概况

江有诰用河上公本老子,每一章袭用河上公章题,引述押韵部分字句,不押韵部分不引,标出押韵的字,而于每一韵结尾处标明反切及韵部。如引作"成象"。谷神不列,是谓玄牝。(音匕,脂部。)元牝之门,是谓天地根。绵绵若有,用之不勤。(文部。)又如:"象元"。有物滋成,先天地生。(耕部。)寂兮寥兮,独立而不改。(音已。)周行而不殆,可以为天下母。吾不知其名,字之曰道,(叶徒以反。之、幽通韵。)强为之名曰大。(徒列反。)大曰逝,(时列发,祭部。)逝曰远,远曰反。(元部。)共引《老子》五十一章,总结韵部16部,分别为之、宵、鱼、文、脂、中、真、幽、歌、支、阳、东、侯、耕、元、祭,其中同时标注了阳东、真耕、侯鱼、之幽、幽侯、歌支、之宵、文真、元真、脂元、幽宵、祭元的通韵情况。

江有诰又根据自己的用韵研究做了两处校勘,一处是益谦章,把"洼则盈,敝则新"六字提到"曲则全,枉则直"之上,谓:此二句本在枉则直之下,今据韵移在此。又无用章,把"是谓行无行,执无兵"六字提到"攘无臂,仍无敌"之上,谓:此句本在仍无敌之下,今据韵移在此。这种依据用韵改易文句的做法,从出土文献来看,并不可靠。

江有诰还标注了很多叶音情况,如"运夷"章,标己:叶音酉。又如"能为"章,标牝:叶音黎。"归根"标凶,叶虚王反。这说明他还相信叶音说,这是一种错误观点。后来刘师培的老子音韵研究开篇序中就批评了用协音方法研究古韵的做法。江有诰的老子用韵研究,严格讲不是对老子的研究,而是其先秦用韵研究的一部分,属于上古音韵研究的范畴。

二、邓廷桢《双砚斋笔记》

邓廷桢(1776—1846),字维周,又字嶰筠,晚号妙吉祥室老人、刚木老人。江苏南京人。嘉庆六年(1801)进士,授编修,官至两江总督,与林则徐协力查禁鸦片,击退英舰挑衅。后调闽浙,坐在粤办理不善事戍伊犁。释还,迁至陕西巡抚。有《石砚斋诗抄》等著作。

《双砚斋笔记》六卷,题江宇邓廷桢塽筠,为谭献光绪二十二年丙申(1896)编次。前有谭献《双研斋笔记叙》,后有其孙邓嘉纯后记叙刻书经过。据孙后记,由于战乱,文稿一直没有刻印,由谭献编次而成。则成稿日期已不可考,大约当在道光间。卷五末记哈密至伊犁间之事迹,则写作时间晚至道光二十一年(1841)。据谭序,"首说六艺,次小学,次群书,其中又先声音后文字,而以说诗词者附焉。"此书中以讨论音韵学为主,意图校正段王以来字形为中心的倾向。

邓氏认为,"说经者不求之于声而泥于形以诂义,鲜有不纡曲者矣。""先儒解经,因声求义"(卷一),"凡义同者,其声必同,不在字形之别也"。(卷一)研究音韵以通经是他的宗旨。同其它汉学家一样,他也把《老子》视为早期的语音材料。"古人用韵文字,不必诗歌也。"(卷一)"诸子多有韵之文,惟老子独密。《易》《诗》而外,斯为最古矣。"(卷三)所以他以老子为研究古音的材料。该书有中华书局冯惠民1989年点校影印本。

邓氏讨论老子音韵部分在卷三,其它地方也有几处提及老子用韵问题,不过都是零星的。邓氏讨论老子用韵很简单,摘引老子原文,指出某某字押韵,如无名天地之始,有名万物之母,始母为韵。故常无欲以观其妙,常有欲以观其徼。妙徼为韵。同谓之玄,玄之又玄,众妙之门,玄玄门为韵。余皆类此。所引章节占《老子》全部绝大部分文本。篇末云:以上所注各韵,虽未必毫无乖舛,然于虞侯二部之界限,分隶诸部之入声,当亦无甚出入矣。并有陈卓人的商榷意见附于其中。

邓廷桢的用韵研究,在老子用韵研究三部著作中(其它两部是江有诰与刘师培)最为粗略,这当与草创有关,也说明他的研究缺乏精细性与系统性。邓廷桢的老子用韵研究,同一般汉学家一样,是把老子作为上古音韵的材料来看待,严格讲难以归于老子研究,当属于上古韵部研究范畴。

三、刘师培《老子韵表》

《老子韵表》为刘师培专门研究老子用韵的专著。清人研究老子用韵问题的之前有邓廷桢与江有诰,邓著粗略,标明韵脚而已。王著较深入,标注韵部,并论及韵部的通用。至刘师培,对老子用韵则最为精密严整。

《老子韵表》先对古音韵研究情况的说明,论及吴棫、郑庠、顾炎武、江永、段玉裁、戴震、孔广森、严可均诸人韵部研究的基本情况,而以为:"夫古音与今今音不同者,则因古音为本音,而今音则系古音双声之音。若正音之外别有转音者,其所转之音,亦必与正音为双声。"并且引明代陈第"时有古今,地有南北,字有更革,音有转移"之说,批判协音说。他先把古代韵目六大类列出:之类、类、支类为一大类,歌类、鱼类、侯类为一大类,尤类、萧类为一大类,蒸类、东类、侵类为一大类,真类、元类为一大类,阳类、耕类、谈类古代为一大类。然后根据读老子的研究,分别就诸韵部在之类、脂类两大部作详细说明。

第一部之类,他明言:《广韵》平声之咍、上声止海,去声志代,入声职德，古为一类，与蒸对转，与支韵、脂类想通，而侯类、幽类、萧类、真类、元类古音多在之类。然后以老子各章用韵情况加以证明，并结合《诗经》《楚辞》用韵加以旁证。如排列之类本类之字，以为互相协音的，就有始纪（止韵），直（职韵），得惑（德韵）式（职韵）德（德韵），国（德韵）力极（职韵）。为说明侯类入之字古入之类，就引诸章中始母（原韵），改殆（海韵）母（厚韵），子（止韵），加以证明。余亦类此。其结论则是：之类于侯类对转，故由侯类通幽、萧二类，则侯、幽、萧古代为一大类。又因真类多入之类，故由真类通元类，真元为古代一大类。这是他通过研究老子得出的上古韵部的见解。

第二部大致情况类似，而论证《广韵》脂类平、上、去、入四类古音合为一类，与耕类对转，与之类、支类相通，而元类、萧类、真类、鱼类之字，古音多在脂类。其引老子用韵材料以论证；与第一部类似。其结论为：脂类与真类对转，因真类与元类合为一大类，故由真类而通元类。又因脂类与支类古为一大类，支类与耕类对转，故耕类字亦间入脂类。又因脂类多与歌类相协，而歌类复多与萧类相通，故萧类、鱼类字可通脂类。

刘师培利用老子的韵类材料，推出韵部之间的分类关系，这是对老子用韵的专门研究。其分合、对转的理解是否恰当，因缺乏专门知识无法做出判断。不过与之前的研究相比，可说是后出转精，尤其是其对韵部的总结，是有益的推进。

清代学者研究老子音韵问题与老子研究有一定的相关性。其一，是可以籍由老子用韵判定其书之年代，这在后来的老子辨伪大争论中用到了。其二，可以通过音韵校勘文本。以老子用韵来校勘，在《老子斠补》中，如校订长短相较，当为长短相形，是一显例。

第五章　晚清政治老学的发端：魏源的老学

魏源(1794—1857)，名远达，字默深，又字墨生、汉士，号良图。湖南邵阳人。道光二年(1822)举人，道光二十四年(1844)成进士。先后任江苏东台、兴化知县，高邮知州。受学于公羊学名家刘逢禄，为公羊学学者，与龚自珍齐名。晚年弃官归隐，潜心佛学。① 其著作除了人们熟知的《皇朝经世文编》、《圣武记》、《海国图志》、《诗古微》外，多有在逝世后刊刻的，如《古微堂集》(光绪四年淮南书局)、《古微堂诗集》(同治九年宝庆郡馆刊)、《书古微》(汇宁书局)、《元史新编》(光绪三十一年慎微堂本)。《老子本义》在魏源生前也未刊行，魏源去世前几年集中力量撰成《元史新编》、《书古微》，其最后嘱托友人刊刻的是《净土四经》，谓"老能刊刻流布，利益非小"(《原刻净土四经叙己》)。看来，《老子本义》并不在他最后的关注中。不过，从清代老学史的发展来看，魏氏此作是清代老学的转折点，为政治老学之发端。

第一节　《老子本义》版本

现在所知道的《老子本义》最早的刊本是光绪己亥(1899)及光

---

① 魏源的著作，据其子魏耆《邵阳魏府君事略》(《魏源集》附录)，有诗文集、《圣武记》、《海国图志》、《书古微》、《诗古微》、《公羊古微》、《曾子古微》、《高子学谱》、《孝经集传》、《孔子年表》、《孟子年表》、《小学古经》、《大学发微》、《两汉今古文家法考》、《辑皇朝经世文编》、《论学文选》、《明代兵食二政录》，及《春秋繁露》、《老子》、《墨子》、《说苑》、《六韬》、《孙子》、《吴子》注。这当是最详尽的著作目录。

绪壬寅(1902)刻本,此本收入浙西邨舍丛书。据袁昶《跋老子本谊》及其子梁肃补记,己亥年的刻本是袁昶因扬文会之请刊《老子翼》后,"复倩方孝阆移录魏源此注",则袁氏所据当为稿本或抄本,其时在己亥春。后来袁氏复加以校斠,拟重刊,惟其于庚子事变中身亡,其子于壬寅年继之刻成。书中有数则袁氏校语,且附袁昶《跋老子本谊》一文于书末,这是今天能看到的最早的一个《老子本义》刊本。其后,《老子本义》又收入《万有文库》、《丛书集成初编》,又有商务出版社及中华书局单行本,今人整理本有岳麓书社出版夏剑钦校点整理的《魏源全集》本(2004年版,2011年版),及华东师范大学出版社黄曙辉点校的《老子本义》本(2010年)。

《老子本义》刊刻在光绪己亥(1899)之后,不过,其书应该以抄本的方式在社会中流传,或以其它形态为人所知,我们可以知道的有：

邓守之抄本：道光丙午(道光二十六年,1846)抄本,题作《老子广义》,见社科院近代史所整理钞本《夷艘寇海记》载《福桥居士序》。道光二十九年抄本,见李柏荣《日涛杂著》(一)。[①] 邓为魏氏一生好友,他的这两个钞本中至少有一个为他人所见。

罗汝怀所辑《湖南文征》(同治十年刊)卷八十收录魏源文十九篇,其中包括《老子本义序》。罗氏颇推重魏氏,谓其"大名垂宇宙,知交遍寰海"(《古微堂诗集叙》),其年龄与魏氏差与相近,故可知魏氏的著作,包括《老子本义》在其编辑《湖南文征》前后,或当颇流行于士人之间。

袁昶抄本。袁氏在《跋老子本谊》一文中称：道咸间乃有邵阳

---

① 以上两则转引自夏剑钦、熊焰《魏源研究著作述要》,76页,湖南大学出版社,2009年。

魏氏,为之《本谊》,裁剪诸家,下以己意,左右采获,所得较多。又曰:复倩方君孝闾移录魏氏注。则袁氏所见亦为一抄本。袁氏为张之洞学生,浙江桐庐人,官至太常侍卿。其与魏源,当无渊源,其所见抄本或在北京,或在南京看到,则魏氏去世至庚子前后,《老子本义》其抄本当在世间流行。

杨文会所知见本。杨文会曾为周治朴所刻魏源辑《净土四经》作《重刊净土四经跋》。周氏为魏氏好友,受托于咸丰六年刊刻《净土四经》。其后杨文会亦多次刊印《净土四经》,则杨文会于魏氏颇熟悉,其在跋中称:"魏公经世之学,人所共知。"扬氏自己也有老学著作,为《道德经发隐》(光绪二十九年),其请袁昶刻焦竑《老子翼》,可见其颇关注老子。我们推测,扬氏当知道魏氏的《老子本义》,甚至见过。只是现在还无材料可证明。

以上几例说明在《老子本义》刊刻之前,确有抄本流行。但是,《本义》的这种流行似乎并不频繁,影响也未必大。以《魏源研究著作述要》一书中"同时代人论魏源"来看,魏氏的《诗古微》、《海国图志》等著作多有议论,而《老子本义》则一则未收,这大致说明《本义》的影响并不大,知道的人也不多。至于魏源之后的高延第、陈三立、易佩绅、徐绍桢之类研究老子的学者是否见过《老子本义》,那就很难推测了。我们认为,机会不是很大。这一点在评析《老子本义》的历史地位与影响时很关键。

第二节 《老子本义》概况

今所见浙西村舍丛书本《老子本义》,包括《老子本义·序》、论老子四篇,《史记》老子列传注(附《庄子·天下篇》论老子),《老子注》上下篇,及附录。又附有袁昶《跋老子本谊》一篇。

《老子本义·序》首辨黄老、庄老。谓黄老出于上古,其言天下无为者,非枯坐拱手而化行若驰也。又谓老子之无为有混沌初开之无为,中世之无为。又谓天下一治一乱,如西汉之留侯,曾参,以至文景,调养复元,不啻重睹太古,后世如光武孝明,魏孝文,唐明宗,宋仁宗,金世宗皆得其遗志,是古无为之治非不可用于世明矣。又谓师庄老之意者排礼法而济其欲,遂至万事尽废,与黄老之旨若冰炭。又谓后世述老者,如韩非、王雱、吕惠卿、苏子由、焦竑、李贽诸家,无一人得其真。又谓列子注莫善张湛,庄子注莫善向郭,老子注则无善本,因爰专取诸家说,以为养心治事之助云云。此叙见引于《湖南文征》卷八十,文末又有"嘉庆二十五年奉母东下录于舟中,道光之初补序于此"二十二字,则可知此序作于道光初年。

《论老子》四篇(下称《老子四论》)。这是魏源论说老子诸专门问题的四篇论文。需要注意的有两点:一、此四论当是对老子本义序的推衍与发展,除了黄老、庄老辨析,老子无为之治如何经世这两话题又有深化讨论外,又增加了老子本旨,儒道关系及三教异同,大致论一,论四多为新论,而论二、论三为序的发挥,其对老子的定位与辨析也更精到,其融通金文家思路与老子思想的观念则别立一家,堪称清人解老诸家中的卓识。其二,要注意四论为清人研究老子一种新著述体式。清人研究老子,除了注疏之外,单篇论文多为序跋一类(如钱大昕),也有考证类的(如毕沅),像魏源这样把有关老子的基本问题专题详述,还没有过,这已经接近现代学者的专题论文。魏源对老子的研究有前期后期之分(详后),老子四论为其后期作品,他并未再对早期的注作修改,而是另起炉灶,做专题四论,这是体式的创新,也是有所思而不得不发之作,可见研究老子在魏源思想中确可居一席之地。

《论老子一》:此篇论老子宗旨,而言老之"言之宗与事之君。"

(《道德经》七十章"言有宗事有君")其谓：解老自韩非下千百家，皆执其一言而阁五千言者也。又谓：老子非不知有无之不可离，然以有之为利，天下知之，而无之为用，天下不知，故恒托指于无名，藏用于不见，损之又损，以至于无为。又谓：无为之道，必自无欲始也。诸子不能无欲（按：指韩非、嵇阮王何一类），庄列离用以为体，申韩、鬼谷、范蠡离体以为用。又谓：盍返其本矣？本何也，即所谓宗与君也。于万物为母，于人为婴儿，于天下为百谷王，于世为太古，于用为雌为下。又谓：动极必静，上极必下，曜极必晦，诚如此，则无一物不归其本，无一日不有太古也。又谓：求吾本心于五千言而得，求五千言于吾本心而无不得，百变不离宗，又安事支离求之乎？反本则无欲，无欲则致柔，故无为而无不为。

按：魏氏论老子宗旨归于无，即各种事物或行为的原初形态，而以无欲通无为。论老子三中称作："得其体之至严密者以为本"，则承认一至严至密之体。他的理解既无新意，也不高明，言说且近绞绕，又有所谓求吾本心云云，此乃宋人之习气，殊无意义。魏氏在早期研究中，仍以宋儒以下的解老为主，尤宗吴澄，即使后期有所创发，新意也不在此，故其述老之宗旨并不特见。

《论老子二》：此篇乃魏氏解老之大端，其论老子之学渊源，谓其为太古道古书，其于世则惟在救世，而有上古中古末世之无为说。其谓：老子道，太古道，书，太古书也。征之柱下，及经内所引，又班固，庄周之说，斯述而不作之名征。又引孔子观周金人之铭，即《汉志》黄帝六铭，此含老氏柱史之职，其著书则疾末世，其意不返斯世于太古淳朴不止也。又谓：气化递嬗，如寒暑然，太古之不能不唐虞三代，唐虞三代不能不后世，故忠质文皆递以求弊，而弊极则将复返其初。又谓：孔子欲以忠质救文胜，老子淳朴忠信乃启西汉先机，然孔老相去太远，势常若相反。则引河上公说及《易》，而谓老实有孔之意。又谓：太古之道无用于世乎？圣人经世之书，老子救世书也。夫治始黄帝，成于尧，备于三代，奸于秦，迨汉气运再造，不啻太古矣。孰谓末世与太古如梦觉不相入乎？又谓：赤子乳哺知识未开，此太古之无为。逮长，天真未漓，此中古之无为。及有过而渐喻之，无返朿以决裂，此末世之无为也。时不同，无为亦不同，而太古心未尝一日废。夫岂形如木偶而化驰若神哉？

按：此篇论及老子述而不作，其说出黄帝，魏氏的论说武断无据，《续修四库全书提要》已讥其"本末倒置，考之未审"（孙人和撰）。而老子太古说，亦非魏氏独创，苏辙、吴澄已言之，即清人如御注本，徐大椿注及宋常星已明言之矣。老子固有上古源流，亦或古史背景，此固不待言，然其究为一家之立说，而非传自皇坟以上说，此魏氏粗疏学风之一例。然此篇之关键仍在太古说之用世，其谓太古、三代、后世不得不然，而弊极将复其初，亦不啻太古，孰谓末世与太古梦觉不相入？此乃一新见。时不同，无为亦不同，而太古之心未尝废，则太古非仅太古，而无时不太古。次则破太古说不可治后世之惑，这恐怕是谓是解老之关键，是其前期后期思想演进的重要突破。

《论老子三》：此篇实接序中庄老、黄老之辨，而申论老学之源流，而尤重辟庄辟杨朱。魏氏谓：道一而已，老氏出而二，诸子百家出而且百。老氏徒传至列御寇、杨朱、庄周，为虚无之学，为为我之学，为放旷之学。列子释氏近之，杨朱刑名宗之，庄周晋人宗之。而杨朱、庄周宗无为、宗自然，入主出奴，罔外二派。又谓：老之自然，从虚极静笃中，得其体之至严至密者为本。故于事恒因而不倡，迫而后动，不先事而为。其无为治天下，非治之而不治，乃不治以治之也。去甚去奢去泰，非并常事去之也。孰谓无为不足治天下乎？又谓：庄周徜徉玩世，薄势力，厌礼法，至于魏晋之士，无欲不及周,且不知无为治天下者果如何也,意拱手不事事而治乎?又谓:刑名者流,因欲督责,一付诸法,而已得清净而治,不禁己欲而禁人之欲,求无欲之体不可得,而徒得相反之机,岂老子道乎?又谓:汉人学黄老派者,体用从容,孔明澹泊宁静,似黄老非黄老,药无偏胜,对症为功,在人用之而已。

按:魏氏辨析老学源流,仍以老子为祖,关尹次之,而分杨朱、庄周二流弊,杨朱、韩非为有欲之学、刑名之学、有用无体之学,庄周无欲而宗虚无,为有体无用之学,晋人宗之又以有欲济之,终至大坏。而汉人宗老体用皆备,故为黄老之学正脉。此较之《老子本义序》中所言,已详明细切多了。此篇有几个问题需要说明。

一:此论与论老子一颇有重合处,相互可发明,而大致论一中在明老子宗旨,此篇在明后世老学之正变。其二,魏氏此篇,实在论老子学术史及其实际影响,其中如列子释氏近之,杨朱为刑名所宗,大体上皆无据。其提到的杨朱、韩非刑名一系,正是我们今天学术界称作黄老学的一支,此为魏氏所谓黄老并非一义。说此一系无体而得机,大体也可以。其根本点还在辨汉代老学与魏晋老学之异,而以黄老、庄老为标目。汉晋老学之别本来是一种常说,魏氏的意义在于,以体用是否兼备(汉晋之别)及有欲无欲(庄周与晋人)为标准来说,此三点是他理解老子的根本点,故以此来判断,亦可成一说。但是,是否老子为无弊之宗主,而后人多有失呢?从论四来看,亦未必然。其三:老庄异同是一个老问题,自来就有诸种说法,而清人解老者多主老庄相异说,魏氏也在此潮流中,其以老学一切罪过归于庄周,是否妥当,仍可再议。魏氏此番工作的关键是扫清经世之老学外所有枝蔓,以汉代老学为正宗,即以他所认定的黄老学为正宗,也即以他认定的体用兼备,可以无为而治的老学为正宗,这就把学术史问题转化为正统与否的问题,故其所述之老子,非止一学理而已,而实为一历史物,有源有流,有正有奇,而必复其初,这样的大手笔确为清人解老者所无,而实托出一全新面貌之老学,其关键在老子无为何以治世上,直切入当代,确实有一番淋漓的生命力于其中,故可开出晚清七十年的老学发展方向。其四:此篇论及老学源流,汉晋之外,无一语及宋儒以下老学,此实为一缺憾。固然,《老子本义序》中有王雱、吕惠卿以庄解老,苏子由、焦竑、李贽以释家解老,无一人得其真云云,《论老子四》又有宋以来禅悦之士多援老入佛一句,实在疏略,不足以惬人之意。如何评判宋人以下老学特别如朱子、吴澄之老学如何,此魏氏所不及者。大概这些问题复杂而敏感,魏氏之老学又与之有千丝万缕的联系,故不如汉晋之老学那样可明快处置之。如此,则老学源流之辨,就没那么有说服力了。或者,我们可以替魏氏说一句,此前期老学之辨,而宋以后乃后期老学之辨,如《论老子四》中讥苏辙之援老入佛,去佛学化之老子,归终于黄老而已。

《论老子四》:此篇较简洁,论说儒道释关系。其谓:老子与儒合乎?曰:否否。天地之道,一阴一阳,圣人之道,恒以扶阳抑阴为事。老子主柔宾刚,其体用皆出于阴,其道虽柔而其机则杀,故学之不善者深刻坚忍而兵谋权术宗之,虽非其本真而亦势所必至也。又谓:老子与佛合乎?曰:否否。老所谓有精有物,佛家谓之玩弄光景,因老明生而释明死也,老用世而佛出世也,老中国上古之道而佛六合以外之教也。宋以来禅悦之士,如苏子由,援老入佛。尊老诬老,援佛谤佛,合之两伤,何如离之两美乎?下文则述解老之例,谓河上注隋始有之,刘知几斥其妄。历代分章,河上公八十一章,严君平七十二章,王弼旧本七十九章,唐君相章次解有移易,元吴澄,近日姚鼐,又各以己意合并之,四本又各有异同,韩非最古,所引逊于《淮南》,开元御注又多赘文云云。

按：此篇论及儒道释关系，其论儒道关系，以阴阳判之，虽略有右儒之意，《论老子三》结语谓："知以不忍不敢为学，则仁义之实行其间焉也"，也有此意。而大致儒道并立，而不再以异端视之，此实开儒道并立之意，后来陈三立、易佩绅承之，主儒道并立之说，至徐绍桢乃谓道高于儒，此中可见时代思想之演进。惟此处论述稍简略，而不及论二之详备，特别是没有发挥阴阳之道的历史演进意味，颇觉有未尽之意在。第二，魏氏论及老佛关系，以为离之两美，而颇不以苏辙一类解说为然，此正其判别老学之大概。其说老子言正释氏所谓不离识神未得真寂海，亦是确论。儒释关系宋明以来是大问题，论者极众，魏氏此处仅仅涉及而已，且多不在义理而在征实，此亦是学术关注点不同所致。第三，魏氏对历来各本的评断，多出己意，《续修四库全书提要》即讥其无识，"《淮南》杂家，文袭晚周，而谓胜于《韩非》，傅奕古本，颇为可据，而以为最疵，皆本末倒置，考之未审。"（孙人和撰）其他又如斥河上注，皆无据之论。而魏氏又以分章为要，举严遵、吴澄、姚鼐为说，又引所谓王弼旧本，不知其所出何处。此皆好古而无凭。魏之分章下文专门论述，此处不再详言。又：论及版本部分，当非撰成四论时所为，而与上下篇注或序写作时接近。大概此部分文字过短，故合旧文而成篇。

次则为《史记老子列传》，魏氏收《史记老子列传》，自己则在文中做注，辨析老子里居，姓氏，孔老问礼事，老莱子，太史儋说诸事，文末则附《庄子·天下》论老子部分文字。魏氏在做注解时，除了历代材料，如《水经注》、《史记正义》、《释文》、《黄氏日抄》，又列朱子、陈澔、毕沅、姚鼐说，尤其是吸收了清人老子事迹的考证成果，可从侧面证明魏氏解老的确下过一定功夫。

其后为《老子注》正文，分上篇下篇，魏氏合并老子原文，六十八章，上篇一章到三十二章合为三十二章，下篇三十三章到六十八章,合为三十六章。每一章先录经文,经文中夹小字,多辨析版本之异。注则在经文后空两格,多先解说经文,次则附历代各家注,有的章节只引历代注,而无魏氏注,有的章节无解说文字,引诸家注后有源案为首的案语,辨析各家注文得失。注文后附章次,题作右第一章右第二章云。其辨析合并章节的文字多附在章次下,作小字。

其后为附录,录《说苑》《庄子》《史记》《礼记》《吕览》《荀子》涉及老子文字,此类附录最完备者谓焦竑《老子翼》采集的历代文字。魏氏的附录只集中于先秦西汉文献,多焦氏所未收录者。我们看后来高延第注释所使用的文献,亦多此类文献。魏氏于此已著先鞭,惟过简而已。

此本最后有袁昶所作《跋老子本义》,及其子识语,述刊行此作缘起。魏氏《老子本义》完成近五十年后方有人刊刻,颇令人感慨。

第三节 《老子本义》的分期

关于《老子本义》,我们先讨论其著作时间或分期问题。《老子本义》并无明确的写作时间记载,无论是魏氏自己的文集,还是其他文献,都未见记载,故其写作时间只能靠间接材料来推断,而在研究过程中,学者逐渐形成《老子本义》为一逐步完成作品的观点。

最早是台湾学者王家俭在《魏源年谱》中认定《老子本义》作于道光二十年(庚子年),后来黄丽镛指出这是误将袁昶刊刻的庚子年(1900年)当作道光二十年的庚子年。李瑚最早据《湖南文征》卷八十所引《老子本义序》,此序篇末多"嘉庆二十五年,奉母东下,录于舟中。道光之初,补叙于此"一句,其余文字与袁昶刊本同。故认定作于嘉庆二十五年(1820)。许冠三在对黄丽镛的反驳文章中,首次提出"今传本《老子本义》非但经过增订,而且增订之痕迹相当明白。大致是《本义》上下篇之撰述最早,其次是《论老子》四章,最后才有《序》。《论老子》优,而上下篇尤劣。"认定本书成于道光八年,四论及序成于道光九年之后,坚持王家俭道光二十年学。台湾学者贺广如在《魏默深思想探究——以传统经典的诠说为讨论中心》中,接受《湖南文征》所收序文的可靠性,认为"《本义》上下篇及《序文》之内容,大体上仍是循早年宋学一格,与中晚期思想不甚相合,但是在《四论》中,则显见有不同于《本义》上下篇及《序文》之看法,结论为《本义》上下篇及《序文》应成于嘉庆二十五年左右,属早期思想,至于《四论》部分,则应属于默深晚期思想。著成时间约为道光二十五年至二十九年之间。"而《魏源全集》之《老子本义》的整理者夏剑钦认为,应依据《湖南文征》卷八十所载序文,即上下篇及《史记·老子列传》及附录系"嘉庆二十五奉母东下录于舟中",著述还在此前。序文则补于道光之初(1821—1824),与《诗古微》《默觚》相前后,主张可互相辉映。四论成书要晚许多,据魏氏道光二十五年写给邓守之信,可知尚未成稿,直至道光二十九年邓氏为魏氏抄写《老子本义》,才真正修订完毕,故四论当在道光二十五至二十九年间完成。①

参考以上学者的意见,根据我们自己的研究,我们接受《老子本义》著作分期说,不过认为当分是三个时期,一为上下篇及老子列传及附录,即《老子本义》早期注本,一为《老子本义序》,一为老子四论。早期注本为魏氏年青时代读书的训练之习作,著作时间

---

① 以上参见夏剑钦《魏源研究著作述要》,二章第二节,"关于《老子本义》的成书时间"。此部分内容又见《魏源研究中若干问题的研究状况评述》,《邵阳学院学报》2009年5期。

当在嘉庆二十五年前，入国子监之后（嘉庆十九年，1814），即嘉庆十九年之嘉庆二十五年间，更可能在北京三年内完成。序文则在道光之初，大概在《老子本义》早期注本完成后一至二年，或更长，其意义在于提出了老学如何救世的问题，显示了其对早期研究困惑的一个解答思路。晚期则为老子四论，此为魏氏老学思想之成熟，引申和完成了序中的思想，而成一家说。此部分文字，至迟于道光二十九年已完成，上限已难推测，不过必在写作《默觚》之后（在扬州洁园四年，即道光十五至十九年），即道光十九年后。我们接受贺广如、夏剑钦的看法，在道光二十五至二十九年间。这是老学在今文思想促动下的新变。

第四节 《老子本义》早期注本

《老子本义》的早期注本即《老子本义》中《老子四论》之外的部分，包括《老子本义·序》、《史记》老子列传注，《老子注》上下篇。此注本当成于魏氏入国子监在京学习至嘉庆二十五年间，很明显为一青才俊研究经典之习作。其于老学宗旨、著作体例、问题意识大抵还在探索中，亦可见魏氏一生学问之初貌。

一、早期注本以焦竑《老子翼》为依托而有所损益

早期注本并非为一自述系统，而以焦竑《老子翼》为依托，这一点黄曙辉在《老子本义》"整理弁言"中已指出，"其所引注释，河上、王弼两家外，多取自焦竑《老子翼》。"不过魏氏亦有损益，不仅是增补河上、王弼两家而已。注本引历代诸家注有：韩非、王弼、罗什、陆希声、李约、陆佃、司马光、苏辙、吕惠卿、李嘉谟、王道、林希逸、叶梦得、朱子、刘槩、薛惠、陈懿典、李贽、张尔岐，引用的版本则

有河上本、王弼本、顾欢本、傅奕本、开元本、碑本(龙兴观本)、陆希声本、宋徽宗本、陈景元本、司马本、苏辙本,又引《释文》《韩非子》《淮南子》及毕沅、王念孙考释成果。

其注释经文有三种类型:一是全部自己解说而未引古注的,包括三章、八章、十四章、十七章、二十一章、五十九章、六十五章、六十六章(各章节皆指《老子本义》的章节,非通行本章节),一是完全引用古注而无解说或案语的,包括七章、十三章、十五章、二十八章、三十八章、三十九章、四十章、四十一章、四十二章、四十五章、五十章、五十二章、六十三章、六十七章、六十八章,这些最能看出魏氏此作的粗疏。一是有注释且引用古注的,包括一章、二章、四章、五章、六章、九章、十一章、十二章、十五章、十八章、十九章、二十章、二十二章、二十三章、二十六章、二十七章、二十九章、三十一章、三十三章、四十二章、四十三章、四十七章、四十八章、四十九章、五十四章、五十五章、五十七章、五十八章、六十四章,还包括一种引用古注只加案语的情况,包括二十四章、二十五章、三十章、三十二章、三十四章、三十五章、三十六章、三十七章、四十四章、四十六章、五十一章、五十三章、五十六章、六十章、六十一章、六十二章。这些说明魏氏当是在抄录古注基础上作一损益,这一著述风格在其后来的研究一以贯之。

魏氏注本所作的损益主要是重视吴澄及王弼注(河上公本未引注,而多用其校勘版本)。焦竑注本最多引用的是苏辙、吕惠卿、李嘉谋,吴澄较少,王弼几乎未引用,而魏氏引用最多的是吴澄(31次),其他是吕惠卿(31次),苏辙(25次),李嘉谋(23次),王弼则引用了16次。可见魏氏在焦本基础上而增吴注及王注,又增引朱子论老二则,对焦竑重视的王雱则引用很少。这一变化的实质是:焦竑注有严格的宗旨,以苏、吕、李、王这一类庄老合论、三教并行的解老者为中心,而自成一系统,而魏氏用吴注及王注,与苏、吕并列,又引朱子说,使得各家宗旨冲突,而无一融贯的系统,这说明魏氏当时并未真正了解老学的系统及宗旨。

二、注本兼用汉宋家法治老

我们说此作为一习作,从魏氏研究的路数亦可以看出。魏氏此时二十一岁至二十七岁之间,初入京师,遍交当世硕学大儒,其学术的训练重心在汉宋之间,其于今文经学仍未深入,而多着力于理学。其又在乾嘉余风之中,此观其此时期著述多论及孔孟、朱陆,又论及《说文》可知。此种学术特征在《老子本义》中尤清晰可见。

《老子本义》很用力于版本校勘及章节分合,亦用力于《史记老子列传》的注解,辨析老子的里居、名号、事迹,这都是乾嘉学者用力之处。魏氏吸收了纪昀校王弼本、毕沅的《道德经考异》及老子名号考证,亦用易州龙兴观碑本(未知所据校本),又引用了王念孙的考证成果。魏氏于姚鼐之研究颇注意,虽评价不高,却花大力气做分章研究,这正是汉学风气使然。魏氏在版本校勘上用力颇多,分章亦如此。从吴澄、姚鼐之恶习,以己意分合,尤见粗疏,唯其辨别力不高,版本选用上亦不精审,所作评断亦未必合理,以《淮南》《韩非》来校勘经文,亦难让人信服。[①] 可以说魏氏在老子考释上欲有所成而未果。

魏氏不同于乾嘉诸人之处,在于他也注意老子的义理研究,而他的重点不似焦竑,而在以宋人义理特别是朱子、吴澄之是说为据解说老子。魏氏早年受正统的儒学教育,在北京又问学理学名家

---

① 安徽大学硕士论文《魏源〈老子本义研究〉》(马荣振)指出很多问题。

姚学塽,其注释老子多引吴澄说,解老则多用吴澄义理,此种基本理解部分维系到后期,这是魏氏解老的基点。

论道为无。"老子言道,必曰常,曰玄,盖道无而已。"(一章注)引吴澄注:老子之意,盖以虚无为天地之所由以为天地者,庄子所谓建之以常无有也。(一章引注)论道之体用。"盖道以虚为体,以弱为用。"(三章注)"盖道以虚无为体"(五十八章注)而吴澄注:以虚无自然为体,柔弱不盈为用。(一章引注)体用为宋儒常用之概念,吴澄为宋末元初大儒、理学家,以朱陆之学并治,其注老亦以理学衡老子,而尤以体用之说解之,魏氏即承此而论老,多以体用说论老(四章、二十四章、二十九章、三十一章、五十六章),这种理解在晚期四论中亦然。观《老子论一》之对老子的解说,基本同于早期,亦可见魏氏解老之延续性。魏氏依吴澄注解老,论道论体用论心论入道之要,此皆宋人学问规模,此时其老学研究的特征还未见。

魏氏亦引朱子说,"老子之学,以虚静无为冲退自守为主,此解老者之通蔽也。"(九章引注)又:"老子之学,谦冲俭啬,全不肯役精神。"(五十一章引注)朱子于老学颇多讥刺,痛砭老而于庄稍欣赏,大概是老子学史上批评最严厉的代表。魏氏未多采朱说,而用其虚静说(此亦吴澄所承),且明确老与庄释相异,故其论老亦然,以庄老、释老相异为基点,而全不同于焦竑之论老,这正是魏氏取焦竑之文本而用朱、吴之宗旨,自相矛盾之处。

综合而论,魏之注老兼用汉宋家法,校斟、分章多取清儒(姚鼐非乾嘉学者,魏氏因之乃无识力),而解老义法多取宋儒(朱、吴)。用汉法而无其精审,用宋法而无特见,故只为一青年学子之习作。

三、早期注本所见魏氏解老之特色

早期注本固为一习作,亦可见魏氏学风及才华,亦隐约可见其学术焦点,这里简单说一下。魏氏在早期注本时,已注意到老子的政治伦理价值,指出老子为救世之书,"《老子》,救世之书也。故首二章统言宗旨,此遂以太古之治矫末世之弊。"(三章注)"老子著书,明道救时,见天下应务于刚强,今将救其弊,而返以慈俭谦退。"(五十六章注)此种说法已见于苏辙、吕惠卿、吴澄以及题顺治《御注道德经》,苏吕说已见魏氏六十七章注所引,吴说则见其《道德真经注》六十七章注,《御注道德经》说见八十章注。故魏氏不过据前人而为说。

不过,此中上古或太古一语(指唐虞三代以上),与救世或救弊一语,为魏氏晚清解老之关键点。论老二中云:"老子道,太古道,书,太古书。"此种判定已不同于早期,亦不同前人,而有一种新的定位。可以看到,早期的理解是晚期成熟观点的基础,而为魏氏解老隐隐之焦点,此已不同于苏、吕、吴之耽于论道。魏氏已注意到老子治道的关键,引薛惠注中所引《汉书·黄霸传》中说:凡治道,去其太甚者耳。(二十五章注引)又引吴澄注:老子之学,最忌夸张。(四十六章注引)这种甚与夸张,实与现实的政治形态相关,"道以不盈为大,不务盈者务于内。不知大道则愈夸愈小,为国家者则必至饰外而虚内,国家之侈弊为尤易见。"(四十六章注)这些在晚期都有非常成熟的论述。① 这是他读老读出的治理原则,这在

---

① 顾云在《邵阳魏先生传》中载其论盐政时所言:"救弊必先太甚。"魏耆《邵阳魏府君事略》引作救弊先其急。查魏氏《筹鹾篇》《淮北票盐志叙》,当以顾作为是。

早期已非常清楚了。不过,总的看,这些还不是早期注本的研究焦点,而只是一种隐约的倾向。

我们如果通观早期与中期、晚期,能够发现早期与中期转变的关节:如果老子时太古之书,著书是为了救晚周之弊,以复太古为尚,那么老子之道可以救当代吗?或者简言之,如以老子治世,是否要回到早期历史的文明形态?我们看一下前代学者的解答:

> 苏辙:老子生于衰周,将以无为救之,愿得小国寡民以试焉,而不可得耳。
> 吕惠卿:老子欲反太古之治,其遂可尽复乎?曰:未可也。
> 姚鼐:上古建国多而小,后世建国少而大,虽欲返上古之治而不可得也。(以上俱《老子本义》六十七章注引)

也就是说,在前代学者看来,老子之说是无法用之于当世的,因为时代是回不去的,只是论道的古典文本而已。这种困境,在魏氏自己的注中也能看出来:"盖欲作者欲生萌动也。苟无以镇之,则太古降为三代,三代降为后世,其谁止之?"(三十二章注)太古已降为三代,三代又为后世,这已是事实,则老子之学,欲以太古之治救世之弊,又如何可能?历史必进的思想是魏氏一致坚持的点,在《默觚》中多次谈到,"庄生喜言上古,上古之风必不可复,"(论篇五)而晚期《论老子二》中更明言:"太古之不能不唐虞三代,唐虞三代不能不后世。"历史必进,而老子复古,那么老子何以为治呢?所以早期注本中遇到的这个根本问题,魏氏并未解决,其中晚期之论老解老的关键也在这里。此问题一旦解决,则魏氏之老学就成熟了,晚清治世一系之新老学就朗然显现了。

我们对早期注本的评价不高,学者如许冠三也持此种意见。不过,如果考虑到魏氏此时仅仅为二十几岁的年青人,那么也可以说,从早期注本能看出魏氏确为一青年才俊,其解老综合汉宋老学,为主流学者中第一个花大力气研究老子的,其论断诸家说毫无顾忌,而必出己见。如十二章谓"此章谬解不一,今悉不取,"十八章注谓焦竑、姚鼐二说并通,然非本旨。二十章注又谓诸家解者皆以此为至人玄同应物之旨,牵强不伦。三十二章注又谓诸家皆禅家随手扫除之机,非黄老清静自然之旨。三十七章注谓吕惠卿之穿凿,惟生之徒三句诸说皆凿,惟王氏近之。五十六章注又谓此章诸说皆未明。此类说法很多,固然不是俱为精审,而可见其才气与学风。

刘逢禄道光六年赠魏氏诗,称"暗中剑气腾龙磷,"确实是青年魏源之学问风貌。① 早期注本为一青年才俊之习作,对老学宗旨尚未有特见,其注释体例、校勘、分章皆可议论,其老学治世何以可能之关键问题仍未显露。因而总的看,还是一平平之作。如果没有中晚期的发展,此作恐亦难传于后世。而魏氏能念念不忘老学,"贪其对治而三复也"(论老子二),又有序及四论之作,可知魏氏与老学之缘分不浅,亦能一瞥晚清学术之变。

第五节 《老子本义序》：批判老学传统与治世问题的提出

《老子本义序》作于"道光之初",当在早期注本完成后的一段

---

① 魏氏解老的精妙之处亦多见,今举二例:盖所谓侯王者,亦人见之为侯王耳。若推其极致,则积众贱而成贵,分数之初,无贵之可言。(三十四章注)夫民之与圣人其高下固不可相提并论,然其理未尝不同。(六十章注)此意乃知老子"高以下为基,贵以贱为本"之论,确实得之于老,而不容于儒说正统。

时间。魏氏道光五年编辑《皇朝经世文编》,道光九年成《诗古微》,次年成《两汉经诗今古文家法考》,道光十五至十九年成《默觚》,这一段时间是其学术成熟时期,《老子本义序》在此时期之前,而四论作于此时期之后。可以明显看出,序与四论的变化,与魏氏学问的进一步成熟息息相关,对老学的理解与今文学、经世学并进。

序文并不长,但是有一些重要的进展,显示魏氏对于一些老学基本问题已有完全不同的理解,其独特的解老进路已经确然可见,虽还没有其学术成熟期的高度,但也显示了其从青年学子向今文名家与经世之学主将的过渡痕迹。《老子本义序》讨论了如下几个问题:

一、对早期注本中涉及老学传统的彻底批判

序中谓:"后世之述老子者,如韩非有《喻老》《解老》,则是以刑名为道德,王雱、吕惠卿诸家皆以庄解老,苏子由、焦竑、李贽诸家又动以释家之意解老,无一人得其真。"此中"无一人得其真"一句断语颇为沉悍。早期注本中引韩非,亦引苏、吕、焦、李,并无一语批倒的态度,这里的彻底批判,显示魏氏已从早期注本中的学习性质转向批判,而求一新解。

值得注意的是,此序中未提及吴澄(还有朱子),是要给吴澄一份空间呢?还是仍旧不满而不便形之语言呢?从四论中来看,魏氏在论老子一中还是保留了相当程度吴澄解老的痕迹。不过,吴澄的路数也不足以满足魏氏,他还有新解要讲。

二、对老学传统的重新判定

魏氏对老学传统做了一判定:"有黄老之学,有老庄之学。黄老之学出于上古,故五千言动称经言及太上有言,又多引礼家之

言、兵家之言,其宗旨见于《庄子·天下篇》,其旁出见于《灵枢经》,黄帝之言及《淮南精神训》。"这一黄老、老庄之分判是魏氏解老的一个关键区分,这有朱子的影响(九章注引),不过魏氏不仅是把庄老分开,其实质是把晋人老学与汉人老学分开:"如西汉承周末文胜、七国嬴秦汤火之后,当天下生民大灾患之时,故留侯传高祖,尽革苛政酷刑,曹相不犹狱市,不更法令,致文景刑措之治。至魏晋之世则不言黄老(即汉代老学),而言庄老,其言庄也又不师其无欲,而专排礼法以济其欲,遂至万事尽废,而后三衍之流始自悔其弊。"把汉代老学与晋代老学划分为黄老与庄老,又以黄老之学源自上古,早于六经,这就重新架构了老学系统,而把重点放在老学的正脉上:黄老之学,这实际上提高了老学在中国学术史上的地位,赋予了其政治正当性,而一反理学家以来的异端之指责。

魏氏治学以"复古为高",①论证黄老之学时不惜引《黄帝内经》及《淮南子》这类后世文献,因此不在历史依据,而在义理类型之判别。清代在尚古的学术背景下,把老学拉升到比六经更古的位置上,这无疑是给老子一个崇高的地位,这一判定是极具力度的。

三、老学致用问题的一个早期解答

我们提到了早期注本中有一个老学如何致用的问题,《序》的根本推进就是初步解决了这一问题,而其思路是从历史的进路出发,给出三阶段无为说。老学如何致用?脱开魏氏而言,这一问题一致未得到很好的解决。汉人治老如河上公,以治身去欲、治世

---

① 其学尚古,可见黄象离《重刊古微堂集序》。李慈铭亦深讥之,见《魏源研究述要》,174页。

勿扰为大端,这一思路至唐玄宗御注仍是如此,这一思路的问题是无为总是皇权系统下的无为,是对一种政教体系运转的一种修正或补充,而如老子文本中的彻底取消文明的倾向则是一种折中,只是一种半截老学。而如魏氏所提出的,晋人论老(及注庄)是在放弃政教的基本职能之外实现的,其结果就是"万事尽废"。两晋之灭之庄老之学要承担多大责任,这当然可以讨论,不过在清人那里,确实多见到这种玄学之祸的指责。

那么,魏氏的质疑就在这里:"枯坐拱手而化之若驰?"这是老子的主张吗?这一质疑是很有力量的,因为在老子那里,确实给人一种静坐而天下治的印象。至于魏氏多批评的宋儒苏辙以下,多取老子的道论而发挥,其于致用之意,不过敷衍无为之语句而已,老学如何致用?仍是个未解之谜。

魏氏在序中,提出一条历史化的思路,以解决不能回到过去,不能静坐致治,老学如何致用的方案。许冠三已指出,上下篇注但言反本复始,《四论》已有三世说与气运而造说,实际这最早出现在序中:"合德之原,比于赤子,至柔之极,有若婴儿,乃混沌初开之无为也。(此第一阶段),及世运日新,如赤子婴儿日长,则其教导涵育有简易繁难之不同,惟圣人能因而应之,此中世之无为也。(此第二阶段),天下之生久矣,一治一乱,如遇大寒暑,大病苦之后,则惟诊治调息以复其元,如西汉,留侯高祖文景,东汉光武孝明,元魏孝文,五代唐明宗、宋仁宗、金世宗,皆得其遗志。"(此勉强可称第三阶段)

在魏氏的描述下,历史固然在演进,不过不同的阶段都可以称之为无为,无为氏适时而变的,并不是回到太古就是无为。重要的是,黄老无为确于治天下。不过,这一论说问题很多,一是从事实来看,孝文帝、唐明宗、宋仁宗、金世宗是否可称得上以黄老治天下？他们经历的时代是真的大病苦之后吗？恐怕不是。其次,所谓混沌初开,中古及后世,是否构成一顺畅的叙述？混沌初开有无的问题吗？是理想形态还是历史事实？如何说明后世为自然无为的一种阶段？一治一乱使历史的一种节奏从而成为无为的条件吗？这里的关键是,如何找到一种好的历史哲学叙述,从而为老子之无为提供前提。通观四论,我们发现,这只有在魏接受了今文家的史观之后才解决。此处的说法有意味,但是非常粗糙。

综观《老子本义序》,四论中的重要论题都已出现,解决的思路也隐约可见,但是仍未展开,也缺乏严整有力的论证,这些问题要留到四论时期,在魏氏完成《皇朝经世文编》、《诗古微》、《默觚》之后,成为成熟的今文学家后,才得到解决,而且融汇今文与老学为一炉,而独创一家说。

第六节 《老子四论》：魏氏老学的完成

《老子本义序》作于道光之初,其后魏氏师从刘逢禄,又编《皇朝经世文编》(道光五年),次则深入今文学作《诗古微》(道光九年)、《两汉经师今古文家法考》(道光十年),又完成《默觚》(道光十五年至十九年),其后又撰《圣武记》及《海国图志》(道光二十二年),这一时期是魏氏学问成熟时期,除《元史新编》、《书古微》之外所有的重要著述都在此一时期完成(道光五年至道光二十二年)。而《老子四论》则在此一时期之后,我们试取《默觚》与《老子四论》相对比,前后的演进的轨迹是非常清楚的。我们先看学者已有的看法。

许冠三认为《本义序》与《论老子》既以三世而降说与文质治乱循环结合使用,其定稿当在追随刘氏受学公羊学之后,而《董子春秋发微》作于道光九年,则此二文当在此后。又魏氏《刘礼部遗集序》有"文质再造而必复,天道三微而一著"二语,旨近《序》与四论中的三世文质治乱循环论,《遗集序》作于1830年,此序与四论同时而稍后。按:许说谓《老子本义序》与《老子四论》同时作,本文不取,已见前。其论说最大的意义在于指出四论之作于公羊学研究之先后关系。至于其所云循环论云云,乃未识魏氏治史之真意,详下。①

夏剑钦的辨析则更为深入:《默觚》论篇中谈到许多政治问题,与《老子本义序》一治一乱之论可相辉映,其与早期注本已有重要变化。又:四论中的"弊极复其初"的循环概念颇类于以三统说解《诗》《书》,则四论成书更晚。② 按:夏说明确把《默觚》与魏氏解老联系起来,一如许说,说明魏氏之今文学研究之于老子研究的推进作用。不过其以《默觚》影响《老子本义序》恐非,当为影响《老子四论》,《序》当早于《默觚》。又:谓《老子四论》中颇类以三统说解《诗》《书》(实际主要是《诗》),这也同样富于启发性。不过,如同许氏一样,夏氏亦以循环论解魏氏之史论,不确。前面两位学者只是发题,未详尽论述。下面,我们详细论说一下《序》与《四论》的演进关系,而以魏氏今文家思想之成熟为解老阶梯,以见其融通今文学与老学之卓识。

一、对老子学说的新定位

《论老子二》:"老子道,太古道;书,太古书。"较之《序》,四论

---

① 许文见《关于〈老子本义〉成书年代问题》,《中华文史论丛》,4辑,105页—107页,上海古籍出版社,1982年。
② 《魏源研究著作述要》,75页。

中已明确把老子学说定位为唐虞三代前的"道",而非仅黄老之"学",老子仅为述而不作而已,这种界定已冲破了正统的道统观。魏氏在《论老子四》中已将儒道并立,这是不同于早期注本及《序》。魏氏在论中亦做了若干论证,不过从学术史上,所谓太古道之说并不成立,但其真正意义在于老子在价值序列中的重新定位。此意在《序》中未见,这是四论中的新见解。①

魏氏在《默觚·学篇》十二中说:"柳下、伯夷、伊尹,方以内之圣也;老聃、墨翟,方以外之圣也。惟圣人时乘六龙以御龙,无有定在。"按:此犹以儒为中正之极,而亦颇识道墨之价值,而四论时之太古道之说,已能进一步提升道家之说。而魏氏在论《老子论一》中述及老学宗旨,则多因袭早期注本的理解,以无语无为之体用为要,而以无一物不归本,无一日不有太古而归终。惟其以本心求之云云,不免流于宋人习气。而在《老子论三》中云:"黄老静观万物之变,而得其阖辟之枢,惟逆而忍之,谓此为黄老之道。"此与早期实有所进,而归于一种应机适势之圆通治道。

二、老学流脉之分辨

早期注本并未讨论老学流衍问题,而《序》中明确区分了黄老之学与庄老之学,赞汉代黄老之学,而斥魏晋之庄老之学,不过也就是寥寥几语而已。而在四论中则以"论老子三"一篇文字来展开。此文谓:"道一而已,老氏出而二,诸子百家出而且百",又谓关尹、列御寇、杨朱、庄周之得失,以"关尹无得而称,列子近释氏,杨

---

① 当代学者如柳存仁、萧萐父、王博等都讨论了老子与古老文化传统的关系,这看起来与魏氏并无二样。不过,现代学者从未否认老子为一创造性的思想家。

朱为为我之学,庄周为放旷之学。"

按:魏氏辨析老学流衍,以杨朱宗无为、庄周宗自然,各得一偏,而老子之自然,得体以为本,体用皆备,故老子之自然为应机而动,"恒因而不倡,返而后动",其治天下为不治之治。故去甚去奢去泰,非并常事去之也。"孰谓无为不足治天下乎?"魏氏又抨击魏晋之士拱手不事事之妄,以此为庄周之流,又斥刑名者流一付诸法,以此为杨朱之流,以为皆非老子之道,而盛赞汉代老学。魏氏对关、列、杨、庄、西汉魏晋、刑名之辨析,自其历史哲学的世界出发(此详下),不必尽合学术史之实,而其中心是辨析老学之正变,而已一种应机而动体用兼备的论道为老学正脉,这实与《老子论一》论老学宗旨相映托。

三、历史哲学之展开

早期注本中并未提及历史性论述,而序中则提到"一治一乱"及无为三阶段说,不过论说较粗糙,而在四论中则有明显的推进,这与魏氏的今文学成熟有关。

相比较《老子本义序》之三阶段说,《老子论二》中则有严整的论述:"今夫赤子哺乳时,知识未开,呵禁无用,此太古之无为也。逮长,天真未漓,则无窦以嗜欲,无芽其机智,此中古之无为也。及有过而渐喻之,感悟之,无迫束以决裂,此末世之无为也。"这一新三阶段无为论与《序》中相比,在于《序》中亦历史性的混沌初开,尧舜时之中世为前二阶段,而以其后之历史为第三阶段,而第三阶段并无明确的分段,与前二阶段略失一贯之义。四论中最大的变化是完全用比喻的方式来讲无为,以一人之成长作比喻,因三皇五帝说本来说不清楚(《默觚·学篇》一)。太古、中古、末世三阶段截然三分,三阶段中以无须呵禁,呵护天真,勿迫决裂为无为之异,而以

"时不同,无为亦不同,而太古新未尝一日变"为治道之同,这就不同于《序》中之说,因其有一重大变化,即历史之演进与"复返其初"并无冲突,而实为一体,这是魏氏的新历史哲学。

历史不能返回,这是魏氏的前提。"气化递嬗,如寒暑然。太古之不能不唐虞三代,唐虞三代之不能不后世,一家高曾祖父子姓,有不能同。"(《老子论二》),这就如同《默觚·论篇》五:"三代以上,天皆不同今日之天,地皆不同今日之地,人皆不同今日之人,物皆不同今日之物。"又《默觚·论篇》二:"虽羲黄复生,不能返于太古之淳。"历史的演进是今文家之共识,而有著名的"三世说"。魏氏推重董仲舒之学:"至《繁露》者,兼撮三解,九旨为全书之冠冕。至其《三代改制质文》一篇,上下古今,贯五德、五行于三统,可谓究天人之绝学。"(《董子春秋发微序》)。今文家讲三统异色,三代殊制,质文代变,这在刘逢禄已申发忠质文代变大义:"继周者,新周、故宋以春秋当新王。损周之文,益复之忠,变周之文,从殷之质,百世以俟圣人而不惑者。"(《论语述何》)此忠质文三世之变之意,在魏氏《默觚》中确然可见:

> 履不必同,期于适足,治不必同,期于利民,是以忠质文异尚,子丑寅异建,五帝不袭礼,三王不沿乐。(《默觚·治篇》五)
>
> 祸莫大于不知足,不知足莫大于忘本,故礼乐野人从先进,欲反周末之文于忠质也。(《默觚·治篇》十四)

这一说法在后来的《老子四论》中论说历史时同样出现:

> 太古之不同唐虞三代,唐虞三代之不能不后世,一家

高曾祖父子姓有不能同,故忠质文皆遁以救弊,则弊极则将复返其初。又:孔子宁俭母奢,为礼之本,欲以忠质救文胜,是老子淳朴忠信之教不可谓非其时,而启西汉之先机也。(俱见《老子论二》)

不过,最为重要的并不是忠质文三世演进之说,而是"遁以救弊,而弊极则将复其初"的说法,此已不同于《序》之一乱一治之说,而是言三世演进则为由本之初而至弊,由弊极而复其初,即:忠之初——忠之弊——质之初——质之弊——文之初——文之弊——忠之初……这样一个不断循环的演进,此忠质文如《老子论二》中所说的人(也即文明体)的三阶段发展,而每一阶段都有其特定的无为之道,而总归于道之体、物之初,即"无一物不归其本,无一日不有太古"(《老子论一》),"太古之心未尝一日变","郭谓末世与太古如梦觉不相入乎?"(《老子论二》)这就从根本上解决了早期注本以来的老子之学如何可以治世的问题。

太古之治并不是回到前文明的太古那个时代,而是把太古在任何时代都呈现出来,而其关键在于不同各类型的时代(如忠质文)的转型期(弊极而复其初),真正把握到历史。① 在某一类型的文明体达到其生命力极致时(弊极),顺应其最简洁、最根本的(也即虚无之体)要求,而"道其阖辟之枢"(《老子论三》),从而"静胜动,牝胜牡,柔胜刚"(《老子论三》),而得治世之大用。

由此,魏氏结合老学与今文家,推出一种不是循环论的不是进

---

① 魏氏所谓气运,如"天地之气至明而一变",(《海国图志·卷五》)又:三皇以后,秦以前,一气运焉;汉以后,元以前,一气运焉。(《老子论三》)

化论的循环演进之历史哲学新说,①从而实现了老学治世的诉求。这是融汇老子与今文学之架构,魏氏非长于玄思,论说或显拥赘,而大旨不脱于此。

四、儒道关系的辨析

魏氏在早期注本中大致未脱出苏辙、吴澄之旧习,或以牵合儒道为旨,或者尊儒而卑道,这种理解也是清代老学主流派的一贯做法。如其解"天地不仁",谓其为"悲天悯人,无所归咎之问。"(五章注)三十三章解说"上德不德"云云,则取吴澄说以判析儒道。总之并不脱传统老学旧习。《老子本义》序中未提及此问题,但以孔孟为据,说明著书之意,有空贻人口实之惑。而在四论中,魏氏明确提出:

> 老子与儒合乎? 否否。天地之道,一阴一阳。而圣人之道,恒以扶阴助阳为事。老子主柔宾刚,其体用皆出于阴。(《老子论四》)
>
> 圣人,经世之书,而老子,救世书也。使生成周比户可封之时,则亦默尔已矣。自非然者,去甚,去奢、去泰之旨,必有时而信于天下。(《老子论二》)

按:此有两意,一以儒道为阴阳之相对,一以儒道为治世、救世之相扶,这种看法实际已经把儒道视为并列,相应的两端,而绝非以儒为正统,以老为异端,或者以儒为正道,以老为未备之一偏,此种判定,已脱出了清代思想正统,其后高延第、陈三立、易佩绅、徐

---

① 陈其泰、刘三肖《魏源评传》以为魏氏为朴素进化论,并不确。

绍桢无不由此见解,其一脉相沿之势极明显(不是自觉的),显示了自魏源开始老学摆脱理学正统观念束缚之窠臼,而自立于儒学面前。

综上四点,我们据魏氏《论老子》四篇,其大旨可有如下之简单综述:

老子说为唐虞三代之前更为古老的太古时代之道,老子继黄帝之传统,述而不作,以救周末之文弊。此说虽出于周末,而实可适用一切时代,因人类文明发展固有忠质文之递进,而不同之文明阶段必有兴弊之交替,文明体之生命力耗尽即为一时代之弊极,故而必有返回最初本然生机之机与势。故太古并非仅为一个时代,而是各个时代皆有太古。太古即是不同时代新旧交替转换时之文明根源与简易之形态。人类历史之演进不是向回走的(如一般人所解之老子),而为一兴废交替之递进历程(忠质文,或气运之变)。每一类型之文明时代都向另一高级阶段递进,但每一阶段都有成熟的至弊极的过程。老子之本在此,据此以治世,查"古今宇宙一大变局"(《论篇》)十六)之机,去甚、去奢、复初,此即无为之治。如此,则老学实为一恒常价值之学说,而可应用于当世。与儒家可并立,一用于文明体稳定的时期,一用于文明体转型时期,各擅其长,相映相托。人类文明,不过如是。

第七节 《老子本义》与魏源思想

魏氏自己说:"余不能有得于道而使气焉,故贪其对治而三复也。"(《老子论二》)的确,魏氏于吴澄式的形上之道并不热衷,也不擅长,而尤用力于气运之变(历史发展),所以能够深入老学,对症施药。他三次回到老学研究上,故非可泛泛视之。然而,魏氏的这番努力多为人所忽视,如其子魏耆著述其文著述,仅仅以所著"及《春秋繁露》、《老子》、《墨子》、《说苑》、《六韬》、《孙子》注,各如干者"一笔带过,此中各注均佚(《春秋繁露发微》《孙子注》存序),惟余《老子注》一种,乃迟至五十年之后,才由袁昶刊出。

而学者在研究魏源时多不重视《老子本义》,如学者齐思和在写作《魏源与晚清学风》中竟一语未及①,有的研究者则对《老子本义》评价极低(如李素平《魏源思想探析》)。罗检秋对于魏源《老子本义》则给予了相当肯定,他认为:"魏源的突出贡献在于复西汉之古,扩展今文经学,但他又开复先秦之古之先河。他的诸子研究对于正统儒学的解放作用同样是不可忽视的。而且,这是晚清学术和文化格局根本转变的前奏。"②

我们认为,《老子本义》在魏源思想中的价值应该给予更高评价。就魏氏自身思想而言,《老子本义》的意义在于形成了一种融汇老学与今文学为一炉的历史哲学:历史固然是不同文明形态的演进(忠质文三世说),但是每一形态都有兴起至弊极至重返原初的机变。

魏氏倡经世之学,在他那个时代,他最热心的是漕运、盐政、治海三件事上。魏氏时代清朝的盐政已弊端极深,开销巨大,手续复杂,积压滞销,私盐泛滥,几乎难以维销。此在魏氏《筹卤差篇》中

---

① 齐思和评价魏源思想:"夫晚清学术界之风气,倡经世以谋富强,讲掌故以明国是,崇今文以谈变法,究舆地以筹边防。凡此数学,魏氏或倡导之,或光大之。汇众流于江河,为群望之所归,岂非一代之大儒,新学之蚕丛哉?"《燕京学报》,1950年,39期。

② 罗氏从清代湖湘学术传统来分析魏源的经世思想,也颇有启发。不过罗氏对于魏源的老学影响评断有些泛泛,文本分析也显不足。参《从魏源〈老子本义〉看清代学术的转变》,《近代史研究》,1995年1期。

亦论述详备，而曰："天下无数百年不弊之法，无穷极不变之法，无不除弊而能兴利之法，无不易简而能变通之法。"又谓："夫推其本以齐其末，君子穷原之学也。"简易可解为与《周易》有关，而老子"与六经也近于易"（序），此中之历史哲学亦极显明。故魏氏论盐政一反清初以来以缉私为主要手段，而力主变纲法为票法，即打破官商垄断，而引入商民自由贩运，这就是变烦难为简易，由积弊而返其初的体现。盐政改革成功，正是证明了因机而动，无为而无不为的判断。其于漕运变海运，论黄河改道均如此。如论黄河改道，"人力纵不改，河自必改之。"（《筹河篇》）十三年后黄河果然决口入故道，正如魏氏所判断。历史发展，积弊必返，靠一味围堵是不行的。这些判断都不是出自一个技术专家的分析，而是来自于一个有独到历史哲学的学者。

这些如果落在治国上，也有类似的主张："是以圣王之治，此事功销祸乱，以道德销事功，逆而泯之，不顺而放之，沌沌乎博而圆，豚豚乎莫得其门，是谓反本复始之治。"（《默觚·治篇》十四）逆而泯之，即"惟逆而忍之"（论三），不顺而放之，即"得其阖辟之枢"（《老子论三》），反本复始之治，即"忠质文皆递以救弊，而弊极则将复返其初"（《老子论二》）。

从《老子本义序》到《默觚》时期，再到老子四论时期，正是魏氏从事经世事业的时期，其思想的成熟与经世事业之完成正相辉映。此正所谓"贯经术政事文章于一"的今文经学宗旨（《刘礼部遗书序》），而其中心就是融汇老子与今文家为一种新的历史哲学。

假如我们拉开视野，我们会发现，晚清融老子与今文家非止魏氏而已，宋翔凤、康有为皆论及老子，而清末之徐绍桢之论老正是融汇老子与今文学，与魏氏遥相呼应，这是一个极有意味的现象。

第八节 《老子本义》在清代老学史上的地位

在魏氏之前，如果不谈及道教老学，则有两大流脉，一为主流派，另一支为乾嘉学者的考证老学，二者互不相干。主流派多为下层文士，指老子为圣道之一支，乃是理学模式下的解老，而乾嘉派集中于版本、校斠，渐次把老子引入诸子学的视域中。魏氏恰好就在这一传统与晚清七十年老学的转折点上，他会通了老子研究的主流派、考证派两个传统，而推出新境，他的研究实际预示了老学发展的方向的转变，主流派已无空间，而考证派日益丧失了影响力，而以致用为指向的老学渐起。① 魏氏因时代风尚相近者有丁杰，其后同光间则有高延第、陈三立、易佩绅，晚清则有徐绍桢，其大旨均可归入魏氏一系。我们看他们的论说，一脉相承氏极明显的，抛弃了玄学化的论调，求老学治世之功用，儒道并立。

当然，这些都未必是他们相互影响的结果，高延第以下诸人是否看过《老子本义》，其后数人是否相互知晓（陈三立与易佩绅相知），也不清楚。但是在历史脉络上看，他们确可成一系统，而魏氏在道咸之间已开其端，这是他识得历史之先机，确实真得于老学之精微。因而，在清代老学史上，魏氏注老承上而启下，自开一新途，可与船山、严复并立，而在其历史哲学之新解上，其汇会儒道，应世治世，有体有用，亦可与王弼作一对比。惟魏氏不长于玄思，虽有其意，而未尽其微妙，故不足为外人知。

魏氏是清代初期之后第一个正视老子并花大力气于老学的主

---

① 徐大椿的《道德经注》或许对魏注有影响。徐作收入《四库全书》。《四库全书》有副本一部，藏翰林院，传布士林，又有《四库全书总目提要》行于世。故而魏氏当知道此书，也很可能读过此书。

流学者,乾嘉学者的铺垫作用,①今文学的化合作用,这些都是他能够有所创发的关键。从此之后,老子不再是一个"不正统的论道文本"(如苏辙、吴澄或清代主流派),而是一个具有现实指导意义的历史哲学文本,或者治世指导文本,这使得老学摆脱了宋以来的传统,而进入一新境。

他主张的儒道并立的姿态已脱开清人甚至明清以来三教一致的旧解,而渐次逼近两汉之前的学术语境,这正是魏氏一系今文家的学术抱负,也显示了此一方向的现代意义。我们一般称作经世老学的魏源、高延第、陈三立、易佩绅、徐绍桢的晚清老学系列,实际上可称作政治老学的系列,这是清代学术返回先秦学术趋势在老学上的体现。晚清政治老学与公羊学复兴相近,是清代学术转型并行的两条脉络。从理学范式下的老学到政治老学的演进,是清代学术发展的一个剖面。

最后,我们不觉感慨,魏氏最重历史演进兴弊之机,而他自己虽经世有术,却又最终陷入了佛教式的沉寂中。清朝的"弊极"并未到来,直到1894年之后,他的历史哲学所预见的"复其初"又"开其新"的时代才渐次打开,新的文明阶段依凭于原初的生命力才有可能孕育而出。魏氏之远识一直无人表彰,这是令人遗憾的。

魏氏以致用为方向解老,也有缺憾。他论及"去甚"、"去欲"、"得其相反之机"(《老子论三》),大致还在治法的层面。他在论及盐政、漕运、治河时,也触及到一般制度的沿革问题,但是老学如何在政治制度上展开?他还没有深入。实际上,自河上公以下,几乎无一人触及这个问题,于是老子就必须在承认皇权结构的前提下

---

① 魏氏注老是与注《孙子》、《墨子》并行的,这是乾嘉诸子学研究的方向。

加以论说。我们看魏氏之后之易佩绅,已认识到老学的制度基础(见其八十章注),而到了徐绍桢已明确老学的制度意涵(家天下与公天下)。而这正是困惑魏氏的老学何以治世问题的真正解答,即老子不仅是救弊的,不仅是社会危机时期的良药,也可作为一种持久的文明方案取代儒家文明方案。这也是老子至庄子及黄老学一系真正思考的问题。这一思路,正是魏氏所开辟的政治老学(非仅经世致用而已)的真正方向。

第六章 晚清政治老学的展开

第一节 晚清政治老学概说

晚清政治老学是一条重要的学术线索,起点应从魏源开始。①在魏氏之前,清代老学有两大流脉,一为主流派,另一支为考证老学,二者互不相干。② 主流派多为下层文士,指老子为圣道之一支,是理学模式下的解老。而考证派集中于版本、校勘,是乾嘉考据学在老子上的发挥。魏氏恰好就在转折点上,他的研究预示了老学发展方向的转变。其后同光间有高延第、陈三立、易佩绅,晚清则有徐绍桢,其大旨均可归入魏氏一系。严复与这条线索也有很大延续性。我们看他们的论说,以回归古典时代老学传统为宗旨,都抛弃了宋明以来的玄学化论调,求老学治世之用,赞同儒道并立,而自成一个系统。③

政治老学放弃了宋明以来老学专注道论的玄虚路数,而致力

---

① 一般的人们把魏源视作经世之学的代表,他的老子研究也就是经世老学。不过,我们认为使用政治老学的概括更为准确。在魏源那里还不是很清晰的政治学内涵,在后来的解读中越发明晰。政治老学是概括从魏源到严复的一条老学研究路径。我们把魏源作为政治老学的开端,是一种历史的追认。魏源书后出,在当时可能没有影响。

② 还有一条道教老学的线索,只不过他们与主流派和考证派不太相关,自成系统。

③ 当然,这些都未必是他们相互影响的结果,高延第以下诸人是否看过或者知道魏源《老子本义》,其后数人是否相互知晓(陈三立与易佩绅相互知道,陈三立知道严复),也不清楚。但是在历史脉络上看,他们确可成一系。

第六章　晚清政治老学的展开

于发展老子的现实政治价值。最初的提出者是魏源，魏氏乃一时之英，他生活在道咸之间，有强烈的经世意愿，又受今文经学的影响，故而能发政治老学之端，提出了老学如何治世的问题。魏氏以循环演进说为老子治世说筑基，指出老学治世并非不可能，关键是了解历史发展之兴弊之机，能够"弊极而复其初"。他论及盐政、漕运、治河，触及到了一般制度的沿革问题，均能切中肯綮。但是老学如何在基本政治制度上展开？他还没有深入。之后同光间的易佩绅，已认识到老学的制度基础，他看到老子思想的制度基础是不必一统、不必封建，这是非常关键的。而到了清末的徐绍桢，已明确老学制度意涵的未来可能性。徐氏认为老子治理的关键在于公天下而不是家天下，这固然有今文家的影响，但是第一次明确老子的反专制内涵。由此，魏氏的老学何以治世问题的真正解答隐然可见，即老子不仅是救弊的，不仅是社会危机时期的良药，也可作为一种持久的文明方案取代儒家文明方案，而这恰恰就是秦汉帝制时代前老学的方向。再向后看，严复所开辟的政界自由说就是这样的解答，所以陈三立欣然赞同。高延第孜孜以求而未明言者，也当在此。

清代老学近三百年蜿蜒而进，最后所通达的，恰恰是古典时期老子至庄子一系真正思考的问题。老子思考的是政治问题，《道德经》为政治学文本，其根本在于老学的制度取向及文明形态的构想，这才是魏源以降学者所开辟的晚清政治老学真正的方向。

不过，在胡适、冯友兰之后，老学进入了哲学史模式，老子变成哲学家，其思想则为"哲学"之一种，政治老学之宗旨渐为人遗忘。以至于人们知道哲学之老子，玄学之老子，道教之老子，而不知政治学之老子。前代学者如张舜徽先生尚能论老子之古义，而赞同者颇稀。故而我们梳理清代政治老学的线索，希望能提醒人们，清代晚期以来诸多学者的努力方向。

魏源老学已经单列为第五章。此章论述高延第以下的老学研究。丁杰为魏源同时代人,其解老有一定的革新性,超出同时代人,但不及魏源,故置于本章之初。至于严复的研究,已为现代老学,故单列为一章。

第二节　丁杰《道德经直解》

丁杰,字仲文。广东番禺人,本贯安徽怀宁。道光二十九年(1849)举人,曾佐长乐县幕,代理松溪县事,助曾国藩购炮,有治事平乱之能。后掌韩山书院,日与诸生讲论。晚喜黄老之学,有《阴符经直解》一卷,《蛾术斋诗草》七卷。① 丁氏此作是传统老学和政治老学之间的一个过渡,有革新的地方但是还不足,据此我们可以理解魏源之作的革新性。

一、《道德经直解》概况

有林昌彝序,谓:解《道德经》者大抵以体道修真为主,凡言家国天下民人车器者,皆可约于一身,而不事外求。盖谓身既修,而家国天下皆可举而措之耳。又谓:养生之道,成象之道,归根之道,隐喻良多,可解者无不皆然。又谓:直解不援儒入道,亦不援道入儒,名曰直解,无愧色焉。又谓:昔甄鸾著《笑道论》,凡老庄以下,神仙之学皆笑之,此下士也,不足与辨。

案:林昌彝(1803—1876),字惠常,福建侯官人(今福州)。道光十九年(1839)举人,受学于陈寿祺,精于三礼,又关心时务,擅经济才,有《破逆志》、《平夷十六策》。

---

① 据民国二十年《番禺县续志》。

丁氏自序，其谓：非洞察乎身心所以然之故，不足以治身心；非洞察乎家国天下所以然之故，不足以治家国天下，且非洞察乎身心家国天下所以同然之故，不能以治身心之道治家国天下，尤不能以治家国之道治身心。又谓：不过以治身心之道解治家国天下之道，即以治家国天下之道解治身心之道而已。不敢为虚而又虚、无而又无之说以惑世诬民也。又谓：太上能贯身心家国天下而一之。又谓：苟以治身心之道治家国天下，而家国天下之道可复乎上古，即以其治家国天下之道治身心，而身心可返乎太虚。末题同治十年。

案：这种以推求本意而实质上追问老学现实意义的尝试，在高延第著作中得到总结，在相当程度上解决了康熙以来老学研究者对老子的扭曲和修改，而回到老学的基本性格上。

此作同魏源解老大旨相近，丁杰及林昌彝皆深知时世，故其学问已不同于乾嘉时人。林昌彝以甄鸾《笑道论》为下士之治，而能称颂《道德经》，以八十一章为纵横顺递隐喻，随人志之所在，皆可为法，这已不同于主流派的看法。而丁杰更明言，不敢为虚而又虚、无而又无之说以惑世诬民，而以《道德经》为治家国天下身心之经，这已非前代人可言。此虚而又虚、无而又无之说，当指以治心为主旨的解老之作。

二、丁氏解老的特点

丁氏解老多循文义，平易流畅。其有如下几个特点：

1."直解"的自觉

丁氏解老称作《道德经直解》，前面林昌彝序说，"不援儒入道，亦不援道入儒，以经解经，直言无隐，名曰直解。"这种解释应该是丁氏的本意。通观全篇，丁氏所注虽称不上以老解老，但的确没有混同儒道,而混同儒道是主流派老学的常态。

丁氏解老基本是不引儒书或者理学书,其论道也不用天理来解,这就不同于一般主流派的作法。其谓:道,即生一之道也(一章注)。一,解作数之始,天地之始(三十九章注),物之始(五十四章注),太极(四十二章注),中也(十四章注),这些解释大体都在道家的语境中,而未牵扯到儒学或者理学,应该说是很自觉的分疏,与前代主流派完全不同。其解说十八章、十九章、三十八章,明显涉及儒道冲突的,亦能顺解原意,而不做牵合。

丁氏解老的根源还在道家老学,不过能够出乎其外。丁氏为一儒生,热心世情,颇有才干,不过晚年好黄老之学,其注可以明显看出道教老学的影响。如他称老子为太上,讲先天炁,讲精气神,讲先天太极,讲五行攒簇(十章注),偶尔也用到仙这个词来形容乐境(八十章注)。其讲到九还之要(十六章注),这明显受到李西月注老的影响。丁氏解老多以寓言来说,并以之为解老妙法,"八十一章多寓言"(十三章注),如以民为精气神(十章注),家国喻人心(十八章注),万乘之主喻心(二十六章注),不一而足,这种手法完全从道教老学而来。

丁氏在自序中说,"以治身心之道治家国天下之道,即以治家国天下之道治身心之道而已,不敢为虚而又虚、无而又无之说以惑世诬民。"则其于道教老学又有批评,而拨正其过分集中于个人心性的倾向,以太虚为关键词来解说,强调老子治世的意义,只不过这种治世意义与治身心意义并无二致,而要均衡起来讲。这种方向可说是丁氏出于道教老学而出乎之,这就不同于道教老学的内敛,这当与时势的刺激有关。不过,总的讲,丁氏在发掘老子治世思想上并无多少新意,他的兴趣主要在治心上。扭转解老的格局,他有心而无力。

2. 以治心为中心的身心家国一致说

丁氏解老,力证治身心之道与治家国之道为一,而其根本还在论治心之道。丁氏任职长乐县时,能平息急务,代理松溪县时,能募兵迎击太平军余部,斩首百余,这说明此人并非书生而已,其临危而能处变,这样谈治心之学,的确是有得于心的学问。

心为根本,要在以虚静为主。"修道之大人,所以必不失其赤子之心也。"(十章注)"心者,天下之君也。"(二十六章注)"吾所贵者,以心为君,以身为天下。"(十三章注)"大道之要,不过虚心实腹而已。"(五十三章注)要修养虚静之心,则要去欲望,"忿不懲,则心为忿乱矣。欲不窒,则心为欲乱矣。"(三章注)"有利心,有机心者,皆不能行道。"(三十七章注)"无私欲则道心安。"(六十四章注)又解三十一章"夫佳兵者"云云,谓:此喻去欲也。此章历来解作用兵之道,丁氏解作去欲,尤见此意。

由去心之欲,故而言治世之道。"天下之事,皆不见其可欲,而心自不乱,乃可以致治也。"(三章注)故而治心治世之法为一。五十七章注:"夫无事者,无为也。盖必无违其生,以遂其生;无拂其性,以复其性。"又谓:"喜于有为,必不能守中抱一。是以三盗五贼群起相攻。"又抨击世间之骄奢,而以为去欲为治身治心国家之本,"上以是行,下以是效,民自返于朴矣。是道也,以之治家国天下可也,即之治身心,亦无不可也。"此下六十四章注、六十五章注、七十三章注皆申此意。

此中去欲为己为国之解本无新意,亦难以对治世乱,不过此语由咸同之际士人说出,自有一番滋味在其中。经历了祸乱之后,解老者对时局的忧虑隐然可见。丁氏从道教老学的治心出发,提出以治心之道治世,反映了老学的一种变化。

3. 心合太虚为丁氏解老的未言之见

丁氏解老总的讲还不够圆熟,其解说精气神与心与太虚及道的关系上,并不十分融通,先天元炁与太虚什么关系,太虚与道什么关系,心与精气神如何统一,这都不是很清楚。不过,透过全篇,丁氏解老真正有洞见的地方还在于心合太虚,这不同于道教老学,又不同主流派解老,能在二者间提供一条新路,只不过丁氏并未明言这些,也没有将此作为解老的主旨。其所谓治身心与治世为一并未证成,而其心合太虚确可成一新解,今据其文而申其说。

丁氏重视心,此一点已见前。太虚,最早出于《庄子》,后来禅宗学者、理学家如张载、船山等多使用,作为有影响力的核心概念,清代道教老学亦常见之(如黄裳),只不过是连带使用而已。在丁氏著作中,太虚主要是连着气而谈的,又高于气。"炁运于形体之中,流通无碍,犹如马行于空涧之地。"(四十三章注)然而气仍属于有。"夫太虚,朕兆胥无,而千变万化从此出。"(四十八章注)而以身心返乎太虚为至境。(自序)故以心合于太虚为至境,又谓:圣人之常心,返乎自然,故无常心也,浑然太虚,万物一体。(四十九章注)"无欲则神完太虚,自反乎本始之初矣。"(五十七章注)十三章注先言心无得失,又言:"若浑然太虚,我既无我,世亦无世。"此即以心合太虚。修养的方向不再是成仙,不是证道,而是指向太虚。这太虚不是心之体,而是天地之体。这就不再囿于心性模式,不过丁氏对此似乎并未意识到,他还在克欲证心的路上,因而不能把这一层挑破。如果丁氏把太虚的意蕴返回张载,则会有一番新意。

丁氏解太虚,与道教学者重视有无之意解老相承,注意用太极无极来解(二十五章注,六十三章注),而归终于无之境,太虚即道之无,"言天下有质之物故易盈,而道则冲,然空虚其体无,尽藏其用。"(四章注)有时以元炁来说,"盖天地之间至虚也,元炁鼓荡于其间而不洩于外。"这一说法在其《天说》一文中也有表现：

> 世之所畏者莫过于天。人日在虚空元气中，尤鱼在江湖河海中。一呼也，人之元气即出而与天之元气合；一吸也，天之元气即入而与人之元气合，是呼吸出入之外，皆天也。天之于人，固无所不见，无所不知。天之关切人，无时不赫赫明明，洞烛幽隐，无须造次，可不畏哉？（《番禺县续志》引）

五章注："天地赖此元炁为撑持，人亦赖此元炁为直养。"六章注："无形无质，无声无臭，不见而见，听而不闻，何其玄也。然至灵至感，如雌之应雄，不为先而为后，有牝德焉。"与上文一致。天与气皆有道德意义，此意与道教远，而与张载近。故其心合太虚之说，实能破道教而成儒说。唯其于太虚并未专注，故其意不显豁。

三、清代老学史上的地位

丁氏解老并无特出之处，其意义在于显示了咸同之间儒生对《道德经》看法的改变。这是第一次把身心和家国之道分开，在此之前都是合一的，之后政治老学则主要讲家国之道，少论身心之道。《道德经直解》基本论调还是老派的，不过有了新的内容。一是能吸收道教老学之长，而实破其归于一己的弊处，注意治心与治世的平衡。一是不同于主流派的作法，不再混同儒道的看法，而能肯定《道德经》的独立价值。一是希望显示其治世实学的意义，这是在社会危机下的一种努力。只不过，这种改变是有限度的，其所发挥的新意也不多，在道教老学与主流派之外欲求新而不得，只是清代老学发展中的一个过渡。

第三节　高延第《老子证义》

高延第(1823—1886),字子上,号槐西居士,江苏山阳(今淮安)人。幼年随父入川,后就学于国子监。科举失意后深闭不出,锐意读书治学,以汉儒经术为主。高氏经历太平天国战争,转徙南北间,故颇知时势,这在他的老学研究中可以看到。著作有《涌翠山房集》、《老子证义》、《广韵重文补注》等,纂修《山阳县志》、《淮安府志》、《盱眙县志》。高氏《老子本义》是魏源之后,主流学者独立研究老子的重要著作,与魏源之作有异曲同工之妙。

一、《老子证义》概况

该著有序一篇,老子考异辨一篇次之,古今诸家论老氏宗旨一篇次之。

该著基本以王弼本为底本,而颇断以己意,分上下篇,各章有章次,先录经文,次则注文。注文中有特别说明者则以小字附其间,多为引用他书以说明注文者。注解引古书古注解经文,又颇引史实以证,以述其无为治世之意,而不同于一般解文句者。又间有考论,如解瑓瑓如玉句,博引以证,不过这种情况不多。

下篇末有题作光绪庚辰孟冬(1880年)段朝端的后序。段氏为高延第父弟子,其谓:注《老子》者无虑数十家,非失之空虚,即失之穿凿,又谓:今子上先生尽屏诸家,重为疏正,于老氏痛抑贪竞伪薄之旨,末世君民之失,一篇之中,三致意焉。又谓:先生持身涉世,深有得于老氏之学。又生平熟精先秦两汉之书,墨守古义,文章尔雅,故其为是注也,杂举训诂,深朴隐约,一字一语,具有来历,非博雅者不能读也。案:段氏所论,确乎切当。

其自序曰:老子之学与黄帝并称,黄帝之书不可考,位老子为完善。又曰:后人多以空虚神仙之说汨之,其于故训又不守古义,苟立异解以傅己意,皆非老子本旨。又曰:夫无为之说,孔子尝言之,盖修内以治外,执简以御繁,帝王之道不过如此,岂空虚无薄之谓哉?老子生灵景时,无缘弃常道而即神怪。又曰:老子当叔世,疾时人贪竞伪薄,斥礼文,自指当时无其实而窃其似者言之,如庄子之论,言之若少过,其心固欲凿雕为朴,革浇之为讽,仅之太古。谆谆求世之诚,与圣人固无异也。又曰:两汉宗其学者,能不为流俗所污,其以帝王而遵其学者无过汉文帝,俭以奉己,慈以爱人,谦静自处。光武中兴,以柔道治天下,深得老氏之旨,可见无为之道非不可以治世。又曰:庄子学本出于老子,实与老子相发明,因取其说并诸子中引老子语,及河上、王、傅各本,详加差择,为《证义》二卷。非谓拔奇于诸家之外,庶几无悖大方云尔。

其《老子考异辨》谓:《史记》载其姓名爵里,及孔子问礼,自是实事,然不引《曾子问》所载,以《庄子》假托之辞实之,又杂以老莱子、太史儋云云,邪俗道书因以神怪归之,此史迁好奇之过也。又谓:近汪容甫作《考异》,以老子、老聃为二人,孔子所问者为老聃非老子,不过以老子语清静、黜仁义,孔子奉之为不能,不知古人学术各有源流,各行其是,兵刑法术初不自讳,下至药石著论,牛马称经,皆以切于民生,资于日用为事,不附会圣贤以致声价,不空谈性命以矜绝学,不排斥异己以为名高。又谓:学如老子,孔子问焉,亦朋侪质讯之常有,何贬损而必强为分析邪?又谓:庄、列诸子及汉初诸家,距老子为近,其所称引具在此书,或一篇之中,上称老聃,从无别其为两人。今两千载后曲为分别,不亦多事乎?又或谓楚老莱子,即著此书之老子,而《艺文志》老子、老莱子各自为书,其非一人又可知矣。

按:此篇专驳汪中老子老聃二人说,据《庄子》所引为证,又谓汪氏实惧孔子负韩退之与大颠忘换之谤,实中肯綮。其"古人学术各有源流,各行其是"一语,极有见地,非深于汉学家学问精神者不能言。与陈三立孔老并立说若合一契,其"不附会圣贤以致声价,不空谈性命以矜绝学,不排斥异己以为名高"三句,虽未明言,而直斥理学家气派,厌恶之情见乎笔端,此自汉学学者所有之姿态。又:其谓《史记》以庄子假托之辞实之云云,当指孔子适周问礼于老子一节,老子有去子之骄气与多欲语,孔子有鸟吾知其飞鱼吾知其能游语,高氏或以此节为庄子之文,然庄子实无此文字,究竟是史迁另有所据,亦或如高氏所推测剪裁庄子相类文字而成,今已不可知。然后者可能性实在不大。

高氏所录《古今诸家论老氏宗旨》,卷首有小字说明:老子之学,汉人本自明了,自神仙丹经之说兴,而老氏之旨晦。自王弼以完有玄妙解之,老又与释同讥,而老之旨愈晦。今录数家说于左,皆能发明其宗旨者也。其下引《庄子·天下篇》论老子章。次《史记·自叙》引论六家要旨论道家,次引《晋书·李充传》引论老子说:老子患乎情仁义者少,而利仁义者众。道德丧而仁义章,仁义章而名利作,礼教之弊则在兹也。老庄是以明无为之益,塞争欲之门。次引陆德明《经典释文》,谓老子依老氏之旨著书十余万言,云云。次引欧阳修《笔记》:老子书虽若虚无,而于治人之术至矣。次引钱大昕《潜研堂文集》:老子,救世之书也。又谓老氏流为申韩说非是。次则其自述:谓老子论道与易相通,道生一即易有太极。又谓:端正、相爱、敦朴、不欺,质也,自然之有也。仁义忠信,名也,后起之饰也,老子欲人修其内,勿徒饰于外,故有先道德后仁義之说。名之诈起,人以邀利,至于窃国,故不尚贤,不贵能,绝仁弃义。又谓:上下篇反复譬喻,不外虚而静一语。能虚静,故能无为,以此治身,亦以此治天下。又谓:虚静扫除私见,然后能洞察物情,非空虚无薄之谓也。静者屏除物累,然后能灼见事理妙,非冥然枯寂之谓也。又谓:身为治本,身不能治,安能治人?治身之要,以颛一精神,祛除物累为本。养生者摭之以为说,而非老子之意。又谓:宋人注老,多杂以释氏,不惟不可解老,亦不可解庄,其识又在养生者下矣。

二、时代刺激与学风变化

高延第注老颇与之前的注老著作不同,这与作者的人生际遇与学术立场直接相关,我们可以归结为时代的刺激与学风的变化。高延第生于道光三年(1823),自幼随父入川。十八岁时第一次鸦片战争爆发,他震动很大,曾想从戎报国,是年其兄病亡,不得已改其志。其后又经太平天国运动,1858年返淮,于当时时局之乱,清廷之无能,清军之贪残具身历之。而其著《名实论》及《吏商论》更深揭上下之庸堕,时世之败坏。

太平天国运动与第二次鸦片战争对清廷的打击极大,对江南的破坏极重,对当时知识分子的刺激尤深,高氏处于此世,忧急不平,其思考乱世之弊,而发力注释《老子》,而非致力于经学,其注解《老子》七十篇之后,多发挥忧世之义,情不能禁,至有所谓"骄愚之君,以天下奉一人,犹以为不足,违天道矣"之语(七十七章注),此语激切,确实为有感痛切之作,非平平所作之作可能,世变于其注老之影响。又,八十章注:"夫太古往矣,秦汉以来,大乱之后,兵燹示灰殊之余,群思息肩,君臣上下以粗得安全为乐,百事草并刃服用材素,人怀止足,风俗简静,时时一遇此象,盖一朝各有一太古,不必远求之怀葛之人,顾习而不察耳。若承平既久,文物繁盛,巧诈驱驰,纯浇朴散,人心无涯,又见老子此篇,谊其不知为何语矣!"

按:此为讥世语。书尾段朝端谓高氏于老氏痛抑贪意伪薄之旨,末世君民之失,一篇之中三致意焉,诚然。

时势之外,学风之变也影响高氏注老。高氏早年在川,不得归乡应试,故入京太学,其后乡试不售,乃深闭不出,以读书著述为业。其学"得汉儒经术者为多"(《高先生行状》),其著述亦以汉学为宗,有《淮安府志》、《山阳县志》、《广韵重文补注》等。高延第并不入清代汉学家序列,其学术也非以经学为长,不过其学问确能得汉学宗旨。其在《老子考异辨》中称"附会圣贤以致声价,空谈性命以矜绝学,排斥异己以为名高",虽谓明言,一见可知痛斥理学气派。其注老,谓"宋人注《老子》,多杂以释氏,其识又出养生者下。"故于宋明以下注者,几一语未及,清人主流派注老者亦不见一字,而必求先秦两汉之书,墨守古义,一字一语,具有来历。(段朝端后序)。其注老之风格、方法以古注古义为尚,重庄子外杂篇,以韩非为古注,重视《史记》说与河上公,此皆以汉为尚,有实事求是之意味而不计其它,此实为汉学大盛背景下的注老之作,非此则无高氏注。其著作名为《证义》者,即以古注证古义之意,正是汉学风气下的产物。故纪昀之流实不足代表汉学之老学,而延第之老学则为汉学之老学。

三、通盘批判汉以下注老传统

高氏站在汉学立场上,对历史上的注老作品,魏晋以下一概抨击,而必归于先秦两汉为止。高氏认为,汉以后的注解有两大类,一是王弼以下的空虚一派,还有一类是道教系统的神仙一派,二者俱不知老子治世之本意。而宋以下的作品,他大致也归于空虚一派,而以为为释氏所污染。

其序曰:"后人多以空虚、神仙之说汩之,空虚为一派,神仙为一派。"其古今诸家论老氏宗旨前有小字说明:"老子之学,汉人本自明了,自神仙丹经之说兴,而老之旨晦。自王弼以空有玄妙解之,老又与释同讥,而老之旨愈晦。"这两派都是虚诞之说,固其解释老子不归于身心人事。王弼的空虚说,又有王戎、王衍、阮咸、殷浩之流,高谈清虚,以逃礼法,而文丑秽。神仙说则因为老子有治身之说,故养生家神仙家撼之以为说,而非老子著书之意。六十章注中以宋徽宗、元顺帝之败亡为例,说明乃其人之谜,而老庄并无与于神鬼之事。又指道家说老子在黄帝时为广成子,尧时为赤精子,秦时为黄石公说为邪俗道书。

至于宋以后理学影响下的老学,则一并视为杂糅,"宋人注《老子》,亦间引《庄子》相证,而多杂以释氏,不惟不可解老,亦不可以解庄,其识又出于养生者下矣。"(《古今诸家论老氏宗旨》)其于宋以后诸家,仅引苏辙一条,焦竑注老子广引宋人苏辙、吕惠卿诸人,清人注老亦然,多归于苏辙、吴澄,而高氏几乎不见一语,其提到吴澄一次,是对吴的批评,十三章注末有小字注:"(此章)吴草序解作道家轻世肆志,误矣。"其对于清人的注老之作,除了引用钱大昕的一篇文章外,亦不即一语,故船山以下至魏源近七八十家注老之作,完全不在高氏视野中,其截断众流之气概,一返于古的立场,于此可见。

高氏这种做法,段朝端在后序中称作"尽屏诸家",这样的汉学家作派,有其意义,不过高氏对清人的注释校勘成果视而不见,则令人不解。陈三立注老已颇能注意清人考证派的老学著作,明显更具合理性。

四、对历代解说老子的矫诬不实处一一辨别

1. 辨老子流为申韩说为非

后人抨击老子,以老子为申韩志发端,自《史记》把老子、申韩

列为一传开始,历代不绝,清人更甚。高氏极力辩驳,引钱大昕所说,以为《史记》言申韩于老而失其旨,后人多误解《史记》。高氏又申之,以为以申韩归于老子乃耳食之徒,未读老子、申韩之所为。(见《诸家论老》小注)

2. 辨魏晋清谈非可归罪老庄

老子另一罪状为清谈误国,清人多袭其论。高氏以为魏晋清谈,莫不以老庄为宗,而清人饕富贵,纵嗜欲,高谈清虚,逃礼法,文丑秽,与汉人宗老庄者不同,此为假托,不可归罪于老庄。(见《诸家论老》小注)

3. 辨老庄异于释氏

自韩愈、宋儒倡异端说,释老并列,老庄就与佛教一并对待,高氏于此辨别,其谓:老庄所以自治者本末未尝疏,固非异教冥心任性者此。(三十三章注)其意谓,老庄有自知自胜之旨,有本有末,本当谓治身,为当为治世,此不同于佛教只耽于内在心性。这个看法是客观的,今天我们大多会同意,儒道二家接近,而与佛教俱远。

4. 辨三十六章非阴谋

《老子》三十六章:将欲噏之,必固张之云云,历来多有视为阴谋权诈术者。高氏辨曰:此章诸家多以阴谋测之,乃战国倾危之士假此眩时主之听,以售其术,非老子之旨也。按:此战国倾危之士,高氏当指韩非,因韩非解老此章即以谋诈视之。(见《喻老》)不过,高氏以韩非为老子古注之一,不宜直斥罢了。

5. 辨六十五章非愚民主义

《老子》六十五章:古之善为道者,非以明民,将以愚之。故后人多视老子为愚民主义者。高氏辨曰:愚之,谓反朴还纯,与秦人燔《诗》《书》、愚黔首不同。又曰:黄老贵清静,薄嗜欲,简调发省之书,以俭约相示,同归于朴素而已。(六十五章注)

6. 辨庄老同旨

清人注老者,很多人把老庄分立,以庄子放诞,启晋人清谈越礼之风。高氏辨曰:老子之言简奥,庄子洸洋横恣,读者骇之,而实与老子相发明。又曰:庄子剖斗析衡之论,言之若少过,而其心固欲人凿雕为朴,重内轻外,革一世浇沩之习,反之太古。(见序)又继陆德明之论庄而曰:(庄子)寓言归之于理,正言若反,不可案文责,是读老庄要法,而从来释者不要归于身心人事,盖纵其虚诞,丧之远矣。(见《古今诸家之论老氏宗旨》小字注)故而,高氏肯定老庄的一致性,而以庄子说来解老子,这在主流派那里是绝不可行的。

高氏驳斥的这些看法,在清代老学中广为接受。高氏一一加以拨正,等于否定了之前的老学,重新回到先秦两汉人的立场上。他的辨正有的不尽缜密周致,不过总的倾向是驳去有关老子的种种误解,而给予相对客观的描述,这与他对魏晋以下老学的全盘批判相一致,为他的老学解说做好了铺垫。

五、《老子证义》解说老子的特点

1. 以先秦两汉早期老学的古注古义解说老子

高氏注老,既以历代注解为不真,依其汉学立场,则返归前秦两汉古注古义,也即早期老学中寻找老子本义,这是高氏注老的最大特点,故段朝端在后序中说:"(高延第)生平熟精前秦两汉之书,墨守古义,文章尔雅,故其为是注也,杂举训古文,深朴隐约,一字一语,具有来历。"墨守先秦两汉之书古义,一字一语具有来历,这些确实是高注的特点。

高氏所引的古书,主要有这些:《庄子》、《列子》、《韩非子》、《吕氏春秋》、《淮南子》、《鹖冠子》、《孙子》、《吴子》、《管子》、《仪礼》、《礼记》、《大戴礼记》、《楚辞》、《史记》、《汉书》、《后汉书》、《晋书》、《盐铁论》,还有《说文》、《释文》、《广韵》,其中涉及到《史记》、《汉书》的注及《晋书》,为唐人著作,《史》、《汉》注皆为对原文的注解,问题不大。而《晋书》所引顾彦光解易(二十五章注),为晋人合易老说,为高氏所赞同,与不用晋人说的主旨稍异,算是高氏解老的一个例外。在高氏所引的古书中,引用最多的为《庄子》和《韩非子》,其次为《淮南子》《史记》,其他则又次之。

高氏引用《庄子》集中在外杂篇,内篇仅引用三次。他不关注庄子玄妙精微的地方,而是用其后学偏向于老子的那部分篇章,如《马蹄》、《胠箧》、《至乐》、《庚桑楚》、《天运》、《缮性》、《徐无鬼》、《天下》诸篇。一方面是激烈批评礼乐仁义的,高氏亦不避讳,如三十六章所引《胠箧》曰:"利器谓圣智所创礼文法制,乃治国之具,无其道而徒恃其具,一旦有大奸反窃之以贩其国,如《庄子》谓田成子非徒窃齐国,并窃其圣智之法是也。"又如十八章注,解说"大道废有仁义"之意,引庄子云:"秃而施髢,病而求医,孝子操药以修慈文,其色燋然,圣人羞之,亦同此旨。老庄贵本而退仁义礼教,意皆如此。"高氏对庄老的理解,确乎回归本意,而非扭曲和攻击。

另一方面,高氏又引用了大量庄子原文来解说老子,有时候直接移引作为自己的注解,如十章注"载营魄抱一"云云,直接把《庄子·庚桑楚》老子教南荣趎一节引下,此节又在五十五章注中引出。其他引庄子原文解释经文者不可胜数,如解二十一章的阅众甫,其注曰:"即《庄子》为众父父之说。"又如解五十章出生入死之义,其注曰:"读《庄子》养生主、人间世二篇,显尽此章之旨。"

高氏在引用庄子时,能有所取舍,以外杂篇近老学的材料为主,这是他处理以庄解老的办法。这与吕惠卿、憨山之流绝异。他在用《韩非子》解老时,则不做取舍,亦能无所避讳,以韩非之《解老》、《喻老》来解老。

先列举几例以见其貌:古今诸家论老氏宗旨引《解老》解德,解虚静。一章注引《解老》"母者道也,有名为万物母。"二十二章注引《喻老》,"一人之目不能遍察,以众目为视,故益明。"三十八章注引《解老》,"众人之为礼也,辨名分,别嫌疑,条目繁苛,春秋伐国,每曰其以五礼是也。"四十六章注引《喻老》,虞虢之例,智伯之例,以明知足之义。五十八章注引《解老》,解祸福相生之义。五十九章注引《解老》,解治人俭啬之义。又引道者所以存国之术说。七十五章注引《亡征》,述公家虚而大臣实之义。此非解释经文,而是申注文中《管子》所论中绝之意。《韩非》历来被视为古典学术中的败类,而注老者多以韩非归罪老子,高氏则一反前人,能以古注古义视之,引用来解读老子,这种精神,的确是汉学家身上宝贵的地方。

除了庄子与韩非外,高氏注老受到的重要影响还有两家,一是《史记》,一是《老子》河上公注。《史记》的意义在于,给予《老子》一个总的评判。高氏在《古今诸家论老氏宗旨》中引用了《史记·自叙》,即司马谈《论六家要旨》论道家的部分,但真正关键的是《史记》老子传的这一论断:"李耳无为自化,清静自正。"《史记·索隐》曰:"老子曰我无为而民自化,我好静儿民自正,此是昔人所评老聃之德,故太史公于此引以记之。"《史记·正义》曰:"此都总结老子之教也,言无所造为而自化,清静不挠而民自归正也。"这是汉代学者的基本判断,高氏正是继承了这一论断,而集中论述老子的治世说。前人并非不知老子有此说,也会说明,但是把此点作为老子所有思想的核心加以立说,把治世作为关键点,而不汲汲于玄妙之论,这是高氏继承汉代老学传统之处。当然,《史记》中论及孔老道不同不相为谋,论及以虚无养神为要,高氏都继承下来。

其次为《老子》河上公注。高氏引用河上注仅一见(三十一章),乍一看似乎没有什么影响。但我们如果细读河上注,再看高氏注,其中以治身之道治国的思路完全一致,河上公讲究治身去情欲,治国勿烦扰,在高氏这里表现为虚静以治天下,如五章注:"为治不贵多言,修身以示之,人自信从也。"一章注也由身以及治天下解说无名、有名,颇异于常说。如二十六章注:"身治而后天下治。"又:"身为治本,不治身则失其本。"十三章注:"必先重受吾身,以为治天下之本,清静寡欲,道德自处。"七十五章注:"卫文公、汉文帝者居上,清静俭素,自臻于蕃庶。"均发此意。

《庄子》、《韩非子》、《史记》、《河上公注》,这是早期老学的代表作,高氏总括数家,去取存废,而归本于老子的虚静以治身治世,尤其是发挥其现实的批判与指导意义,这是他与清代其他解老者不同之处。至于其他所引各家,亦多有借鉴,不过不如这四家重要罢了。

高氏以古注古义为据解说老子,也有一些问题。他引用古注古义很多,有的未必尽合经意,有的引用之后意义也没那么大,不过是为引用而引用。不过总的看,他还能把四家综合在一起,这确实是有去取的功力,不过有时候隐而不显罢了。

2. 以自然无为之治道为中心解说老子

高氏注老,力斥空虚、神仙二途,而求老子古义,而以自然无为之治道为中心,其解说经文,必归于治世之法:

> 圣人治民,欲同归于浑朴,心主谋虑,欲其清虚。(三章注)
>
> 治天下者不扰其静,则久而自清,不劳其生,则久而自生。久道化成,还纯反朴,不必更有创造,以邀极治之名。(十五章注)

> 至道之君以清静无为为治,还纯反朴,不竞于私智矣。(十九章注)
>
> 后世人主视天下为重,以一身为轻,故贪权任术之主,躬亲吏务,烦劳百姓,而奢侈宴安之君,又纵欲肆志,濒于死亡。(二十六章注)按:此为无为之反例。
>
> 有国者不可徒恃利器,当以道德为事,天下自致于治平。(三十七章注)
>
> 人主以道德莅天下,清静无为,放牛归马。(四十六章注)
>
> 圣人之治天下,兢兢然使人复其初,同安于朴素。(四十九章注)
>
> 圣人以无为为治,不凿其窍,不发其机,安于朴鄙。(五十七章注)

以上诸节,均述治国无为之意,而此又以道天质本然说为据。

> 有自然之道者,无偏长曲艺可标,乃天质之本然。(一章注)
>
> 常道即无为自然之道。(一章注)
>
> 道者,循其自然之谓也。(二十五章注)
>
> 道即无为自然。(四十二章注)

道并不神秘,也不玄虚,不过是万事万物,人身与世道之本然之样态而已,其在人为朴素之身,无知巧,无欲求,在世则为素朴之世,此在上古早已出现:解"太上下知有之":

太上，《礼记》孔疏谓无名号之君，下知有之，民止知有君在上而已，此谓怀葛之世。（十七章注）

太上化民，相安无事，故尧舜在上，百姓有帝力何有之谣。（四十一章注）

按：此以尧舜为太上，与上章异，其谓上古尝有无为之治则同。又以八十一章"小国寡民"云云为太古之象，又引《庄子》广成子教黄帝之言以述之，又称此即大同之治：

绝仁弃义，民复孝慈，即大同之世，人不独亲其亲，不独子其子。（十九章注）

天下大同，归于无为，顺其自然已。（六十五章注）

此即以《礼运·大同》篇来论上古无为之治，盖此无为之治实难尽详，故不惜以隐约之辞以穷之。而上古之治逐渐堕落，不得回到自然朴素之中，"治道日降，即皇步帝趋，王驰霸骤之别也。"（三十八章注）以上古之治虽难尽知，而后世历史则斑斑可考，高氏在注中多引史实正反两方面以证实：

庚桑楚居畏垒而治，公孙鞅传秦而亡。（二十三章注）

勾践以柔道克坚吴。（四十三章注）

知氏、虞君以不知足败亡。（四十六章注）

始皇、苻坚烦扰天下而败。（四十八章注）

隋炀帝、唐明皇以侈奢启盗。（五十三章注）

宋徽宗、元顺帝佞鬼神而亡。（六十章注）

卫文公、汉文帝居上清静而治。（七十五章）

其序中更言:"其以帝王而遵其学者,不过汉文帝,观其俭以奉己,慈以爱人,谦静自处,重于诛伐,终致海宇清平,百姓乐业。"又谓:"光武中兴,自谓以柔道治天下,亦深得老氏之旨。"故其曰:"可见无为之道非不可以治世矣。"

如果这样,那么历代所称道的礼乐仁爱又如何解释呢?无为之道要弃绝礼乐仁义吗?高氏在论说此一问题时,虽颇有些含胡,不过最终还是倾向于道家的观点,而非首鼠两端。其在论说三十八章"失道而后德,失德而后仁,失仁而后义,失义而后礼,失礼者,忠信之薄而乱之首"时,谓:"礼理起太一,礼事起燧人,礼名起黄帝,又伯夷典礼,礼之兴尚矣,老子安得薄之?"此之所斥谓当时诚信不足,而以繁文缛节为礼,无益于治,反以责望生乱云尔。其在序中又言:"(老子)疾时人贪竞伪薄,斥礼文,自指无其实而窃其似者言之。"如此,则老子只反过礼之失,而不反对礼本身。不过,在另外一些章节中,则明确说明老子是反对创制本身的。

> 用之不勤,所谓我无为而民自化,不必烦苦创制以相扰也。(六章注)
> 久道化成,还纯反朴,不必更有创制以邀极治之务。(十五章注)
> 三代革命,其宜民治国之大端,不过正朔礼数器械衣服之类,止以新民之耳目,不系天下之所存亡,老子犹以为多事。(十五章注)按:此节最清楚,高氏承认老子反对一切礼制活动。
> 有道者清静为治,不欲更新创制者,盖万物化生,极则必反,反则复其初。(十六章注)

老庄贵本而退仁义礼教,意旨如此。(十八章注)

利器谓圣智所创礼文法制,乃治国之具,无其道而徒恃其具,一旦有大奸反窃之以贩其国,如庄子谓田成子事。(三十六章注)按:此即完全以庄子之眼光看礼乐制度。

即使在上面所引三十八章注中论说老子不薄礼之文前后,又各引《韩非子》与《后汉书》注顾观说,而实际上又肯定了礼乐为治之害的观点:"《韩非子》云:盖辨名分,别嫌疑,条目繁苛,春秋伐国,以诛罚从事,所谓生乎礼,入乎刑,治道于是穷矣。"(三十八章注)又引《解老》之文,解老子薄礼之义。又:"顾观云:道德为厚,礼法为薄,清虚为实,声色为华,去彼华薄,取此厚实。"(三十八章注)韩非之斥礼,正合老庄之意,而顾观之厚道德薄礼法,确为晋人的观点,高氏取二者的观点以解说老子,可说是合乎本义。这就一定程度上抵消了他对老子不反礼制的说明。

高氏所以有自相矛盾的地方,和老子思想的内部冲突有关,大概也和高氏的观点难以自洽有关。老子斥礼制仁义,这当然是事实,但是如何保证去除礼制之后维系一种秩序,这就很困难了。毕竟像庄子后学想象的与鸟兽同处的景象不能实现,礼的问题总是不可回避。这在后世解老之中一直是一个难题,高氏能承认老子反对创制礼乐,这在当时是难能可贵的,但是他没办法把礼完全取消掉,不仅因为他那个时代礼是一套真实的社会秩序,他要有所避讳。也因为不借助最朴素自然的"礼"的话,自然之治如何实现呢?难道君主(圣人)一个人清静下来,整个社会,整个世界就回归朴素了吗(如同魏源所质疑的)?他的解说不过是回到了文本意义上。老子那里,老子思想内在的问题,他并没有去进一步解决。

不过,总的看来,高氏还是维系住了老子的基本义涵,他对仁

第六章 晚清政治老学的展开

义说也保持了道家立场:"若人生而静,天质自善,率性而行,端正而不必以为爱,相爱而不必以为仁,敦朴不欺而不必以为忠而信。端正、相爱、敦朴、不欺,质也,自然之有也。仁义忠信,名也,自后起之饰也。"(《古今诸家论老氏宗旨》)此处高氏引《庄子·天地》篇的说法,把自然之质与后起之饰对举,而以仁义忠信为外在之名,这在当时即使不是大逆不道,恐怕也会让人侧目。这种认识完全承认老庄的说法而从之,说明高氏的确是认同老子学说的,而并非站在外在的立场来理解老子,这在清代老学史上氏极少见的。

高氏在论说老子无为之治道时,尤其重视七十三章以后抨击世情的章节,而给予相当大的同情与赞赏。这正是他受时代所激,发现老子价值的原由。由此,他提出了很多违背自然治道的末世图景,而给予痛斥。

> 戒世人徇私纵欲,为造物所恶,与下数章皆深陈世人心治道之害,发明所以著书之意。(七十三章注)
>
> 季世之民多不聊生,故不畏死,为让者当生之育之,不得概以诛罚慑之。(七十四章注)
>
> 哀弊之世,人情夫民之讥与难治,在上者之罪也。转益奢靡。(七十五章注)
>
> 宋明之季,冗费日增,苛敛日广,条制日烦,民气日嚣,盗贼外患因之而起,老子之言可谓深切著明矣。(七十五章注)
>
> 骄愚之君,以天下奉一人,犹以为不足,违天道矣。(七十七章注)
>
> 秦汉以来,大乱之后,兵燹之余,君臣上下以粗得安全为乐,服用朴素,风俗简静,一朝各有一太古,不必远求

之怀葛。(八十章注)

高氏以乱世人情世相为的,以老子之道为权衡,深痛惜之,而寄望于当世,此所以论老之本意。故而高氏特别强调老子治世之意义,古人既已用之,今人又何不可?故老子不仅是古人之理,亦能用于今,"能虚静,故能无为,以此治身,亦以此治天下。盖虚者扫除私见,洞察物情,静者屏除物累,灼见事理,忘己忘物,然后所行者一出于大公至上,因物体物,秉乎自然,无造作矫拂于其间。"(《古今诸家论老氏宗旨》)这一段虽不免有些理学意味,大致仍是老子之意,可以视作高氏对自己解老的总结。而段朝端在序中颇赞此作训诂之新意,可谓不知高氏作老之意。

六、《老子证义》在清代老学史上的地位

评价高氏《老子证义》,首先要谈到与魏源《老子本义》的关系。从现有材料来看,我们无法证实高氏是否见过魏源的《老子本义》,① 不过二者之间有明显的一致性。

(1)注意到黄老与老庄两个传统,不过魏源取黄老,高氏更重视庄老。

(2)均以老子为治世资源,而非论道之书。

(3)不强合孔老,而能分别视之。

(4)强调老学切于身心的实际意义。

(5)抨击旧注。

读高氏的序,明显感觉到魏源四论的影子,这究竟是一种暗

---

① 魏源《老子本义》现在知道最早的刊本是光绪二十五年(1899)袁昶所刻浙西村舍丛书本。不过,在这之前当有抄本流传。

第六章 晚清政治老学的展开

合,还是高氏借鉴了魏源而未名言,还不可知。不过,二者间还有较大的差别。

魏源是扭转老学方向的人物,但他是以余力论老,论老是他经世学术倾向下的一个反映。他的作品多断语,而不能证实之,他的四篇《老子论》与正文也不能相融通,而经文注解并不出色,他的太古说太过虚幻,并不能让人信服,他的一些论断武断,随心所欲。这时的老学在一个关键的转型点上,但并未实现转型的目的。高氏则真正实现了转型,他集全力注老子,以治世为指向,非如此则必弃之。他的汉学方法使得他的注解扎实厚重,尤其是他对庄子、韩非、《史记》与河上公注的回归,接续上早期老学的传统,极大增强了论说的说服力,这就使得他能够把老学真正引导到原始面貌中。这在今天看来无甚新奇,但在清代老学受理学框架污染的时代背景中,有廓清迷雾的作用。老子究竟说的是什么,他基本上不做歪曲,一一说清楚了。

因而,在孔老关系上,高氏虽然有含糊不清或者有意避祸的地方,但是仍然有一种清晰的孔老并立的看法,这在清人那里是很难得的。"古人学术各有源流,各行其是"(《老子考异辨》),这是一种很有勇气的说法。他也引用了《史记》及晋人的一些类似的说法,他在注解诸如十七章、十八掌、十九章、三十八章这些明显孔老冲突的地方,也并不强合曲解,而能以老学本义加以说明,这说明老学在高氏这里真正表现了独立意义,而非如前代仅仅作为异端的标本或者圣道的呼应者。这殊为难得。当然,高氏对孔老关系没有进一步的申发,他甚至不如魏源,以一文一质的思路做一个解说,也不如比他年轻一代的陈三立那样,有一个明确的定位。对他而言,还原老子为最重大的事,更复杂的孔老关系只是点到为止,他还不能去碰孔老优劣的问题,这一问题直到清末徐绍桢,才有一个新的解答。

如果我们只是评价高氏的老子注本身,站在今天的立场上看,这恐怕只是一部能发挥老子古义的作品,而这古义又集中在无为治世上,这在义理上平平无奇,不令人称赞(老子毕竟有玄妙的地方),在应对时代的挑战上也难有意义(新学才有生命力),高氏的著作不免黯然失色。诚然,从汉学来治老学,高氏达到了一个高峰,这是清代老学史上的一个重要节点。在某种意义上,《老子证义》是最具清代文化气息的注老之作,淳厚踏实,完全可以有更大的影响。

不过,时代已经转换。高氏本来想要复老子古义的应世,但是此世已非彼世,他仅仅据治身以治世的古义述老,不知此义已讲了几千年,其效果可知。他也不知道老子之世,诸侯在位,他所在的时代则皇帝一统,一个庞大的官僚系统下如何做到无为?他抨击世人讲富强(是暗指洋务派?),却不知道外患之下如何无为?竞争的时代已扑面而至,西学已然侵入,以几千年前的一家说来对治此数千年不见之变局,必无胜理,一望而知。高氏研究就处在这样尴尬的境地,矫前代有功,而不能开新于后。他恢复了老子本义,具有学术史上的意义,但是他的研究在新时代下已然失去了意义。时代已然抛弃了包括老子在内的所有传统资源,他还不知道。

第四节 陈三立《老子注》

陈三立(1853—1937),字伯严,号散原,江西义宁(今修水)人。出身世家,当年与谭延闿、谭嗣同并称"湖湘三公子";与谭嗣同、徐仁铸、陶菊存并称"维新四公子"。光绪十五年(1889)进士,授吏部主事,江西铁道总办。助其父陈宝箴在湖南维新变法,提倡新学,戊戌政变后，与父亲一起革职。1937年"卢沟桥事变"后绝食而亡。陈三立是晚清同光体诗派代表人物。著作有《老子注》、《散原精舍诗集》等。

此作为陈三立29岁时所作，次年即光绪八年陈氏壬午乡试中举，其后光绪十二年会试中式，则《老子注》作于陈三立青年读书时期，由此注可见当是青年才俊对基本思想问题的理解。陈氏比高延第小30岁，与谭嗣同齐名，与易佩绅之子易顺鼎交好。易顺鼎《读老札记自叙》谓壬午夏，陈以所注老子示之云云，则其后易氏父子之注老皆有陈氏之影响。陈氏此作显示了同光间青年才俊对老子的看法，已经不同于以往，而与魏源、高延第相近。

一、《老子注》概况

陈氏自序，曰：昔衰周之际，孔老并出，各专其道，不相为师。又曰，老子之书，言道言德，澹泊宁静，窅然无为，儒与道不相兼，道家言道，儒家言礼，自是徒众益竞异同，或相奖诬以汨其真，数千年莫能明。又曰：老子盖睹周末之弊，道教礼崩，发愤矫厉，寓之于言。又曰：孔子固流以明用，老子养晦以观变，其志一也。故老子明其原，而孔子持其流。老子质言之以牖当时，孔子则修其辞以训后世，又：子思作中庸，亦言道言性言无声无兵，其旨略同于老子。又曰：蓋天不一道，道不一圣，圣不一治，文质之变，各有其宜，升降之数，各有其情。案：此语西人来之前无人能说。又曰：今四库著录凡九家，而河上公本颇著。又曰：或言河上公章句多不合，乃流俗人所为，是殆然。然唐以来传之千余岁不废，则亦不可得而废也，故仍之云。

按：四库全书著录十家，为《河上公注》、严遵《道德指归论》、王弼《老子注》、苏辙《道德经解》、葛长庚《道德宝章》、吴澄《道德真经注》、焦竑《老子翼》、题顺治《御注道德经》、张尔岐《老子说略》、徐大椿《道德经注》。陈氏谓九家，或许是去掉了道教宗旨的葛长庚《道德宝章》。陈氏取河上公为据，谓唐以来千余年不废云云，又承认此其为流俗之作，这不免自相矛盾。据易顺鼎《读老子札记》序，谓陈氏成书后一年以老子注相示，易氏谓"今世所有以王弼注为最古，若河上公固不足信也。"同时的高延第亦用王弼本。陈氏不用纪昀所校王弼本，这颇令人不解。我们推测，陈氏当时对老子版本的优劣并无太深了解，抑或陈氏不愿从俗，而颇好古之故。

陈氏云取河上公为底本，但正文无章题，无章次，惟录正文，则于河上本亦有所取舍。分上下篇，上章三十七章，下篇四十四章，每一章先取经文，小注于经文中，注解颇简略，除了经文校斟外，引用各家解说亦略略而已，其自己的解也不多，每一章注解处，一句或数句而已。整个老子注篇幅较小。

二、陈氏《老子注》的几个特点

1. 吸收清代学者老子校斟成果

陈氏注老，颇重视校斟工作，其相当多的力气用在校斟上。其于清人老学谈及义理者，陈船山之外，一无所取。四库著录中清人著作有御注本及徐大椿注本，存目类中有胡与高本，汪缙读道德经私记，黄元御道德经悬解，陈氏一语未及。陈氏当能看到一些清人注老之作，如魏源也是一语未及，高延第光绪六年老子证义刊刻，似亦未及之。此处可见出陈氏对于清人注老义理之作的一本态度，是颇不以为然的，这与他叙中所述的孔老并立的宗旨相一致。不过，陈氏对清人考证学者的老子研究多有借鉴，其中对段玉裁，王引之，王念孙，俞越多有引用，又颇知以永乐大典本，唐景龙碑本，傅弈本，陈景元本加以校斟，其以《说文》《释文》为证亦见此种风气。陈氏多引姚鼐之说,离合老子经文。其引王引之说有:信不足,焉有不信句。信不足为句。又:夫佳兵者,不祥之器句。佳字当作隹字之误。其他引王念孙校斠4条,引俞樾校斠8条,引姚鼐调整章次5条,引吴澄调整章次1条。其中姚氏所论,多臆测,证以今所见出土诸本,皆不合。陈氏能吸收校斠学者的成果,而不废义理,这是清代老学主流派与校斠派互不往来局面之改观,颇有意义。不过,他于姚氏妄说多不能辨,说明于老子文献问题还不能深入理解。

2. 吸收历代解老作品尤其是船山的解老

陈氏注老,除了校斠之外,引用的历代注家有:王弼注、苏辙注、吕吉甫注、焦竑注、李息斋注,引用最多者则为船山注,此为其解老特异之处。在陈氏所引诸家注重,除船山外,清人注解之作一家未引,王弼注引3条,苏辙4条,李息斋1条,张耒1条,吕吉甫1条,而船山引19条,远远超出其他各家,说陈氏《老子注》远绍船山,可谓切著。船山解老多理致,故陈氏多从之,而一反清人注老之习,此见陈氏理解老子,已能接续明末清初,而能予老子一重新定位。陈氏引船山注,除了一般的注解文字外,亦颇涉精义。如引是以天下乐推而不厌句:圣人有善则过而不留,受天下之归而自不餍大,不亦孰得而厌之。又:古之善为道者,非以明民,将以愚之句注:物欲出生,我止其芽,则天下全其膏润。心欲出生,我止其机,则魂魄全其常明。非故愚之也,以明者非其明也。陈氏亦颇引申船山之意,如人之道则不然损不足以奉有余句,引船山注:夫自损者固未尝无损,而受天损者其祸烈矣。其自注云:逆天逾甚,天报之亦逾厚。

3. **陈氏注解颇重义理申发**

清人注老,多有帖括习气,以解说文句为务,而陈氏注老,校斠之外，其自注解者多能发挥义理，而非斤斤于辞句，这颇具王弼、船山注老之精神，今略举几例以见其清新可人。

注万物作焉而不辞句："以息相歔而乘其化，故不辞。"按：此注化用庄子而颇达大旨。注爱以身为天下，乃可以讬于天下句："能贵爱其身，乃能无身，无身乃能浮游于天下。故虽为天下，而天下无如何也。"

注万物并作，吾以观复句："悠然自复于吾心，乃以心之复者观万物。"按：此注美而切，有庄子兴味。

注有国之母可以长久句："冲气涵于中，和德游于世，故相与无穷也。"按：此句之意多见，可谓陈氏解老之根本。

注其政察察，其民缺缺句："不治其民，民安于治，以治治之，民愈不治。故古今以来，未有可治之民也。"按：此确深得老意。

陈氏在注解"大道废章"、"绝圣弃智章"及"上德不德章"这几处明显儒道冲突的经文时，并不牵合，而是各从其意。大道废章引船山注："利在物而害在己，谓之不全，善在己而败在物，谓之不公。"而自注曰："虫生于木而木则腐矣，丝出于蚕而蚕则僵矣。"绝圣弃智章则谓："执有以为道，不可以为道。"上德不德章注曰："德者道之流，下德者，德之弊，而仁义礼三者，又流之所自及，弊之所递生也。"

由此三章来看，正如其叙中所言："天不一道，道不一圣，圣不一治。"孔子及理学的权威已远去，完全可以肯定老子学说的本来意旨了，这是清人观念变化的一个显例，以理学笼罩下的解老模式再无存身之地了。

三、在清代老学史上的地位

陈氏自言，"老庄乃忧世之书"，这和他的自身处境是一致的，身处太平天国及第二次鸦片战争之后,帝国的命运已垂垂可怜,陈氏的好友谭嗣同马上就走上历史舞台,陈氏自己也将要辅佐父亲走向必败的命运。此时的他正处在忧患之世中,其解读老子也确能脱开前代的积习,一扫主流派视老子为孔子注解的偏见,而能孔老并立,明确提出"天不一道,道不一圣,圣不一治",这确是当时主流知识分子的新变化。

陈氏注老是清代老学转折的一个明证,他尽弃清人注解,而独重船山,这无疑是一种重大变化。他能够吸收清代考据学者的成果,明义理而不废考据,这是清代老学自乾嘉以来义理考据互不相涉传统的结束。其解老子能把握本意,义理清简而明述,非仅疏通文句而已,可说是颇具特色的著作。其后易顺鼎父子注老皆受其影响,而其宗旨与高延第不谋而合。可以看出,此时精英学者很多都把眼光转向老子,而能以老释老,这是清代老学一个重要的转折期。

陈氏注的缺陷在于过于简括,对于考据派特别是姚鼐的研究去取不足,严格讲还不是一部成熟的注老之作。比较高延第及易顺鼎之作,陈氏之作影响显然小多了。陈氏在1903年,见到严复《老子评点》,大为赞叹,促其刊行,这是他与老子的另一份缘分。①

第五节 易佩绅《老子解》

易佩绅(1826—1906),字笏山,一字子笏。湖南龙阳人。咸丰八年(1858)举人。从军川陕间,积功授知府。历任贵州按察使、山西布政使、四川藩司。光绪十年,以援台湾去。著作有《诗义择从》、《岳游诗草》、《老子解》、《仁书》等。

---

① 见严复《老子评点》熊元锷序。

易佩绅和陈宝琛交好,与罗亨奎并称三君子。易佩绅之子易顺鼎与陈宝琛之子陈三立交好。陈三立的《老子注》成于光绪七年。易顺鼎受其影响,光绪八年撰有《读老札记》。陈三立和易顺鼎的著作当对易佩绅有所影响,至少他应该知道并读过二人的著作。不过,易佩绅在叙中并未提及二人,盖因为皆为晚辈,不必明言。易氏此作是同光间高层官员对老子的看法,和陈三立之作相近,已经不同于主流派及考证派。

一、《老子解》概况

首为光绪十七年自序,谓:世言老子者多矣,大要以《史记》为据。《老子列传》合庄子、韩非,谓"申韩源于道德之意,而老子深远矣。"然非仅不及,实相反矣。又谓:庄之散放非老之朴淳,然同归道德,不甚相反。申韩之刻磝少恩,则相反之甚,以名法为深文,以惨磝为杀机。又谓:韩愈《原道》辟老,谓老子所谓道德者合仁与义言之,不知老子实浑全仁义于道德之中,而不欲偏举,不欲纷岐,不欲外饰也。又谓:至后世与佛徒并列之黄冠者流,则非老子之徒,而相反相诬之不足辩也,韩氏盖未考也。又谓:苏轼氏之论韩非而归咎于老子也,盖因《史记》之合传而巧搆其说也。商韩之轻杀人,非老也,老子敬慎,著书以救千万世之身命,何尝有一毫轻世玩世之心也。又谓:史载孔子严事者五人,老子为首。孔子师老子也,正其所以为大也,韩氏必谓其不然,反小矣。又谓:史谓世之学老子者绌儒学,儒学亦绌老子,盖学老学孔者之相绌,孔与老固未相绌也。又谓:吾中岁以前,偶涉猎《老子》,既专主程朱,又牵于韩、苏之说,虽心以老子为然,而不敢尽然。去官之后,始常常读之,乃益知老子为世所诬,而其救世之心,人未能解也,今因以自解之。又谓:老子、孔子一道也,使孔子之道行于世,又何必老子哉?乃孔子之道渐为赘疣,而异学纷纷,至求屡于寰海之外,变极而一,或在老子乎?其将大效乎?后世行老子之道者,但行其所以救世,则老子之道与孔子之道皆可以并行不悖矣。自序后有补记一则,谓:解者,解其意义,非注其字义也。吾但就心得印证之,不专有从违也。后世读吾解,字义尚未晰者,则求诸河上公以来各注本可也。

按:易氏谓"去官之后,始常读之",易氏于光绪十年以援台湾去职,则自此专心读老。《老子解》刻于光绪十七年(1891),这是他离开官场后,集中精力读书著述的成果。同年,《仁书》二卷亦刻出,可见易氏有儒道并用之意。陈三立、易顺鼎、易佩绅三人研究老子大致时间接近。易氏所作多求解大义,而陈作简疏,顺鼎之作为校勘,立意颇不同。不过,易氏论及孔老关系,与陈作多有相近之处,或许有一定影响。至于历史上的注老之作,特别是清人的注老之作,易氏一语未及,其确是"就心得而印证之"(自序),也确有出乎前人的妙处在。

易氏《老子解》分上下篇,其经文当取自王弼本,惟各章章次列于经文之后,题作右第一章,右第二章云云。易氏解老以发挥义理为主,不作训诂,有的章节在全章之后做精彩的论述,有的章节则划分若干小节,分别作解,有的章节没有发挥的余地,则寥寥数语而已。易氏此作题作《老子解》,其自叙解释到:"解者,解其意义,非注其字义也。"又说:"吾但就心得印证之,不专有从违也。"这说明,易氏解老基本抛弃旧注,而从自己的理解出发,且不再有什么顾忌,所谓不专有从违。他在叙中批评了韩愈和苏轼的说法,不过并没有提到二程和朱子对老子的批评,也未提到清代理学家的看法。从注解来看,易氏对老子的理解确实与正统观念拉开了距离,而与高延第有不谋而合的地方,这当是他潜心钻研的结果。

我们不清楚易氏是否读过高延第的《老子证义》,二者对老子的研究方法并不相同,不过在一些基本问题上是一致的,这当与他们的时代处境有关。易氏解老虽称不上独创,却也自有妙处。他对老子的基本理解并不出魏源、钱大昕、高延第的框架,不过他强调以心印之,因其有实际的政治经验,故而确有一些独得的地方,能抓住老子思想中一些精妙处,为清人解老者所不及。

二、老子为救世之说

易氏对老子的基本理解,可以概括为救世说,即"老子之说乃为救周末文盛而发,行于文景之世,今亦或有大效。"这是魏源早已明言的,钱大昕也有论及,高延第注老也以此为宗旨。魏注刊于光绪二十五年,高注刊于光绪六年,易氏或皆未见之。从今天来看,其说已非新说,在清代老学史上实无创意。

不过,易氏有如此结论,亦有内在的理路。他在《老子解·叙》中说,"吾中岁以前,偶涉猎《老子》,既专主程朱,又牵于韩、苏之说,虽心以《老子》为然,而不敢尽然。"也即是说,他是从反省程朱、韩愈、苏轼的老子论断开始的。程朱论老颇刻,《朱子语类》有专门的论断,大致以老子为阴谋家一类,这些易氏皆未明驳之。而韩苏说即韩愈的《原道》和苏轼的《韩非论》。韩愈以佛老为异端,称老子之道德非儒者之道德,这是儒道冲突说。苏轼论韩非,曰申韩之祸发于老子云云。苏轼此文成于嘉祐间应制科所作,时年二十六年,非其晚年成熟时所作,大抵承《史记》说而以老子为祸首。易氏专驳韩、苏二文,以为老子言道德乃浑全仁义于道德,老子孔子一道,而非相绌。且孔子师事老子,故持孔老并行不悖说。他也断然否认佛老并为异端的看法,直指道教老学非老子之徒。此驳韩愈。易氏又以为申韩实与老子相反,一为救周末文盛,一为以名法为深文,故一淳朴一礅刻,此驳苏轼。

孔老异同是极大的问题,易氏所论亦未必毫无破绽,如其以老为质、以韩非为深文,断然否定二者的联系,亦未必然。不过,他的观点确实从清代流行的正统观念中退回来,能正面评价老子,把老子和孔子并立,这代表了清代晚期主流人士一种重大的思想变化。理学传统的确衰微了,学者以新的视角重新评价老子及孔老关系。

易氏论老子之救世说,较之魏源、高延第,有更细致的论述。他认为,老子之救世,乃救周文之弊(此点下文详述)。其一为救文,其一为救杀,此为救世之两端。

> 老子救世之心甚深切也。(七章注)
> 以天道唤醒之,亦所以救世也。(九章注)
> 素朴者质也,救文盛之弊也。(十九章注)
> 老子之言道也,大抵见周人尚文之弊。(同上)
> 老子救世之最切者两大端,一救文,一救杀也。救文者第十九章略言之,救杀者,此以下二章其最著也。(三十章注)
> 老子救文救杀之两大端,而自叙于卒章也。(八十一章注)

所谓救文,即对仁义圣知礼乐过盛而为具文赘疣的抨击。所谓救杀,即对兴兵战乱的抨击。去此二者,而归于质朴,自然无为,无私无欲,即老子救世之意。易氏以此为基点,肯定老子的意义。易氏的救世说,大致讲并无问题。他虽然以为老子讲的绝弃仁义不可为训(十九章注),小国寡民未免过当(八十一章注),要是从救文弊来讲,也是可以理解的。

不过,他的救世说的问题在于:是承认老子说是对周文的一种修正,还是认为老子说是对周文的取代?这二者似乎还有区别。易氏是在肯定儒家基本价值的同时,承认老子的意义,这和他对孔老关系的看法是一致的。

三、以质文来区分孔老

易氏解老一个突出的地方,是借用文质这一术语,以淳朴浑一来界定老子,而以文来界定孔子,这就以一种会通孔老、并行不悖的方式整体上理解儒道关系。

以质文来解老,宋以来多有人论及。清人以之论老子则出于钱大昕《老子新解序》,其谓:"周之弊在文胜,文胜者当以质救之。不尚贤,不贵难得之货,不见可欲,清静自正,复归于朴,所以救衰周之弊也。"[①]我们不清楚易氏是否看到过钱氏此文及高延第《老子证义》。或许易氏受到钱、高二人的启发,或许只是易氏的自悟,不过他的论述更细致些。质文并立本来出自《论语》,"质胜文则史,文胜质则野,文质彬彬,然后君子。"后世多以之为一种分析的框架,宋明以来的解老者亦多借此发挥。《老子》十九章"以为文不足"、"见素抱朴"意亦接近,颇可一论。质文论在清代是一个常见的话题,多由帝王口中说出,用以调和满清和汉族文化[②]。钱大昕、易佩绅是名流高官,或许受到影响,而用以解老。

易氏在《老子解叙》中称,"老子欲以无为者救周末之文胜。"所谓周末文胜,即仁义礼乐丧失内在质地而徒为具文,"盖当时所谓仁义圣智者,徒有其文而无其质也。"(十九章注)所以他称赞老子

---

① 此文后被高延第选入《老子证义》中"历代诸家论老氏宗旨",是清人论老文字中唯一选入的。

② 参杨念群《何处是江南—清代正统观的确立与士林精神世界的变异》,第四章、第五章。三联出版社。

的"见素抱朴,少私寡欲","素朴者质也,救文胜之弊也。"(同上)继之,易氏以为儒家所说的仁义礼智信并非老子所否定者,而是老子所言的道德的一种浑融朴素的形态,

> 老子实浑全仁义于道德之中,而不欲偏举。(《老子解叙》)
>
> 言道而仁义礼智信即在其中,无庸偏举也。偏举已失道之全,况所举皆徒有其文而无其质者乎?(三十八章注)

这样,等于说孔老并无实质冲突,只是一言文一言质而已,

> 老子非与儒异也。(三十八章注)
>
> 老子孔子一道也。(《老子解叙》)孔子言显,老子言微,亦一也。(五十九章注)

所以他对老子的看法是:"不欲偏举,不欲纷岐,不欲外饰。"(《老子解叙》)这也就是自然无为,"无为之圣人,黜华返朴,民无难得之可羡。"(三章注)易氏认为老子八十一章讲到民复结绳而用之,不免过甚,不过其惩尚文之弊则是没有问题的。体现在治理上,就是回复到淳朴的形态中。这里有一点要注意,易氏已经意识到老子在制度上的洞见,即不尚一统,这是解老者极少看到的。下文会详述。

易氏从质文来区分儒道,颇有些意味。依此,道家所论并非如《史记》及后人所论与儒相绌,儒道是一种相反相成的关系,既相通,又并行。那么老子所说的不过是儒家所论的另一种形态,老子实为救孔子者,故而他会说:

> 使孔子之道常行于世,又何必老子哉?乃孔子之道渐为赘疣,而异学纷纷,海内之百家不足餍,乃求餍于寰海之外。变极而一,或在老子乎?(《老子解叙》)

他承认孔子之道已丧失活力,因而期待以老子之道来补救,而这这正是一文一质的关系,"道一而已。"(三十八章注)这本是孟子的话,易氏用来说明孔老内在的一致性。又讲"并行不悖",这是用《中庸》的说法。可以说,以文质来沟通孔老,确有妙意。

单从学术史上看,易氏是对钱大昕所论的进一步发挥。当然,易氏的说法是否成立,还值得推敲。诚然,今人也有以阴阳之道来讲孔老关系的。易氏说确有其意味,特别是考虑到他所说的"寰海之外"之学即新学已输入的情况下,文质说可算是辩证地理解了儒道关系。不过,老子所论是否即是一种淳朴状态的儒学秩序?这实在难以断言。易氏反对引入西学,要借助传统资源,以质朴对治文弊。他不知道洋务派大兴之时,他的以质治文之路是走不通的,另一种"文"不可阻挡的来到了。

四、《老子解》解说老子精妙处

易氏尽弃旧注,以心解老,他不仅是一个儒者,也是体制内的高官。他的经历使得他对当时社会的状况,对儒家义理的理解,会别有不同。故而其解老多有一般读书者所未见者,能阐发老子的洞见,这里略举几例。

解第三章"不尚贤,使民不争至使民心不乱":既曰民,则必有君长矣,能不以贤为君长乎?反覆思之,而无为之治乃益信矣。其为君长也,非自以为贤而尚之矣,民共知之非贤不足以为君长也。

其贤者非有利于君长而为之,且惕于君长之难,而不欲为之,民方推戴之,尚何争乎？彼且以为贤而尚之者,大率民不以为贤者也。君长之饮食男女,无大异于民也。自君长之欲,十倍百倍于民,则见君长之所欲为更可欲矣,是驱民心于速乱耳。无为之圣人,特反乎是而已。

案:此节讨论君民关系。易氏并不反对贤者居其位,问题只在于贤者不是自己认为贤,而是民众以为贤,贤者且不欲居之。既为君长,使民各遂其欲而已,而不能使己之欲十倍百倍于民,而使民欲君长之欲。前人解老,不过讲君主无欲,易氏能把各节贯通,述君民一体互动之意,确实畅达顺遂。如此,则君长实无任何自恃自夸之处,不过与民同欲而已。这里暗含了对尊卑等级观念的挑战。萧何说:非壮丽无以重威。(《史记》本传)如果没有了十倍百倍于民的各种排场权势,儒家的秩序又如何挺立呢？他解第七章,论君长之私,也有这样的意思。和高延第一样,他说这些批评君长的话是很不客气的(如六十章注),这确实有老学气息。又:易氏多言君长,而不随文称圣人,此为一新特点。

解三十六章"将欲歙之,必固张之至国之利器,不可以示人":谓老子之书为权谋所自出者,此章近之矣,而不知其亦救世之言也。盖以持盈保泰告有国有家者,而晓以天道也。毋恃其张也、强也、兴也,当知其将歙、将弱、将废、将夺矣。此天道之深微而实显明也。然后世英雄有师其意以争天下者,曹操刘裕之类是也。虽然,英雄之所制者,恶人也,项羽之类是也。奸雄之所弄者,庸人也,汉献晋安之类是也。恶人非英雄则凶暴无已时,庸人非奸雄则祸乱且滋甚。夫天地之杀运既启,民物之生命难全,圣人之能全者八九,英雄之能全者四五,奸雄之能全者未尝无一二焉。权谋之稍逭杀戮也,圣人不可得也,则有权谋,亦可节取而何必讳也？英雄奸雄之节取权谋,亦较胜于肆暴之恶人,酿乱之庸人也。

按:此节非经祸乱者不能言,非历其事者不能言,非超迈庸儒者不能言,非真知老子者不能言。易氏以举人出身,从军川陕,官至从二品布政使,其中对于权谋的意义当会体会极深。他并不认为老子在讲权谋,但也不否定老子的东西会演生出权谋,于是有英雄或奸雄借老子行事,比如张良之于刘邦。不过,他认为这也比恶人庸人无权谋而坏天下更好些。他说曹操、刘裕行权谋窃天下,也比汉献帝、晋安帝这样的庸主在位好一些,因为天地之杀运已启。这明显违背儒家的君臣观念,而有"天地不仁"的意味在其中。易氏这些看法确实触及了儒道的根本差异,而能以老解老,以老明世,殊为难得。

解八十章"小国寡民":此章因周末之纷纷而想上古之淳淳,或以中古之制,去其半而存其半,亦不远于上古也。其要在小其国,寡其民,尤在小其国也。周之列国复为中古之万国也,合群策群力,而其治之何如?分群策群力,而各治之乎?各君其君,各子其子,不必一统也。虽一统而但统其大纲,其纲目则听万国自为之可也,亦不必封建也,虽封建而贤者重于亲亲,更以一国之所推戴为断也。

案:此章自河上公王弼以来,多解为治国之论,以为小国如此,大国亦然。庄子后学则推之于鸟兽可同语。易氏通《易》,解老时多借易理。此节则从《系辞》中古一语出发,把老子置于社会发展的历史脉络中,以为老子欲复封建为中古万国,此本不足为奇。其又言不必一统,贤贤重于亲亲,这实际已触及到了老子思想的制度基础。自秦统一天下,以郡县为治,后来解老者不出天下一家之背景,故不能知此章真意。易氏其时西人已入寇,坚船利炮已不陌生,英吉利、法兰西人皆能详,乃为一新万国时代,则小国寡民之意,不必尽合大一统之制,而能有新解,此势之所然。易氏在下文中以中古之民心君德为尚,而不求中古之天下与百官,则万国之民相安,唯于书契则不能去。易氏对此并没有进一步发挥,不过此意后来之徐绍桢论之甚详,亦可见老子之意在新时代下意义日显。

五、在清代老学史上的意义

易氏解老在清代老学史上颇有特点,其一在其体例。老学史上纯从义理上解说老子而无所依傍,除了王弼之外,还有船山。易氏于王弼注提过一次,至于船山注,陈三立注老多次引用,相信易氏也读过。易氏的解法和船山颇相类,这种解法要看解者的识力。易氏解老颇有堪玩味处,并无书呆气。不过,也有很多章节,如二十二章、二十六章、三十二章、三十三章、三十四章、三十七章、四十七章、五十二章,他实在无处发挥,草草说过数语而已,其与船山高下立见。不过,清人解老者大多头脑平平,易氏说也算是突出他人一头。

易氏解老也有牵合儒道的地方,如以孟子证老(六章、五十九章、六十一章),这些都很无谓。又以易老相通(三十六章、四十八章、五十三章、八十一章),也算自成一说。不过这些都不是什么特出之处。理解易氏解老,关键要看到易氏的身份。

他是从二品大员,他的儿子和好友儿子都有老学著作,其宗旨大体相近,尽弃旧注,以恢复本义为宗旨,以发掘老子治世之意为先,这说明当时的精英层有一部分已把眼光转向老子,能够抛开理学观念,而实事求是的看待老学,这与乾嘉时代下层儒生讲义理,上层精英讲考证完全不同。他在注中有一句话:"天下有当然者,而未必然也。"(十七章)在理学家那里,当然而必然者为天理,这在朱子《四书章句集注》中说的极多。易氏云当然而未必然,有感慨系乎其中。他从质文二语出发,脱出理学而观孔老,这不仅是个人的思想转变,也意味着当时理学衰微诸子学渐行的趋势,这和高延第的转变是一致的,代表了精英层基本观念的改变。

易氏解老主孔老并行不悖、以质救文,希望能有益于世:"今因以自解者自笔之,其能传世与否,能使老子之心大明于后世而终有所救否,则听之世运也。"又:"老子之道行于汉文景之世者,已小效矣,其将大效乎?"(《老子解叙》)从今天的立场来看,易氏解老颇有新见,然而尚不能自成一家。恐怕最大的意义在于,易氏的理解显示了政治老学复苏的一个节点。

第六节　徐绍桢《道德经述义》

徐绍桢(1861—1936),字固卿,堂号学寿堂、学海堂,晚年自号学寿老人。广东番禺人,祖籍浙江钱塘。光绪二十年(1894)举人。任福建武备学堂总办、江西常备军统领、江南苏松镇总兵、陆军第九镇统制江北提督等,曾在日本考察军事。辛亥革命时,率第九镇新军响应武昌起义,被推为江浙联军总司令,光复南京,任南京卫戍总督。后追随孙中山二次革命,先后任广州卫戍总司令,总统府参军长,广东省长等。著有《四书质疑》、《道德经述义》、《勾股通义学》、《学寿堂题跋》、《学寿堂日记》、《学海堂奏议》等。今人陈正卿、徐家阜编有《徐绍桢集》(四川师范大学出版社,1991年)。其父为徐灏,学者,同治间入广东巡抚幕,有《乐律考》。其弟徐榮,著有《词通》。徐氏此作是政治老学在清末民初的结穴,是老学在传统思想框架下革新的极致。

一、《道德经述义》概况

徐氏自序,谓:光绪己未客桂林为门弟子述老子义,以为治世舍老子不为功,后治兵亦赖老子,民国初立,老子治国不行(据此,似有向孙中山进言老子之意),民初之乱,思取老学以救之,原书已毁,幸门人有藏稿。因取而修订之,欲使学者知老子为乎治天下之本,欲举中西大家之说证明而无暇,姑待其自然。

案:由此可知,崇老为其一贯立场,公羊与大同思想为其助力耳。其修订处无法考订,味其言,大致一脉相承,故统而论之。

有其弟徐榮序言三篇。序一,叙其见解兵来,徐氏补订老子注之原委,谓老子之书所以言治天下之道者也,而其后诞异之说,矜诞之论,炉火之流,迄自唐宋,无见其真,又谓魏晋以来说老大抵不离人事不远事功,又称其兄之作精深博源,能明老子救世之用云云。序二,谓徐氏以老子之学救世。老学乃大明于世,次则叙徐氏以老治学治兵之事,尤重于南京一役不戮阵外,民国初立,屡辞要职,次则论孔子大同与老子无为之异同,而谓徐书使孔老为一,佛老不二。序三,此序以客问为义,客意者以为老子之学实有救世之功乎?乃有三圣之论,谓孔子寄师统于君统,释迦寄君统于师统,老子无师统无君统而直寄道统也。谓老子之治,道体浑沦,民心汹穆,无贫富无贵贱,无善恶无是非,无恩无怨无取与乃至无仁义贼虐,无彼此尔我,浑然游于大道,此亦一道治乌托邦也。下则极论三圣之治道,而谓,故世之道,由孔子以进于释迦,由释迦以进于老子,亦时势使之者。次则论此境之可行否,而以为当今之世不可行,而又可想见其于将来,则所谓三民主义者,亦将为道论所取代,可推而知之。

案:依此三序,可知徐氏确有得于老子,非凭几案头之论而已。至于论及三圣问题,则三圣之中,惟老为高,此又其不同传统论老者,此意非徐榮,乃徐绍桢之义。序末谓以此义复其兄而称是,其注中亦有此意。所谓三圣云云,或乃徐榮之义,其孔老先后之论及至道治之境,注中屡现,可知为徐氏之义。此见其信老之专,确为一家之说,非止耳食之言而已。

徐注大致以王弼本为底本,不过其本不精,间有校斠。如三十九章至数誉无誉,从吴澄本作至誉无誉。十三章据陈景元本补为宠为上辱为下,三十一章,以佳字当作佳,①又四十一章大笑之,从王念孙说,作大而笑之。按:此诸说证以出土本,皆无据。徐氏之功力不在此,此类校斠,颇随意。其他又有对经文的一些推测之词,如以为四十五章静胜热之静当作清,七章天长地久盖古语,又七十六章木强则兵句,其本作本,异共字,有误。此其所用老子版本问题,非老子经文问题。徐氏推测大至都没有依据,他选用的版本也不精,这和他用力不足,学力不逮有关。

徐氏作注,也有些解说颇可备一说,如十四章,以《尚书》洪范五纪来释道纪,如十五章解安以动之徐生,谓:生犹活动之谓。又如二十章解食母,以《礼记·内则》乳母释之。徐注与前代人不同的地方,在于他有留学经历,能够用一些现代知识解释老子,如二十二章解曲则全枉则直,以算学中点线面体来解,又四十五章,解大成若缺,用地球至大人不能见全来说明。这二例与经文之意均似未恰,不过可见新知识对于老学的切入。

徐氏注老的重要贡献在老学政治意味的发挥上,就此而言,此书亦为极佳注本,颇有真体会独见,非泛泛敷衍者。由《礼记》大同(今文家)、三民主义、老子汇流而述老子政论本意,而成道家政治乌托邦想象。亦一思想史奇事,与魏源、严复可并而立,为晚清老学三个方向。此书以老高于孔,实老学未有之卓识,置于现代,未足为奇。可贵的地方在于其在传统语脉中言之,而非符着于时语,

---

① 此王念孙说,徐氏误以为阮元说。

尤觉清新。

二、《道德经述义》的写作情况

徐著有两个问题需要注意。其一，这是一部旧作的修订本，故而内容有旧有新，旧作意义不大，新补部分有意义。其二，这是一部合著作品，虽说题名为徐绍桢，实际是徐绍桢、徐榮两兄弟的作品。下面详述之。

据徐氏自序，此作成于光绪乙未（1895）客居桂林时，当时有圣学会以老子罪案课会中士子，徐氏故取《道德经》为门弟子述其义，这是此作的旧本。此稿辛亥革命中焚毁，又有门人藏有旧稿，此次修订就是以此稿为底本的。徐氏当时不过35岁，上一年刚中举人，当时作此，如他所说，不过是就《道德经》原文演绎，使学者一览而知，是一种辅导材料的性质。我们读《述义》，其大部分亦不过循文释义，确实无高明处，其解老亦不过述无为之治，治身治世，一气生成等等旧说，其论及儒道多简单牵和。不过他的基本倾向还在老子救世的方向上，对老子如何用于身用于世较关注，这是基本倾向。

而到了修订时为民国八年（1919），此稿经其弟徐榮又修改一年，至民国九年（1920）才完成。故而，新稿是在帝制结束之后采完成，这其间巨大的历史变革体现在新稿增添的内容中。徐氏在自序中说，"二十年前伏处专制政府之下，既不能畅所欲言，"他当年大概确有不能言者。沿着老子实足为平治天下之本的宗旨，他在辛亥后颇可"举近代中西政治大家之学说"相证，不过其时徐氏正与孙中山谋南北和谈事，其后又筹广东驱陈炯明事，一直到孙中山病亡，故而他说无暇于此是实情。他当年所未发，及当下所能明言的，就全盘托付给他的弟弟徐榮。徐绍桢在自序中曾说自己做过修订,但是未明言到底做了多少工作,估计不会太多。

主要的修订工作落在徐桼身上,这一方面体现在注文中,如直言家天下的部分,可以肯定是后来增加的,还有一部分体现在徐桼的三个序上。序一叙修订原委,又叙历代老学之变,批评神仙说,批评重玄说,谓魏晋以来说老子者大抵不离于人事不远于治功,而归老子于所以言治天下之道,以明其救世之用云。序二述其兄以老学救世,其治已用兵之道,一一详述其结教案、勒兵、攻战身退之事,而以为深得老子之学。又谓老子所言即孔子所谓大同之世说,又以兄弟二人此作比于苏轼苏辙故事。序三则借答客体,述徐氏孔子释迦老子三圣说,以为孔子寄师统于君统,释迦寄君统于师统,老子无君统无师统,寄民于道统。救世之道,由孔子进于释迦,由释迦进于老子,云云。徐桼又申此三圣说,而有化于道力进于天游的自然阶级说。我们通观徐桼所补充的内容,绝大部分与徐氏的思想是一致的。徐桼在序一中说,自束发日即从徐氏受书,随侍十余年,著此说其间二人经常讨论《道德经》的微言大义,故而徐氏把修订工作主要托付给他。徐桼自己有意见也向徐氏说明,或者致信,得到赞同而已。

故而我们说,《道德经述义》虽经二人之手,而实有其一致性,其经历二十年而修订成,实显示了徐氏兄弟在老学研究上的自然推进(如大同说影响,如轻君倾向,三圣问题),故而其书有内在的一贯性。

三、《道德经述义》的几个特点

1. 救世思路下重视无的实际应用

徐注在解老基本思路上,仍在魏源以来的救世说脉络上,不重视玄学意义的道,即使有些论及,也多简略,而以汉人的气化说为主线。其以老子救世,这一点在徐注中经常提到。不过,不同于魏源及高延第、魏锡绅等,徐氏更注重从无的意义出发,解释老子的治世之用。

> 其论治天下之要也,以为我无为而民自化,我无事而民自富,我无欲而民自朴,是以无为故无败,无执故无失,无私故能成其私,不争故无尤,此其效也。(一章注,又见三十八章注)

> 综八十一章之旨,不离一无字,无即道也。(一章注)

> 古之圣人尚无为之治,凡所为皆无为也,所事皆无事也,所味皆无味也。(中略)以其不自我专之,或谓之无也。(六十三章注)

徐氏理解的无,与王弼一类把无解作天地万物之体完全不同,他是从主观性意志的自觉丧失为入手,把一切负向的治理手段称作无,也就是无为之治。他认为这是上古圣人之治,

> 太古之世,一道同风,无为而治,民不知有君。(十七章注)

> 至于尧舜之时,已制五刑,定四罪,非老子所谓一道同风之盛矣。(二十八章注)

> 当是之时,道体浑沦,民心沕穆,无贫富无贵贱,无善恶无是非,无恩怨无取与,乃至无仁义贼虐,无彼此尔我,浑然游于大道之中者也。(序三)

徐氏从无为之治角度解老,本来是常人之说,和别人不一样的是,他能够以老子思想为指导,从自己治身治兵上加以贯彻。略举二例:一是他治兵,常以兵者凶器为戒,其攻取南京后亦能节制士兵,不以杀戮为事。① 其二是攻下南京后,他主动撤去江浙联军司令部,而电邀孙中山回国。从徐氏一生来看,其一生功业在军旅,而能明变善退不争,确实有得于老子。重视老子的无为之治,这应是徐氏早年注老心得,而由此引申的政治思考,其明确则有待于辛亥之变。

2. 政治老学的革新

从魏源开始的老学,经过高延第、易佩绅,再到徐绍桢,可以说是政治老学的发展。其抛弃宋以来的老学传统,回到以治理天下为宗旨的老学传统。故徐绍桢说:"老子之学,实是为平治天下之本。"(自序)与前代学者不同的是,徐绍桢的政治老学进入了一个新阶段,他不仅要讲无为之治,更重要的是讲如何做到无为之治。他明确地讲到轻君、自治制度,这就赋予老学一种新的生机。

轻君。在君民关系上,传统的老学都把君(天子、皇帝)与圣人混起来讲,且把圣人作为治理的中心,无为也即圣人之无为,这是一种非常习惯的讲法。徐氏则明确区分君与圣人:"古之时圣人群推为天子,后世遂以圣人为天子之通称。"(十九章注)。又:"圣人谓当时在位之天子也。"(二十八章注)区分圣人与君,要害在于君并不是一定要为尚。在这点上,高延第、易佩绅与徐注很接近,都有对君的痛斥。徐注:"中国三千年来无人不贪,既贪位又贪货,已

---

① 晚清以老子思想治兵,徐氏之外,尚有杨增新。其著有《补过斋读老子日记》七卷。

贪之,又欲为其子孙贪之。"(三章注)此句所谓人,实则为君,此可见于五十四章注。故而,徐氏对君本身是持批判态度的。

轻君之外,则有自治说。二十五章有"道大天大地大王亦大,域中有四大,王民其一焉。"徐注:"此两王字皆当作人。下文人法地言人不言王,可知原文非王字,必后人妄改者也。人为万物之灵,可以代天行道,故人必法地法天。"

按:此章文本证以出土诸本,并无问题。徐氏所以改易文字者,关键还在重人不重王,也即重民轻君。故徐氏有民自治说,此说真震惊千古之论:

> 十一章解有之以为利无之以为用:无辐与毂则不能得车之用,然天下之人不能不行也;无埏埴与户牖,则不能得器与室之用,然天下之人不能不食与宿也。以不能不行不食不富之故而别有其车器室之用,或曰胜于曩之辐毂埴户牖不可知也。不可但知其有之之利,而不知其无之之用也。此喻世无治天下之人君,天下未尝不可自治也。

按:这一段解说原文标作"又一说",因为在其前有依据常理作的解说,谓圣人治天下所以尚天地云云。前说为解经者之常言,而后说则道前人之未道,而发无君说。我们推测,后说很有可能是辛亥革命后所增加的解释。辛亥之后,皇帝已废,无君为一事实,本无足道。而此处解有无之利用,谓人有客观需要而有车器室之用,而不是相反,故没有了车室户之用,人的客观需要同样能得到满足。如同人君可以治世,非必需人君以治之,民能生能育,而能自治。此自治之说,无君之论,的确是老子精神的发挥。

轻君自治之外，尚有制度上的思考。秦汉之后老学都在帝制背景下，几乎无一人提及老子在制度上的思考，所有人都默认帝制为前提，而思考皇权下如何发挥自然无为之意。自河上公以下，王弼、苏辙、宋常星，无不如此。而至晚清，首先易佩绅注意到老子的制度基础，而至徐绍桢的后期，则专以阐发老子政体层面的思想。这实际是历史背景巨变后学者的自然反应。当然，这与徐氏早期思想是一以贯之的。

徐氏解说老子思想的制度维度，源起是《礼记·礼运篇》天下大同的主张。① 徐氏认为老子思想正与天下大同相一致，而与家天下迥异。

一章注："老子生当周季，目击夏商以来家天下之流毒，著此《道德经》，思欲纳一世于有道之天下，与孔子想望大同之世，其旨一也。"按：此说实为全篇注解之眼，当出于修订之时，其时帝制已废，所谓家天下者，即指两千多年的帝制传统，而合孔老于一体，实际上是晚清今文学传统与老学传统的合统。

五十四章注："自夏启后，中国成家天下之制，帝王思为其子孙建万年不拔之基，卿士大夫思为其子孙常保富贵，永久无脱，人人知有子孙而不知有百姓，德之不修，久矣。"按：徐氏反省帝制之变，自夏启而始，未知封建郡县之变自秦始皇发端，清末革命推翻者为帝制。不过，自《礼记·礼运篇》及老子视角观之，夏之后之天子，秦之后之皇帝，实为一流，皆家天下之私。徐氏视老子为三代以上之构想，与易佩绅之说相近。

---

① 这当然与晚清以来今文家特别适合康有为的鼓吹有关，其中的关键对比是家天下与天下大同。不过，以《礼运·大同》说连类老子而论者亦非少见，宋人黄震论及之（《黄氏日抄》），徐氏专主制度层面发论，则为新见。易佩绅已有此意。

徐荣在其序中也讨论了孔老在治世上的一致：

> 老子曰：圣人处无为之事，行不言之教。孔子曰：大道之行，天下为公，不独亲其亲，不独子其子，是谓大同。老子之言治即孔子之言治也。（序二）
>
> 老子无为之治，其庶几去人不远乎？亦即孔子所谓大同之世乎？其由据乱而几慷，以驯至于太平乎？（序二）

按：此言亦注中之意，而更见今文家之痕迹。此治，在制度上表现为何？徐荣在序三中讨论了这个问题。

> 客曰：取老子之学，以救今之世，其庶几乎？予曰：不然也。夫治效者有必经之阶段而太平者非可以一蹴而几者也。老子之治效，其待之者五百年以后乎？虽然，今之世不可行矣。

按：徐荣说这一观点是徐绍桢的，他在后面又做了补充。最后的结论是："夫由君而师以至于无复用君师者，推政权而化于道力也，由有而无，以至相忘于有无者，尽人事以进于天游也，非所谓自然之阶级者耶？"按：此处所说的自然的阶级，即自然之发展阶段之意。依徐氏兄弟之意，老子之治乃在远而不在近，其必废君废师，而至于道家式的乌托邦，此又高于儒家者。

徐氏兄弟以今文家大同说为比照，以阐发老子之意，而必废弃家天下而至道治，强调无君统无师统，寄民于道统。这是老子解说中重要的制度视角。不过，其解说明显受到大同说的影响，同时最终又陷入一种乌托邦式的想象,这就使得老子思想在制度层面上又回到了老路上去,陷入了庄子后学的困境,而不能真正开发出老子思想的制度意义。①

3. 三圣问题

徐氏在解老时,提到了三圣问题,也就是孔子、老子和释迦的关系。"吾于世界得三圣人焉,孔子也,释迦牟尼也,老子也。三圣各立其儒教释教道教之宗,数千年不拔不脱也。"(五十四章注)按:所谓三圣说,不过是回到宋明以来三教并立的传统中,这在清人中多是不讲的。比较魏源以来的孔老并立说,徐氏增加了一个释迦,算是为理学批判的佛老都平了反,似乎新意并不大。

不过,徐说暗含了一些微旨。三圣说在徐棨的序中有更详细的说明:"东周之季,世界生三圣人。孔子者,寄师统于君统者也,释迦者,寄君统于师统者也,若老子者,无君统无师统而直寄斯民于道统者也。"(序三)这种解说则颇有意味,以道统、君统、师统搭配来解说三圣,谓孔子当君主家天下时而言大同之世天下为公,斯不得已言君统,时也,而释迦之寄君统,势也。而老子隐然为第一,因其无君统无师统,而只有道统故也。徐棨谓此三圣说为其兄所论,下面又加一引申,以为:

> 孔子有德无位,范围无限君权,主张平等之民治,而传平民革命,虚君共和之东周,又处君主制下不得不委屈达之云云。此寄师统于君统。而释迦拒婆罗门,摧陷彼教之所恃,入我之空,无君臣,无种族,无天地,无人物,无

---

① 不过,徐氏其后有专文论共和,可视为制度思考之一进。这里就不多讨论了。

梵天之神圣,后之君主藉之为国教,此寄君统于师统之说。而老子之学相忘于人我,无复用君师,推政权而化于道也,尽人事以进于天游也。(序三)

按:徐棨的说法,是对徐绍桢的演绎,大体不出其兄之范围。所谓孔子倡民权主虚君共和云云,不过是康有为之鼓吹,殊不足道。而释迦之寄师统于君统,于佛教而言亦未必如是。徐氏的三圣说关键在于,这是一种政治意识下的分析,而以无君无师的老子为三圣之最高,这是其新见,所以会说:"救世之道,由孔子以进于释迦,由释迦以进于老子者,亦时为之势使之也",而最终归于道治之自然。(序三)这是清代学者对老子最高的评价了。以三圣说始而以老子为最高,这是清代老学的最后结穴处。

四、对徐氏解老的评价

徐著在体例上并非完善,其大部分注解也殊无特色,不过这部老子注的价值在于,对老子思想的定位上有明显的革新。徐氏兄弟把老子的政治意涵予以一现代方向的解读,其在制度上的着眼尤在两千年老学史之外,而与战国老学相衔接,可谓一奇事。这固然有时代巨变下的影响,另一方面也是学者深研老子的见解。此作如无旧稿,则不过是一趋时之作,如无新稿,则只为一庸作,新旧相较,可见老子意涵之显白,这恰恰是清末思想演进之一明例。

徐氏兄弟解老,受晚清今文家说影响很大,其最后以老高于孔,而述道治之乌托邦,亦有康有为《大同书》的影子。可说是今文家大同说与老子无为说的汇流。① 不过总的看,还是老子思想的一个自然延伸,特别是我们从魏源看起,几代学者的一步一步推进,老子的政治意涵越发清晰。徐氏论及无为之治,推出无君而民自治之说,可谓闻所未闻。这是一条颇具意味的线索,值得进一步探讨。如果联系严复的老子民主说,那么老子对清代学者的启发就更清楚了。

---

① 和徐氏同一时代的田文烈也有类似的看法。他认为:"孔子隆事老子,问礼犹汲汲。逮乎订礼经,则抗志于大道之行,三代之英,跂慕大同之世运,而叹其未可旦暮期也。恶知乎阅数千百年而迄,未睹其盛也。今世言大同者纷纷矣,取是编以为之鹄,庶其不妄发哉。"他所说的是编,是李哲明的《老子衍》,这是他为此书作的序。虽未明言,但是可以看出他的意思是孔老的看法暗合,自然之治与大同之说相通。李哲明在《老子衍》中以大同说解老,不过和徐氏解说还有不同,详参李氏《老子衍》部分。

第七章　现代老学的开创：严复的老学

严复(1854—1921)，原名宗光，字又陵，后改名复，字几道。福建侯官人(今福州)。宣统元年(1909)特赐文科进士，近代著名翻译家、思想家，是第一个向国人介绍西方思想的人。先后毕业于福建船政学堂、英国皇家海军学院，担任过北洋水师学堂总办、京师大学堂译局总办、上海复旦公学校长、北京大学校长、参政院参政等职。袁世凯复辟时期列名筹安会。严复翻译了《天演论》等系列西方著作，创办了《国闻报》，系统地介绍西方民主和科学思想，在清末影响极大。①

严复是中国第一代官派留学生。② 不同于之前的冯桂芬、王韬、郑观应一代人，他是真正进入了西方思想内部的思想者，在一些基本问题上接受了西方价值与认识方法。不同于之后的陈独秀、胡适、鲁迅一代人，他对中国文化并未采取全面反传统的态度。由此，严复反观中国传统，是一种近乎奥德修斯返回故乡的感受，有一种双重视野，故而其能转化新知，也能融铸旧学。其尝试在两大文化之间做衔接工作，虽左支右绌，亦颇多洞见，是我们理解近代老学演进的理想标本。

严氏受益于英国思想，其思想的主旨认为：自然、社会、历史在

---

① 本文引文以中华书局王栻主编五卷本《严复集》为据，所引用页码皆指此本。

② 严复1877年赴英国格林尼茨海军学院留学，同行的福州船政局同学共十三人。容闳组织的第一批赴美留学生三十人在1871年出行。这些留学生中，在中西文化交流上留下创造性功绩的只有严复。

竞争提供的活力的推动下有序而合理地进化,此一般简称作天演(Nature Evoluation),这基本上来自于斯宾塞。① 严氏思想主旨在此,其对待西方其他思想资源如斯密及穆勒的批评态度源于此,②其评判儒道两家也源于此。其晚期的思想变化则由于此种观点的可怖:竞争最后并非总是导致合理的进化,而可能带来灾难与倒退。③

在严复这里,进化论与传统资源形成复杂的互塑关系。严氏反观传统基本在三教的观念下进行的,他对三教的理解当然很复杂,其与儒道释的关系有的也不够清晰,前后期也有变化。但总的说,他对待三教的态度是依据进化论来判断的,其对儒家持基本否定态度,对道家持肯定态度,对佛教仅仅涉猎而已。这一判别和儒道两家的基本性格相适应,也有很多严氏在其独特视角下的新发现。④

---

① 大多数研究者如蔡元培、胡汉民及史华慈都认同这一看法。皮后锋《严复大传》,95 页,福建人民出版社,2003 年。史华慈《走向富强:严复与西方》,65 页、75 页、173 页、174 页,江苏人民出版社,2010 年。

② 见史华慈《走向富强:严复与西方》,81 页、92 页。

③ 关于严复前后期思想的关系有很多讨论,我们的看法是:前后期思想的确有重大变化,但是严复并非回到传统的怀抱中,他遇到了自己无法解决的困境。他思想的主旨的确有绝大漏洞,他没有能力对之做有效的修正,故不免陷入迷茫。儒家与道教的思想资源也并不能解决他的问题,但至少在一定程度上缓解了他的失望情绪。

④ 严氏与佛教的关系不是很清楚,从严璩的年谱、严复现存日记及今人的传记材料中,未看到严氏阅读佛经、接触佛教人士的记载。其在老庄评点及他书按语中多次提到佛教的一些观点,其源头可能来自于赫胥黎《天演论》及其它西方著作。在严氏所译《天演论》中赫氏多次谈到东方佛教。总的看,佛教内容对于严氏影响较小,他也从未真正进入佛教内部(如梁启超、章太炎),佛教的最大影响是对本体(不可思议)的界定,这有助于完成他的"综合"本体论。

第七章　现代老学的开创：严复的老学

具体到道家,严氏对老与庄基本视作一个整体。他在1905年出版《老子评点》,1916年左右评点《庄子》(据严璩年谱,1551页)①。在严氏的思想发展中,道家一直在他的关注之中,并且没有发生根本改变,这与他对儒家的态度是不同的。《老子评点》是严氏研究道家思想的重要作品,标志了现代老学的开端。由于本文主要处理严氏与老子的关系,故而在讨论中仍以老子为主,兼及庄子。

第一节　严氏研究道家的三个时期

严氏与道家的关系,大致可以分为三个时期。早期,四论时期(1895)②——中期,重要译著的按语、《老子评点》与《政治讲义》时期(1905)——晚期,《庄子评点》时期(1916),几乎每十年有一次变化。其中第二个时期是最重要的,《老子评点》与《政治学讲义》是严氏最重要的中西比较著作。

严氏在早期论述中已引用老庄,然只作为一般反儒学说而用之。在《原强》中,把老子"雄雌"之言与《周易》"否泰"之言均视作圣智者妙用微权,此不过泛泛之说。如在《辟韩》中,"老之道,其胜孔子与否,抑无所异焉,吾不足以定之,至其明自然,则虽孔子无以易。"按:此处于老尚未深知。又曰:"老之言曰:窃钩者诛窃国者侯。"按:此误将《庄子·胠箧》作老子语,可知其未熟知老庄。又引老子"代大匠斫者,未有不伤指者也"句(出七十四章)。又引庄子

---

① 中华书局《严复集》,误把《老子评点》曾克耑序标注为东京本(1905)中(1102页),而后刘韶军也弄错了(《二十世纪老学史》39页)。曾克耑1953年在香港刻《庄子评语》,1963年刻《老子评点》及《王荆公诗评点》。

② 四论,即严复1895年发表的四篇论文,包括《论世变之亟》、《原强》、《辟韩》、《救世决论》,这是严复早期思想的代表。

"曲士不可以语于道者,束于教也"(《秋水》),又引"庄周《胠箧》说",而引申曰:"秦以来之为君,正所谓大盗窃国者耳。庄子之后,此语无人及。"这种与古人的同感,确实数千年未见。按:严氏在《治世变之亟》中论及自由,并未谈及道家,而在后来《老子评点》中则大申此意,故可知1895年其时,严氏并未把道家视作自由主义的一个中国盟友。

在发表早期著作《论世变之亟》等四论之后(1895),严氏集中力量翻译西方著述,在这过程中,他逐步把西学与儒道作一比较研究。其在译著《天演论》(1897年出版),《群学肄言》(1897年出版),《原富》(1901—1902年出版),《群已权界论》(1903年出版),《社会通诠》(1904年出版),《穆勒名学》(1905年出版),《法意》(1904—1909年出版),各篇序与按语中多引论及道家,逐步有了道家与自由主义比较的新视野。如三教与西学最高观念之相通,儒道与政治制度之关系,道家与西学政治观念的互释等,均有论说,这些都对他专注于老子有先导作用。

其在1905年出版的《老子评点》,即是严氏解读中国道家经典之专门著作。其时,《天演论》、《原富》、《名学》、《群学肄言》已完成翻译并出版,《群已权界论》已完成翻译工作,并于10月出版。《社会通诠》则于11月译成。由此可知,《老子评点》是在其大部分译著完成之际,在其向国内介绍纯正自由思想之时之作。①

据孙应祥《严复年谱》光绪三十年(1904)严氏五十二岁:"《老子》一册,当时随所见年,妄有涂疥",此语出于1904年1月11日给熊元锷信,则可知评点初稿当作于1903,孙谱将此事系于1903年7月间,并引熊序。孙谱引严氏1904年2月8日致熊书:"当为

---

① 其时新旧二派于自由说各持一端,见《译〈群已权界论〉自序》。

老弟常翻此书,有所振触、批导,便当注之眉端",则可知初稿经过认真修改补充。熊序也说明这点。严氏与熊氏来往书信,多讨论自由问题。严氏评点老子的契机,是他阅读其学生熊元锷的评老子,不由得才思勃发,"以己意列其眉,久之丹黄殆遍"(《老子评点》熊序)。① 显然,熊作让严氏一下子激起了对老子思想的热情。在西学视野观照之下,老子的现代意蕴豁然开朗,一发而不可收。

严氏评老之作看似偶然,实有不得不然的因缘。其解说有以西学牵强解说老子之失,也有以异域视野观中国古学而得前人所未知者,故而陈三立、夏曾佑这些学界名流给予热烈回应,这也让严复颇为欣喜得意。严氏书信中三次提到陈三立,其中一次明确表示对陈氏赞赏的惊喜:"不谓义宁目为独到",义宁即指陈三立。另一次说,"不图此书所以入义宁者如是之深也",此概指《老子》而言。熊氏的叙中也说:"陈子亦绝叹,以为得未曾有,促余刊行。"

严氏可能原来并不知道陈早年注老之事。在以新法注老问题上,陈三立其在二十多年前已多有探索,其书固不可与严氏相比,但在发挥老子新意的道路上有相同意趣。陈氏注老成于光绪七年(1881),严评点成于1905年,陈、严二人几乎同年(陈1853年生,严1854年生),陈为一时之名士,而严氏为当时西学权威,二者在评论老子上相互赞赏,这颇有意味,显示了二十年间老子意涵地位与影响的真实上升,及其与时代之相契性明显增强。②

---

① 熊元锷评点《老子》今已不可见,但严氏引用了四条,分别见于二十五章、五十三章、六十四章、七十四章。熊氏四条注释皆有新派解老之意味,如二十五章解法字,五十三章指"施"之侵民权,六十四章谓万物生长之秩序云云。惟已不见原书,故不及细论。

② 参孙应详《严复年谱》1904年,清光绪三十年甲辰,五十二岁,213页、217页,又:1905年,光绪二十九年,五十一岁,195页。福建人民出版社,2014年。

也是在 1905 年,严氏在北京做政治学系列讲座中,已经把自由主义与道家的基本思想结合起来,而论述一种独特的政制思路,盛论政治自由。这是严氏研究道家思想的第二阶段,是其研究老子的重要时期。

其后严氏在 1916 年又评点《庄子》,此为其研究道家思想之第三阶段。其基本思路与《评点老子》相同,不过对道家的理解更深一步,而更具批判性。[①] 时隔十年之后,严氏又回到中国道家经典之中,这本身是颇具意味的。一般认为,严氏的最大贡献在于译著。[②] 我们认为,应该更多重视严氏的注解,其对于传统的研究集中在道家两部经典的解释上,这一事实很有意味。它暗示了严氏学术的结构特点:自由主义与道家思想的互观。

第二节 《老子评点》概况

《老子道德经评点》最早的版本为熊元锷 1905 年在东京刊刻的并木活版所本,题《侯官严氏评点〈老子〉》,此本有 1931 年商务印书馆排印本(改名《严复评点〈老子道德经〉》),成都书局 1932 年校刊本(此本收入《中华续道藏》)及曾克耑 1963 年香港排印本(曾癸卯年福州曾克耑序一篇),又有台湾广文书局 1975 年排印本。中华书局王栻主编《严复集》第四册,只收部分评语,原文节录。又有福建教育出版社《严复全集》本。

首为题为钱塘夏曾佑的叙,其谓:托物以言理,六艺是矣,而师

[①] 严复的庄子研究,可参方勇先生《庄子学史》(清代卷)相关部分。人民出版社,2008 年。

[②] 《严复集》编后记说:"严复先生著作,用力最多者,既不是治文、诗词与书札,也不是专著,而是翻译。"(1581 页)。

第七章　现代老学的开创：严复的老学

法既失,(按:此指刘歆伪经说)后汉至国初,奚若周秦前汉？又云：老子书二篇,言理而不托物者也,其说纷呶,韩非服膺老子,老子遂为名法家初祖,汉初黄老为显学,老子又为黄帝之大宗,恒帝以老子与浮屠并祠,老子为大神之渐,光和中梅瑟(即摩西)之法入震旦,张角立太平道,老子又为道教之教宗,魏晋间文士放旷,老子又为名士之职志。自是以来,老子大旨不越四者。又云：吾友严几道读之,以为其说独与达尔文、孟德斯鸠、斯宾塞相通,尝为熊季廉说之,季廉、曾佑以为是。又云：难者曰：严几道是则古人非矣,则几道之学二千年间未有而后可。应之曰：智识与运会相乘而生,学说则天人合者也。意念缘于观感,而后与斯所见观感者同,则其所意念者亦同。老子之所值与斯宾塞等之所值,盖亦尝相同矣,而几道之所值则亦与老子、斯宾塞等之所值同也,此见之能相同也。又云：老子生古代之季,其时称天以为治,而周制学集于史,老子观其全,复值其将弊,恍然有得其所以然之故,其所言者皆古来政教之会通。斯宾塞生基督宗教之季,称天以为治,与老子之时同,而英法之制皆备于学,斯宾塞观其全,复值其将弊,而恍然有得于其所以然之故,其言亦古来政教之会通。几道学于西方而尽其说,而中国之局又适为秦汉以后一大变革之时,其所观感与老子、斯宾塞同,故无斯宾塞而几道亦能作如是解。故几道之读老子,天人适相合也。又云：古人之解老所以非,古人之观感与其所观感者,与老子时异耳。七王攻战,有名之学,汉反秦道,有黄老之学,司马氏危猜,有老庄之学,东汉神话与经说分,有道教之学,其间世变虽亟而与政教之大纲,则仍无所变易,故生其间者,不能如老子之时之深远,各守一偏曲之见以为宗极。非其人不及几道,其天与人不相值也。

按：夏曾佑小严氏9岁,光绪十六年进士,与梁启超、谭嗣同交游,参与维新活动,与严复创办《国闻报》。1902年后因母丧居上海,研究中国古代史,受严复《天演论》影响极大。夏氏为严氏书作序,正在此一时期。此序中虽不免有康有为伪经说及张角受摩西影响之类清末流行之怪论,不过其关键是论证严氏以西学解老之正当性。曾氏从时代与学术相应而生的视角出发,论述老子时代与斯宾塞、严复三个时代之相契,而其学必相契之理,完全是严氏天演之论调。其最后云,古代解老之说四家各个不同,"其间世变虽亟而于政教之大纲则初无所变易,故生其间者不能如老子之时",而严氏"适为秦汉以后一大变革之时",故而能有新见,而殊异于古人,这种论说真是精到。其又谓:"无斯宾塞而几道读老子亦能作如是解",此说虽持论不稳,然观魏源、陈三立、高延第、徐绍祯一流之解老,其字里行间确有气味相投之处,故可知时势与学说相生相荡之说,为不刊之论,实有其后唯物史观之概貌。夏氏此序,的确为严氏评老做了一篇极好的论证文章。

次则为题南昌熊元锷之叙,其谓:癸卯(1903)余在京师,出所评老子就吾师侯官先生之是正,先生为芟薙十九,而以为己意列其眉,久之,丹黄殆遍。以王辅嗣妙得虚无之旨,其说亦间有取焉。余旋持示义宁陈子(陈三立),陈子亦绝叹,以为得未曾有,促余刊行。复请先生附益千数百言。倾来东瀛,遂钞付活版,今于世。又云:老子阅世久富经验,其所言悉得于天道人事物理之会通,吾国哲学之滥觞也,古今注幻诡,且为神仙妖妄之说。近世状时之士,恫家国颠危,一归咎于老子,一时从风,无持异说者,余尝疑之。夫道德经仅为周秦诸子之一而已,四子五经家弦户诵,承今日之弊者在彼不在此。吾国认为论不察理道之真,但与其民智相得,皆风绝一时,所向披靡,清仪、舆评大抵皆此,其学术去伪崇真,思想进而愈上,难矣。又曰:愿读是书者,纡神澄虑,去其所先成于心,然后知原书自经评点，字字皆有着落，还诸实地。无异希世珠宝，久瘗荒山，一经拭磨，群知可贵。文末题光绪乙巳秋八日南昌熊元锷叙于日本东京。乙巳年即1905年。

按：熊叙大致说明了严氏评点老子的原委，其论及学术要旨，皆本严氏论学诸说，其谓严氏评点老子，须去其成心，原书在评点后字字有着落，如珍宝复现，这都是内心所感，今人不必完全同意他的看法，不过也可同意，严氏评点，的确开了一番新境，而为古老之经典带来时代新貌。无论陈三立、熊元锷，还是夏曾佑，无疑都为这一开新所鼓舞，此实为现代老学之开端。

又有曾克耑序。此序出现在曾克耑1963年香港印本中，其谓：吾尝以象山"东海西海有圣人出，此心此理同"之言，为瞻瞩高远，岂惟东海西海，百世上下，此心此理无不同也。自俗师陋儒出，道术乃扞格不通。又曰：自佛法入中国，唐宋儒多以吾儒之说通之，自泰西之说入中国，迨侯官严氏，广泽其书，而后知其于吾《易》、《春秋》之教，《大学》、《中庸》之精义，无二致焉。其译书既引吾儒说通之，复以其暇评点《老子》，时引西儒之说相证明，然后知老子真南面君人之术，而非导引清谈权谋之说也。又曰：严子尝言，必博通遍译本是之学，而后可读吾儒先之书。往往因西哲启迪而吾说益明，岂非豪杰之士哉！又曰：余独慨老子之说，得严氏而发其真。严氏一人之力不足以发之，犹必籍泰西往哲之说以发之，则东西道术之有待于疏通证明之亟也。又曰：不通古今，不足以言通贯；不通中外，不足以言融汇。严氏往矣，其所发正仅《老子》而已，而言经典之得待发明者又不知其几何也。浩浩九州，安得复有千百严氏者出而肩是哉？文末题癸卯夏五月（1963），福州曾克耑。

按：曾氏在1953年影印了严氏的《庄子评语》，1963年5月，印行了《老子评语》和《王荆公诗评点》。曾氏是晚严复一辈学者，为吴汝伦之子吴闿生弟子，推崇严复。此序重点在中西经典之会通，所谓"东西道术之有待于疏通证明"，而不仅仅是严氏时代介绍西学为重，这才是严氏评点老子的真正意义，也是严氏评点老子的典范性所在。较之此前的夏序、熊序，重点已然不同。

《老子道德经评点》，正文用王弼注本，题晋王弼注，侯官严复评点。严氏评点实际包括评点与加注，评点文字在相应经文边框之上，夹注在经文字旁，此二种文字，东京本皆用红色套印。严氏夹注多注解经文，如一章"无名天地之始，有名万物之母"王注旁夹注："与上篇三十二章参看，其义自见"。又，三章"不见可欲，使民心不乱"王注旁夹注："即庄生《养生主》之意。"三十八章"夫礼者，忠信之而乱之首"夹注："此就正文教言。"在"前识者，道之华而愚之始"句旁夹注："此就学术言。"严氏在一些经文处做标记，以示重点。如一章："常无欲以观其妙，常有欲以观其徼。"五十七章："以正治国，以奇用兵，以无事取天下。"皆作标记，这是提醒读者注意。严氏在句读上，颇有不同传统之处，如八章，读作："故几乎道，居，善地心，善渊与，善仁言，善信正，善治事，善能动，善时。"这种句读极古怪不畅，不过其中突出了"善信正"，"善能动"，严氏在"善信正"旁夹注："正犹法则也。"则其意为：善于信实之法则。严氏字几道，当出于此。①

严氏的著作，除了早期四论为专篇论文，多以按语形式出现。据学者考证，以按语形式表达译者观点，附于译文之后，这是吴汝伦的建议。② 这自《天演论》开始，成为严复论述自己观点的成例。

---

① 严氏于1899年被保举为知府，其改字为几道或于此年。
② 黄克武《惟适之安——严复与近代中国的文化转型》，86页，社会科学文献出版社，2012年。

评点本来是明清以来通行文例,严氏除《老子》外,又有《庄子评语》、《王荆公评语》及《古文辞类纂评语》。无论是按语体或评点体,都是有所凭借而发论,这种著述形式灵活,但是缺乏系统性。严氏或论及时事,或评点人物,有时不免有泛滥之失。《老子评点》与《庄子评语》也是如此。

《老子评点》很多地方同传统解老者相近,解文释句,引用史实,如三十一章引经学家(即王念孙)说以佳兵之佳字作隹。十五章评语:"十四章言道体,此章强容得道之士。"这些都并非严氏此作精到处。其最大不同,在于引用西学资源解说老子。其引用西人人名有:布鲁达奇(即普鲁塔克),韩尼伯(即汉尼拔),亚历山大,拿破仑,达尔文,察理(即查理一世),路易(即路易十六),斯宾塞尔,孟德斯鸠,卢梭,葛尔第,汗德(即康德)。引用的书名有《英雄传》(即《希腊罗马名人传》),《法意》(即《论法的精神》),引用的专有名词有耶和华,耶稣教,欧洲,summum Genus(即最高的类),哲学,微分术(即微积分),天演(即进化),主观,客观,有机体,本质,民主,以太,第一因,社会党,虚无党,萨布斯坦西(即 substance)。这些新名词的出现,再加上天演论,自由、平等、民主理论的引入,让《老子评点》成为时髦的一部著作。可以想象1905年的国人读到此书的新奇、茫然与激动。严氏此作在形式上是旧的,可是旧瓶中已装新酒。

第三节　理解《老子评点》的前提

严氏《老子评点》形式上为评点,而其精神上则为现代著作,理解此作有三点要注意:

第一:严氏相信中西思想间存在公例。所谓公例,今通译作公理。严氏译《穆勒名学》,"自然公例者,最易最简之法门,得此而宇宙万化相随发现者也。"(1051页)严氏是在十九世纪晚期进入英国,而这时仍旧是理性主义、进步主义占主流的时期。西方是进步的,其他地区是落后的,但是不同文化遵循相同的理性准则,欧洲人负有"白人的责任",这是当时的风气。严氏亦在此一背景下,其以公例来统观不同文化资源(儒、道、释、西学),而求其共通,这在今天文化多元主义流行的时代看来,不免幼稚,但这却是严氏统摄不同思路的总框架。

在严氏的理解中,公例即是道家的道,儒家的理,《易》之太极,释家之不二法门,西学之本体,这当然是一种误解,但却是严氏思考的前提。《老子》四十二章,评点曰:"夫公例者,无往而不信者也。"又曰:"居今之言事理世,视中西二俗,所不期然而合者。不其然而合者,必其不可判者矣。下此,中然而西否,或西然而中否,皆风俗之偶成,非其至矣。"四十七章评点:"行彻五洲,学穷千古,亦将但见其会通而统于一而已矣。"按:此即严氏之方法论,求共通之公例,而去偶成之风俗。当然,严氏所以为公例者,今之学者不必皆赞同,而其求公例之法,亦未必能成立,不过其中西互释之意,诚不可弃。此意详见下文严氏论道部分。

第二:严氏以西学为标准判别儒道二家,批判儒家,赞同道家。严氏并不是一个全面的反传统者,传统对他来说是一个不同脉络的混合体(史华慈说),佛教对他来说并不重要,他的资源主要是儒家(主要是理学传统)与道家(即老庄,也包括杨朱)。严氏对于原始儒道两家的异同亦有客观的了解,[①]他所理解的儒家更多是指韩愈以下的理学传统,其代表就是《论世变之亟》、《辟韩》、《救世决

---

① 可参严复《庄子·徐无鬼》评语,论孔子与老庄之仁义观。

论》,或者还包括《道学外传》《〈道学外传〉余义》①(483页、485页),他直接批判程朱、陆王、六经、五子、纲常名数。严复晚年对儒家有新的评论,其大致是对孔孟的肯定,或者仅为孔子,而非对理学的肯定。严氏对道家的肯定则未改变,道家一直是他欣赏的资源。

严氏对儒道二家的评判是以他的进化论为标准的。他认为,儒家与君主制或专制相适应,道家则与民主制相适应,一个属于过去,一个属于未来。如果时代的演进,儒家已不能适应,而道家正好能,那么就会优胜劣汰。② 如前所述,当他在早期激烈批判儒学传统时(如《辟韩》),就引用老子与庄子加强自己的力量。这一倾向在其后一直如此。③ 如果中国遵循天演公例的话(在他看来当然是如此),那么最适应时代的就是道家而不是儒家。儒家在文化竞争中已然失败了,将要被淘汰掉,而希望在道家。这应该是他评点老子的一个隐含的观点。四库馆臣严斥徐大椿,魏源发明老子之本义,陈三立激赏严氏的《老子评点》,以至于民国初年胡适、冯友兰、钱穆诸人激辨孔老先后,根子恐怕就在儒道二家的优劣论上,这是晚清以来老学演进非常清晰的一条线索。严氏论及儒家重君、道家重民,儒家讲纲常、道家讲平等,皆有据可查,此处暂时不详论。这样的话,就不是严氏从西方请进来西学,而是中国文化的演进所必然,这层意思在夏曾佑序那里已说的很清晰了。了解了

---

① 此二篇编辑者认为"大概也是严复作的"。
② 史华慈约略提到此点,135页。
③ 《老子》三章评点:"黄老为民主治道也。"又:"尚贤,君主治要也。"按:老子讲不尚贤,故其为民主治道,而尚贤之儒家则为君主治要。此意观其它章节评点,其中十章评点,其中有云:"君主之利器,其为儒术乎?"一语点破。此意又见《法意》按语:"中国之制,自炎黄以至于今,且以君主制为无二之制治。"(940页)

严氏的这一前提,才能更好地理解严氏对老子的态度。

第三、反向格义。严氏解读老子的根本方法,可归纳为"反向格义",即以西方义理解说中国经典。① 这一作法如此新奇,以至于夏曾佑不得不为之论证。今天客观看待严氏此一著作,仍不得不说这是一部西方义理压倒中国脉络的著作。正如史华慈提出的,严复的根本问题在于寻找西方列强富强的秘密。严氏认为世界是合理演化的,诸如自由、平等、民主等价值根基造就了西方的富强,因而中国的道路就是接受这些西方的价值,所谓"自由为体,民主为用"(《原强》)。② 他对中国经典的看法就在此背景下。因而,对《老子评点》的理解也由此入手。

分析这其中的情形,我们大概可以分为三种类型:

一、以老子简单比附西方观念。比附,即把 A 中的内容说成 B 的,而 B 并无这一内容。严氏论老子思想为进化即此类。

二、老子思想在西方观念下的扭转。所谓扭转,就是以 A 中的 X 来解释 B 中的 Y,而 X、Y 具有类似性。这种作法并非毫无根据,但是解释效力不足,因为往往没有顾及 X 与 Y 在 A 与 B 中的结构性差异。严氏解老,属于这一类的如以民主、平等解说老子。

---

① 此语出于刘笑敢。参《反向格义与中国哲学方法论反思》,《哲学研究》,2006 年 4 期。

② 这里有两个问题要注意。第一:严复的这些认识都是以斯宾塞的进化论体系为依托的,他并未顺从今天我们所理解的"纯正"自由主义脉络。严氏当然有充分理由这样做,他也的确切入了沟通中西思想的一个关节点上。但严氏的这一进路就无法用西方正统的自由主义理论加以解释,诸如漠视个人,批评法治。第二:严复并不是全面的反传统主义者,他对西方经典的理解总伴随着中国思想的催化,如他读斯宾塞,而有《中庸》、《大学》与之辉映的感受(《原强》),而他在译著重要经典时,都在以中国经典对释,其《老子评点》更是一部专心对释之作,这与五四一代人绝不相同。

三、老子和西方观念的会通与互释,即以 A 解释 B,又以 B 解释 A。如老子与自由的互通,就属于此类。

因为以西法为准,故而严氏解释老子时就不得不拆解其内在结构,而集中在中西之间点对点的分析。故而,能够相合的就大力赞扬,不能相合的就力斥其非。所以我们在严氏的老子研究中能看到精妙的融通,也看到蹩脚的比附。

第四节 论老子之进化论、民主、平等

严复从西方观念反观中国经典,故与传统之解老者多不相类。他于传统老学并不深知,不过也因此摆脱了其束缚。他以西学为依据解老,论及进化、民主、平等,多不能以物观物,不过也确实敏锐的看到西学与传统中不同脉络间的远近关系。此节我们集中讨论其解老不太精妙的地方,即论老子之进化、民主与平等。

严氏是第一代从事中西经典互释的,其迫切拉近中西差距的欲望降低了其理性的审慎,故其书中充满了简单的比附。严氏是天演论为中心的(可参其《天演进化论》一文),故而他在老、庄之中都看到天演。《老子》第五章:"天地不仁,以万物为刍狗。"评点曰:"天演开宗语。"二十九章:"孰能浊以静之徐清?孰能安以久动之徐生?"评点曰:"天演真相万化之成由此。"

在后期他评点庄子,也同样如此。《庄子·齐物论》"夫吹万不同,而使其自己也,怒者其谁邪",评语:"一气之转,物自为变,此近世学者所谓天演也。"在《庄子·天地》篇"执留之狗成思,猿狙之便自山林来",评语为:"evolution"(进化)。如果说对《庄子·至乐》"种有几"一节,严氏谓"其与晚近欧两生物学家所发明者互法",还算有几分道理外(胡适也说这是庄子的进化论,后来表示认错),那

么上面几个例子牵强的离谱。严氏甚至在王安石的诗文中也发现了天演论(1163页)。

除此以外,其他如庄子已了解了北冰洋云云①,以《老子》二十六章"重为轻根,静为躁君"为物理公例,以《老子》三十五章"安平太"为自由、平等、合群,以《庄子·知北游》中之气为力,都是类此。这当然是文明交流早期不得不付出的代价,今天已没有什么意义了。

严氏论老子之进化多无稽之辞,论老子与民主及平等之关系则稍有意味。《老子》有没有民主的思想?当然没有(史华慈说),不过自严复开始,不断有人(如冯友兰)以类似的观念解说道家,这背后的缘由是:民主与平等话语在中国语境下,与儒家相对立,而与道家相亲近,严氏已揭示出此点。

我们先讨论老子在民主观念下的扭转。民主,依严氏即是民为天下真主(《辟韩》)。如果民主是指民众在政治体中居主体地位,那么能有如此地位的原因就在于自由:即民众是自治、自为、自由的,其充满活力,富有能力,其在智力、德性与体魄上均充分发展,因而具有强大的竞争优势。这也是史华慈所揭示的严氏思想的核心,即富强的秘密在于富于活力的群体(39页、40页)。② 严氏留学在英国,其所接触的是立宪君主体制,故其对民主的理解并不是共和式的,而与君主制有一定的融通(这可部分解释其对袁氏复辟的矛盾态度),不过即使如此,其对民主的领悟是非常清晰的。

---

① 《庄子评语》,逍遥游第一,岷云堂本评点,1105页,注一。
② 路易斯·哈茨提到"集体的能力","近代社会精神气质中的自然状态的能力要素","近代社会精神气质中的公心","有组织的力本论精神"等,认为这是严复比较视野下所关注的核心问题。他的看法见史华慈《走向富强》序。

第七章 现代老学的开创：严复的老学

中西言治根本之大不同也，西人之言政也，以其柄本属诸民，而政府所得而操之者，民予之也，且必因缘会，而后成之。

中国之言政也，寸权尺柄，皆属官家。其行政也，乃行其所固有者。（均见《社会通诠》按语，930页）

依严氏，这里说的中国之治，虽可分为封建时代及军国时代，而实质上都是宗法社会（见《译〈社会通诠〉自序》），也即早期《论世变之亟》中讲的三纲、亲亲、以孝治天下、尊主、贵一道、多忌讳的儒家传统。而严氏发现道家则成为一民主学说，

黄老为民主治道也。（《老子》三章评点）

不宰，无为而无不为。君主之国，未有能用黄老者也。（十章评点，此意又见三十七章、四十六章、八十章、五十七章评点）

人主，凡一国之王权皆是，不必定帝王也。（三十章评点）

严氏也承认老子之说并非就是民主思想，而是相接近：

中国未尝有民主之制也。虽老子亦不能为未见其物之思想。于是道德之治，亦于君主中求之。不能得，乃游心于黄、农以上，意以为太古有之。盖太古君不甚尊，民不甚贱，事与民主本为近也。此所以下篇八十章，有小国寡民之说，正孟德斯鸠《法意》篇中所指为民主之真相也。

(三十七章评点)①

此意又见《政治讲义》第四回(1269页)。严氏之意盖即,老子之说乃民主思想之古代中国版本而已。所以如此,正是其君民关系不同于儒家正统说,即所谓"君不甚尊,民不甚贱"。其在三十六章评点中解"贵以贱为本,高以下为基":"以贱为本,以下为基,亦民主之说。"也是从这个角度来说。②

老子之本意当然仍是精英主义的,以圣人之道为中心,认同君主制,不过其论道为虚无,论治为无为,这就有很大解读空间。在民主的观念下,严氏捕捉到老子思想与西方思想的相契性,如老子对因任的强调(1086页、1087页、1098页),的确与儒家立说有根本差异,而接近民主意味。在严氏解释之下,道家所论之民已为一主体,在政治生活中处于主导地位,他们自治、自由、平等、有活力、有能力。因而,传统的君民关系发生了倒转,民为君的基础与前提,这当然是西方民主观念关照下的结果,不过也确实与道家虚君任民之说有相契之处。他对老子民主思想的解释的确凸显了儒道二家与西学的距离。道家传统是对君主威权传统最大的消解力量,这既是历史事实,也是其未来生命力之处,这一点严复已明确指出了。不过,严氏一直没有认真对待道家的圣人说,这就使得他的解说还未接触到道家之论的中枢点,或者说他还没有让民主说与圣人之治有真正的融通。君主立宪系统中的君是否与道家的圣人可比呢?严氏没有做进一步讨论。

---

① 严氏也曾以井田制或孔子经济思想比附为民主之政(《法意》按语945页),此显为比附,不多讨论。

② 魏源解此句也有此意味,可知思想家对于道家确有共同之见地。

我们接着讨论严氏之老子平等说。严氏谈到平等为法律上之平等投票权利(《〈民约〉平议》337页),不过总的说论述并不多。他主要是从批判儒家纲常的角度讲平等,而于道家与平等的关系则略一及之。

严氏在《论世变之亟》中即明言:"中国最重三纲,而西人首明平等。"严复常讲"尊君叛民,尊今叛古"八字。① 他批判儒学,而欣赏道家,道理也在这里,因为道家的君臣,君民关系不似儒家那样严整。严氏批评儒家之不平等,可从他对批评《易传》中"天尊地卑"的观念谈起。"《易》曰:'天尊地卑,乾坤定矣。'此贵贱之所由分,而天泽之所以位也。乃自哥白尼之说确然不诬,民知向所对举而严分者,其于物为无所属也。"(《政治讲义·自序》1241页)严氏据现代科学知识,指出儒家经典中的论断不能成立。天,作为一个中国古语,"意最歧义"(《群学肆言》按语),而其义实不能支撑儒家之价值说:"苍苍然高者,绝远而已,积虚而已,无所谓上下也。"(《政治讲义》自叙)由此,也就无所谓贵贱,而归于平等。

其在评点《老子》时也这样解说。(七章评点,1078页)而老子论治,则似颇近乎平等,《老子》三十五章"往而不害,安、平、太"评点:"安,自由也;平,平等也;太,合群也。"此解实为比附,而严氏以平等释"平",实际上是他对老子学说的一种期许。故其在解说三十七章老子太古之治时说,"盖太古君不甚尊,民不甚贱。"君民贵贱不严,此确为老子立意,此虽不同于平等,但与儒家实有差异,而与西人说为近。

严氏于道家说与平等之关系着笔较少,而如章太炎、冯友兰则

---

① 蔡元培《五十年来中国之哲学》,转引于欧阳哲生《严复评传》,75页。百花洲文艺出版社,2015年。

盛言此意。严格说来,道家固不讲西方式的平等,但的确有一些与之可相互论说的义理,此与严氏关系不大,故不赘述。

第五节　融通老子与自由主义

严氏论及老子与自由,颇多可堪回味处,很多地方看出其会通中西的妙处。在严氏那里,自由与平等常并提(如《原强》《〈民约〉平议》),而以自由为首。① 他又有"自由为体,民主为用"的说法,这是现代中国一个极具理论意涵的提法。② 严氏并不是介绍自由主义而已,他还要在传统中找到盟友。借助西方的自由观念,他对老子做了一番别样解读,主要表现在《老子评点》和《政治讲义》中。严氏在其中努力会通道家和自由主义,而有"政界自由"说,这是一种有创意的发挥。政界自由说不同于上面几点的附会,值得今天认真对待。此意下面专门论述。

严氏理解的自由,其主体是"群",而不是个体,这是理解严氏自由思想最关键的一点,也是其与近代西方自由主义主流最大的区别。他主张的是政界自由、国群自由,而非个人自由。③ 群为自

---

① 《论世变之亟》,"顾彼行之而常通,吾行之而常病者,则自由不自由异耳。"

② 严氏以体用的观念讲自由与民主,当然与洋务派以来的体用说流行有关,此说与西方背景下的自由、民主关系当然有很大变化,因为民主显然不是"用"。这个问题暂且不讨论,自由、民主的体用说至少是理解严氏学说的关键。民主当然为一种政治形态,但严氏并不重视它政体的客观意义,在进化论、庄子(与熊纯如书三十九)的影响下,他基本接受政体因时而变的观点(《政治讲义》)。

③ 如果说卢梭一系与之最近的话,严氏于卢梭从无好感,此又令人不解。概就"积极自由"一面,二人宗旨相近,而与英国自由主义传统相远,严氏批评卢梭见《〈民约〉平议》。

由的主体而非个人,其内涵则在于国群(民)之自主,"善恶功罪,皆由己出。"(此据《〈群己权界论〉译凡例》变句而来,133页)其表现为人民的素质与活力,"民智、民力、民德"全面发展(《原强》14页)。群这一观念来自于荀子,严氏很清楚的说明了这一点(《〈群学肄言〉译余赘语》,《原强》),但其所使用的意义已接近"社会",严氏即用"群学"翻译 society。群何以为自由的主体?严复显然是在国家竞争的背景下思考自由问题,尤其是在一个后发国家在竞争中失败的痛楚中思考。① 对严氏而言,历史既为一不同族群竞争之进程,关键在于每一族群的自由活力,在今日之事则为中国民众之自由,而不是个人与政府之间的权界问题。故而,严氏论及对民众自由的压制,乃归于儒家之纲常名教,

> 西国言论最难自繇者,莫若宗教。中国事与相方者,乃在纲常名教。(《群已权界论》译凡例)
> 虽有尧舜之世,其民不自由也。(《政治学讲义》1288页)
> 使中国必出以与天下争衡,将必脱其宗法之故而后可。(孙应详《严复年谱》223页引《大公报》)

自由最后总是表现为政府与民众的关系,因为社会中总有治人者与治于人者,或者政府与民众。(《政治讲义》第一会,1252页)而自由乃与管理相反,如何斟酌二者间的关系,此即政治之要

---

① 我们今天几乎难以想象严复一代人的感受,可以通过西方人的照片想一想清末中国社会的凋敝,人群的呆滞,而十九世纪英国社会处于整个世界的顶峰,其所显示出的勃勃生机,一定会让严复惊诧不已,一如之后胡适进入美国之感。

义。(《政治学讲义》第二会,1280页)故而政界自由所指向的是一个治理原理问题,这种理解之于西方近代主流自由主义论说当然是一种歧变。

严氏明确反对个人自由。其谓穆勒《群己权界论》系个人对于社会之自由,非政界自由。严氏以李斯《智责令》为反例而称赞黄老,以为其为不自由之例,可知其所理解政界自由之义(1286页),而黄老恰为反秦政之先锋。他所主张的则是政界自由。故而他即使翻译了穆勒的《自由论》(《群己权界论》),但并不以个人为理解自由的关键,他对穆勒的很多观点并不以为然,而盛赞"国群自由"(《法意》按语,969页)、"政界自由",而反对个人自由(《政治讲义》1282页)。在1914年的《民约平议》中,他认为,"今之所急者,非自由也,而在人人减损自由,而以利国善群为职志",也是从自由以群为主体之意义出发的,其所谓"减损者",为个人自由而已。又《法意按语》:"试读欧洲历史观,数百年百余年暴君之压制,贵族至侵陵,诚非力争自由不可。特观吾国今处之形,则小己自由,尚非所急,而所以祛异族之侵横,求有立于天地之间,斯真刻不容缓之事。故所急者,乃国群自由,非小己自由也。"(981页)也是这个意思。

严氏对于政治生活中的个人自由及个人权利实在缺乏认同。何以如此?一种解释是:其仍旧在强烈的群的观念下思考自由问题。由管束程度理解自由,最终摆脱不了传统政治思想中"治民"的影响。这与我们一般所理解的自由的本意差得太远了,然而却大大拉近了与道家的关系。

严氏最早在老子这里看到类似政界自由的主张,这是他注解老子特感兴奋的原因。他把老子思想归结为政治治理,"老子言作用,辄称侯王,故知《道德经》是言治之书。"(三十七章评点)而老子治理的关键在于被治理者提供自由空间。看以下的例子。

二十五章评点"人法地,地法天,天法道,道法自然"引熊元锷说:"熊季廉曰:'法者,有所范围而不可过之谓。'洵为破的之诂,惟如此解法字方通。"按:此法字一般解作取法,严氏赞同熊氏解作"有所范围而不可过",此实为一新解。范围二字,约略见空间意味。不可过,即不过度,其中暗含着后者为前者提供适度自由空间的意味。① 严氏《庄子·应帝王》评语:"此篇言治国宜听民之自由自化。"又:"郭注云:夫无心而任乎自化者,应为帝王也。此解与搅近欧西言治者所主张合。"又:"凡可以听民自为自由者,应一切听其自为自由。"按:此皆言保证被治者之自主为治理关键。所以严氏在评点"化贷万物,百民弗恃"一语时说:"而民弗恃,最关治要。"恃即是依赖外物外力,这是解决治者与被治者关系的关键。

严氏认为道家的治理关键在因任因袭,即顺应社会之自我治理能力,"道在因袭,非自用也。"(二十七章评点)而因袭于老庄并无异意,"《庄》曰因明,《老》曰袭明,因即袭也。"(同上)这袭明之术,同斯宾塞之国群有机体之说实为一致(二十九章评点)。继之,严氏注解老子时提到 Laisser Faire at Laisser Passer,此为法语,一般译作放任、放纵。其在《政治学讲义》中也提到:Laissez_Faire Passer,译作因任自然,无扰无为主义(1296 页)。严氏以为此与《庄子·在宥》之论"治天下莫若无为"相合。严氏提到的放任主义,在

---

① 老子之外,庄子比老子更多思考独立的空间问题,其所谓"方之内,方之外"之说,以及"何有之乡、广漠之野"说,无不有超出政教外之独立空间意味,惟其总与圣人境界挂搭起来,故不易转换为政治学观念。

十九世纪的英国因亚当·斯密之倡导,而成为当时的主流政经思想。严氏在英国所感受到的,也就是这样一种治理体验。严氏并未论及此一思路的经济学基础,也没有注意到这种模式背后的法治基础,但他敏锐地感受到其政府与民众之间一种宽容自由的关系,从而与道家之说可以印证,而有"政界自由"之理解。①

在《老子评点》同年完成的《政治讲义》中,严氏继《老子评点》之后,以更加系统、理论化的方式论及道家与自由问题。严氏《政治讲义》是他系列演讲的结集,他提到借鉴西方学者的研究,但没有明确说明借鉴了谁,借鉴了多少。后人一般以为这是严氏的著作。不过经当代学者研究,《政治讲义》基本上袭自 John Seeley 的 *Intrudution to Political Science*。② 我们细察文本,谈及政界自由的第五会来自原书的第五部分,其论述内容、框架及宗旨基本一致。不过,其中有很多严氏的补充和发挥。这些地方是我们理解严氏借助道家形成政界自由的关键。严氏论自由之旨,

> 自由二字,合依最切之义,定为与改令烦苛或管治太过对立之名词。(《政治学讲义》五,1287页)

> 政治学之所治者,一群人民,为政府所管辖,惟管辖而过,于是反抗之自由主义生焉。(同上,1282页)

则自由实为政府与民众之间治理或约束之程度或关系问题。

---

① 这当然与原书 John Seeley 的论述有关,但是与道家如此一致,仍然令人吃惊。

② 严氏的《政论讲义》,据考证此书以英国学者约翰·西莱(John Seeley)著作为蓝本,戚学民《严复〈政论讲义〉文本溯源》,《历史研究》2004 年 2 期。John Seeley, *Introduction to Potitical Science*. London. Macmillan And Co. 1896.

严氏对此把握的极清楚。按：此一理解，与英国十九世纪之资本主义自由放任时期相一致，严氏曾明确提到此点。他谈到，是否是仁政虐政，这些都不是自由的问题，他引用俄国及巴拉圭之事指出，"知民之自由与否，与政府之仁暴，乃绝然两事者矣。"(《政治讲义》第五会。1283页、1284页)①严氏把政治理解为一切都是管束的程度的问题，最后政治自由之问题归结为一义：清净无为(1296页)。

我们论述严氏自由思想而至此，而突现此四字，不禁惊诧。② John seeley 原著中并未有"社会简省"、"清静无为"(1286页)、"因任自然"(1296页)这样明显道家意味的表达，其中与此最接近的表述是：

(Liberty is) the absence of excessive restraint or the opposite of over_government. (原作120页)

(Liberty) stands for a limitation of the province of government. (原作127页)

这也即是典型的小政府主张，所以 John seeley 会反对议会过

---

① 严氏也注意到民众自由与外来压迫的关系，"政府权界广狭，端视其国所当外来压力之何如，而民众自由，乃与此为反比例。"(《政治学讲义》1291页)他举了很多历史上的例子加以说明。这是他的时代感受。

② 其在论述西方自由思想时，严氏又以道家之说批判法令繁奇为缺失(《政治学讲义》第五会，1285页、1286页)。

度立法,认为会导致不自由(原作118页)。① 在 John Seeley 的语境中,过分约束与过分统治总与议会立法权相关。但在中国语境中,"政令简省"、"清静无为"、"因任自然"总是与君权、中央权力相关。在 John Seeley 原文中讨论的个人权利与政府的关系(120页、121页),严氏则并未译出,这显然地有意识的忽视。②

简言之,在 John Seeley 的论述中,总有一种法治背景下权利安置的方案,固然这种思路倾向于强调国家、群体及个人之间的一致性。而在严氏这里,在他使用了道家的术语后,政治自由则更倾向

---

① 严氏也接受这些看法(1286页),不过对于 John Seeley 的看法,严氏也提出自己的主张:"略而论之,则不佞于欧政府,当以清静无为为箴,而于亚政府则以磅礴弥纶为勖。"(1286页)这正是严氏赞同英国古典自由主义的看法,而于中国(亚政府),仍强调要以发扬和凝聚国家活力为先。这里出现一个内在冲突,如何协调政治自由说与国家权力为重之间的关系(严氏所谓的磅礴弥伦是一个很含糊的说法)?严氏似乎在政治原理和现实要求之间左右为难。从根本上来说,严氏既然以西方道路为中国之模板和必由之路,那么就没必要太过关注中国特殊性问题,但是这个问题实在无法视而不见。这是第一代现代知识分子的共有问题。

② 如:Liberty being taken is the opposite of government, we may say that each mans life is divided into two provinces, the province of government and province of liberty。To the fires belongs all that pare of his life which is given up to authority, which is guided by a foreign will, to the latter, all that part which he has to himself。Now, in some states and part, which is abandoned to individual free will and in other states it is small。(120页)按:严氏翻译此节,并无 individual free will 之义(1287页)。而仅以"己志"二字带过,原意几无。又如:The question, the let alone? Is be permitted, wherever it is possible, to do what he choose? Is the number of state regulations, the umber of restrictions upon free will, reduced to the lowest point? if so, the people is free, even if their arrangements are bad, even if their life is unhappy。(1288页)此节严氏翻译,皆以民为主语,而不言个人之义。按:以上 John Seeley 论及自由,皆以个人为据,讨论其与外部(政府、法律)之关系,必以个人选择自由为先。而严氏完全忽略了这些内涵。

于一种治理策略(治道),而非制度设计,这与他对斯宾塞著作的处理相类似(史华慈,24页)。在不经意间,语言与文化已经悄悄转换了原著与翻译之间的内涵。联系之前的《老子评点》及此后的《庄子评语》,我们有理由相信,严氏在《政治讲义》中对政界自由的理解,不但有John Seeley的影响,而且有道家的浸染。John Seeley与道家学说的互相印证,一定让严氏有一种找到"公例"的快感。严氏对群体自由的理解,得到道家的支持,并相当程度上影响了其内涵的原初性,而为一新说。

总之,严氏讨论的自由问题,其基本框架仍在政府与民众关系上,也即古人所讲的上与下问题上,他不接受卢梭的契约论,也不接受穆勒的个人主张,而力图找到治理者与被治理者之间最佳关系。这一问题,晚清以来不断有人提及。如何处理上下之间的关系,而不再依循古代过于隔膜的治理模式,一直是令思想者焦虑的问题。

严氏引用苏轼的话说:"天下之祸,莫大于上作而下不应。"(《原强》13页)即君与民之间的冷漠与决裂,他的理想是"管夷吾得此,故能下令如流水之原。"(二十七章评点)也就是政府与民众(或社会)之间有一种流畅而自然的关系,他在西方发现了这种关系,"立宪之国,下令常如流水之原也。"(《法意》按语,995页)又《天演论》按语:"盖泰西言治之家,皆谓善治如草木,民智既开,则下令如流水之源。"(1339页)在严氏的理解中,充满活力的民众或社会为基础,而有一适应其历史条件的政府,政府对于社会只具最少的干涉,而不去过分的约束,政府与民众之间保持"下令如流水"般的关系,此即为政界自由。此乃道家之言,恐非

John Seeley 所能同意①。

　　社会的发展要靠自身保持活力,关键在政治系统对社会的不干涉、不扭转政策。不干涉群的自然生态,也即强调社会自治。②这是暗含一个社会作为独立空间的意味,其政体形式并不重要。与儒家比较,这种思路强调的重心从上层转向下层,从实质转向形式。与主流自由主义学说比较,这种思路强调活力与治术,而非权界与政体。这是融汇自由主义与道家思想的一种理解。

　　道家之政治说,郭象仍能理解,且出新意,而其后则几无人能知,其义涵至严复借自由主义而发其余韵,此可谓中西思想激荡而生之显例。不过,政界自由强调上与下的顺畅关系,以及上对下的不干涉主义,但是并未强调群或社会的独立空间如何保障,上下之间的"边界"的如何界定,这是现代自由民主制的根本。严氏多不能特别注意到宪政或法治的存在,③也即不是把自由理解为一种法定权利,特别是讲政界自由时,这颇让人吃惊。如果没有明晰的边界,如何保证上下"如流水"呢? 这又涉及另一个问题,适应中国的自由主义理论是否一定要坚持个人主义立场? 在道家的理解中,是没有个人这个层面的,今天理解自由主义是否一定坚持个人主

---

　　① 严氏在论述政治自由与道家不同的地方在于,他赞同议会制,也谈到地方自治。他认为议会是政治系统沟通上下的关键(《政治学讲义》第五会,又见《论英国宪政两权未尝分立》)这是他在制度安排上借鉴英国,而其原理颇同道家。不过此说究竟是借鉴 John Seeley,还是严氏自持之说,还难以断定。

　　② 道家与自治的关系,徐绍桢也触及到。参徐绍桢部分。

　　③ 严氏对政体演进有两种看法,一是君主政治与民主政治对举,二是据甄克思《社会通诠》,言蛮夷社会、实法社会、国家社会,有时也根据斯宾塞,谈到国家的军事阶段。他在分析儒道二家时皆以第一种分类做比较,这里除了儒道二家的确有相类似的特征外,还意味着他在进化的意义肯定道家而否定儒家。

义立场呢？严复的理解是一个疏失还是一个睿见？这在今天仍旧是一个严肃问题。

第六节 论道：终极一致论

严氏评点《老子》，最关注的还是"治"的问题，即老子的政治思想，且多以民主相比附。其于老子之道论，从传统老学的立场来看，并无太多研究与体会。严氏的理解，大致还在终极一致论的层面，即以文化比较的视野看待道家之道。由于他对西方哲学并不熟悉，他的这种理解，更多流于意见，或是个人体验。前面已经讲过，严氏有一种寻找文化之间"公例"的意识，这是他思考的基本点，在对待道家之道上表现最为明显。史华慈指出，严氏把道理解为"神秘主义的"（159页）"最终的不变的最高的实在"（142页），而为一种"宗教式的形而上学的内核。"（141页）虽然严氏把道与其他不同资源放在一起，但道的确是其理解的基点（136页）。严氏是否把道视作一种"信仰"？以至于成为他"躲避人生风暴的最终避难所"？（71页、159页）这一点难以落实。从现有的材料来看，严氏于道家之道的分析，更多是一种粗浅的终极一致论，其是否真的以之为信仰，实在难以判断。

严氏论述道，特别重视其超越语言、超越物理世界的性质："常通，常明，无对待故，无有文字言说故，不可思议故。"（《老子》一章评点）"对待，即物理层面的形气之物对待之理。"（二章、二十二章评点）无对待，即超出了现实物理关系，为现实世界之因，此现实世界为之果（一章评点，四章评点，二十一章评点），故而其不可以文字言说，不可思议。"不可言说"是老子的说法，"不可思议"则为佛教说法。严氏认为，"不可思议四字，乃佛书最为精微之语。"（《天演论》按语,1379页)他认为不可思议不仅是不能言说,"如云有圆形之方,有无生而死,有不质而力,一物能在两地诸语,方为'不可思议'。"(同上,1380页)如佛教所言涅槃,如天地元始,造化真宰,万物本体,力之本始,神思起屹,等等。严氏受过西方科学训练,其所谓不可思议,基本可视作超出物理世界或理性世界之外者,且与此世界有某种关系,这当然与斯宾斯、赫胥黎不同,而倾向于中国及印度传统。无疑,老子在这其中起了很大作用。

由于严氏的这样一种理解,他即断定老子为一哲学家。《老子》一章评点"同谓之玄,玄之又玄,众妙之门":"西国哲学所从事者,不出此十二字。"因为,"凡物理之所通摄而不滞于物者,皆玄也。哲学谓之提挈归公之物德。"(十章评点)此处因使用古代汉语而语意模糊,其大意当不出共相说。所以,严氏会把《老子》、《庄子》和《周易》视作中国的三部哲学著作(孙年谱213页),熊元锷在《老子评点》序也讲到严复把老子视作哲学家。这当是最早把哲学家的帽子戴在老子头上的提法。当然,王弼的解说模式也给了严氏莫大启发。熊元锷在序中说,严氏以为王弼得虚无之旨,这等于从古人那里得到了印证。

因为有哲学家的认定,又有佛、老一致的古说,故而严氏发挥出一套终极一致论的说法。所谓终极一致论,即是说,不同文化传统下的终极性观念最终都共享一致性,或者说其最终都成为同一,而没有根本上的差异。严氏所说的各方,包括西方哲学,儒家(理学),佛教,道家,但基本未包括基督教(上帝或耶稣)。①

严氏的这类说法很多,其在翻译《天演论》时,已有类似的说法:"此篇之理,与《易·传》所谓'乾坤之道教万物,而不与圣人同

---

① 所以未包括基督教,或许与严氏排斥基督教的态度有关。

忧',《老子》所谓'天地不仁',同一理解。斯宾塞尔著《天演公例》,谓教、学二宗,皆以不可思议为起点,即竺乾所谓不二法门者也。"(《天演论》按语,1370页)按:在斯宾塞那里的不可知,被严氏翻译为不可思议,斯宾塞对于终极实在的康德式的不可知态度,以及对经验界与不可知界(如终极实在或宗教)的严格区分,在严氏这里反而成了通向不可思议领域的助力,这当然是强大的思想传统所造就的。[①]

《穆勒名学》按语,又以逻格斯、佛之阿德门、基督之灵魂、老之道、孟子之性,为一物。(1028页)又以自然公例,道家之道,儒家之理,《易》之太极,释之不二法门为一。(1051页)此作于1902年,尚不整齐。《老子评点》则多有此类说法:

《老子》一章评点:"其所称众妙之门,即西人所谓 Summum Genus,《周易》道通为一,太极、无极诸语,盖与此同。"按:Summum Genus,为拉丁语,翻译为英文,为 highest Genus,即最高类,出于亚里士多德的系统,与老子之"众妙之门"似则似矣,而实难相同。盖其为逻辑可把握之最终实体,而道如何能作此理解?[②]

十四章评点:"老之道纪,其形容处,大类释之涅槃。"按:所谓形容处,即"无状之状,无物之象",其大类涅槃吗? 相似的说法,又见《法意》按语(935页)。

二十五章评点:"老谓之道,《周易》谓之太极,佛谓之自在,西哲谓之第一因,佛又谓之不二法门。万化所由其讫,而学问之归墟也。"按:此节是最简洁的终极一致论。三教一致论本为传统社会

---

① 严氏恐怕根本不能理解近代哲学康德以来的巨大转变。他唯一一条涉及康德(他译作汗德)的评点完全不知所云(三十八章注,1092页)。

② 案:严氏把庄子的"道通为一"归于《周易》,这是一个记忆错误。

中后晚以来的常态,虽有理学正统加以抨击,而各个时代持此说者不绝。严氏的意义在于把西方哲学的传统拉进来,而成中西印、儒道释之一致论,这是新瓶装旧酒。

《〈群已权界〉译凡例》中也称:"如老氏之自然,盖谓世间一切事物,皆有待而然,惟最初众文,无待而然,以其无待,故称自然,此在西文为 self—existence。惟造化真宰,无极太极,为能当之。又如释氏之自在,乃言独有一物,不增不减,不生不灭,此在西文谓文 persistence,或 eterhity,或 conservation,恒力质本体,恒住真因,乃有此德。"按:此凡例成于《老子评点》前,在 1903 年,其大旨皆同。

终极一致论其粗糙混乱自不必说,其根本意义还在提供一个容纳不同传统的框架。如果我们把西方哲学、科学与宗教的对立考虑进去的话,那么这么一个框架大致还是可以理解的,只不过过于粗糙罢了。只是,严氏沿习了老子的框架,把其他内容强行填充进去,这就不能是以我观物了。对于老子而言,他所讲述的道在严氏这里也抽象为一个现象界之外之体,而与这个世界失去了本来着力论证的联系。有学者认为道是进化的哲学基础,[①]这恐怕不能成立。如果道为这个经验世界之外的"不可思议"、"不可言说"之物,那么道如何与这个进化的世界联系呢?只能还是不可思议。这与老子论道与无为之治紧密联系完全不同。在严氏这里,道充当了一个虚空的壳,来解说不同学说的一致性,其与治道的关系(如与民主的关系)则晦暗不明。老子的思想结构在严氏的解说下被拆解了。严氏对老子文明退化论的批评从侧面证明了这一点。

---

① 刘韶军说,参熊铁基等《二十世纪中国老学史》,42 页,福建人民出版社,2002 年。

如果依照老子,则治天下的自然,即顺着道"回去",否则,道与治必然分裂。而这一点严氏无论如何不会同意,根本还是他所提倡的进化论在老子体系中不能并存的。

无论如何,严复都是最后一代把"道"视作真实且有意义的观念的一代人。五四之后,抛弃了整一性的"道"的人们,陷入了深深的虚无之荒野中。

第七节 对老子的批评

老子学说本为一完整体系,而严氏以西方观念释之,则不得不拆解其固有结构,配之以"民主"、"哲学"之名,其无法纳入其解释路径者,或者与其相冲突的,则以批评的方式处理。由此,老子在严氏这里就被分为"进步的一面"和"落后的一面"。这方面的内容有如下几个大端:反智主义、愚民主义、为我主义与历史退化论。下面分别加以说明。因为有时候也涉及到庄子,故在此一并论及。

一、关于反智主义

严氏在早期批评儒家学术传统时,以无用、无实一笔批倒(《救亡决论》),其中讲到"自以为'不出户可以知天下'",这是借用《老子》四十七章"不出户知天下,不窥牖见天道。"严氏这里实际把老子也纳入到了他所厌恶的中国传统学术中去。不过,这种意见在后来的《老子评点》中并未见到。四十七章评点作:"出弥远,知弥少,不可与上文作反对看。"按:上文,即"不出户知天下"两句。又:"其知所以弥少者,以为道固日损也。夫道无不在,苟得其术,虽近取诸身,岂有穷哉?"按:这一解释并不合老子本意,但是是对早期批评的一个调整。即严氏以为,道与外在之知并非两截而相反,恰恰是相互促进,故下面有"行彻五渊,学穷千古,亦将但见其会通而统于一而已矣"之语。

道与知识的关系问题当然极为复杂,严氏总的看没有强调老子的反智主义,而倾向于调和道与知识的关系。当然,他也只是下断语而已。至于十九章"绝圣弃智",严氏并未作评点。二十章评点"绝学无忧",严氏只重点讲无忧,并未涉及绝学。不过其讥弹老子如鸵鸟,固有不满于其中。至于四十八章"为学日益,为道日损,"则以"日益者,内籀之事也;日损者,外籀之事也;其日益也,所以为日损也"来附会。内籀即 induction,今译归纳,外籀即 Deduction,今译演绎。严氏以为道为学为相统一之归纳演绎,这毫无道理,都正合他统合道与知识的主张。实际上,严氏对老子反智主义的表述基本上是一种避而不谈的态度,或者是一种回护的态度。

二、关于愚民主义

一般认为老子有一种愚民主义的主张,至少,老子轻视及恐惧民众的认知能力,唯恐避之而不及。其谈到常使民无知无欲云云,皆此类。而严氏则主张民德、民智、民力,充分肯定民群的主体地位,故而二者在判断民在政治生活中的地位时,有根本的差异。严氏以民为政治主体,以民主来解老子,这几乎是对老子最大的篡改或修正。严氏在早期四论中,判断传统的学术与思想对于民有严重的压抑作用,老子未必不要负一份责任。但奇怪的是,在《老子评点》中,严氏并没有激烈的批评。如三章,"是以圣人之治,虚其心,实其腹,弱其志,强其骨,常使民无知无欲,使夫智者不敢为也。"没有什么比这更反"民主"的了。而严氏的总评是:"考治斯巴达者,则知其作用于老子同符,此不佞所以云,英者为民主治道也。"按:以斯巴达为民主之证,实在不知所云。严氏对"虚其心,实其腹"的评点是:"虚其心,所以受道,实其腹,所以为我,弱其志,所以从理而无所撄,强其骨,所以自立而干事。"按:这样就把民治为主体,而可以受道、为我、从理、自立、干事,这是对原意的扭转。有的地方还反对老子反智说:"老之为术,至如此数章,可谓吐露无余矣。其所为,若与物反,而其实以至大顺而世之读老者,尚以愚民訾老子,真痴人前不得说梦也。(六十五章)"又如五十七章,经文曰:"圣人云:我无为而民自化,我好静而民自正,我无事而民自富,我无欲而民自朴。"此四句意旨,司马迁以下一直以为道家治世之要,而总结为无为自化,清静自正八字(《史记》老子本传)。这里的关键当然是圣人,但是严氏的评点只有一句:"取天下者,民主之政也。"他并不理睬轻视民众的那部分材料。总之,在遇到老子愚民倾向的叙述时,严氏基本上是回避或扭转,而不去直接批评。

三、关于历史退化论

如果说反智主义、愚民主义,严氏还可以回护的话,那么他完全不能容忍老子的退化主张。实际上,这一问题一直在困惑历代解老者,而在严氏之前的魏源曾以今文学说加以新解。严氏对老子的历史退化主张直接批评,不做调和,否则他思想最中心的天演说如何贯彻?这也是严氏解老最首鼠两端的地方,一方面他说老子(还有庄子)有天演的思想,另一方面,又大力批评其返回太古(或自然状态)的主张,难道有回到过去的天演吗?

十八章评点:"以下三章,是老子哲学与近世哲学异道所在,不可不留意也。今夫质之趋文,纯之入杂,由乾坤而驯至于未济,亦自然之势也。老氏还淳返朴之义,独驱江河之水而使之在是山,必不逮矣。"按:以下三章云者,即"大道废,有仁义"、"绝圣弃智,民力百信"及"绝学无忧"三章,皆老子退化论之说,以弃绝文明为旨。故严氏力辟之,而言:"故今日之治,莫贵乎崇尚自由。自由,则物各得其所自救,而天择之用存其最宜,太平之盛可不期自至。"此语为严氏注者之根底。故其绝不认同老氏的退化论。

三十七章评点:"文明之进、民物熙熙,而文物声名皆大盛,此欲作之宜防也。老子之意,以为亦镇之以朴而已,此旨与卢梭正同,而与他哲家作用稍异。"按:三十七章有"化而欲作,吾将镇之以无名之朴"之句,严氏故作此议论。此处并未明白批评老子复古,但是提到卢梭与之相近。严氏对卢梭从无一语赞赏(《〈民约〉平议》),其视之为庄子一流(详下),故此处亦含不满老庄返古之意。《庄子·马蹄》评语:"此篇持论,极似法之卢梭,所著《民约》等书,即持此义,以初民为最乐,但以事实言之,乃最苦者,故其说尽破,醉心卢氏学说者,不可不知也。"按:此即以卢梭比庄子,而以二者皆不可行之类。此意又见《胠箧》评点,而以非识未开放之民类此。卢梭其说颇似庄子后学"放任"一支,但实际二者有根本差异。概卢梭是在社会契约论的背景下讨论此一问题,故其有民权及公意的政治方案,而庄子后学纯为一想象而已,其在政治上是没有出路的。此意严氏并不了解。其意不过据边泌、穆勒一流对卢梭之批评,而视二者皆假想荒唐言而已。不过其反对道家之历史退化主张,则毫无疑义。

严氏对老子的文明批判说并非不接受,他只是反对由此而来的历史退化主张。如《老子》五十三章评点"财货有余,是为盗夸":"今之所谓文明,自老子观之,其不为道夸者,亦少矣。"十八章评点"智慧出于大伪":"近世欧洲诈骗之局,皆未开化之前所无有者。"

又如《法意》按语,谓"老庄洞见文明发展与贫富美数及民之为奸相关,其烛照无遗。"(986页)但是他仅此而已,并不同意老子的推论。历史退化论为严氏最不能接受的老子思想,这和他判断中国之所以落后直接相关,与他坚持开发民力、民德、民智以创造一个富强现代的中国完全相反,故而他极力抵斥。实际上,这也是历来解老者无法处理老子这一思想的一个新案例而已。

四、关于为我主义

"为我"本来是孟子批评杨朱的说法,被严氏沿袭过来,用来评判老子及庄子思想。《老子》十三章评点:"此章乃杨朱为我、庄周养生之所本。"按:十三章为"宠辱若惊,贵大患若身"章,其中有"吾所以有大患者,为吾有身"句,严氏以之为杨朱、庄周之源。但此时并未把老子视为为我之学,到了《庄子评语》时,严氏已把老子判为我主义,且持一种严厉的批评态度。

《庄子·人世间》评语:"吾读此篇,尝不废书而叹也。夫庄生之论,固美矣。顾吾闻之,人之生于世也,俯仰上下,所受于天地父母者至多,非人类而莫与。岂但知无用之用,远祸全生,遂为吾人已乎?使其禽视兽息,徒曰支离其德,亦何取焉。此吾所以终以老庄为杨朱之学,而溺于其说着,未必无蔽也。观于晋之夷甫、平叔之流,可以鉴矣。"此意又见《庄子·天下》评语(1147页)。按:此一口气,与《老子评点》时期已不同,于老庄态色亦峻矣。其于庄子之学,亦未深知,不过流于常俗而已。唯其判别老庄、杨朱为为我之学,而以晋人之祸视之,这或许更能看出严氏于老庄之学内心的看法。严氏甚至以为杨朱即庄周(《在宥》评语,1125页、1126页,又《更桑楚》评语,1138页)而以之为个人主义。

严氏最终把老庄视为为我之学,这当然其与群体主义有关,他不能容忍道家,尤其是庄子、杨朱式的一己主义,而放弃群体价值。严氏虽然批评儒家,但如孝的观念从未否认过,这也是他接受孟子说法的基础。不过,把老子也归于为我之学,这或许有违事实。无论如何,严氏对道家注重个体的倾向持一种批评态度。①

总的看,严氏对老子反智主义、愚民主义持一种回护的态度,而于退化论、为我主义则持明确的批评态度,这不妨视作一种解释策略。因为严氏的所有评判都建立在其独特的历史合理进化的前提下,因而其相合者都大加发挥,其所相违者则严加讥斥,老庄评点可视作严氏思想推演的试验场。

第八节 《老子评点》在老学史上的地位

一、《老子评点》是中国现代老学的开端

清代老学是传统老学的最后阶段,魏源之后有一条致力于治世的老学的线索,不同于之前的老学(包括唐宋以来),不过其仍旧在传统老学的范畴中。而现代老学之发端即在严氏《老子评点》。所以有这样的判断在于,严氏视老子为哲学家,而以西方哲学思想加以比附。这是严氏解老形式上的转变。其根本的改变在于,把以圣人为中心的传统政治思维改造为以民为中心的现代政治思维,这就切入了现代精神的实质。这是古典老学无论如何达不到的。

---

① 在另外的地方,严氏并不同意孟子对杨朱的批评,又援郭象注而赞为己之学,"使人人皆知自治自修,则人人各得其所,各安其性命之情。"(1125页)不过,此解终究与其群学立场不合。

严氏解老为一新型老学①,但是其与清代晚期魏源、高延第、陈三立、易佩绅、徐绍桢一系有很大的关联,这种关联不是表现在相互之间的影响上,而是晚清政治老学的内在脉络上。严氏解老得到陈三立的大力赞赏,这背后显示的真正关联是:在传统资源都在努力追寻治世之用的思潮之下,无论是在传统老学的脉络中,还是从西学的立场出发,身在中国的学者在解说老子时都有一种把老子定义为实际的政治思想资源,并应用于现实政治中的意图,进而有一种重新评判儒道两家优劣的新主张(从儒道并立到道高于儒),这些是魏源诸人与严氏共同分享的特征。只不过,从学术的形态上来说,前者还在传统老学范畴之中,而严氏因为走进西方思想世界,而有一种新的形态。传统老学的极致是徐绍桢,其以今文家与老子汇流,而有意以中西政治哲学为背景解说老子,而实未能如愿。从历史上看,严氏评点老子先于徐氏,不过,从逻辑上讲,徐绍桢之后马上就是严氏。其环环相递,实在能看出中西思想在晚清七十年之演进。

当然,比较清末民初的一些解老者,严氏解老在形态上仍旧是老的,以评点为形式,而且在逻辑性、系统性上仍旧不足,也免不了过分的比附,不过它的确是以西方思想解说老子的第一部著作,给后来者(如胡适)开辟了道路。严氏解老,有所有以西解老模式即

---

① 熊铁基等著《二十世纪中国老学》,认为严复"广泛吸收了西方政治学、哲学、经济学、法学、逻辑学等思想成果","有着思想的深度","更具学术性"(77页)。不过因其形式上无变化,仍旧归于传统老学范畴(42页、67页)。李程《近代老学研究》,认为严氏解老"开始走出传统的束缚,而具有近代的特征。"(252页)同时认为,"从根本上说,近代老学仍是封建主义的老学,它不能从根本上找出挽救中国的出路。"(287页)以上学者都认为严复解老还属于传统老学范畴,我们不认可这种看法。

现代老学的优势与弱点。其优势在于借助西方理论(进化论、宗教论、神秘主义、后现代主义、海德格尔)而具备话语优势。而其弱点在于,以西学解老,基本会破坏老学原有的义理结构,而仅以点对点的方式处理。严氏盛发老学民主与自由之义,而不能处理与之密切相关的部分,老学因而被肢解为若干碎片,这不能不是一种代价沉重的收获。不过其阐发的政界自由一义,能够融汇老学和自由主义,的确精到深邃,是老学现代转型的一个典范。

二、《老子评点》的价值在于政治老学的真正展开

我们可以把魏源以来的老子学称作政治老学,但其问题在于无法真正把政治问题以现代方式展开,即使是徐绍桢也最终归于想像。严氏真正的意义在于,把自由主义与道家思想融通起来,来探索现代中国的政治方案,这是极有意义的。

所以称之为现代政治思想,是因为老子(以及孔子)都是从上(在位者)的角度看治理问题的,而严氏则从民的自主、自由的视角看待治理问题,民的政治主体地位是古人无法想象的。在评判严氏解老的自由思想时,有学者认为,严氏自由思想与儒家思想密切相关,[①]这恐怕是一种误读。严氏对儒家的态度有变化,但其对道家几乎无变化,其所主张的政治自由思想与儒家对立,而与道家相近。严氏解老的关键在于,他揭示了一个事实:自由主义这一系思想与中国儒家不相契,而与道家思想相契,中西政治思想的会通当在自由主义与道家之间,而不是其他方案。

曾克耑在《老子评点》序中说:"(严复)以其暇乎《老子》而评

---

① 黄克武,《自由的所以然》,203页、206页、213页,上海书店出版社,2000年。

点之,又时时引西儒之说相证明,然后知老子真南面人君之术。"按:严氏确实能突出唐宋以来老学之藩篱,而探老学政治性之长。又:"余独有慨于老子之说,既蒙昧两千余岁,得严氏而后发其真,严氏一人之力不足以发之,犹必籍泰西往哲之说以发之,则东西道术有得于疏道证明之亟也。"按:此言极是。严氏借自由主义之背景,与道家相互印证,而得政界自由,政令宽简,上下如流水一类新说。固然,如斯宾塞、Seeley在自由主义脉络中实属边缘化人物,然而恰恰是彼一文化之边缘论说,与此一文化之主流(道家)可会通,此恐非严氏不知自由主义脉络,而在于他以独特的问题意识切入了最恰当的资源,而成一真正中西互相激发的论域,此实超后来中国自由主义者如胡适等人的理论建树。因而,严氏的这一新模式仍旧有很大的空间,值得今天继续走下去。

三、对严氏解老的评断

严氏解老的要旨在于,以老子为哲学家,以终极一致论方式解说道,以老子为治世之学,以自由主义解说其政治思想。因而,老子讲道之哲学,可与西方哲学家并立,老子讲民主之论,可与西方自由主义共论,这是严氏解老之大旨。在新的视野下,严氏敏锐地抓住了儒道之别,指出仁政与虐政,尧舜之治都是不自由的,否定了儒家的治理理解,而将自由之治附于道家,这的确以自由与否为新标准,把儒道两家分立出来。应该说,这让我们对仁政政治与无为政治有了一个更深刻的理解,而远离历史上许多儒道一致论的浅说。

不过,在严氏的老子及道家研究中,除了对政治自由的理解外,大多解释还在以西学解中国经典,诸如圣人在政治系统中如何处置，道如何与政相贯通，这些都没有进入他的思考。老子思想要素被抽离出来，而丧失了固有结构，也未能建立新结构，这样的解释应该说不是成功的。严氏对道家思想的机微并不能深知，由于受西式教育，他常常困惑于传统中一些表达。① 如何把最具创造力的解说发展成一个真正融通自由主义与道家的新说，这还远远不够。曾克耑在序中已经暗示了这一点。

如果民智、民德、民力一直无法提升，那么，圣人所指向的政治领袖或政治强人，是否就有了更大的历史影响力呢？严氏在袁世凯称帝过程中一直游疑徘徊，思想上的因由恐怕还在这里隐伏。那么，是否可以重新考虑圣人在自由主义论述中的位置呢？自由、平等之民之自治与圣人之治可以融通吗？严氏一直说老子之学由历史而来，可他对道的解说完全缺乏历史意味，而为一形上超绝者，那么老子的道的政治意味与历史意味就丧失了，这当然不是老学本来的脉络，老子察机应势的智慧自然就丧失了。道与治于是分裂为二，各不相干。道是否可以解释为一种政治原则？严复无法回答，现在还没有答案。

如史华慈所言，严复进入的是一片现代性的茫茫大海，不仅是严氏，即使是西方人也无法把握（168 页）。从今天的视角来看，严氏的探索显示了一种复杂的混合态，给了我们连接古典与现代的

---

① 如《庄子评语》中《胠箧》第十，1124 页。又，其对元气说的批评，见《古文辞类纂评语》，1206 页。章太炎曾批评严复作文有帖括之气，暗示其未领悟传统学术之内里。

入口,宛如一座路标,指示着当下的文化处境。① 无论比之于章太炎、梁启超,还是胡适、陈独秀,严复都更为复杂。他留下的真正遗产,是自由主义与道家之间的会通问题。

---

① 严复向中国人介绍了群体之间生存竞争导致历史合理进化的观念,但是:生存竞争并不一定导致"合理的"进化(如一战所显示的)。二:生存竞争并不一定必须以有活力的群为主体,完全可以以小股"先锋队""领导"全体的方式进行(如后来的俄国及中国革命)。三、历史的进化也不一定是循序渐进的,而是突进式的(看看一个世纪的革命运动)。严氏最重要的学说被证明是不成立的。中国的历史完全绕过了严氏指出的道路,也即绕过了他所依靠的自由主义脉络,这让史华慈、哈茨这样的西方学者吃惊,也让后来为中国的自由主义溯源的人感到遗憾。然而,除了后发国家无法在国家竞争中重演发达国家发展路径这个原因之外,中国文化独特的预设也在潜移默化中显示了严氏思想歧变的可能性。这是一种奇异的化学反应,在两大传统之间,严复努力尝试解决中国文化现代转型问题,他的失败显示了一种标本意义上的转型复杂性。

第八章　清代道教老学

第一节　清代道教老学概说

清代道教总体上处于衰落之中,惟全真教龙门派有中兴之势,这与清廷的文化政策有关。清帝自康熙起以理学为正统,对"二氏"持一种严格的敌视态度。其对道教并无明室那样的宠幸,而保持距离。终清一朝,道教高层都与清廷疏远,清人编纂《道藏辑要》基本上是民间人士作为,此一事件即可充分说明此点。清代道教老学总体上自成系统,与政治和学术发展的关联不大,时代性特点并不明显,故而我们把清代道教老学单独列为一章,叙述其基本情况。[①]

一、清代道教老学的特征

清代的道教老学呈现一种与主流老学互不相干、自成系统的特征。

首先,道教老学的作者有明显的民间性特征。老学研究者基本都远离朝堂与主流士大夫圈子,相互之间也缺乏统序,处于一种各自分散的状态,这与主流派与考证派基本在进士、举人圈子,包括学界主流以及前后有明显继承性完全不同。这里面有失意的的下层官僚(汪光绪),也有托名吕祖的人物(柳守元,牟允中),有道

[①] 刘固盛《道教老学史》第六章明清道教老学,叙述了李西月、宋常星、黄裳的老学研究,可参考。华中师范大学出版社,2008年。

院的道士(潘静观),有半儒半道的人物(刘沅),有行踪来历不明的修道者(黄裳、云门鲁史),其中也有全真派的著名人物(刘一明)。不过刘一明地处边缘(西北),与主流关系不大。惟一的例外是宋常星,他身为帝师,又深入全真,其《道德经讲义》进入了主流,不过他的经历比较特殊,不具有代表性。主流的学界对道教多持一种拒斥、鄙夷态度。如《四库总目提要》最为明显,其他如吴世尚、胡与高、邓晅、魏源、高延第、李哲明等皆如此。

其次,道教老学有自己的时空观与历史观。其问题意识与主流意识形态并无关涉。道教学者均以老子为神仙,称太上老君,而以成仙为最终目的。李西月在《老子真传》中专门调和《史记》记载与历代仙传中的冲突,解释为应世变化,即使刘沅在早期也坚持老子的神仙属性。在托名吕祖的著作系列中,更是完全没有现世痕迹,纷纷标榜上界各路神仙。即使如刘一明,虽标明清代年号,尊重清廷,但是也自觉退出现世关怀,而返归一己修炼。再如李西月,自创太上十三经系统,为道教争正统,更为自鸣其事。道教解老于清代思想主流的演变几乎没有什么关涉,清人重理学到考据兴起,直到今文学的崛起,道教解老并没有什么变化。清末的解老作品与清初及中期没有什么差别,和明代的道教老学也没有什么差别,总之这是一种自成系统的解老,其时代性并不明显。

其三,清代道教著作都有三教一致的倾向,这是明清代思想中一个普遍倾向。清代道教学者如黄裳所言:"三教之道,圣道而已。儒曰至诚,释曰真空,道曰金丹,要皆太虚一气,贤乎天地人物之中者,惟圣人能探源造极。"(《道德经注释》)刘一明说:"忘我忘物,老死不相往来,万缘俱寂,一粒黍米,观于太虚之中,圆陀陀,光灼灼,净躶躶,赤洒洒的,在释则谓真空妙相,在儒则谓至诚如神,在道则谓金液大丹。"(《道德经会义》)牟目源说:"圣人之教分于三,理归于一,愿生民清其心,豁其目,认得源头。"(牟目源订《道德经释义》)不过,清代道教解老中出现的三教一致,更近于弱势中保护自己的策略性说法。其所谓三教一致,实际上仍是以道教义理为根基的,最明显的就是刘一明的著作。总的讲,道教老学保持了老学的基本品格。

二、清代道教老学的分类

清代老学著作总有20部,我们把这些著作分为四类,第一类可称作吕祖派,包括题云门鲁史《道德经解》、题八洞仙祖注、孚佑帝君释义《太上道德经解》、牟允中《道德经释义》。第二类可称作内丹派,包括李西月《道德经注释》、黄裳《道德经讲义》、汪光绪《道德经纂述》。第三类可称作清静派,包括马自乾《太上道德经集释》、宋常星《道德经讲义》、郭乾泗《老子元翼》、潘静观《道德经妙门约》、刘一明《道德经会义》及《道德经要义》。第四类是三类之外的其他作品,无法明确划分,姑且归为一类。

吕祖派。此一类著作与明末清初吕祖崇拜的兴起有极大关系,都是托名吕祖而作。这些作品之间有复杂的因袭关系,如牟允中《道德经释义》与题八洞仙祖《太上道德经解》及题云门鲁史《道德经解》,这些均与白玉蟾、李道纯、陈致虚、程以宁以来的道教内丹家解老传统有关联,不过呈现出吕祖崇拜的风貌。

内丹派。此类著作以集中阐释内丹功法为特点,这种类型的作品的特点是过分曲解老子原意,而完全以内丹功理的解说为中心,如黄裳的解释,是在解说丹法之余,弟子请解说《道德经》,因而著此成书。李西月、汪光绪也如此。在老学史上看,此类作品基本是内丹学的衍生作品,而与老学的关系距离最远。

清静派。此派所以称作清静派,是取清静之意,如刘一明、潘静观的解老。此一类著作以清静为宗旨,不过份讨论神气铅汞运行,与河上公、陈景元以来的解老最接近。这主要是受全真教龙门派影响的道教学者,重在讲道教的义理,重视清静无为虚无自化一类,这在解老上并无太大突破,不过他们是历来解老的主流,道教的基本性格在此类作品中保有最多,我们可以藉此了解道家义理自老子以来一以贯之的品格。如对有无并生的领会,对儒家政教系统的批判,这在清代儒学一统的背景下特显珍贵。

其它。此类为无法归类的部分,如刘沅的《道德经解》,名为纯阳子注,而实与吕祖派完全不同,而以儒家义理规范道教。如题名吕纯阳的《道德经注释》,完全是下层文人的解老之作,与道教的关系不大。这些作品也包括在道教解老作品中,显示了道教文献的复杂性。另外,我们把龚礼的《道德经经纬》也置于此。龚作很难归类,大致属于术数化解老之作,与道教气质相近,故置于此类。

三、评清代道教老学

道教老学是道教与老学之间交融生成的一个特殊系统,既有与老学拉开距离的情况,也有深化老学义理的一面,可说是思想史一个特殊的面相。清代道教老学突出的特点是老子义理的内丹化和心性化发展。这两者有时候不一定分的很清楚,大体上内丹更注重丹法,而心性化更重视玄理。内丹化最突出的是黄裳和李西月,其他也有很多是这样的思路,只不过不那么系统精细。心性论是明清时代最基本的思想架构,道教学者在解老时也能看出明显的心性化特征,如潘静观、刘一明的著作。

在清代老学的三个派别中,与先秦老学关系最远的是内丹派,其解老基本是一种比附。内丹家对老子的解释焦点在以老学原理来论证丹法,丹法自有传承,老学则为一种追加的论证。唐宋之际早期的内丹家都不以《道德经》为主要资源,因而丹法完全可以自成系统,不过后来的内丹家如白玉蟾等以通过老子《道德经》来解丹法,不仅能获得太上老君的威权,还能在原理上更进一步,这的确是老子学说在身体修炼上的一种延伸。明清之时,以此种方式解老的就更多了。不过,以丹法解老有不可掩饰的附会性。丹法论及药物、火候、心肾、坎离等等,自有一套系统,无论如何与老子原有的话语系统不相融通,况且内丹家集中于内丹的修炼技术问题,讲究心肾五脏的运行,这些与老子并不相关。

清代道教老学中论及与先秦老学之关系,内丹派之外,而吕祖派次之,其解说老子接近内丹派,但是自成系统。与老子本义最近者则为清静派,如刘一明的老学研究,发展出一种道教心性论系统,又保持了老学的基本品格,殊为难得。这说明在极大的同化压力下,老学仍旧自成一格。因而,在道教学者的解读过程中,解说老子文本就有了不同的阐释策略。如宋常星、李西月、刘一明强调老子文本的不同层次,而黄裳、汪光绪解老则把所有章节作内丹解释。

总之,清代道教老学与其他时代的道家老学一样,是老学研究的一个别种。不过在清代老学史上,也有保持了老学的基本性格的意义,这在普遍合儒道的气氛中殊为难得,可见思想统一总是难以实现。在清廷权力不及的边缘处,尚保留着老学的气息。

第二节 清静派老学

清静派老学是清代道教老学中能够保持住老学基本特征的一个流派,与唐代成玄英、李荣,宋代陈景元等的研究接近。虽然秉持道教的宗旨,但是并不极力宣扬长生或者内丹修炼,而以清净无为为中心,作者多为全真派道士,故而我们称之为清静派。这类的著作有马自乾《太上道德经集解》、潘静观《道德经妙门约》、刘一明《道德经会义》、《道德经要义》,宋常星的《道德经讲义》、张燧《太上道德经述义》也可归于这一类型。

一、马自乾《太上道德经集解》

马自乾,号子半道人。江南金陵(今南京)人,大致生活在顺康间。

1.《太上道德经集解》概况

首有序一篇,题为《道德经》,细察为《悟真篇》序。论悟真二字之义,谓悟为格致之功,真究本来之实。又谓道一而已,儒曰精一,道曰了一,佛曰不二,太极,圆觉,金丹也。此是宋明以来三教一致之常论。此则叙《悟真篇》之象征系统。此则叙此书之源起,谓行年五十,粗解正理,于《道德》、《参同》及静明忠孝诸语录多玩味,顺治丁酉见此篇,其性命双修之旨悉备,故为注解。序末题顺治辛丑。则此篇为马自乾注《悟真篇》之序。此书又附释易及释《参同契》文字。次则有其叔弟马御阳的刻道德经解小引,谓马自乾幼而向道,请益于养生之家,能致虚守静,又能愈人痼疾,与谈性命者益众,于是注《悟真篇》,注《道德经》,观者超然燕处人间云云。

次为其门塔施凤翼的序,谓马自乾夙具慧性,于《道德经》《参同契》《悟真篇》尤默契。《参同》《悟真》既别有诠释付梓,更肆力老子,成一家言。

次则为马自乾自己的序,谓:太上立言,垂教万世,道包天地,理切身心,阐虚无生化之原,抉平治修齐之要。又谓君臣民物,精气性情,上德无为而下民感化,内怀有道而外貌融和,几于徼妙,本乎自然。又谓:夫子犹龙之叹,岂虚誉哉?又谓道德经:尽一藏之经文,穷彻三乘之典籍,数千载圣圣相传,飞升冲举者莫可胜数。又谓:一言以蔽之曰静,再进而曰无。又谓前之注解,嗜欲者妄捏阴阳而行采战(此谓御女术),务静者不知性命以堕顽空,解密喻以作奇警,认制惑而专刑戮,玄谈枯坐守中,拟查冥妙境,浮火内结邪气周流。

按:此种种批评,以对以前道教解老的批评为重点。

又谓:于顺治庚子注成《参同》、《悟真》,时年六十三,考三教之书,集百家之解,凡与此心此理相符合者,采而辑之,一字一句皆有源流,不敢杜撰一语。末题康熙改元正月。

据以上数序,可知马自乾先注《参同契》,又注《悟真篇》,最后注《道德经》。他虽自称考三教之书,集百家之解,其根本还在道教的修炼上,所谓飞升冲举者莫可胜数,则他是相信神仙可成的,著书也是"但愿人人各励真修,共臻大道。"从他自述来看,马自乾并无明确的师承,除了上面提的三部经书外,也只是研究过道教净明派一些材料,因而他不属于道教的某一流派,而以读书自悟为主。

2.《太上道德经集解》大旨

马自乾注解《道德经》是在注《参同契》、《悟真篇》之后,不过他并未接触到当时道教的主流全真教龙门派,也对宋元以来道教内丹学南宗北宗的重要人物、著作提及不多,他可能只是一个究心道教修炼法门的读书人,故而自号"半道人"。由此,他注解《道德经》,即不像那些内丹家以龙虎铅汞之流加以附会,而更多的是循文解句。如前序所称:

> 标义则从流溯源,去肤存液;擒词则会文切理,举要芟繁。虽不与缀学之士争雕虫篆刻以为工,要之圆通晓畅,直抒胸臆,固有所见而云然,非苟然饰说者也。

马注的确称得上圆通晓畅。不过,马氏自称通贯三教,多牵扯各家语汇,凡《易经》、《中庸》、禅语、仙书,以至良知说,统而论之,虽显博论,然混同各家宗旨,亦只是自说自语而已。其解老总的说不脱宋明以来三教一致论的旧规,无什么殊胜之处。

其解老虽说清顺,亦有道教派附和之词,其解七十三章时云"有两解,一以世事论,一以一身言之",则固已自知之。又如解三十六章,以"将欲噏之必用张之"等完全作修身之法解,且言"此章作世法解则谤道",明见其曲解经文。最明显的如第十章,云:

> 修道之人若金炁下动,随用河车搬运,升上中宫,与性合一,如夫妻眷恋,神气相抱,永无离异。丹在鼎中,专气改柔,若婴儿之居母腹,纯乎一炁也。致静之致,必有幻情魔景现前,是名玄览,总属邪妄,急须涤除,方可谓爱国治民,以造无为也。

此段纯以修炼解文。又如以心解君主,以缄舌养气解塞其兑,以返视现主神解闭其门,以极目花抑解春登台,以独守一气解未孩,以性解大国,以情解小国,以至于论保守精气,都是道教人士解老的常见手法。不过总的看,马氏解老并不注重炼丹成仙,而是强调心性之学,而归于自然寂静。在某种意义上,马氏解《道德经》近老而远仙。

他注视心的作用,以去情归性为宗,这实际上是宋明以来心性模型的一种表现。如他解十六章:"人能明心之本虚,加于至柔,见性之能守,更造静笃。"又云:要明虚极静笃,生物之始,为修身本末。又如解二十六章:"一身之重,贵乎其心,一心之养,贵在于静。故心为万物之宗,静为生物之始。"又如解二十八章:"人若知性之神,但只保守精炁,自能混一以归无极。"又如六十一章:"总而言之,情未归性,以性摄情,莫不以静为主。"又二十七章:"是以学人寡交以养气,省费以养廉,致虚以合道。"由此可见,其修身以归性寂静为宗旨,这本无什么创见,但确为马氏修身修道的见地。其注老宗旨颇与宋陈景元相近,而稍异于内丹一派。

二、宋常星《道德经讲义》

宋常星,顺康时人,号龙渊子,山西人。顺治六年(1649)探花,后入道,为全真道龙门派第七代弟子。宋常星历顺治、康熙两朝,先后担任国史馆总裁、都察院都御史、兼经筵讲官、侍读学士。著有《道德经讲义》。宋常星此作与清初主流派老学非常接近,限于其道教研究的体例,我们把此作置于道教老学部分。

1. 背景与目的

宋常星是早期接受清朝统治的士人,在清廷高层多年,又入全真教修道,积二十年而成《道德经讲义》一书,进呈康熙。清人入关之初,文化汉学屡有反复,汉化与维持满族文化一直是一个问题。汉化方面接受明朝的官制政治体系问题不大,选择何种意识形态则一时没能力处理,汉族文化中儒道释百家之学非常复杂,满人一时并无能力辨析抉择。多尔衮摄政时期,范文程为首的降清汉人士大夫成了文化政策的主导者,在这背景下,题名顺治御注的《道德经》成为一个关键信号。此书清廷后来一直视而不见,清人早期的老子著作也从未提及,康熙给宋常星《道德经讲义》作序,也未及此一字,这显示了此书的尴尬境况。[①]

[①] 关于题顺治《御注道德经》及其与宋常星的关系问题,请参本书题顺治《御注道德经》部分。

从这个背景看宋常星的《讲义》，就很有意味了。宋氏曾做顺治康熙经筵讲官，故此书属于经筵讲义体制。经筵讲义从宋代已开始，明清类似著作更多。宋氏此作每句一解，每一章注首二字，题恭闻二字，其论说多结合治国理政，这都是讲义的体式。宋氏入道二十年，精心结撰此书，而以《讲义》进呈，则其仍是以讲官的身份讲解治国大道的，这是此书的基本定位，而非仅仅道门内人物的解老。

我们推测，宋氏此作，与顺治《御注道德经》的失败应有一定关系。宋氏身经此事，必然了解这其中的曲折，很有可能参与了此书的编写工作。他作为一个汉族士人，亲身清廷，既有为官尽职的一面，也会有为异族谋方略的一面，这是范文程、孙承泽、熊赐履、顾如华、成克巩一类明末士人的一般倾向。宋氏此作的确为《御注道德经》一事做了了结，康熙作序称宗室道臣人赐一本，这也算是把《御注道德经》那件尴尬掩饰过去了。

2.《道德经讲义》概况

正文前有康熙御制《道德经讲义序》，谓：大道幽深，超万有独尊，历旷劫不坏，先天地不见始，后天地不见终，道由心得，经以印证。又曰：皇考顺治六年宋龙渊钦选探花，供职三十余年，襄赞中枢。康熙十八年改仕专修道静无为之道。又谓历二十多载注《道德经讲义》一书，由其子进呈。又谓脱久欲效黄帝故事，访道崆峒，今此注悉在矣。又谓《道德经》历朝注者数十百家，宋龙渊所注洞微昭融，凡宗室黄胄、文武臣士均皆勤读云云。尾题康熙四十二年十月初八题于御书房。

次为题九门军都杨桐的《考证经注序》，谓太上《道德经》虽玄门之精舆，实修齐治平之理悉备焉，与吾儒诚已成物相表里也。又谓，老氏阐发五千言，不致偏奇邪见流于异端。又谓，宋龙渊先生沈潜于道,夯章逐句,无不注解,致详且近。间有与五经四子相发明者,于大易之旨尤多昫合云云。正文首题太上道德经讲义,金莲正宗龙门法派,第七代龙渊子宋常星注解。

宋氏未明言何种版本为据,从《讲义》内容来看,当以河上公本为基础而自称系统,全文不分上下篇,第一章至八十一章一以贯之,每一章都有章题,但多为其自题,撮举经文主要词汇而为之,次以章序,如观玄章第一,观徼章第二,大象章第三十五,食母章第二十,抱一章第二十二,较上河上原题,颇简明,有点睛之意。偶有从河上者(三章、三十六章、六十七章),但不是很多。宋氏对章题重作概括,较之河上本更切合些。

宋氏注老,与内丹派推衍龙虎铅汞不同,而着力于沟合儒道。宋氏属全真龙门派,全真教讲究清修,先性后命,龙门派祖师邱处机也属于这个系统,故统观宋氏注老,虽讲一些丹法修炼,但总的讲意不在此。这与此作的讲义性质也有关,因为是向皇帝进呈的著作,故不妄言仙事,而着力于治道。至于宋氏自己的内丹思想究竟为何,虽大体不出此书范围,但其详则不可知了。

宋氏解老使用了很多佛教经典。宋明以来的道教学者都主三教合一,张伯端、王重阳、白玉蟾、陈致虚等无不如此,内丹学家也确是在禅宗佛性论启发下的道教理论发展,因而宋氏也涉及到佛教内容,这不足为奇。不过,需要注意的是,宋氏并不以三教立说,而只提仙圣,不提释氏,其运用佛教也多是顺文而用,涉及而已。

3.《道德经讲义》的解老特点

(1)宋氏注老是清代意识形态下的产物。

一般的讲,道教徒注解老子没有现世时间观念,他们生活在道教的世界观中,上下数万年,太上巍巍,神仙不老,现实世界只是成仙的起点,而不顾及政教。但宋氏著作是一个例外。前面讲过,宋氏属于明末清初归属清廷的士人,他们有一个引领蛮族接受教化的潜心理,宋氏位居中枢三十年,致仕而去,这其中未尝没有一种功名身退的考量。明末清初入道避祸是一大趋势,同时又会花二十年来注解老子的进呈,这是其谋国谋君的一面。我们仔细观察宋氏的注解,能看出从顺治《御注道德经》到宋常星《道德经讲义》,顺治时期到康熙晚期,意识形态所发生的巨大变化。宋氏亲身经历了这一过程(《御注道德经》刊行是宋氏入仕8年后),自然有会于心,其所注解自然会对康熙以来大步理学化的正统做一调适,这也是宋氏注老的历史位置。宋氏解经细切,总的看仍属于宋人心性模式,但强化了圣人的地位,这为一歧变。

宋氏描述的思想世界是一个封闭无间的世界,或者说有强烈的一统意识,天与人同理而统于道,他把道也称作无极太极、天理,而圣人则与道同一,于是一切都归于圣人中心。宋氏论圣人处比比皆是,

> 圣人之心如日月之明,无所不临,无所不照。圣人之德,如天地元气,无所不生,无所不养。(四十九章注)
>
> 大道浑全,圣人之心同于天下之心,天下之心同于圣人之心。心同而理同,天理同而德即同,圣人德化至此尽矣。(二十八章注)
>
> 圣人以大同之道尽于己,尽于人。大同之德应于人,而顺乎天。无亲疏,无远近。其道也,流行无间,而贯乎古今;其德也,不过不遗,而充周莫测。万民同乎一道,天下无二道。万民同乎一德,天下无二德。(二十三章注)
>
> 圣人得之于心,天理浑全,而万事具备。达之于用,万殊一贯,而达本穷源。君臣父子,三纲五常,无不齐之

于一,治之于一也。(二十一章注)

他不吝用最大的篇幅最美妙的词汇来形容圣人之全之明之能,这是他注老极大的一个特色,而此处的圣人并非神仙,也非得道之人,而是居位且得道之人,其用意当然指在位的圣君,也就是康熙了。

康熙一直以圣道自居,其功业甚大,为政亦远超前人,故说到所谓圣人,宋氏与康熙自然能默然心会。

> 天下国家,万殊一贯,君臣父子,上下一心。果能如此,当今之侯王,未尝不是上古之尧舜也。(三十七章注)

在一个太阳一样无所不在的圣人的照耀下,一切都得到其当然本然之全,这是宋氏解老的中心。而对于异见者,则不惜借用清廷之说法大加挞伐:"若有兵强天下之心,此皆是不道之为也。此等不道之为,是谓名教之罪人,自误前程,自作自受,虽圣人出世,亦不能救其天道好还之患也。"(三十章注)所谓名教罪人,真是暗藏杀机。

宋氏之性、民、世的大一统论,道圣体用一致论,这看起来美则美矣,不过是词语的狂欢,谓之专制文化的标本可也,其实质则是反动的最可耻的颂圣逢君的传统,这在正统宋儒那里是不可接受的。宋儒也讲圣人,但一定讲圣道与王道之别,讲理高于势,这是孟子以来儒家一贯的主张。但清人以蛮夷入关,其武力无足论,其文化则无可信,至康熙则一积而起,颇以圣人自居,合圣王为一,而决不允许臣工妄议圣道一字一句,而必以己见裁断,即牢牢掌握意识形态的阐释权,这是清朝异族统治下才有的政治文化现象。

我们看康雍乾三朝的帝王无不在意识形态上下大功夫,以王道自居而宰制天下,宋氏的注老正是这样一种风潮的体现,故而其注老大大远离了老子的内涵也就无足怪了。如对十七章、十八章、十九、三十八章的解释,宋氏都从圣道的时变上加以说明,而根本未提及老子对文教从根本上加以否定。宋氏的圣道从道的源头讲起,一直贯到修齐治平,如抱一章第二十二:

> 所以天地万物纷纭交错有形有象者。莫不得其一。各具无极之理,各完太极之性也。是故圣人得之于心,天理浑全而万事俱备,达之于用,万殊一贯而达本穷源。君臣父子,三纲五常,无不齐之于一,治之于一也。天文地理,人物古今,无不体之于一,用之于一也。经中所说,正是此义。

又如冲和章四十二:

> 道生一。一者,理也。此理能一天地万物,是以谓之一。有此道,便有此一。此一流行于天地,便是五行四象。流行于人事,便是三纲五常。流行于身心,便是性命魂魄,仁义礼智。为万物总会之理,万理总会之源。添之不得,减之不得。修道之人,若能认得此一,则万事备矣。

这种说法很多,都是把道与三纲五常直接贯通起来。这和宋人的讲法从结构上已没有什么差别,而老子本意则是自然与文明对峙的,道并不能贯到儒家设计的政教系统中。宋氏在作解时完全从宋人的角度出发,更逢迎清人颂圣的风气,这就无法看清老子,老子最后仅仅是对天理系统的一个修饰,宋氏讲的也不过是一个自然无为版本的天理系统。固然他讲清静、无为、谦下也很好,但是其根本架构还是理学式的,怪不得康熙看得大悦,要让宗室近臣遍读之。

从题顺治《御注道德经》的以自然治天下,到宋氏的以天理治天下,《道德经》的内涵发生了变化。老子被纳入理学的阵营中,而以儒家的忠臣身份出现,这一过程我们看出清廷文化政策上的成功,其基本完成了对汉族文化的重构,以及最有利于自己的意识形态理论已成熟。

(2)宋氏论道极精妙

宋氏注老在理论上最大的贡献是对道论的解释,其自太极图处入手,以一元两端的结构来论道,极精微。可说是道教传统中有洞见的解说,对于我们理解老子,反省王弼、苏辙以来的解老都极有帮助。夸张一点说,宋氏解老的道论在整个老学史上都应有一席,而与王弼并立。

宋氏解道有一层遮蔽,就是他把道与天理对等起来,和宋人的理学系统混同,这实际上混淆了不同系统,徒增麻烦。但细读宋氏,其根子还是从道教内部来的,我们可以不理会理学的那套,而直接从其内部入手。宋氏论道的中心是无极太极,

> 恭闻无极而太极,自然无为之实理,谓之道。(一章注)

> 无极与太极,亦无二物,无极即是太极,太极即是无极。假使有无极无太极,则物之实理沦于空寂,天地人物亦不能有生化之妙。假使有太极无太极,则物之实理又滞于有象,阴阳造化亦不能有变迁之妙。(二十五章注)

> 无极者,无名天地之始。太极者,有名万物之母也。有无极便有太极,有太极便有无极。有太极便有动静,有动静便有阴阳。无极即太极,太极即动静,动静即阴阳。无极者太极之静也,太极者无极之动也。动而为阳,静而为阴,天地间不过阴阳动静。阴阳动静发无极太极之理。是故无极太极,为造化之枢纽,万物之根柢也。(四十七章注)

无极和太极是两个关键术语,无极出于老子,太极出于《易经》。论无极太极看起来是会通易老,但实际上更是对老子思想的一种新解。汉代解老者如《淮南子》、河上公、严遵等都是以元气说解释,至王弼则主以无为体,成玄英、李荣等借鉴佛教理论以重玄解老,至宋明后则多以心性说解老,这些解法各有不同,要之未触及道体之内里之几微。宋氏之无极太极说则专一解说道体之活动。

所谓无极太极"并非二物",是说无极太极两个术语所指称的具有整一性,所以说"无极即是太极,太极即是无极。"同时,无极太极说又意味着道体并非只是一个不变的"一",或者"元气",或者"无",或者"重玄之体",或者"本心本性",而是有内在的机微之变。无极趋向于无的一面,而太极趋向于有的一面,二者不可或缺。所以宋氏说"有无极无太极不能生化,有太极无无极不能变迁","生化"、"变迁"就不是空寂或有象,而是活动性,或者生长性,这才是道体的本意。宋氏使用《易经》中的阴阳、动静来解说,也是这个道理。所以他说"无极太极为造化之枢纽,万物之根柢",这里的关键是道即无极太极是一切活动性之所由。

无极太极这对概念虽说被周敦颐和朱子借用,不过总归是道教人士先提出的,宋氏承认自己的理解与《太极图》有关：

> 无极即是太极妙无之理也,太极即是无极妙有之理也。生生化化,混成一体,先有此物,然后才有五太。五太者,有理未有炁,谓之太易。有炁未有形,谓之太初。有形未有质,谓之太始。有质未有体,谓之太素。理炁形质体用完具,谓之太极。积炁鸿蒙,溟涬莫测,其炁浩瀚,其体穹窿,其运如车毂,其速如弩矢。周天三百六十五度四分度之一,大道遁天而左旋,日月遁天而右转。一昼一夜,日之行过一度,月之行不及三度。以十九分度之,共行七个月,谓之一周天。此是《太极图》中阴阳运行之妙也。(二十五章注)

无极太极之解勾合易老,为一绝大创见。太极图一般认为传自陈抟,历来有不同的谱系。① 自朱子开始,多用于解释《易经》,其中的妙处实际上有了遮蔽,也给朱子的理论带来很大麻烦。而宋氏从道教的前辈那里重新发掘,以太极图的方式解道,是道家道教系统内的理论延伸,这就赋予了道动的意味,不过这动是体的动,虽说也会有一个下达的过程,但道体本身是动的,这点颇为关键,这较之朱子之天理更符合先秦的本意,可以说宋常星在此一点上与先秦老学心心相通。

我们若是结合理解船山和黄裳的道说,也都是这样的意旨。三人时代不同,立场不同,互不相识,但是在解老之道上若合一契,都强调道体之活动性。这说明老子的义理的确具有其独特性,即

---

① 清代以太极图解老者还有吴世尚,相关情况可参本书吴世尚部分。

使在清朝这样思想禁锢的时代也难掩其架构,能为后世解者所通达。同时,单就解道而言,船山、宋氏和黄裳三人的解老,大致可归于一类,而与历史上的不同范式相映照,这是清代老学一个独特的地方。

宋以来解老的传统主流是苏辙、吴澄这样的儒家人物,陈景元、白玉蟾的影响要弱一些。宋氏继承了道教老学的传统,深察道体之机微,其解道是极宝贵的一个线索,能让我们看到另外一种理论可能,这是宋氏注老最大的价值。

(3)宋氏依傍理学家说以解老

宋氏在清廷效力多年,深知满清从茫然无知到掌握汉族文化的过程,也当然了解康熙一朝的文化政策。故而他注解老子,对于康熙尊崇理学完全能够心领神会,而以讲义的方式传达。另一方面,宋氏了解顺治《御注道德经》一事的原委,故而对于如何以理学来驯化老学,当然能够设身处地考虑。故而他深入全真多年,不仅能够深入领会老学,也能疏通三教论说,而以理学家言为统摄,这是他精心撰述的根柢。宋氏通过理学范式规训老学,可以视作汉族知识分子对清廷的一份投名状,能看出清初思想的的巨大转变。现略述如下。

宋氏依傍理学家言来解说老子,引朱子之说来印证老子说。如观妙章第一引朱子说解说玄之又玄:"朱子云:人之所得乎天,而虚灵不昧,以具众理,而应万事者,知此可以言道。"案:此为朱子注《大学》释明德之言,与老子之说不相关。又如宋氏直接引用理学家说或者著作并不多,其解说老子多能以理解之,而非依赖名言或者著作的相似。他基本是依傍理学的理论框架来解说老子的。

如言天理:

窃思德者,心之理也。此理从大道流出,从性中发现,是为自然之天理。人人本具,各各完全。果能充而用之,于天地万物,无处不是我之德也。但因世人私欲太甚,天理灭绝。以致天德锢蔽,其德不有矣。若上德自然无为,不惠而自惠,不仁而自仁,譬如春风时雨,及于万物,而万物尚且不知,更何得失之患乎?学道者,能明此德,可以为上德之人矣。(处厚章三十八注)

案:此章之说,皆从理学而来。又如:

君子以一身而推行于天下,动静语默之间皆有天理流行之妙。君臣父子,以纲常伦理任其重。处事接物,以道德仁义全其重。无一言不从主静之心发将出来,无一事不奉静一之君行将出去。终日如此,终日不怠,此便是终日行,不离辎重之义。(轻重章第二十六注)

为君者,守其君之式。为臣者,守其臣之式。为父者,守其父之式。为子者,守其子之式。黑白当然,不起好恶之情,知守一致,忘乎去就之想,则君臣父子之天理成全,上下尊卑之天德完具。真常之德,人人同知,人人同守,民无异俗,国无异政,未有差殊而不齐者也,故曰为天下式。(常德章第二十八注)

案:以上两节皆依天理而言纲常,与宋儒所论何异?
如言人欲:

荒是指世人不修心德,如田之荒。央即是无所归止之义。上句所谓唯阿相应之声,几何善恶之辨,唯是取善之本,阿是致恶之根。若不力行此取善之本,若不斩断此致恶之根,则私意横生,人欲滋盛。刚强暴恶,无所不为,从此而日荒日远,从此而流荡身心,终无止归之所,终不能复还天理之正,终不能去其人欲之私矣。(食母章第二十注)

案:此节以人欲为万恶之源。又如:

学道之人,果能知此妙义,依而损之,除情去欲,舍妄归真,观破世事,如梦如幻,是非人我。损之又损,酒色财气,去之又去,一念纯真,污泥中自然莲花出现。三心顿脱,腊月天自然雪梅争春。损之日久,损到纯熟地位,不必操存,而人欲自净,不用矜持,而天理自纯。满腔内尽是一片光明境界。法性中惟有一个太极常存,我身中之天下无不可取,我性中之天下无不可治也。(日损章第四十八注)

案:所谓人欲自净,法性长存,此为心性模型之常说,理学家之通例。

如言省克:

少私寡欲者,如内而身心,外而事物,随缘循理,归于性命。克去己私,不生自有自利之意。遇境忘境,不著恋慕沉溺之情。敛华就实之意,全在于此。以此修之于身,身无不修,齐之于家,家无不齐,治之于国,国无不治,平

之于天下,天下无不平。(朴素章第十九注)

> 修之于身,是为修身之大本。用之于家,是为齐家之实理。施之于国,是为治国之利器。微明之体,与太虚同其体,无往而非体也。微明之用,与天地同其用,无往而非用也。无妄无为,无余无欠,至诚至实,至中至正。所以君子修之则吉,小人悖之则凶。是故圣人知微明之体,达微明之用,能一天地之理,能尽事物之变。(微明章第三十六注)

案:此两处之克己去私,修之于身,即是省克之功。
如言进学:

> 自古希圣希贤者,只尽此学之一字,岂可绝之乎哉?经言绝学无忧,乃是绝其见闻之泛,机智之妄,无益有损,或有近于声色利欲等事,非谓绝而全不学哉。若使学而能悟性命精微之理,能明阴阳消长之道,以学而修之于身,可以去人欲之私,可以全天理之正,以学而推之于用,可以赞天地之化育,可以致国运之隆平。一切真儒仙圣,皆从学而得之。若是无益之学,反不如绝之。或至流入异端邪辟之门,必然穿凿妄见,迷失正途。以学求益,反增其害。此皆学之大忧也,故曰绝学无忧。(食母章第二十注)

案:"可以去人欲之私,可以全天理之正",正是宋氏所谓学之意。所谓"一切真儒仙圣,皆从学而得之",真不知水火如何同炉。宋氏之解老,多以理学家言为根基,所谓天理人欲、三纲五常云云屡见不鲜。固然他确实深知老子之意,不过总要牵合理学为解,而证成理学家版本之老子,这和晚明老学的气质已经完全不同。宋氏解老不仅是个人经典解说的问题,更是时代风气转换的象征。从康熙宣布尊崇理学开始,到宋氏《道德经讲义》出,这二十多年间的思想变化,从老子的身份转换上就可以看出来了。

4. 简单的评断

宋氏解老颇足回味,其有意识地为清廷意识形态建构效力,会通理学与道家道教,而成一庞大的综合体。他念念不忘为清帝作讲义,则似乎可以把全书视作他的谏书,其一片"忠君爱国"之文化奴才之情发乎笔端。① 其把老子解释为一个圣人之治为中心的体系,极力印证清帝之一统秩序,是老子思想的一个极大扭曲。看得出,在宋氏的思想中,朱子和老子的影响皆不及清帝的影响大,由此可以约略了解清初思想的实情。不过,从道教的内部脉络出发,他继承了老学在玄理上的智慧,与船山、黄裳、汪光绪等的领悟暗合,可以看出老子思维的真正品质,这是极为可贵的。

谏书和玄思,这是一个很奇怪的组合。我们认为,前者更多来自于当时清帝主导下的理学,后者才来自于老学传统。能综合进入一个体系之中,也看出宋氏老学别有一番天地,非一般者可比。然而其宗旨终究与老学相悖,这是很遗憾的事。宋氏也谈到了很

---

① 满族以落后部落征服明朝,其后既有满族汉化的一面,也有汉文化满族化的一面,后者体现为奴才文化,即推崇高度压迫性的人身控制。宋氏所论的老子,即是此种奴才文化构建的一个环节。此种以圣帝为中枢垄括一切的想法,不仅宋儒不接受,汉儒也不会接受,孔老也不会接受。这是清帝合道统、治统为一的老子版本。故而我们说宋氏是一个文化奴才。在清代老学中,花尚为自觉的奴才,宋常星为趋势的奴才,至康乾之际,主流派解老者入于此彀中而不自知,此实为有清一朝思想之底色。

多道教修炼的内容,不是他解老的关键,我们这里也就没有特别说明。

三、潘静观《道德经妙门约》

潘静观,在《太乙金华宗旨》中又署名潘易庵,自署晋陵人(今常州),号为谷先生。顺治康熙时期道士,卒于康熙三十一年(1692年前)。其师为全真派第四代传人朱元育,朱氏为全真派北方弟子,在终南山学道成,顺治十四年(1657)左右,已至江南常州地区传道。此时潘静观已随侍左右,为朱氏弟子中关键的一位,参与了朱氏的传教及著述。其后,潘静观还与宣扬吕祖崇拜的太乙法派及净明道有相当的关联,可以说是兼备全真、太乙与净明三派特色。[①]

潘氏的作品,除了《道德经妙门注》外,据顾日融《道德经妙门约注自序》,尚有《悟真篇注》、《参同契注》、《阴符经注》、《清静经注》,惟不知此诸篇是潘氏自著,抑或整理其师之作。

1. 概况

篇首为题后学某某(原文缺)嘉庆戊辰(嘉庆十三年,1808年)的《道德经妙门约序》,自谓参访金丹秘密,戊辰冬游北京九天宫,谒于阳海,见为谷先生所注《妙门约道德经》。其书年深久远,原板毁废,吾师刊梓流布,公诸天下云云。按:此当为于阳海嘉庆十四年重印时此慕道者所撰,编诸篇首。

下又有于阳海嘉庆四年所书序,谓于故书摊上得为谷先生注《道德经》,注疏精详,间有残断,云此本为金台坊间所无,故重刻此

---

① 参刘国盛、王闯《全真龙门派在清初的另一种生存境遇——对潘静观及其〈道德经妙门约〉的考察》,《华中师范大学学报》,2014年6期。

板。下题京都朝阳门外九天宫住持无心道人于阳海,此则为嘉庆四年初刻本于氏序,若无于氏此本,则潘氏注早已亡佚了。

其后为原书序,题作康熙己卯(1699年,康熙三十八年)晋陵后学弟子顾日融《道德经妙门约注自序》,此时潘氏已去世近十年左右了。其谓:宣圣问礼太上,叹为犹龙,不知何意。后得为谷先生注,略有所省。又谓为谷先生注《悟真》《参同》《阴符》《清静》诸经,于此经尤具苦心。又谓:妙门者取经中玄之又玄众妙之门之义。又谓于经文中言治国治民用兵等处,一切消归于本分,而为心之法象,所收归于一身,未必得圣人要领。故于此注稍节约而略为融口(此字原缺),大约本诸先生者十之七八,而问入者十之一二。

按:顾氏是潘静观注的整理者,味其语意及题作后学弟子,则当非潘静观的亲授弟子。又据篇末顾日融所书后记,谓有曹氏二翁为玄妙观捐金而刻此经,则顾氏亦常州地区修道之士,二人语动均与玄妙观(又作圆妙观)有关,顾氏了解潘氏著作,但并不什么尊重,二人宗旨存不同,故对潘注作相当修订。其所谓节约,当是有所删节,其所谓"融口",如其所言,当有所增补。正文中有若干小字,附于正文之中,当为其所补。另外,顾氏谓潘氏注一切文字归于一身,而不言治国治民用兵,而今本多有此类文字,如十七章谓此意思上古忘言之化也,二十六章此章言居重主静,乃君天下只要道也,二十九章此言道贵无为,有天下者,当与天下相安于无事也,三十一章,谓用兵大不得已之事也,下经首章(即传世本三十八章),谓欲挽末流之浮伪,以还淳朴,下经四十三章(即传世本八十章),谓此因衰周文胜俗弊,而思太古淳朴之风也。其它尚有一些章节。则此数章或即为顾氏所增改者。顾氏所赠的小注部分,于经文注解多属平庸,而颇有儒道一致之意,其所增改的论治天下治民治兵之义,亦无甚奇处,不过常人之习见已。由顾氏的修订,可见潘氏原文集中在修身求道之上,固为全真道士注老的规模。我们分析潘氏注老,主要就其所做的注讨论,对于顾氏所增改的部分不予讨论。

据朱元育《参同契阐幽序》(《藏外道书》六册,前文所引),潘静观参与了朱元育此书的写作。至于顾日融所提的《参同注》是否与此为一书,我们不能断定。有关于潘氏的《道德经注》有多少受了朱元育的影响,是否朱氏也有类似的著作,我们也不能断定。我们只能据顾日融的整理本,而认定该注本为潘静观的著作。

该著有康熙三十八年顾日融刻本,及北京九天宫于阳海嘉庆四年刻本(藏北师大)及嘉庆十四年重刻本。

潘氏注老在《道德经源流》中称,全经上下篇其初不分章节,浑然成文,太上亲授关尹,又现身汉代号河上公,始分八十一章。又谓每章各标两字,文句多异同,系后人附会。兹按藏本校正,仍遵八十一章之旧云云。潘氏所谓固出于道教徒之习见,不过其谓河上本为后人附会,则为有见(据王卡考订,河上本章题出于唐代)。

潘氏本分为上下经,上经三十八章,下经四十四章,不过下经重新排序,从首章至四十四章,此与一般版本不同。潘氏解老,多以首句指明章旨,此则述章句义理,有的章节结尾标明篇章结构。如上经首章谓:"此章直指有无不二之常道,为全经提纲也。"次则详略道德之义,顺原文依次说明。又如十四章,谓"此章极言道妙,不可以迹象求也。"又如下经第十章(传世本四十七章)谓:"此章言真觉在我,而外求者转失之也。"其论全篇结构者,三章末谓:"自首章至此,略作顿断,下章又以道字领起,而发虚字之意,如连山断岭,不接而接,此五千言真血脉也。"

2. 解老情况

潘氏在上经前有《道德经提纲》,大旨述其宗旨,谓"一法不立之谓道,万法圆成之谓德,道出自然,德贵返本。"又谓:"道多在自然上说,要以谷神不死为提纲,德多在反本上说,以为而无为究竟。"又谓,"有无二字已括全经眼目。"又谓"有无俱融,即显即密,而为众妙之门。"以上数点,基本代表了潘氏解老的基本点。

其所论一法不立之谓道,万法圆成之谓德,出于《六祖坛经》,定慧品第四谓:自性本无一法可得。顿渐品第八谓:无一法可得,方能建立万法,为其所本。一法不立一语又多见于《憨山老人梦游集》,此意在六祖前多见于禅宗信奉之《楞严经》,潘氏亦几次提及《楞严经》,可见潘氏深受禅学影响,而以心性不二的思路来解释道德不二,以为道为德本,德在修证,道德不二,这种模型为潘氏解老最重要的特点,下面以《道德经注》的材料加以说明。

(1)道德不二论

解老而至道德,本无甚殊意,自来解老者无不注意此二语。然而潘氏的殊胜处在于,他根据禅学的架构,对道德二观念及其关系做了一番新解。

首章注:"盖五千言,无非发挥道德两字,有时单提道字,而德已在其中,有时单提德字,而道亦在其中。"又:"道以德而圆成,无终不成其为始;德从道而建立,无始不成其为终。"则道德为始终的关系,道为始,德为终。潘氏这样解说,既照顾到老子生成论的意味,又照顾到了禅学中讲的修证的意味,故此始终二字实有二层意在。

下面潘氏又以有无二字来解道德,谓:"其所谓无者,盖言此真常之体,原空空洞洞。"又谓:"其所谓有者,盖言真空之中,又无所不育。"又谓:"真空即是妙有,妙有亦即真空。"以真空妙有二语解有无,不仅是借用禅学语辞,同样显示了潘氏兼备老学、禅学的意味,也即兼备生化与觉悟之意味。又十章注:"无作自然之谓道,从有入无之谓德,此仍是就性体而言道,自修证言德。"又谓:"盖信道德二字,一而二,二而一者也。入后或言道,或言德,反复申明,意实一贯。"此数语论道德不二,实即禅学不二法门之意,心性不二,体用不二,善不善不二,凡智不二,此为禅学之精髓,潘氏论道德亦此意。

潘氏进而论及三教合一,故十六章注引楞严,谓"(楞严经与道德经)两经意旨,不约而同也。"又谓:"三教圣人之言,若合符节矣。"(三十四章注)三教合一治为全真宗旨,本无稀奇,惟潘氏以禅解老,以不二之旨为架构解老,此为其根本宗旨,有其得亦有其失。

(2)元神论

道教的根本点还在修证性命,故潘氏专论人成仙之内在根据为其前提,可称作元神论。

六章注:"谷神者,人人具足,万劫不坏之元神也。元神本至虚而至灵,以至灵之物,藏至虚之府,即以至灵之体发至灵之用。"按:此即潘氏所论之元神,在十章注中又称作圣胎,此即道教徒所论之成仙之基。据潘氏全文,此谷神,不过是德的另一种称呼,其总结十章之意,谓:"此章言体道之功,极其详备,而结归玄德二字,与首章言道而结归玄之又玄,若合符节。"

潘氏论道德不二,是一种近乎本体论的架构,而其重在治元神,则近乎生存论,此二者本无可分。按他的说法,证得后完全为一,但是就凡人而言,仍是两重境。三十八章注谓:"盖人自生以后,皆觉谷尘,生出一点妄明,为知为识,妄作妄为,人人恃此为本命无辰,而不知其为元量劫来生死根本。"十一章注:"人身中有至虚至灵之谷神,受之即无,同乎太虚。"这段语当然是引佛学理论来解,不过正说明所谓元神论的确为其思想的一个关键。

（3）修证论

那么，如何从凡尘中修证真性，而得道德合一之根本呢？潘氏讲到几种修证心法。

其一为守中，也即守虚。五章注："此章言道体至虚，体道者亦以虚而入也。"又谓："情见净尽，心境廓清，自然与那至冲至虚的本体如水合水，似空合空。"又谓："体道者，惟守中为要道也。究其所谓虚体者，无过一中而已。"又谓："千圣心法，总在一中。依次修证元神，则功成。"

其二为觉悟。觉悟的思路当然从禅学处来，如十六章注："此章言大道只争一觉，而昧者自失之也。"又谓："一旦正眼豁开，洞澈大道根源，则经行坐卧，常在其中，而兢兢保任之功，自不容已。"按：此说完全是禅意。又十四章注："真知迸露，耀古耀今，自非彻悟彻证者，其孰能与于斯乎？"亦是此意。

总之，潘氏解老，基本是在禅学的框架下的解老，这当然是全真派一直以来的路径，潘氏最重视的是不二法门的架构，这使得老子的世界禅学化了，圆通灵透，但是丧失了很多应对世界的行动力，如顾日融所说的，一切归于一身，这是一种萎缩化的老学。另一方面，潘氏固然讲到元神云云，但是仍然丧失了很多道教基本品质，这不免让人觉得他的解老只是用《道德经》语辞讲禅学的道理而已。

3. 简单的评断

潘氏以禅解老，固然增加了玄理意味，也合乎全真家法，不过在理论上有一些问题他并未解决。比如老子总是讲道德的生化功用，他解老也总顾及此点，可是在禅学中是无法讲生化的，只能讲觉证。换句话说：老子的道总有活动意，而禅宗讲性体必不能如此讲，而落脚于空意，这种基本的不同如何统合？潘氏并未明言。或许他以为依德而悟觉或修证的即为道，那么如何解释道德不二呢？

在老子那里恐怕很难讲道德不二,德应该是更低一层的概念,老子论德固然简疏,不过绝非不二。潘氏以不二之旨解老,是否最终归于禅,而丧失了老之意呢?这是全真派先性后命一路一直难以完全解决的问题。比如修炼法门,潘氏讲到觉悟,也讲到守中,也讲到任虚,那么到底是以何为宗旨呢?这些都未解决,可说是以禅解老留下的问题。

四、刘一明《道德经会义》、《道德经要义》

刘一明(1734—1821),号悟元子,别号素朴散人。山西平阳曲沃县(今山西闻喜县)人。清代著名道士,全真道龙门派第十一代宗师。刘氏的代表作为《道书十二种》,有嘉庆二十四年(1819)年湖南常德护国庵本,又存光绪庚辰(1880)上海翼化堂本,二本皆未收录《道德经会义》。《道德经会义》成书于嘉庆六年(据《道德经要义》自序),刻于嘉庆八年,未收入《道书十二种》,此殊为可怪。察《十二种》中所收诸书,多以述丹法为主,故可证《道德经会义》在刘氏著作中不以治丹法为长。《道德经要义》是刘氏在《道德经会义》成书两年后所作,简括前书大义而成,今一并介绍之。

1.《道德经会义》概况

首为题大清嘉庆八年栖云山悟元子刘一明自序,《道德经会义序》,谓其书始以《老子》名,汉景帝改子为经,唐玄宗定章句为《道德经》,文帝时有河上公分为八十一章,郑思远真人又分章标目而注之。又谓:五千言言天地之道,侯王之道,用兵之道,为士之道,总是一义贯穿,八十一章标目不可谓尽合乎于五千言之义,亦不可以八十一章与标目为成案。分章解之,上下文意不贯,河上公心法、郑真人心法,不能尽相合,亦不能尽合老子。故不分八十一章,亦不可分上下二经。又谓:八十一章分注流世已久,强欲改旧,则是好奇者也,爰存其八十一章之数,减其标目,分章下略注数语,会通其义,承上启下,自始至终,一脉贯通,名曰《道德经会义》,言会通五千言而归于一义。

按:据《道德经要义》刘一明自序,谓辛西岁改正所注《道德经会义》已成云云,则此书完成于嘉庆六年(1801),刻印则在嘉庆八年(1803)。又:刘氏谓《道德经》本一贯,无分八十一章,无章目之分,从今天我们看到的版本来看,郭店本、帛书本的分章与世传本确有异同,但大体上仍可见一致,刘说无据,只是他本人理解老子的看法,至于章目标题确出于后人,自不待言。刘氏重视老子的一贯之义,故而在解老时多能通贯上下文,这是一个特点。又按:此中云郑思远真人云云,郑思远为东晋道士,在葛玄、葛洪之间,谓思远分章注之,此说出于陈致虚《金丹大要》(卷二)《道德经序》,当不可信。据今人王卡考订,河上公章题当出于唐代后(见《老子道德经河上公章句》)。

次为题素朴散人(即刘一明)的《道德经赞》,其中谓:"本始母以立言,体宗君而揭障,诸事约归自然,百行总入勿壮,清静无欲为先,柔弱不争最当。"次为题癸亥冬至日悟元子(即刘一明)题赞道德经七律一首,其中谓:"拈来始母为纲领,提出宗君指法船。有本于无无统有,先因在后后能先。"又谓:"圣经通部莫多事,只荐原初一自然。"

该著共分四卷,第一章至十八章为卷一,十九章至四十一章为卷二,四十二章至六十二章为卷三,六十三章至八十一章为卷四。每一章为章题,只标章次,如第一章、第二章、五十一章等。先列经文,注文附后退两格。经文之后列出版本差异,指出经文中哪些字有的版本无,哪些文字另一版本异文。一般是先列全章经文,注文次之。有的章节如第一章,注文较繁,则分句作注。

此作附图三幅,一幅在第一章,说明无名天地之始,有名万物之母,以圆圈标无名,以圆圈粉黑白标天地之始,以圆圈内部分黑分白分内圆中圆外圆为有名,以圆圈内有小圆而八卦为万物之母。一幅为第六章,以图释谷神不死,是谓是谓玄牝,玄牝之门,天地之根,亦是圆圈内分黑白。第三幅为四十二章,以图解道生一,一生二,二生三,三生万物,万物负阴而抱阳,共六小图,以圆圈的不同黑白分布来标示。刘氏深通《周易》,其《道书十二经》中最先的即为《易理阐真》,在《道德经会义》中以图标示,显然受了宋儒以来解易附图的影响。

篇末附历代注经人开录于后,引杜光庭、《唐书·艺文志》、焦竑、潘基庆及外录所收历代注本。

2.《道德经要义》概况

首为《道德经要义序》,谓:道德五千言,三世始母之真,露妙徼之机,以抱一无为为本,以柔弱不争为用,以致虚守静为功力,以归根复命为效验,以返朴还淳为得道,以大制不割为了道,无物不该,无理不备。又谓:经中或言天道,或言圣道,或言侯王道,或言用兵道,或言善为道者,或言善为士者,包括最富,不可执一事而注释。又谓:余方外人也,于天下国家之事不敢妄言,而于修身之道专言之。言修身之道,则齐家、治国、平天下之道即在不言之中矣。又谓:辛酉岁(1801年)改正所注《道德经会义》已成,犹恐言絮意散,读者无下手处,癸亥(1803年)之暇,拈其每章要义,总注数语,附以七言绝句一首,言简意赅,使初学者一见了然,不犯思索,可于《要义》而得其余义矣。文末题作嘉庆八年岁次癸亥冬至日,素朴散人悟元子自序。

按:此序说明《要义》所作的目的,乃为简括各章大义,而为《道德经全义》之阶梯。其所论注老宗旨,与李西月所论接近,都注意到《道德经》本身意涵的多层性,而非如黄裳、汪光绪之流耽于丹法。

《要义》先列各章章题,末如《会义》中依章次标明第一章,第二章云云,而是取经文前数字,题作道于道章,天下皆知章云云,刘氏何以不依《会义》成例,可能是因为《要义》不标正文,标明经文章首数字,方便读者对应相关原文。每一章的要义都是先指出一字或数字,然后依经文文字作大致解说,最末即题七言绝句一首,述本章大旨。如道可道章:"此章指出一个道字,为全经之纲领总脉。五千余言,不过说此一句。道不可见,因始母万物而见之,道本难名,因始母万物而名之。是以道可道,非常道,名可名,非常名也。此始此母,赋之于人,则为妙徼。此妙此徼,同出而异名,同谓之玄,总是一道。人能常无欲以观其妙,常有欲以观其徼,玄之又玄,与始母之道相合,万理俱集,万善同归,是谓众妙之门矣。"末附七律:"道本无名天地先,母生万物俱周全。能知妙徼常观照,性命双修作圣贤。"其余各章皆类此。此作意义不大。

3. 刘氏解老的特点

刘氏解老,义理贯通一致,一般不引儒书、佛书、道书,而重在圆通解说。其每一章开始都联系上一章,标出大义,继而引出此章意涵。如第二章云:"上章指出观妙观徼两玄之道,教世之学者,体道始母而修持性命,大是分明。"又如五十一章:"上章言善摄生者无死也,无死即是长生,岂无道德者所能乎?能生物者谓之道,能畜物者谓之德。"如此之类,都是总结上章,自然引出下章。现在介绍一下刘一明解老的特点。

(1)此作为全真派解老的代表

刘氏解老,在清代道教解老作品中属于稳妥精当之作,与其它作品相比,较少比附气,解文释意多能依经文原意。其在《道德经会义序》中说:"五千言是老子授道之言。"第一章注中说:"太上所谓道者,其大无外,其小无内,可天道,可地道,可人道,可物道,乃包罗之道。"此为刘氏对《道德经》的总体评价。于丹法处略涉及而已,不作过多发挥。今略引几则,以见其意。

注"金玉满堂莫之能守,富贵而骄自遗其咎":修道者当还元返本,观徼之功毕,阳火之事完。当斯时也,急须抽铅添汞,用阴符之功,温养子珠,方无得而复失之患。(第九章)按:铅汞之功,刘氏略一提及而已。

注"致虚极守静笃":到虚极静笃之时,万念俱泯,万虑俱息,则先天之气,自虚无中来,凝而为一粒黍珠,点化凡躯,脱胎换骨,绝不费力。又:果到复命于真常之时,则还元返本,圣胎凝结矣。(十六章)按:此一粒黍珠,圣胎云云,即道教所修炼者。

注"复归于婴儿,复归于无极,复归于朴":后之群真,以此三复,分为三乘,又分为三丹。复归于婴儿,即还丹初乘也。复归于无极,即金丹中乘也。复归于朴,即神丹上乘也。三乘之功完,而道成矣。(二十八章)按:此比附原文而述金丹次第。

注"小国寡民":还原返本,复见当年乾元面目。圣胎凝结,可以借小全大,用柔弱文火温养矣。(八十章)又:圣胎已凝,抱元守一,一切药物水火之器,无所用矣。又:忘我忘物,老死不相往来,万缘俱寂,一粒黍米,现于太虚之中。在道谓金液大丹。

以上数节,略及丹法,其它如二十一章,二十八章,四十一章,四十六章,五十四章,八十章,皆以修炼之意解经文。此道教解老之常法。而其它文字则多解经文原意,亦有涉及治世者,与黄裳、李西月辈连篇比附绝不相类。①

---

① 刘一明出于全真派,其丹法自有系统,重在守中,与中派近,要点在玄关一窍。刘氏在《会义》中亦提及玄关或玄关一窍(十章注,二十一章注,五十三章注)。参王沐《道书十二种》序,中国中医药出版社,1990年。

故可知此作为全真派解老代表,以道教义理为长,而不斤斤于丹法。在清代道教学者的解老作品中,刘氏注老可以称作清静派代表,与宋常星同属,而与内丹派如黄裳、李西月不同,也与标榜吕祖崇拜的注老者不同,其焦点在道教心性学上,在儒道关系上颇能保持老学基本特征,在清代老学上殊为难得。

(2)道教心性论的建构

刘一明解老时总以三教会通为旨,这也是他在《三教辨》、《大道归一论》、《西游原旨》中多次表达的。不过从《道德经会义》来看,刘氏仍旧以道教的心性论建构为主要关怀。固然,他受到理学与禅学的影响,但是其基本品格仍旧是道教的。

刘一明对理学与禅学皆有批评:"然冲而用道,非是顽空寂灭之道,其中有功力焉。"(四章)此是据虚实有无空有不离思想批评禅学之空。刘氏在解老时虽偶尔用理学词汇,也使用人欲、私欲、气质之性这样的说法,但总的讲不用天理或理这样的概念来架构其心性思想,也不像很多清代解老者以天理解道,此殊为难得。二十章注:"绝弃圣智仁义巧利,归于素朴,是绝其一切假学,而归于真学。"此处一切假学,虽未必一定指乾嘉时盛行的理学,不过意味颇堪玩味。理学自清初以来,为人所诟病,康熙以来大加利用,而伪态毕现,所谓理学名臣者多名不符实,贻人口实,此种学问终究不是真学。刘氏解老并不倚赖理学,而自有统序,其根本还是他所建构的道教心性结构。

刘氏心性思想的基本结构是道心不二,即通过修炼者心的虚静可以把握或完成最终极的道(也可称作性)。刘氏关于道心不二的说法极多,如:

> 复还本来先天之真,心即是道,道即是心。(三章注)

心即是道,道即是心,微中有妙,妙不离微,湛兮如止水明净,一清澈底,天光月辉,隐隐其中。(四章注)

内外合道,只有一心,并无二心,心即道,道即心。(十章注)

修道至于自然神运,气质悉化,根尘尽消,心即道,道即心,与道合真。(十六章注)

浑沦元气,绝无滓质,则心即道,道即心矣。(三十七章注)

人之心地,生道种德,如树谷之田也。(五十三章注)

这些均强调从心出发实现道。因为心为内在之主,故道心不二总会引向对道的重视与肯定,说刘氏解老是以心为中枢的也并不为过。这实际是全真教一直以来的特点,他借用伪古文尚书《大禹谟》中"人心惟危,道心惟微"的说法。心的把握或完成并不是对外在于心的道,而只是心对于心本身,即人心对道心的体证。这实际上借用经书及理学脉络来为自己张目。道心不二的基本架构可细分为道论、气论、心论、性论,下面一一详述之。

刘氏对道的理解重视其终极意义,也强调道的有无二元属性,后一点与宋常星论道相一致,是全真派义理的重要特点。道为终极的意义:

流行不息,无处不通者谓之道。又:统天地人物之道,而一以贯之,是乃包罗之道,非常道也。(一章注)

道者,先天地混成之物,无大无小,无上无下,无古无今,无前无后,无内无外,无有无无,无来无去,无粗无细,无贵无贱,统大小,上下,古今,前后,内外,有无,来去,粗

细,贵贱,而一以贯之。(二十五章注)

道本至虚至无,浑浑沦沦,空空洞洞,无形无象,这个〇而已。又:至虚而含至实,至无而含至有。(一章注)

这种道具有有无两种性质的说法多次见到:

是谷神也,真空而藏妙有,妙有而含真空,寂然不动,感而遂通。(六章注)

无形而能生形,无象而能生象,至虚而含至实,至无含至有。(二十一章注)

此种有无二元在人身上也如此:"大化至于真空,后天之滓质尽消,不可知至于妙有,先天之真宝来复。真空而含妙有,妙有而该真空。"(六十章)

刘氏对道的这种理解,与禅宗拉开了距离,与理学也表明不同立场,道不是顽空,故可以讲气运与阴阳,讲内丹成仙。道不是实理,故可以讲虚静自然,这是道教学者对老学基本精神的坚持。

道本不可见,要因物而观之,而物之生离不开气,故对道的描述需要借助气论来展开。气,又称作祖气,先天之气,浑沦一真,混成元气,真气,先天生物之气,浑化一气,是天地生物的源头。

先天真一之祖气,这个气,其大无外,其小无内,不方不圆,不有不无,上而不见其皦明,下而不见其昧暗。究其实,其体能物物,其用能复归于无物。(十四章注)

天地以气化万物,万物各形其形,各性其性。(五章注)

> 气自道而生,分而为阴阳,道自虚无生一气,一气分阴阳。(四十二章注)

道气似二而一,故刘氏多道气连用(一章注,五章注,十九章注,三十九章注)。在某种程度上,道即是气。

> 何谓道?混成元气,不可见,不可闻,不可搏,无形无象,常无名也。道一气浑然,流行不息。(二十五章注)

这在第一章注中刘氏以四幅图来表达,以一个空心圆表示无名,以一圆分黑白两半表示天地之始,以黑白交错外中内圆表示有名,以一圆内分布八卦表示万物之母,故始母为道化气的两种形态。刘氏以八卦说解天地万物之生,固然脱出老子义理范围,不过其总的还在道气论的框架下。以道为根本,以气为万物之源,以有无阴阳为变化之机,这是刘氏道气论的基本内容。

次则心性论。道气论解说天地万物由来,心性论则论人之本真与凡俗,这是刘氏解老的重点。

性即是人本来先天之真(三章注),又称作本来面目(十五章注),又称作圣胎(十六章注),又称作本质自然之善(二十七章注)。人秉天地阴阳之气而生身,身中即具天地阴阳之真德,所谓良知良能之性是已(五十四章注)。又称作天地阴阳之真德,良知良能(五十四章注)。又称作真灵本性(五十四章注)。刘氏在四十七章注中认为:"身中阴阳五行之气,即具阴阳五行之理,气其命也,理其性也。"此种说法以理气而言,概随文释句,与其它无关。

心有道心人心之分(十章注),也即圣心凡心之分(四十七章注),道心、圣心即先天本来之心,"道心大同无我,至公至正,量同天地,万物等视。"又:"人之初生,心本空空洞洞,清清净净,不识不知,无思无虑,至善无恶,至信无疑,圣凡同途。"(四十九章注)而凡心则有私欲、有智识,气质有偏全,故而不能回复自然。故而由凡心修道心为关键。

刘氏解老以始母二字为要点,由始母而观妙徼,则由道气论转入心性论。观妙与观徼是刘氏心性论的关键。《会义》书前有《道德经赞》:"本始母以立言,体宗君而揭障。"又有《赞道德经七言律一首》:"拈来始母为纲领,拈出宗君指法船。"其中所说的宗君当指道或性或丹,而始母则为天地之根,万物之源,是为体用。而于此始母观之,则有妙、徼二义。妙即为一气之冲和,徼为阴阳之阖闢。观为神明觉照,此妙徼于人本身则为心性。

> 何是妙? 即人生本来真空淳朴之灵性。何是徼? 即人生本来妙有真知之道心。这个性,是净躶躶,赤洒洒的,因其真而空,故以妙形之。这个心,是圆陀陀,光灼灼的,因其妙于有,故以徼名之。(一章注)

故妙徼在道一层可称为气与阴阳,在人一层则为性与心,此即"体道始母而修持性命"。(一章注)这是刘氏解老一个很显著的特点,他多以妙徼连用:

> 无心即无身,无心无身,皆从始母妙徼中发出。(十三章注)
>
> 修道至于新成无敝,复于古始本来面目,由观徼而至观妙,自有为而至无为。(十五章注)
>
> 修道者,若能常观妙徼,黜聪毁智,一心无二,万物皆

空,只知有道。(二十二章注)

　　微妙之善,即本质之善。本质之善,即道之始母。(二十七章注)

　　有道圣人,气归于微,神契于妙,绝无争心。(六十六章注)

其他类似的说法还很多,妙为性,徼为心,妙徼即是心性。这是刘氏心性说的一个要点。

刘氏对于心性之别并未作过多说明,查其意,心性之间即妙徼之别,一重在有形无名,一重在无形无名,此性在最终也即是丹或道。故道气论与心性论最终可为一,而其中的关键则在工夫论。

(3)刘氏道教老学之工夫论

刘氏之论修道工夫,主要是就心言,固然他也偶尔讲到精(二十一章注),不过仅仅随文作解,并未做过多发挥,这和其它道教学者不同。他也讲到神气,偶尔精气神连用:

　　人之玄窍,藏神养气。(五十三章注)
　　有道圣人,气归于微,神契于妙,绝无争心。(六十六章注)
　　神真、气真、精真,虽有幻身而无幻心。(五十五章注)
　　人之所赖以生者,精气神三宝。(七十五章注)

其中神有识神、元神之别(三十六章注),但主要还是接近于心,气则与道气论中的气相关,而指人体内之气,呼吸之气(十三章注、五十二章注),也指先天之气(十六章注),这种方法是道教常识。值得注意的是,刘氏并不像黄裳或李西月那样花那么大精力解说气的运行与修炼,他在气上说的并不多,他的重心仍在心上,似乎心的问题一解决,精、气、神自然能解决,这是全真派的特色。

心上的修炼,关键在无心或虚心上,这虚即是道与天地的根本规定,也是人与人心的根本规定。心一虚,自然就会有道。表现在修炼上,就会本性或丹自然会呈露。而虚心,就要去念去欲。刘氏多以意念来解心,以私欲来解凡心,这是他吸收禅宗与理学的地方。

> 心为生生死死之根蒂,历劫轮回之种子,圣凡之别,只在有心无心之间耳。(五十章注)
> 人不可有一点私欲存于方寸之中。(第三章注)
> 争念盗念存于方寸之中,则心君乱矣。(第三章注)
> 清者,清其人心而去假也。生者,生其道心而复真。(十五章注)
> 致虚者,即虚其万念万虑也,观其复者,即观其万念、万虑云云之作。(十六章注)

虚心即见道,这在道教上又称作圣胎或黍珠、金丹,这是刘氏道教义理的归宿:

> 虚极静笃之时,万念俱泯,万虑俱息,则先天之气,自虚无中来,凝而为一粒黍珠,点化凡躯,脱胎换骨,绝不费力。(十六章注)
> 果到复命于真常之时,则还元返本,圣胎凝结,真常非别物,即是圣胎。(十六章注)

刘氏讨论心非常多,大体不重视气在修炼中的地位,这与内丹派解老强调神气运用完全不同。气在体上说的多,在证上说的少,这当于全真派先性后命的传统相关,重点在心上,而不是气上,这是解老的一个特点。

刘氏除了描述这原理外,还讲述了修炼的次第,如在二十八章注中,借"复归于婴儿,复归于无极,复归于朴",说明还丹初乘,金丹中乘,神丹上乘的次第,此已引见于前文。其在四十一章注中,借"明道若昧、进道若退、夷道若纇、上德若谷、大白若辱、光德若不足、建德若偷、质真若渝、大方无隅、大器晚成、大音希声、大象无形"十二事来讲修道谓:

> 古之建言者有言行道十二事,皆修道之要诀。其中讲到:德已建固,则不动不摇,无私无欲,仍还于本性之真矣。然性虽真,必须重安炉鼎,再造钳锤,变化一身后无阴气,期归于未生身以前面目而后已,故若渝。气质变化,则浑然天地圆陀陀、光灼灼、净身躶躶、赤洒洒、能方能圆、方圆不拘,是谓大方无隅。无角无方,方而无形无迹,动静如一,活泼泼的,到此地位,圣胎有象,是谓大器。道至无声无形,脱去凡胎,露出金刚不坏法相,大丈夫之能事毕矣。

最后乃谓:"以上十二事,乃修道观妙观徼之工程次第。"八十章注中说:"忘我忘物,老死不相往来,万缘俱寂,一粒黍米,观于太虚之中,圆陀陀,光灼灼,净躶躶,赤洒洒的,在释则谓真空妙相,在儒则谓至诚如神,在道则谓金液大丹。"此所论者,固非佛、儒所能同意,确是刘氏工夫论的结终处。其义理的目的,仍指向道教宗旨。

刘氏在谈及工夫论时,也提到守柔用弱,如"反至于无可反,弱至于无可弱,纯一不二,微妙混成,始母凝结,与道合真矣。"(四十章注)"修道者能以柔为用,外物不纳,内念不生,是为无为矣。"(四十二章注)修身应世必以柔弱为本(七十九章注),这是老子的基本看法,在刘氏这里被认为是修养的一种原则。

4. 在清代老学史上的地位

清代老学的整体呈现出一种衰微的态势,一个明显的证据就是老学基本品格的丧失。在道一元论的背景下,大多数解老者以理学为标杆,以合儒道为宗旨,极力把老子解读为正统的一部分。在这种背景下,惟有道教学者尚能维持住老学的基本品格,这其中以全真教的"清静解老派"为代表,在前有宋常星,在后有刘一明。和刘一明相比,宋常星还是过于意识形态化,其中对老学的继承主要体现在道体论上,而刘氏解老则总体上维系了老学的基本特征。

刘氏对老子的政论思想并未做过多解说,这当然和他的道教学者身份有关:"修道者正一身而已,焉能正天下哉?"(四十五章注)他认为修道至于极至已足,这与宋常星推之家国并不相同,宋氏是进呈皇帝的"讲义",而刘氏时修炼自身的。不过,这些并不是刘氏解老的重点,他的重点在道教义理上,在基本的观念上他认同老子,而非儒学或理学。他对理学的疏离态度前面已经谈过,下面就几个关键章节加以说明。

> 盖自然大道,为仁义智慧孝慈忠臣之始母,若废其始母,以之行仁义,则仁义无本,不出于自然,是勉强仁义。又:然则仁义智慧孝慈忠臣,皆当本乎自然之道也。(八

章注)

盖绝圣弃智者,无思无为。又:绝仁弃义者,无假仁假义。(十九章注)

弃绝圣智巧利,归于素朴,绝其一切假学,而归于真学。(二十章注)

盖上德不德者,自然无为也。下德不失德者,勉强有为也。又:夫道也者,所以统德仁义礼而一以贯之也。(三十八章注)

这四则材料表明:一、刘氏认为道优先于圣智仁义礼,是后者的根源,二、他反对假仁假义,主张自然。那么,他理解的自然是怎样的呢?是如一般解老合儒道者认为的是真仁真义,还是一种自然的本质?

我们上面已经谈过,刘氏对道的基本描述就是虚无空洞,而有无互显,他讲到性也是讲先天之真,这实际已表明他对自然的理解,下面再举几条材料:

二十七章注:"顺其本质自然之善而救之,非弃本质自然之善而别用善以救之也。"按:本质自然之善不是后天的善,也不是本质自然之外的善。本质自然本身即善,这个善字就是好的意思,源于道,并非伦理的意思。所以下文中就说:"微妙之善,即本质之善。本质之善,即道始道母。"二十九章注:"随其本质本性而然,非有勉强于其间,即所谓神,神即朴,朴岂可为乎?"又:"圣人因人而教,不为不执,顺其人之自然本质而已。"这种自然本质,有时也称作真、天真(十九章注、十四章注、十五章注、三十一章注、三十六章注,三十七章注,五十四章注),重视全真返真,这本来是全真派的基本立场。

刘氏强调本质自然,强调不勉强,反对假仁假义假学,这些和明阳对朱子的批评有异曲同工之妙,也和当时对理学的批评有相应和的地方。固然刘氏也用了一些理学的术语,但是他的这些思路恐怕不是无的放矢,其思想的根底还在老子上,这在清代的解老作品中是难能可贵的。① 刘一明注解的《老子》,在清代老学史上是一部精当之作,大体上符合老学特征,也具备代表性,义理圆熟,解说允当,无大的缺失,值得后人一阅。

五、清阳子张燦《太上道德经述义》

张燦,据《清稗类钞》(方外类)、《晚晴簃诗汇》卷一九三,清阳子名张燦,字斗垣,又字斗庵。江苏太仓人,道士。年甫十六,多病,感吕仙飞驾显化,授颐生术,遂痊愈。因创太微仙院,遍延羽流。得异人授大法及金丹道,悉心修炼。指挥风霆,策役神将,远近奇之。②

1. 概况

首有清阳子的序说,谓太上无言,以关习而有言,其言常若不得已,或正言之,寓言之,欲人审其意而得不言之隐,又谓其言皆修身之要、造化之端,明天人之奥,通往复之机。又谓昔圣帝明王以及未治天不赅通,吾性吾命之宗无不脗合,非沾沾以言治。又谓其言即易之两画与象象十翼,自有而之无以归于易之太极。谓:由此可见,张氏以性命之学为老子之旨,并以自己的述义为阐述老子不

---

① 刘氏在解老时也注意到与易理结合,在第一章中解说无名天地之始有名万物之母时最明显,文中也引及《易经》(七十六章注),或用《易经》中的习语,但总的看与《周易》的关系并不大,不是以易解老,而只是解读老子时的一个理论资源。

② 参《老子集成》卷十一《太上道德经述义》点校说明(尹志华撰)。

言之意之作。所以我们就可以了解,张注点出此意即可不做过多的注解说明。

按:此意实无甚高明之处,不过是道家流的习见,张氏所作述义重点也不在此,不过是修道者的副事而已。

张氏《述义》的文本甚奇特,分为上篇道经与下篇德经,但并不依传统上的八十一章,而是重新分为十二章。第一章为原文一章至四章,第二章为原文五章至九章,第三章为原文的十章至十六章,第四章为原文的十七章至二十四章,第五章为原文的二十五章至三十三章,第六章为原文的三十三章至三十七章,第七章为原文大道三十八章至四十一章,第八章为原文的四十二章至四十九章,第九章为原文的五十章至五十九章,第十章为原文的六十章至六十六章,第十一章为原文的六十七章至八十章,第十二章为原文的八十一章。在张氏的章次里,先列经文,文中间有小字双行的注释,其注解文字低四行另提一行,文字极简练,数字或十数字而已。其第六章次下有以上言道以下治德一句,为传统上的说德:经的分法一致。惟何以分为十二章,且每章合原文章节有四章者、五章者、十四章者、一章者,何以如此?甚不可解。张氏并未做说明。

《述义》之后有《道德经经问》,谓:"既述大旨,句有未明,亦足为累,并著为经问若干言。"共七十六条,多数为问答,如"请问虚而不屈,动而复出,奈何?不屈故直,愈出不穷。"还有一些直接表述,如"谷者,吾之谷"。均是对经文的解释。篇末有说明:经文凡五千三百二十言,述义及旁注二千六百九十二字,经问千二百八十三字,七十六条。题光绪八年二月十五日都门谊云坛弟子同善子恭叩太上圣诞敬送。

按:此作张氏题作岁在乙酉三月,酉字不清,但可以猜出是酉字。而篇末题光绪八年敬送,查光绪八年为1882年,岁在壬午,而光绪乙酉年为1885年,则张氏所题乙酉年非光绪乙酉,乃道光乙酉,即1825年。则张氏为道光时人,其《太上道德经述义》乃数十年后付印。则经问部分或非其自著。

2. 解老大旨

张氏注解颇简明,如其序中所言,不过述老之性命之奥义,故点出即可,不必繁词。其注不尚贤章,谓:"天下不过理欲二端,理亦为欲,虚心实腹,凡事皆然。"此解亦颇精到。解挫其锐章,以五行为解,挫其锐为火不扬,解其纷为木不二,和其光为金不耀,同其尘为土不虚,湛兮似若存,解作太己常员,又全章注曰:"此火木金土之事,湛则仅之于天一。"亦可备一奇说。

张氏亦颇以体用一语解经,此清人常见。如金玉满堂章,解作:"上章即用以明体,此章即体以明用。"又注其精甚真句,谓:"玄机已浅,识者其谁?"则此句颇似内丹之意。注故物或行或随章,曰:"因其固有,运用之妙,存乎一心,观物之情,藏于不测。"此亦非道家流之能言。又注将欲翕之章,谓:"八者自然而然,动静之道,屈伸往来之理,认为权术者非也。"此与上文相合。其注上德不德章,曰:"故言非毁仁义与礼也,其先后之序如是。"此解亦是清人解老之常言。

注圣人之在天下句,曰:"深则无,无则复归于道,耳目之用,皆所不事。"注天道无亲,常与善人,谓:"二语彻上彻下。"注小国寡民章,谓:"养性。"此亦道家流之常言。其《经问》中,解有无相生,难易相成,谓:"此天地阴阳之理,造化往复之机。"又曰:"二者可通则一。"这与上节将欲翕之章、物或行或随章相一致。又生而不有三句,作:"上不渝于无,下不滞于有。"又谓:"天下无道,验之吾身而见。"此亦有身世之感。

张氏注老大致如此,无甚高明之处,亦修炼者一家之言而已。

第三节 吕祖派老学

吕祖派老学是明清之际吕祖崇拜下的产物,此类著作大多托名吕祖,而已内丹修炼为主。不过比较内丹派老学,他们的功夫论多简略,这是道教老学中比较特殊的一个门类。① 我们选取了两部作品,加以说明。

一、题八洞仙祖《太上道德经解》

八洞仙祖、孚佑帝君。八洞,道教称神仙所居的洞天,分为上

---

① 明清时题名纯阳道人或孚佑帝君的注老作品有:明万历间题唐贞元纯阳道人注学道弟子杨宗业校的《道德经解》,康熙间题孚佑帝君阐义八洞仙祖分章合注柳守元题词的《太上道德经解》,又有康熙间题纯阳道人邓怀琛撰《道德经注解》,题云门鲁史述纯阳帝君《道德经解》,康熙间与牟允中订题纯阳真人《道德经释义》。其中,题云门鲁史述纯阳帝君《道德经解》为其他两种吕祖派《道德经》注释杂糅而成。其一为柳守元刊题八洞仙祖注孚佑帝君释义《太上道德经解》。此作有题八洞仙祖注及题孚佑帝君释义。可以判断,八洞仙祖注先出,孚佑帝君释义依白玉蟾、李道纯、程以宁而修正之,为康熙前期作品。其二为牟允中刊题纯阳真人《道德经释义》。牟允中,四川广安道士,此为康熙后期作品,托名伏鸾之作。题云门鲁史述纯阳帝君《道德经解》取柳守元刊题八洞仙祖注孚佑帝君释义《太上道德经解》小注部分,及牟允中订题纯阳真人《道德经释义》释义部分文字,约略其文而成,大概为原来文字的三分之一,而其精华俱在。柳守元、牟允中二书刊行在康熙后期至乾隆初期之间,则截取二书者,必出其后。颇疑云门鲁史者,云门为山东云门山,云门山位于潍坊青州城南,有隋唐造像,历来为佛道二家称胜之地。鲁为山东,史谓纂述而已,乃其自况。故云门鲁史为山东内丹派道教人士,合两种传世题纯阳道人的老子注释作品,而删削合成为一书。牟允中订题纯阳真人《道德经释义》初刊于康熙二十九年,刘体恕《吕洞宾全集》刊于乾隆八年,则此书著作时间上限为康熙二十九年,下限为乾隆八年,其作者为生活在康雍时期而崇尚吕祖之山东道教人士。云门鲁史本除依托牟允中本外,又多文字注释,颇引《阴符经》《悟真篇》《参同契》,而去讲道语气。

八洞、中八洞及下八洞。此处指正阳帝君、西华帝君、玉华帝君、孚佑帝君、瑶华帝君、妙法元君、光垣帝君、普炼帝君八位道教神仙。孚佑帝君,即吕岩,字洞宾,号纯阳子,是民间信仰中最有名的道教神仙。此作即吕祖派道士托名八洞仙祖所注之书。

1. 概况

该著题为八洞仙祖,孚佑帝君,显为后任依托之作。据书中柳守元题词,"曩者八洞仙祖合注此经,予会题志数言,今门弟子将孚佑上帝阐义合而刻之,归入集中,洵玄门至宝也。"则此书最初仅题八洞仙祖阐义,后又加入题孚佑帝君注,此注时对白玉蟾《道德宝章》、李道元《道德合元》、程以宁《道德经宝章翼》的修正与发挥,而自成一格。则依托者分两次注释而成,今所见合刻本为最后完成者。本书无著述时代,故其归属成问题,韦东超《明代老学研究》以为或为明前作品未收录。我们认为此书与柳守元相关(详后),或为其所作。今考其书前有苏朗序,题大罗班首同袍道弟苏朗敬序,苏朗其人无考。按《罗浮山志》载隋开皇时苏元朗(或当作苏玄朗),提出"身为炉鼎,心为神宝"的主张,著《旨道篇》以示之,自此道徒始知内丹矣。则苏元朗为早期内丹观念的倡导者,此书题苏朗者,或为苏元朗之变,而自神其事,称大罗班首云云,此道教人士之常事。《道藏辑要》亦有题大罗班首苏朗的序,当为同一批依托者。

后有柳守元题词。柳守元的时代一般以为是顺康时人,《道藏辑要》中《金华宗旨》柳守元题词署为康熙戊申,则为康熙七年(1668)。不过李养正以为是嘉庆时人(中华书局《天仙金丹心法》

序)。柳守元为清代道教中天仙派的创始人,①蒋元庭所编《道藏辑要》收录的题名吕洞宾的著作中很多都有柳守元的题词,除了上面引的《天仙金丹心法外》,又有《玄宗正旨》,《十六品经》,《五经合编》,《吕祖文集》,《吕祖诗集》,《吕祖易说》,《十戒功过指》,《警世功过指》等。②

本书有赞五种,其中一题作明太祖皇帝御制,如其为明人作,径题太祖高皇帝而已,必不加一明字,且必列于众赞之首,而非依时间次序列于唐宋诸帝之后。

该著前有题九天开化司禄文昌的太上道德经解序,谓太上至文不易解索,自汉迄今数百余家,而非至。一日孚佑帝示八洞仙祖注道德经,以之为己则顺而详,以之为人则爱而公,以之为天下国家无所处而不当,而玄纲仙谱,莫能越其范围云云。此借仙人之口自神其事。

次则题大写班首同袍道弟苏朗敬的序,谓尝见世间暴弃者,其于深秘之言不求深解,或云以不解释之而自骋管见者又非作者之所谓。道德经自汉唐来注者不一,有牵扯内功者,有拘泥文义者,有瑕瑜互见者,有显晦各半者,今见同班八洞仙祖所作,则经义昭然。此亦是借人之口,略变其文而自神之作。

次则题玉枢右宰宏教真君柳守元的序,谓:《记》有之作者之谓圣,述者谓明。惟太上《道德经》所为正心诚意之功,修齐治平之略,非专为黄冠者立论也。而申韩之徒窃其说,后世病申韩因而病之。此经不显于天下后世者,述者之无人也。八祖偶集碧云洞中,

---

① 天仙派与净明派有一定联系,参万德敬《河东人物丛考》,132 页,中央编译出版社,2012 年。

② 据万德敬《河东人物丛考》中,《介绍二十部〈道藏辑要〉中所存〈道藏〉未收题名吕洞宾的经书》一文。

合注经解，太上之意于是诏揭，前有述者可弗论，后有述者藏以加。案：此序中所谓此经不显于后世者，显然是清代才有的现象。

下有赞五则，分别为唐肃宗、唐宪宗、宋真宗、宋仁宗及明太祖。以上当为初刻时的序文，下又有题词一篇，题作宏教弟子柳守元，谓：曩者八洞仙祖合注此经，予题志数言，今门弟子将孚佑上帝阐义合而刻之，洵玄门至宝。我帝师（谓吕洞宾）听法谈玄，领契最深，故得此注而阐义盖明。《道德经》本如太极，统会万天，各随境地，示现不同云云。

正文之后，又有题蓬莱大吏列仙领班苏轼的跋，述见谪岭外遇异人问《道德经》事，又叙其弟辙注经成，无出其右者。今见八洞仙祖之注，则诸注可无庸。此跋实中有虚，借苏轼之口，亦为一妙撰。

又有题广化弟子惠觉的跋，谓道德尊经，以静为本，以虚为用，以无为为为，以无事事事，运在玄牝，妙在谷神，大无不包，细无不入，家国天下，身心性命，万理万物莫不踰焉，犹太极然。又云：太上云专气致柔，此即是正法，专一其气，动静无纷则静之又静，斯可致极于柔。又谓：宏教恩师云菩萨慈训，仙佛合乘，此为无上法语，经中一言，便澈上澈下，一言含无量义证云云。按：据宏教恩师云云，则此惠觉当为柳守元弟子，其所论专气致柔之法，当为其修法要义。此广化弟子惠觉，观《道藏辑要》所收《吕祖语录大观》，亦有惠觉者述成书过程与大义，当与此为同一人。

次又有题纯阳法嗣正化弟子恩洪的跋，谓：古今注者或空论之义理，或附和金丹，未能洞彻本源。又谓太上为大道之祖，万法之宗，一切佛仙贤圣皆从此出。又谓太上历代神化之迹，自初三皇以至中三皇，后三皇，至五帝，三代各有化身，如万法天师，盘古先生，有古大先生，郁华子，郁密子，大成子，广成子，隋应子，赤精子，录图子，务成子，尹寿子，真行子，锡则子云云，至商武丁时诞于楚苦县濑乡曲仁里,为后天老子,在商为守藏史,在武王时为拄下史,周昭王时西出关著万千言云云。又谓:今同人共将全书宗正加以釐订,小子校缮是经,谨跋数语于简末云。

按:此道教之通说,无足奇。而谓将全书宗正重加釐订,全书谓此书,亦或指称含其它天仙派著作的总集。所谓重加釐订,当指合刻一事。

2. 解老大旨

此本以河上公章句为底本,而不分上经下经。据前柳守元序,本著先有题八洞仙祖注,又有题孚佑帝君的释义。注在经文后,经文字数多的章节会分若干节,每十章为一仙君名,一至十章为正阳帝君,十一章至二十章为西华帝君,二十一章至三十章为玉华帝君,二十一章至四十章为孚佑帝君,四十一章至五十章为瑶华帝君,五十一章至六十章为妙法元君,六十一章至七十章为光垣帝君,七十一章至八十一章为普炼帝君,基本上是十章为一仙君,此十仙君名当为原注完成后另加上的。题孚佑帝君释义的部分当系后来编入。

按:明代程以宁《道德宝章翼》录白玉蟾《道德宝章》,并引诸家注解,其经文内小注除白玉蟾原文外,又颇采李道纯《道德会元》增添的解说。而李乃白玉蟾再传弟子,其说即是对白玉蟾《道德宝章》的修正增补。《太上道德经解》题孚佑帝君释义的部分明显是从以上三种著作中推衍而来,然而大部分亦不同,当是有所借鉴而更创新说,故可断定其不提白玉蟾诸人,而命之曰孚佑帝君,乃是在前人基础上的一种创作,而依符纯阳吕仙,自神其事。故我们可以推断:这一释义当是柳守元等所作,而后为云门鲁史《道德经解》所借用。

此作有注与释义,注与释义二者有较大差异,当出于两手。注部分近晋唐注家风格,重义理而不言内丹,不似道教人物注老而稍近之,多引《中庸》、《诗经》、《尚书》,解词训句,有文士之习,其亦称太上,言精气神与炼形住世,不过并非主旨。其本则重无,十一章注云:"太上教人,总本个无字立论。"七十六章注云:"大道尚柔,柔者虚无之作用也。"又云:"人能立身一出于柔弱,则精气神结而不散,其死也必能坚强,而不至与草木同庸。"六十三章注云:"大道原丽于无,无即道之原也。"其言专气柔弱之义与篇后惠觉之跋相契。又重视易之无极太极意,一篇中多言之,如首章,无即所谓无极也,有即所谓太极也。与前序后跋相一致。此注清简流畅,当为熟悉道家的儒士为之,而又有向道之意味。

释义则更重修炼成仙之意,例子甚多,略举几例。六十六章江海所以为百谷王句,释义为:"心为万法之王。"六十四章是以圣人无为故无败句,释义为:"真息悠悠,如保赤子。"五十九章深根固蒂句,释义:"深息固精。"三十章以遂佳兵者,完全以修炼解兵事。注与释义在很多地方有明显的差异,如五十五章盖生曰祥,注云:"祥训妖,犹乱训治也。"而释义则为:"灵源不竭。"又如五十三章朝甚除田甚芜节,注依常见义训为讥世主无能,而释义则训为"心性明正,黄庭内服锦衣食太和气。"六十二章善人之宝句,注云:"善,人性而有之。"释义则为:"一点真善,源流天造。"从几个例子来看,注更多是文士解老的传统,而释义则大大强化了道教修炼的义涵。

由此可以推断,注的作者或为柳守元派的前辈,是近道之士,而释义当为其所增,更转向了道教意味。不过,总的看二者都较简疏,与一般内丹家注老不同,这也与前面序中批评解老牵扯内功,证以内丹,而倡言因应万理无不该遍的论调相一致。

二、题纯阳真人释义、牟目源订《道德经释义》

牟允中,康雍时人,字叔庸,号目源。天津人,道教学者。有《庸行编》,入《四库存目》。

1. 概况

前有题纯阳真人牟言,大致叙《道德经释义》源起,谓:五千言旨理渊微,道人不辞寡陋,昔降笔制中,鸾于北壤,又谓牟子目源,以《道德经释义》重订问世。又谓五伦忠孝为先,九转气精宜养,以有相而悟无生,劈顽空而归静界。又谓:圣人之教分于三,理归于一,愿生民清其心,豁其目,认得源头。又谓八十一章纵横顺递,隐喻良多,随人志所在,无不可以为法。又谓:作字不工,目源以竹书录之,付梓可也。

案:其有"清其心,豁其目,认得源头"十字,此当为目源二字来源。此牟言当为牟允中自著。考题纯阳真人牟言称牟目源为重订,又有所谓昔降笔制中语,则牟重订有所依旧本。又察后文《道德经》释义凡例,此凡例未注明作者,察其例与今所见重印本不合,当属牟氏原作,非重印本整理者后加。该凡例称考辩俗字,辨别文字异同,增添音切,附陈致虚转语,则可知其确为重订。牟氏重订时间为康熙二十九年。惟此本今已不见,今扫叶山房本为嘉庆重印本,与牟氏原本已多有不同。

次则为题河上公作《道德经旧序》,谓:五味不同期于适口,学术不同要于适治,今天下贪残奢傲,吏不能良,民不能让,以及于乱云云。又谓今夫儒者高仁义,老氏不言仁义,而未尝不用仁义,儒者蹈礼法,老氏不言礼法,而未尝不用礼法。又云:故用世之学,莫深于老氏。

按:此序不见于宋麻沙本、宋建安虞氏本、明六子本等诸河上公注《老子》。见于明陈明卿《诸子奇赏》(天启六年)，又见明贺复徵《文章辨体汇选》卷二百九十。此当为晚明人伪托，后附于河上公注。清初顾如华、孙承泽《道德经参补注释》，咸同间裕英《道德经浅解》，皆引此序。

次则《重刻道德经记》，题后学剑水邹学鲲，嘉庆十四年孟春。谓其年五十睹道典而未得，道德经注疏皆支离，吕祖降鸾释义（即此书）彰是性命之宗旨，发渊源之奥妙。又述此书出自青来李道长，即番禺李清澈。又谓见其板籍已百有余年，是以重付之梓云云。云经板已有百年，此是邹氏估计，正合牟目源后跋康熙二十九年说。则牟氏刻板后经板归于李清澈处。

次则牟目源篆体书纯阳道人题赞。次则题句曲葛震赞语。次则牟允中跋，谓庚午（即康熙二十九年，1690年）捡《道德经释义》一书，愿重订而弘津筏。又谓长跽以乞赠言，目未瞑时云烟已满木者上，心方悟处笔墨却忘于行间，既未窥诠理之渊微，讵能识挥毫之蹊径。又云爱镌鸾法，用阐仙风。

案：这是叙扶鸾之事。由此可知，此作实为牟氏自作。

此中谓重订者，似牟氏著此书另有所本，今已不可考，据文中凡例，当与陈致虚关系较大，大致此作是对陈致虚老子研究的推进。末题箓水弟子牟允中目源拜手敬于梦砚斋。箓水，据《明一统志》卷六十八、《读史方舆纪要》卷六十六，四川广安州东有箓水，如牟允中所云箓水即此水，则牟氏当为四川广安道士。

次则有题青来李明澈的叙文，称此释义宏道之功。李明澈为清末广东道教学者，曾助阮元著述。

下为道德经释义凡例。此凡例当为牟允中重订之凡例。比较凡例与今日所见扫叶山房石印，嘉庆十四年邹学鲲重印本，可知重印本与牟允中所刻本已不同，牟本中有授经图，重印本无。牟氏所校版本异同亦无。牟本所采陈致虚(观吾)所著转语八十一首原在前,重印本移于后。此当是经板散佚,邹氏重排所致。

正文部分,题作道德经释义卷之上,卷之下。纯阳真人释义,弟子牟目源订。其章目如凡例所言,不依河上旧目,而采章首数字为之,如道可道章第一,天下皆知章第二。经文用大字,注文则低两格,用小字。经注中有音注,上下边框亦有音注。书后附陈致虚道德经转语,并《道德经》古今本考正。

凡例。凡例共六条。第一条叙版本,谓《道德经》古本今本略有异同,王弼本不析道德犹近古,其文字多误谬,故以真人释义为定,又校订同异,列于卷首。此校记今本已佚。第二条论释音,谓古本今本皆无音释,今为考核增补,经文中有经有切,释词去切存音。第三条论用字,谓俗字沿用日久,不知其非,为考正一二。如个这,如的底,如恍忽恍惚,作一一考订。第四条论分章,以为河上公章目尽削去,照原文取首数字为名,依《诗经》、《论语》、《孟子》之例。第五条论此作宗旨,谓真人释义一以修身为主,故凡家国、天下、民人、车器等总约于一身,不事外求,盖谓身既修,而家国天下皆可举此而援之耳。又谓陈观吾(陈致虚)有转语偈八十一首,颇可发明,附于前。第六条论图,谓前列授经图。不过此图今本无。由以上,可见牟允中作了大量的整理工作,是一个严谨的道教学者。

2. 解老大旨

此书与道教注老的著作大体相近,即以老子为道教之祖、为太上老君,以《道德经》为露天机之作,为修炼之作。牟允中凡例中还说明:经文宋解不一,真人则一以体道修真为注,故凡家国、天下、民人、车器等,总约于一身,不事外求。盖谓身既修,而家国天下,皆可举此而措之耳。又引其所伪托的纯阳真人序:八十一章之中,纵横顺递,隐喻良多,随人志之所在,邂世立名,无不可以为法。以修真为中心,以隐喻为玄法,这是本书的大致情况。

如首章解道:"道乃混元未剖之际,阴阳未分之时,这是个道字,非寻常日用五伦之道,非治国安民之道,非天地化生之道,非阴阳顺递之道。只可意取,不可声明,只在先天中求。混元纯一不杂一团的性中之性。在内讲体道乃得此中根本,以心道其道,以心名各名方得入其门。"这种讲法,实是道教心性之学。如解不尚贤第三章,谓:"此安炉立鼎的说法,内讲是目内观无着于物我之贪心,故不为外欲盗,守惟精惟一,只知有道,而不知有欲。"这完全从修身上讲,即所谓自内讲。又如解有物混成第二十五章,解域中有四大,谓"精气神灵为之四大,四大皆空,而道外于中,谓之王处一焉。"此是以道教说解四大。又如解有物混成:"修在何处?结穴在寂寥。成物是何物?灵明随气而结,空洞之中,混成有质,此质虚象之形,结而成丹,谓之有物混成。"此以金丹凝成解经文,实惟道教思想之所能。又如八十章小国寡民,亦完全讲成修炼之事,如:"小国者,中之中也,寡民者,气之也。器有什佰,非止一处,皆傍门导引之法也。"此处谓小国寡民为低级的导引法,故不用,而必依先天大国周流百窍之法。又谓:"修至道者,深其气,返淳化之风,朴素以复古道,如是清之极,静之极,清静至极,无心自动,无意自行。"这里的讲法也是着眼于修炼的。其解老大旨如此。

第四节　内丹派老学

以内丹修炼为中心注解老子从白玉蟾就开始了,之后有很多类似的著作。清代老学中有很多部分是此类作品,其中黄裳《道德经注释》,李西月《道德经注释》最为突出。乾隆间有汪光绪也以丹法解老。这类著作是老学研究的一个分支,我们大致可以看出老子思想如何在身体修炼的维度上发挥。

一、汪光绪《道德经纂述》

汪光绪,乾嘉时人,直隶宛平(今北京)人。乾隆五十七年(1792)举人,任过福建霞浦知县、海防同知,嘉庆间获罪流放西域。(据民国《闽侯县志》卷六十,嘉庆《三州辑略》卷六)

1. 概况

首为自序:谓《易》颐卦有灵龟善吐纳养生,此古圣人之经,不独老氏之言此。又谓老子道德一书,包括先后天之指,穷性命根源,为千古道法之宗旨。又谓注疏者多穿凿附会,惟纯阳吕真人觉寐指迷,为之逐句诠释,使数千百年不传之秘昭如日月。又谓其言不尽意者,限于字句之隔截,难以直达其辞,余于远戍之暇不揣固陋,复为解注,约其大指,而会合之于《释义》,所未备者,取前贤之言而增补之。又谓或回顾前文,引起后义,参互考证,脉络贯通。又谓,阅十数寒暑而始成,质著作者之心,未知其有当焉否也。夫道者长生久视之方,不外乎身心性命之地也。又谓:圣人之于道也,能以逆为顺,以死为生,以晦为明,以敝为新,以无为有,以虚为实,以贱为贵,以损为益,以难为易,以曲为直,以静为动,以默为语,以下为上,以小为大,以退为进,以失为得,以后为先,以主为客,以圆为方,以短为长,以愚拙为知巧,以柔弱为刚强,以知雄守雌为天下溪,以知白守黑为天下式,以知荣守辱为天下谷,以受国之诟为社稷主,以受国之祥为天下王,探造化之窟,为万法之纲。篇末题嘉庆辛酉新安汪光绪书于西域旅次。

按:汪氏以老子为包括先天后天(一般书内也解为无极太极、性命神气)长生久视,身心性命,千古道法之宗,此为道教徒一般看法。此中谓圣人之于道也云云,确有见而发。其所谓纯阳吕真人《释义》,即清顺康时期题八洞仙祖《太上道德经解》本及题云门鲁史《道德经解》中的小注。据我们考证,此小注当非吕纯阳注,乃明末清初道教人士经由白玉蟾、李道纯、程以宁一系解老作品的整理本。

该著经文分上下篇,上篇为《道德经》卷一,下篇为《道德经》卷二,无章次,无章题,题吕真人注夹在经文中,小字双行。汪注则在经文后另起,退两格,许多注文分两段或三段,第一段是对经文的解说,第二、三段多为对章旨的提炼,或对前后文句的相互发明处加以提示,颇为细密。《道德经》卷三为诸家论注,杂引老学材料,其中提到李道纯以三元牵合附会,非经本指。又驳朱子论老子收敛说,谓天地间屈伸消息,生生之机未尝止息,老子所谓啬不轻纵也,非收敛不放出。末又附《道德经音释》,仿《释文》体例,列一百二十例左右,又附一篇说明,叙音韵之变。

依汪氏自叙,他的《道德经纂述》为题吕真人注的注解。所谓"约其大指,会合于《释义》",即是以题吕真人注为蓝本而详加说明。我们详察汪注,有些章节确实为小注的扩展,如知人者知章,为小注的解说,非常清楚,有的章节则未必,如将欲噏章,小注相对含胡,不过随文作注,而汪氏则详述调息功法,谓前段言阴鼎阳炉,刚火柔用,后段即神气相注之意。不过总的看,汪氏注解确在题吕真人注的方向上。汪氏又谓所未备者,取前贤之言增补之,汪氏在自叙后的说明中,谓旧本宋人赵友钦解注,其徒陈致虚为叙,此赵友钦注恐为后人伪托。汪氏又谓存旧注十分之二,又于所及者补其未备,证之《金碧》、《参同》诸家之说,而以《释义》为折衷。

按:《金碧》即《古文龙虎经》,汪氏注中确多采《金碧经》、《参同契》,同时还引了《黄庭经》、《悟真篇》、《入药镜》、《胎息经》、《阴符经》,这些道书是汪氏解老的重要资源,其中最重要的还是内丹思想。汪氏对不同道书间的冲突处还略作辨析,不过这样的内容不多。又颇引张紫阳、陈观吾、白紫清、陈虚白、张虚靖、施肩吾、王重阳、莹蟾子、薛道观诸道流之论。汪氏又提到处所采之言,或经删改及摘录片词只句,必存其姓氏书名,这是在题宋人旧注及道经外,还有苏辙、王弼、焦竑、司马光、王纯甫、邵雍,其它尚有施氏、胡氏、陈氏、班氏,已难考其姓氏,又颇引《淮南子》、《庄子》、《金人铭》,间引《尚书》、《周易》、《论语》及禅语,不过不多。

据以上,可知汪氏之作确为纂述体,是其在远谪新疆时集众道统之作,以丹法为中心的解老之作。此作确为用心之作,不过此丹法是否有所传承,深有所造,不得而知。此作为道教以内丹法为据解老的一个典型案例。

2. 以丹法解老

汪氏解老,属于以丹法解经的路数。固然他说:"身心性命以及长生久视胥于是乎,求之其言,家国天下用兵治民之法,皆所以明明其道"(信而不美章注),其解老亦能相当程度上顾及到经文原意,而非一味以丹法言,不过他注老的根本点还在内修丹法上,故而他论及治国治兵文句时,亦明言:"以治法明丹法。"(不尚贤章注)"以兵法明丹法也。"(重为轻根章注)"丹法、兵法无以异焉。"(以道佐人主章注)并引莹蟾子(李道纯)治道、丹道、兵机、禅机说以证。

故其解说经文,多以修炼术语一一解释,如释"归其根"为还丹之本。释"见素抱朴,少私寡欲"为欲以养真。释"食母"为胎食辟谷。释"其中有象,其中有精"为真精,身中真种子。释"先天地生"为先天祖炁。释"重为轻根",重为神,轻为气。释"轻则失臣,躁则失君",臣为精气,君为神。释"善救物",物为先天之炁。释"知其雄守其雌"，雄为阴中阳，水中铅坎男，雌为阳中阴，砂中汞，离女。释"知其白，守其黑"，白为金精先天之乾，黑为水后天之坎。释"常德不忒"为金水交融火候不差。释"天下神器"，神器为神丹。释"以道佐人主"，人主为心。释"偏将军居左，上将军居右"，将为火。释"侯王若能守"，侯王为心。释"川谷之于江海"，江海为气海曲江。释"大器晚成"，大器为金丹大道。释"王公以为称"，王公为心。释"戎马生于郊"，戎马谓心意妄动。释"以正治国"为正心诚意以凝神。释"天下多忌讳"以下为后天气路事。释"立天子置三公"，天子为君为心，三公为臣为性。释"治之于未乱"为丹基甫立之火候。释"民之难治"，民为我身之气。释"柔胜刚，弱胜强"为河东运转，黄河水逆流。其余解说各章宗旨，无不如此。

下面简单介绍一下汪光绪的内丹思想。汪氏论丹法，亦如一般道统，言金丹、火候、大周天、小周天、取坎填离，采铅炼汞，心肾金木，性命神气，先天后天，河车运转，安炉立鼎，炼精化气，炼神还虚之类。今略采几则，已见其大概。

> 故修炼者宝此肾水，如宝金玉，河车运转昼夜而无停留，所谓因烧丹药火，炎上，故使黄河逆流，水能上行，则火下降，柔胜刚，弱胜强也。（天下柔弱莫过于水章注）

> 申言进退符火大周天之法，以明取坎填离，损益盈虚之意。乾交于坤而为坎，坤交于乾而为离，先天之所以为后天也。金丹之道，炼后天以补先天，取坎中之乾阳补离中之坤阴，变坎离为乾坤，返本还元而复先天之旧，再造阴阳，重立天地，非有道者，其郭能之。（天之道犹张弓乎章注）

> 心安性平，气和神态，交于性命，合于虚无，先天之炁

聚而为药,凝而为饵。饵,药饵,即金丹大药也。先天母炁即真铅,后天子炁为真汞,先天炁与后天炁打成一片,勿使勿失,所谓守于坤而采药,守于乾而运火也,久久如是,则神气两合,抱一无离,结胎在此,脱体亦在此。(天下有始章注)

汪氏论丹法,大致如此。不过他有一点需要注意,即是神元性命关系的二元论述,这一问题又以内丹外丹说展开。

3. 神气性命说

细察汪氏文字,其于老子的二元对转之意颇为领悟,上面所引自叙中的一段文字是明证。文中亦不乏类似说法,其又多次明言明心见识,又多以先天后天,无极太极,铅汞坎离,心肾母子之对语论丹法,其中最关键的是神气与性命的说法。

执大象天下往章注:"丹经所谓取坎填离,采铅炼汞者,不外心肾坎离交。盖心藏神、藏性、藏汞、藏血,为阳中阴,属离;肾藏气,藏命、藏铅、藏精,为阴中阳,属坎。汞性善走,得铅则凝,人之一心,情欲纷驰,犹汞之性,难制伏也。必以铅制汞,始能交媾而结还丹,是为取坎填离、乘铅炼汞,神气交合,性命双修,斯宇宙在乎手,石化生乎身,而造化在我矣。"

又善建者不拔章注:"丹经取象于此(谓铅汞),故以气合神,是为以铅制汞,以神御气,则汞自能生铅。"又谓:"心肾者,性命之根源,铅汞者,神气之子母,神不离乎气,犹母不离乎子。"

这两段文字的中心还是心肾坎离之交,汪氏以此为修丹的关键。神与性在心,气与命在肾,二者交媾而丹成。如同前面所引的:"心安性平,气合神泰,交于性命,合于虚无,先天之炁,聚而为药,凝而为饵。"神气与性命的关系还不甚清晰。所谓神,即道教所言元神(载营魄抱一章注),气有先天祖气、母气、子气之说(有物混成章注),要存神合气,炼气归神,(圣人无常心章注),这仍是一般道流之论。

关于性命,汪氏谓:"修道者明乎真一之体,以全其性命也。"(昔之得一者章注)注道可道章谓:"两者,无与有,神与气,性与命也,两者同出于一炁。"又谓:"见性至命,体用一源。"由此可见,汪氏并不专言性命,而总是合着神气谈性命,其自己亦如此言:"丹法所谓性命,皆兼神气言。神气有时聚散,斯性命有离合,性命为神气根蒂,生死系乎是焉。盖以先天为性命,后天为神气耳。"(昔之得一者章注)这是汪氏对神气、性命最直接的说明了,一是说神气不离性命,二是说性命为先天,神气为后天,不过由一盖字,看出汪氏自己不免强为之说。

我们推测,汪氏的这种合混,和他的丹法进路有关,清代道教解老有不同派别,汪氏总的说属于修丹派,即重视气,多关注修炼的技术问题,而不同于清静派之重视无,受禅宗影响较多,更关注玄学问题。汪氏讨论性命多从神气角度立论,即是这样。总的看,神气与性命的问题,他处理的并不圆通,他的根本见地还是在神气论上。这实际是不同的道教派别之间的融通问题。

4. 内外丹问题

一般的,内丹多指唐宋之后的道教理论重点,外丹则指汉魏以来的道教理论重点。不过,也有内丹家以内丹、外丹来说明丹法,如孙教鸾、李涵虚一派多言此,李涵虚以内丹为汞归离,以外丹为铅归坎。汪氏则多次论及内外丹,只是尚不清楚他论及内外丹的理论源头,是否与两派有关。

何谓内丹、外丹?道之动章注:"修炼之法,无生于有,而性光同月;有生于无,而命蒂同日。日月环抱而为太极,此无中有也,命也,外丹也。性命浑全,光华烛于周身,彻于内外,一片虚明而归于无极,此有中无也,性也,内丹也。"又谓:"内丹炼神,所以修性,外丹炼形,所以修命,合内外之道,则性命双修,形神俱妙矣。"据此,汪氏以修命为外丹,炼神修性为内丹,不过修命未连及炼气。此处语意含混,一片玄语,概以内外丹修炼而成的实得,故以日月,有无,太极无极之类语辞加以说明。

在其它的语句中,则谈及外丹与气的关系,如释贵食母,以食母为先天母炁,汪氏谓此乃言外丹,又大国者下流章注曰:形容伏气之法,乃言外丹。又谓将欲噏之章:若欲长生,神气相注,乃言外丹。据此,则外丹是以炼气为中心的修炼也可称作命。内丹为对身体及内气的修养,而外丹则在其后,是更玄妙的一层。内丹则是对神对性而言的,也称作无极、虚明。不过如前面我们讨论过的神气性命而言,汪氏以性、无极、虚明来说内丹,仍说不清性命与神气是同时的,还是更高一层的,他在不同的系统之间尽力缝合,不过仍难令人满意。

总的看,他的着眼点还在内丹的修炼上,而不在玄虚境界上,汪氏的内丹外丹说使神气、性命的关系更复杂了。更令人疑惑的是,他多次使用此合内外丹而言之这样的语句,也就是说他自己也难以清楚辨析内丹与外丹,一切也不过是约而言之。总的看,汪氏解老在丹法上并不出众,乃是集众家之作,所做的综合亦未必圆融,这基本是清代以丹法解老的习常之作。

5. 简单的评断

道教与老子的关系较复杂,各个派别与老子的关系有远有近。单就清代内丹解老一派而言,我们以为,这基本可视作一种合理的附会。

内丹家对老子的解释焦点在以老学原理来论证丹法,丹法自有传承,老学则为一种追加的论证。如以天下人身为一,治国治身一致论,以顺道返朴,以清静自然为工夫,这都是共通的。汪氏谓:"金丹之道,唯顺乎自然而无所为,为之则败,谓伤丹也"。(将欲取天下而为之章注)又谓:"此章直指金丹大道,唯虚极静笃,采先天祖炁,归根复命以全其真。"(至虚极章注)"金丹之决,贵柔不贵刚。"(夫佳兵者不祥之器章注)这些都是以老学来证丹法,至于汪氏对老学二元对转原理领会颇深,其论丹法亦颇以二元对转(神气/性命)为奥秘。不过,这种论证总的说是一种后起的解释。早期的内丹家都不以《道德经》为主要资源,因而丹法完全可以自成系统,不过以通过老子《道德经》来解丹法,不仅能获得太上老君的威权,还能在原理上更进一步,这的确是老子学说在身体修炼上的一种延伸。

不过,以丹法解老有不可掩饰的附会性。丹法论及药物、火候、心肾、坎离等等,自有一套系统,无论如何与老子原有的话语系统不相融通,况且内丹家集中于内丹的修炼技术问题,讲究心肾五脏的运行,这些与老子并不相关。如汪氏论及内丹外丹,又在多篇中指明"此合内外丹言之",所谓内丹外丹完全与老子无关,而许多章节根本无法以内丹外丹解之,不得已而言合内外丹言之,这都是以丹法解老不得不如此的尴尬。

二、黄裳《道德经注释》

黄裳,字元吉,江西丰城人。道士,内丹家。道咸间在四川乐育堂讲学十余载,弟子甚众。著作有《乐育堂语录》、《道德经讲义》、《道门语要》等。黄裳生平仅如此,讲学之后,不知所终。后来甚至引起后人的猜测。民国时题荣县龙腾剑的《重刊〈乐育堂语录〉跋》称,"先生生于元代,《张三丰集》叙述师承,先生亦在其列"

云云。元代有净明道高道黄元吉(1271—1325),经戈国龙查证《三丰全书》显然是附会此人,并未提及黄元吉。① 关于黄裳师承,丹法派别,亦不见他本人明示。从《乐育堂语录》及《道德经讲义》来看,其极强调玄关一窍,可能与元代李道纯以下一般称作中派的道派有关。又陈撄宁谓其不同南北二派,为陈希夷、邵康节一派,为天元丹法。②

1. 概况

《道德经讲义》版本甚多,大致可分三个系统,一个是最早黄裳的弟子刻本,据江起鲲《重印道德经讲义序》,该本光绪十年原刊于四川自流井,舛误错出,题作《道德经注释》,分四卷,其中第三卷称卷下,题作卷四者仅数页,与《乐育堂语录》合刻。今习见者则为庚申年(1920年)江起鲲的重印本。江氏在《重印道德经讲义序》中称,其书虽名注释,实非规规于注释者,即其讲道时笔述之书,名曰讲义为得也。故江氏改为《道德经讲义》,江氏对此书做校正,并把原书中在前的道德经总旨与弟子序置于篇末。其后此书流布甚广,多为江校本。此书又有萧天石编《道藏精华》(4集)本,《中华续道藏》本(初辑第十册)与此当为一个本子。《道藏精华》本做了部分校斟工作,把《道德经讲义》改称《道德经精义》,这大概是为了与宋常星的《道德经讲义》区别开。《道德经总旨》与弟子所作《道德经后序》仍置最后,不过《总旨》置于最后,《后序》在前,而不同于江校本《总旨》在前《后序》在后。这似乎表明编者对此宗旨不甚信任。

我们依据第一个版本,并黄裳自序,而称此作为《道德经注

---

① 戈国龙《丹道今诠—乐育堂语录注解》序,华夏出版社,2007年。
② 参陈撄宁语录,黄信阳编《乐育堂语录》代序,宗教文化出版社,2012年。

释》。今据江起鲲本加以介绍。该著首为光绪丙戌(1886)朱有芳序,谓于老氏之言始怪终信,以无为为治,以不言为教,足以资于民用之身。虽立说非圣人,要以寻崆峒坠绪,辟清净之妙门,不能使孔子贬其尊、废其言。又谓,治国治身不能躬孔圣之道,犹能为者氏,贤乎申韩庄列。又谓注释以王弼最有名,近则丰城黄元吉先生,以四子书注五千言,参互异同。李君爵从,肆力于先生之注释,将公诸世,丐余弁言而惜乎未见其稿。

按:朱氏此序表明,是李爵从奔走整理的黄著,其书完成于光绪十年(1884),至1886年才得朱序,可知其间有两年时间在筹措此事。而朱氏并未看到原稿,不过是知其大旨而已,故不能论及该著的精义。

次则黄裳光绪十年孟冬(1884)自序,谓:三教之道,圣道而已。儒曰至诚,释曰真空,道曰金丹,要皆太虚一气,贤乎天地人物之中者,惟圣人能探源造极。又谓:世风日下,民俗益偷,若不抉破窈妙,恐大道愈晦,因师席讲论道德,以为修身立德之证。又谓于此注多抱愧,叙此注又来云云。

按:据此,则知黄氏此为讲论整理而成的《道德经》注,其八十一章注又谓:此经注毕,呼群弟子告之云云。可知保留了若干讲论的语句,又做了相当的文字整理,而成此注释。

次则庚申年(1920)江起鲲的《重印道德经讲义序》,谓道者,先发于《尚书》,静坐者,言乎程子。又谓学静坐以求道,恍然知道必以老子为宗。又谓丰城黄元吉先生著《道德经注释》,言性命之理,修治之功,体用兼赅。又谓原本刊于四川自流井,舛误错出,故一一校正之。其书非规规于注释者,讲道其中必引《道德经》为证,乃所讲笔述之书,改名为《讲义》。

按:江氏题作庚申年,则颇以遗老自居。其谓该著为讲道之余引《道释经》,实非确论。黄氏讲道有《乐育堂语录》,此则明言《道德经注释》,故改名实未妥。

江氏下又叙改易卷次之事,移总序、弟子序于书末,改卷下为卷三,原署卷四者数页,不再单列一卷,江氏未明言如何处理,似归于卷三。此所谓卷四者,或当是此经注毕,呼群弟子而告之云云以下的部分,为黄裳叮咛嘱托弟子之辞,大意谓已明道,当自爱,努力修炼。又略述其丹法大概一通,可谓最终陈辞。原书编者列为卷四,亦有其道理。

该著经江氏整理,共三卷。题道德经讲义,丰城黄元吉著,后学奉化江起鲲校。卷一从第一章至二十六章,卷二从第二十七章至第五十三章,卷三从第五十四章至八十一章。此种分卷与传统分卷不类,大约只是为了分开篇幅,别无它意。书中也未见黄氏对卷次一类的问题有什么看法。其所用版本亦不知出于哪一系统,江起鲲谓有出于焦竑本之外者,则当据道家流所传的俗本。每一章首冠太上曰三字,下面录经文。各章题第某章,经文中偶有小注,或释音,或解字。黄裳此作篇幅较大,超出一般的解老之作,与宋常星《讲义》差不多,文字较细密,文意多反复出现,读起来不免有些繁冗。

书末附道德经总旨,江氏谓:此书无作者姓氏,疑先生自著。此文谓:太上修身治世之道原是一贯,不分两事。若不推开说明,只云修身即以治世,治世厥惟修身,亦属一偏学。又谓:圣人之道,不外一敬而已。天地以元气自运,圣贤以此敬自持及物。又谓:太上说修身治世不分两事,谁谓老子之学寂灭无为?

按:此文专门在辨老学只修身治世之说,似有为而发。其所谓敬者,文中亦颇提及。不过,道家说特别是道教内丹一系确实只治身难治世,观黄氏注释,虽说颇用力于推衍治世之意,亦不过世俗之论而已,其精妙用心处仍在丹法上。这里是道教人士注老时的一个大麻烦,本来是讲丹法的,还要顾及到所谓治世用世上,就不免虚与委蛇。此文或是因外界对黄氏讲论老子的批评而发,极力为此作辩护。说是出于黄裳之手,恐怕有一定道理。

最后为光绪十年受业弟子的《道德经后序》,谓受业于丰城黄元吉先生,讲究身心性命之理,天人物我之原。因请于席前,请先生详加注释《道德经》。每日讲后书一二章,数月而成。又谓此注为正本清源之作,养心养气,可正人心云云。按:据此可知,此书确为专门注释《道德经》之作,江氏改作《讲义》是不对的。其合卷四于卷三,恐亦不合原著编排之意。此文题作受业弟子,可能就是前面朱序所说的李爵从。

2. 以丹法解老

黄裳注释《道德经》,据弟子后序,是因弟子之请而作。黄氏授徒是讲内丹修炼的,据他说是传大道的。《乐育堂语录》序中说:"讲究性命双修之理,天人一贯之原",也是这个意思。因而他注释《道德经》,一如一般的内丹道法注老者,都是以丹法解老子,以老子证丹法。他注老最关键的地方就是传授丹法,虽说会顾及到老子原书的语脉,亦不过是余事,这是了解此书在清代老学史上地位应该注意的。黄氏注老有几个要注意的地方:

(1)仍旧在明清以来流行的心性模式中

心性模式是明清以来的主流的思想框架,在清代老学史中,也是绝大多数解老者的思考背景。黄氏注老也是如此,以性命\神气为框架,由后天返先天,以一觉为转点(或称玄关一窍),以成仙为归旨,与理气、心性二元框架相关。

如第一章注:"学人下手之初,别无他术,惟有一心端坐,万念悉捐,垂帘观照。心之下,肾之上,仿佛有个虚无窟子。神神相照,息息常归,任其一往一来,但以神气两者凝注中宫为主。不倾刻间,神气打成一片矣。于是听其混混沌沌,不起一明觉心。久之恍恍惚惚,入于无何有之乡焉。斯时也,不知神之入气,气之归神,浑然一无人无我、何地何天景象,而又非昏聩也——若使昏聩,适成枯木死灰。修士至此,当灭动心,不灭照心。惟是智而若愚,慧而不用。于无知无觉之际,忽然一觉而动,即太极开基。须知此一觉中,自自然然,不由感附,才是我本来真觉。"所谓一觉而动,本来真觉,即是心性模型之常说。

又如三十八章注:"至于修养一事,咽津服气出而道一变,采药炼丹出而道一变,迄于今纷纷左道,不堪言矣!谁复知玄关一窍为修道之要务乎。吾今为人示之:人欲识此玄关,须于大尘劳、大休歇后,方能了彻这个玄关。又曰念起是病,不续即药;又曰放下屠刀,立地成佛。总不外尘情杂念,纷纷扰扰时,从中一觉而出,即是玄关,所谓回头是岸。又曰彼岸非遥,回光返照即是。但恐于玄关未开时,先加一番意思去寻度;于玄关既开之后,又加一番意思去守护。此念虑纷纷,犹天本无云翳,云翳一散,便现太空妙景。"黄氏所谓的玄关一窍是其修道法门,故屡屡言之。

又四十三章注:"所谓玄关一动,太极开基也,自此凝神于虚,合气于漠,冥心内照,观其一呼一吸之气息,开阖往来,升降上下,收回中宫,沐浴温养。少倾杳冥之际,忽焉一念从规中起,一气从虚中来,即精生气也。此气非有形也,若有形之气,则有起止、有限量,安望其大包天地,细入毫毛,无微不入,无坚不破者哉?是气原天地人物生生之本也,得之则生,失之则死。虽至柔也能御至圣,虽至无也能宰万物,古仙喻之曰药,以能医老病,养仙婴也。故曰延命酒、返魂浆,又曰真人长生根,诚为人世至宝。"这是以修炼次第来讲玄关一窍。

十九章注:"修养之道,先要存心养性,心性一返于自然,斯后天之精气,亦返于先天之精气。倘未见性明心,徒以后天气质之性、知觉之心为用,则精属凡精,气属凡气,安得有真一之精、真一之气合而成丹乎?修行人须从本源上寻出一个大本领、真头脑出来作主,于是炼精炼气炼神,在在皆是矣。悟得此旨,不但知太上之经,治世修身,处处一串,即四书五经,无在非丹经矣。"此章明以心性解说,要在由后天而先天,在黄氏亦不必区别儒道矣。

总之,黄氏之说不脱宋明时代之心性模式,又以玄关一窍为枢纽,而成其解老之大貌。

(2)三教合一,以道为本

黄氏在三教问题上,与历代道教解老一致,都讲究三教一致。黄氏常在文中如下表述:"儒家曰隐微,释家曰那个,道家曰玄关,大道本此。"黄氏文中多引《诗》、《书》、《易》、《论》、《孟》,及宋儒话头,以解经文。第二十章引"《诗》曰:上帝临汝,毋二尔心。"二十四章引"《诗》曰:跂予望之。"三十四章引"《诗》曰:左之左之,君之宜之;右之右之,君子有之。"四十四章引"《书》曰:满招损,谦受益。"五十七章引"《书》曰:一人元良,万国以贞。"十七章引"孔子曰:上好信则民用情。"五十六章引"孔子曰:道听途说德之弃。"第八章引"孟子曰:民非水火不生活。"五十五章引"孟子曰:大人者,不失其赤子之心也。"这种情况不一而足。其引道典不多,如《悟真篇》等。不过最后总会归于道教宗旨。如二十二章注:"大道之要,必至无而含至有;却至有而实至无,始为性命双修之道。盖以性本无也,无生于有;命实有也,有生于无。若着于虚无,便成顽空;着于实有,又拘名象。纵不流于妄诞不经,亦是一边之学,究难与大道等。修行人必先万缘放下,纤尘不染,于一无所有之中,寻出一点生机出来,以为丹本。古人谓之真阳,又曰真铅,又曰真一之气是也。太上云曲则全,言人身隐微之间,独知独觉之地,有一个浑沦完全、活泼流通之机,由此存之养之,采取烹炼,即可至于丹成仙就。"最后总归结为成仙。实际上,他对儒书的引用多不顾及原意,如颇引宋儒理气说,随意解说,而实不能合。

(3)以丹法传授为解老要旨

黄氏解老,以道教框架为基础,以玄关一窍为要害。一般的道教框架,如道即元气说,又称作初玄之气,天元一气,元始一气,鸿蒙一气,一元真气,清空之气,太和之气,清空一气,先天一气,虚无一气。又神气性命二元说,精、气、神皆分先天后天之说,等等。黄氏解老极重视丹法的次序描述,在文中多次细致说明,大致是调息丹田,运行河车,凝聚丹鼎,引文如下:

> 凡人修炼之初,必要恍惚杳冥,而后人欲净尽,天理常存,凡息自停,真息乃见。此何以故?盖人心太明,知觉易生,若到杳冥,知觉不起,即元性元命打成一片。此个恍惚杳冥,大为修士之要。学人当静定之时,忽然偶生知觉,此时神气凝聚胎田,浑然粹然,自亦不知其所之,此性命返还于无极之天也。虽然外有是理,而丹田中必有融和气机,方为实据。由此一点融和,采之归炉,封固温养,自能发为真阳一气。但行功到此,大有危机,惟有一心内守,了照当中,方能团聚为丹药,可以长生不老。若生一他念,此个元气即已杂后天而不纯矣。(二十一章注)

> 修行人必先万缘放下,纤尘不染,于一无所有之中,寻出一点生机出来,以为丹本。古人谓之真阳,又曰真铅,又曰真一之气是也。太上云曲则全,言人身隐微之间,独知独觉之地,有一个浑沦完全、活泼流通之机,由此

存之养之,采取烹炼,即可至于丹成仙就。(二十二章注)

始用顺道之常,效夫妻交媾之法,以火入水乡,即是以神入气中,此为凡父凡母交而产药。迨至火蒸水沸,水底金生,斯时玄窍开而真信至,是真阳生而子药产,此为外药。金气既生,真铅自足,于火促水腾,木载金升,切切催之,款款运之,上升乾鼎,以真铅配真汞,以真火真意引之,下入丹田,即入坤腹,以炉鼎和药物炼丹,此返坎为男,复离为女。颠倒女男,迭为宾主,收归坤炉,烹炼一晌,再候真阳火动,以为金丹大药。(中略)再以此金丹,运起河车,鼓动巽风,施用坤火,合离宫真精而炼之。真气合真精,即以先天阳气,制伏后天阴精,阴精亦合真气而化为圣胎。(二十六章注)

又多言火候、息法。黄氏丹法的关键是玄关一窍,他多次论及,在《乐育堂语录》中也多次详加说明。

玄关一窍,盖在(天地)将开未开处也。(十六章注)
任他思念纷纭,莫可了却,我能一觉而动,即便扫除,此即是玄关。(三十八章注)

玄关一窍是一种时间性的概念,天地发生与神气交媾都在此一关节。用以指称后天神气向先天神气转化时的态势。[①]

黄氏以丹法解老,有合有不合。要之,这是其注释《道德经》的

---

① 戈国龙解作后天返先天的临易状态,参《丹道今诠——乐育堂语录注解》卷一。

要点。如何处理老子文本与丹道家心法之间互释相恰,这是以丹法解老一类著作要面对的问题。老子经文中并不涉及丹法,其主旨也不在修炼成仙上,因而不同的著述者有不同的方法。如汪光绪解老,以世法、兵法为丹法,即把所有文字均解作丹法,这不免生硬。如李西月解老,以老子道非一端,故而能照顾到原意,而以丹法为主。至于黄裳解老,可称作两段式处理。

黄氏注老时,大多章节都能先顾及原文经义,而以儒理加以解说,其后另辟一段,以丹法来解,他以儒理解说的部分完全可自成一书,虽说无甚奇异处,亦可作说。而丹法解老实为其宗旨。连接两段的,则是如下一些方法:"此为治世之论,推之修身之法,亦不外是。"(十八章注)这里治世推治身。又如:"此喻炼丹之学,始以神火下入丹田云云。"(六十六章注)这是以原文为比喻。此种均属强行解释,其他如知其雄守其雌为雌伏的养丹,以大器为金丹大道,以爱民治国为保养精气神,以善为士不式,丹为药生进火,这样的解释比比皆是,多为附会之辞。由此可见以丹法解老终究是老学史中的别为一家,固然有精妙处,但仍是此为此,彼为彼,相互映现,而终难合。

故而,黄氏的注释之作,在内丹学上卓然一家,在老学史上不过是习常之作,难称大作。不过,黄氏所谈及的玄关一窍,颇有先秦易道二家的精义,与宋常星论道颇有神似,这当是清代道教人物对先秦老学的精彩解说。

三、李西月《道德经注释》

李西月(1806—1856),初名元植,字平泉,入道后更名西月,字涵虚,号长乙山人。四川乐山县人,道教内丹西派创始人。著作存世者有《道窍谈》、《三车秘旨》,注释有《太上十三经注》、《大洞老仙经发明》、《二注无根树》,又辑录吕祖年谱诗集及三丰全集,其全集《圆峤内篇》已失传,有陈撄宁校订的《道窍谈》并《三车秘旨》,题作《圆峤内篇》,已非旧貌。李氏所编《太上十三经》包括《道德经注释》(附老子真传)、《阴符经类解》、《清静经解》、《玉枢经约解》、《护命经解》、《日用经约解》、《大通经约解》、《洞古经约解》、《定观经约解》、《五厨经解》、《明镜经》、《金谷经》、《文终经》、《循途录》(即人元大道九层炼心文终经),又附白玉蟾《辨惑论》。其中《人元大道九层炼心文终经》,又名《循途录》、《循途说》、《后天申述文终经》,为其自著。详述修炼功法次第,是清代道教重要著作,颇有功道流。

李西月为道教内丹学西派的创立者,以吕洞宾为始祖,而李西月为实际创始人。在李西月编《吕祖年谱》卷六中引冷生说:"纯阳有三大弟子,为群真之冠,海蟾开南派,重阳开北派,陆潜虚开东派,吾愿入西方,身为西祖。"此即李氏自述创派意。[1] 同时,西派的建立又与张三丰有关,李西月自称传于张三丰,以扶鸾方法上承三丰。不过,真正刺激西派产生的是明代陆醒所创东派,李西月尊崇东派,处处模仿之,陆称西星,李成西月,陆号潜虚,李号涵虚,陆集作《方壶外史》,李集作《圆峤内篇》,二派均主张男女双修,这是与传统上内丹主流不同的。李西月在丹法上的贡献是完善了内丹双修理论,后天功夫更精细,双修步骤更细腻。[2]

1. 概况

李西月的《太上十三经》,此十三经为李氏创教之用,仿儒家十

---

[1] 见霍克功《内丹解码——李西月西派内丹学研究》,56页,人民出版社,2008年。

[2] 卿希泰《中国道教史》(修订本)第四卷,361页,四川人民出版社,1996年。霍克功《内丹解码——李西月西派内丹学研究》第十一章。

三经,自张其声势。第一部即为《道德经注释》。此集前有题道光柔兆敦祥蜀山三隐者所作序,柔兆敦祥为纪年法,序谓神仙以老子为宗,《道德》五千言,治世修身皆可用,一日见《圆峤外史》,不失老子之道,其中《十三经注解》皆老子书,《道德》一注最为精详,末附《循途九层》,更为切近。乃访树下先生(即西月),许为同调,退而刊印授徒,以为大江行潦溪涧云云。又谓紫霞受业于回翕,吾等继派于紫霞,有渊源也。所谓紫霞,即西月,自题作圆峤山紫霞洞主人,回翕者,谓吕祖,以吕字双口,故自称回道人、回翕。此借三隐者之口叙其渊源,自大其门面意。又谓三隐者姓字,为道育、道生、道赤,不过道教流托空名为文而已。此序中重视《道德经》注及九层炼心一文(即循途录),可知后者为西月精心之作。

  后有自序,谓《道德》一经,自函关东来,传于文始,历代宝之。引前辈称:内可理身,外可理国,可概指河上公,又谓其实以理国喻理身也,然理国喻理身,即可以理身喻理国,此道教流之可见。又引老子语与《尚书》(出自古文大禹谟)《论语》对照,而谓八十一章其合五经、四书者,比比皆是。此亦道教流之常语。又谓:太上当盛商之会,隐居毫邑,既而观风西歧,知周之王,乃拒仁义礼知不自用于天下,亦商周之素王。又谓孔子与太上相同。此章乃西月依道教说,尊老之辞,俨然以老为至尊,而佯称孔老一致。其《注释》后附老子真传,即是依此思路叙老子。又谓:世间老易并称,老子又多引古语,南华、参同悟真本以立言云云。

  按:西月有《河洛易象图解》,今已失传。不过察《道德经注释》,多引易理,易老互释,可知西月用力于易确有意沟通易老者。又谓:少好玄修,圣师赐教,乃集益群言,以此经治世,参以儒书,必能尧舜其君,即无用于天下,则发人忠孝,而观修身之道云云。

  次则题纯阳先生序,谓老君道德,无为为世,正义注笺,不作作也。正义,即东来正义,《道德经注释》另一名。又谓:涵虚者也,仙才也。幼而觉悟,长而玄修,尝读《方壶外史》,欲与陆子左右吾侧。又谓予访之,以重玄语之,言下辄悟,乃作《圆峤外史》,以与陆子(陆醒)对峙,陆有《玄肤论》,此有《道窍谈》,陆有《就正篇》,此有《循途说》,最妙者为《道德经》注,名《东来正义》,与陆《南华副墨》相垺。又谓老子注有五恶三美,五恶者:其一偏治世,其二偏治身,其三知道包身世而语无印合,其四不识至道功修先要民安国富,下至流于空寂,其五至道德为总归根复命,下笔即谈神圣必同赞偈。

按:前四恶是指治身治国不可偏废,后一恶当指功夫次第,这些实际上是西月注老的宗旨。所谓三美:一是道合内外,注分正副,二是门筍接脉,找补照应,经义贯通,三是胸有真参,口无禅障。这三条中第一条道合内外,即理身理国并行之意,注分正副则令人费解,查全部注释,只一处有副注诗曰云云(第七十七章注),他处并无副注,不过正注外还有补注、愚按、吾山评等,这是西月自己的批注,还是另有人批注,已不得而知。《老子集成》所用国图藏道光刻本又有若干批注,在注文后退两格,多品评全文,为初刻本所无,当为后来增入者无疑。故此处所言注分正副,殊不可解。抑或此注后有西月改定,亦未可知。后二美者则谓此注经义贯通,而无禅障。无禅障说,此注确不引禅语。至于经义贯通云云,并不恰当。西月注老,一如道教内丹家,虽则注意到原意而讲治国之理,其治内丹处亦全为附和,此道流所不可免者。又按:此题作纯阳序,又谓其爱而评点之云云,而注中又不见题作纯阳真人的评点,此实不可解。若谓前所云补注、愚按、吾山评为纯阳评点,似乎实不相近。总之,此篇题名纯阳先生的序,乃西月自神其注之作,其中述及注述渊源,解老之法,亦可供人了解著述背景。

次则作题东来正义诗,有题作玉枢右相的张全一诗,题作三清总校真函云云的陆醒诗,又有题作天仙白琼琯的诗(即白玉蟾),这些诗所讲的与序言中相近,均是依托之作,为道教流注者之习见。

西月注老所采当以王弼本为主,分八十一章,无章题,依次序列第一章、第二章等,部分上下篇,自第二章以下,章次下有小字注,注明河上本章题,及彭本章题。正文中偶有小注,解词句或标版本差异,注中所涉及版本有河上本、王本、彭本与永乐大典本。注文最后有一节文字谓:"涵虚子注此经毕后,自谓不立文字,能吐真机。"又谓:"为而不争四字为全经合王。"又谓:"圣道与天道相同,天道主生成,圣道统造化。"又谓:"我愿孝忠之士人人栖真个个得道云云。"末题道光庚子。

篇末附老子真传,引《史记》、《路史》、《庄子》、《内传》、《五宗纲纪》、《月令广义》、《酉阳杂俎》、《高士传》、《神仙传》、《列仙传》、《唐纪》、《太平广记》、《山堂肆考》、《九宫》、《三五经》、《元辰经》、《西升中胎》、《复命苞》、《珠玉机》、《金篇内经》等牵连而成,亦史亦神,实道教流观点下之神仙老子传记。

此书的版本差异。道光间岳阳楼刻本,国图本有批注。注文中有补注,当为西月自补,又有愚按数则,不知作者。又有吾山评两条,当又为另一人所作。又有补注一则,在六十一章注。下有吾山评。补注解黄庭居下或照下之别,吾山评则谓:"涵虚真言之,回道人更加发明"云云,则以此补注为吕纯阳作,正合前题纯阳序所言批注云云,则此注为西月自补当无疑。而吾山,又见老子真传后评语,谓真传融洽分明云云,题作吾山师,则似西月修炼之长辈亦未可知。

2. 解老基本情况

李西月《道德经注释》,总的看来无什么高明之处,在清代的内丹学注老的著作中也并不突出,他在序中自许颇高,实际上从清代老学的脉络上来看,此注不过是平平之作,以内丹解老并不如黄裳,而以常理解老处不过循文释义,有的章节没有发挥余地,不过草草注过。李氏注老,大致有如下特点:

其一、是注意到原文的语脉,不过分牵扯附会,能在解说原意与阐发丹法间保持平衡,这一点在前面题纯阳先生序中提到了,也就是治国与治身二点要注意均衡,不要把所有的章节都解作修炼之意。如十八章注:

> 此章言治世隆污之道,然亦可悟治身之理。兹两举之,失无为之事,遂有慈惠之政,犹之失浑沦之体,遂有返还之功也。用明用术以察求,民情益深掩蔽,犹之用巧用机以探取,药物愈善互藏也。在庭有孝慈,所以和六亲之不和,犹之入室修泰定,所以静六根之不静也。国家有忠臣,所以救昏乱,犹之玄门有真金,所以救衰惫也。然后叹上世浑穆之政,与上德无为之修,其风之邈也久矣。

因而,西月注老大多数能依文解句,述其本义。不过,这样的解说多无新意,不能自立一家之说。

其二、李氏颇能顾及到易理与丹法的关系,引易理入注,这算是一个特色。西月颇知易学,有《河洛易象图解》(已佚)。他注老时多引易理,如四十二章注,以卦象解水火,

> 大道无形,浑然无极。迨其静中生动,而一乃见焉。一者,水也,在卦为坎。坎居北方,劳卦也。万物之所以成始而成终者,皆在乎是。成终,则庶汇归根。成始,则一阳来复。阳即火也,故言水而火在其中,一生二也。水

火调匀,阴阳交泰,木情萌动,物类蕃昌,是故二生三,三生万物也。此统言造化,而丹道亦在其中。

四十六章以否泰卦解有道无道,

有道是否运既久,阴极阳来之时。无道是泰运既久,阳极阴生之时。否乱定而泰治立,则却走马以粪田,天下事已无极也。泰治盛而否乱伏,则生戎马于近郊,天下事将有为也。乱而复始,泰定为福。

五十章注以乾坤二卦解十有三,六十一章以大过小过解大国小国,而以为大国大过者实取法于易道等等。第五十章出生入死十有三,诸家解不同,西月以卦理解,

万物出生而入死,皆在乎十有三中。夫十有三者,向来诸注,皆不得其正旨,今发明之。十乃天地生成之数。一天、一地、一乾、一坤,乾卦有三阳,坤卦有三阴。万物遇三阳而生,遇三阴而死。惟人之受生,其得三阳与物同,其入三阴则自促。七情六欲,大损元神,故曰动之死地。然其自促也,亦归于三阴而已。

亦备一说。

其三、李氏注老的最大特征还是以丹法解老。不过其丹法以男女双修为特征,在解老时亦以此种丹法加以附会。西月在五十六章注中说:"愚注《道德经》,虽比先贤解释分外详明,然其逐章注疏,依经遣言,而于丹道妙机不能成段写出,英雄志士,幸觅明师指

破之,其得法更易也。"是则李氏注老讲究丹法时,仍有所节制,不会泄露天机。虽说如此,李氏之谈论丹法,亦颇细切,惟此与老学史关涉不大,此处略略一叙。

西月以丹法注老,一如其他道教人士注老,多言神气、水火、河车、元海、药物、火候、铅汞、金液一类,不过其讲两孔穴法,实他人所不道。第六章注玄牝之门:"所谓两孔穴法,金气相胥,此即玄牝之门也。男女媾精之房,日月交光之所。"此处所言两孔穴法,即男女双修之法,以女鼎元始祖气与男性真气相合,即可炼精为气。两孔,即男女生殖器之两孔,此见李氏《道窍谈》。① 这样来解老,确实独成一说。李氏对丹法次第亦有详细的说明,见二十一章注、二十八章注、五十二章注、六十一章注,皆详述丹法,于修道人颇有益。略引几则,以见其意。

> 道之为物也,恍惚无定。以言离性,本无象也。乍恍而乍惚,无象者若有象焉。乍惚而乍恍,无物者已有物焉。惚兮恍,是性之本象。恍兮惚,是性所种之物。以男下女,交媾成精,一物也,实连二物也。故有象在上句,有物在中句,有精在下句。句法又寓道法也。夫精为性火下照相感而生,乃能露出坎情,然实微妙难测,故曰窈兮冥兮。窈冥之精,乃是真精。欲得真精,须知真信。故其中先有信焉,浩浩如潮生,溶溶如冰泮。修士于此,候其信之初至,的当是精,即行伏之、擒之。时刻无差,金仙有分矣。一名真金,一名首经,一名真水,一名神水,一名真铅,一名铅气,一名白虎,一名虎气,而不出乎真精也。所

---

① 霍克功《内丹解码——李西月西派内丹学研究》,476页。

以自古至今,此真精之名,诸经不能抛去。(二十一章注)

　　白者,金精,黑者,水基。金精者,雄阳播于雌而生者也。此精未有之先,坤母之体本虚,因与乾父交光,坤遂实而成坎。坎形已具,月吐兑方,是名水中之金。水中之金,实赖坤母之养育而成,故称母气。《悟真》云:"黑中取白为丹母"是也。母气有白光,号曰阳光。阳光发现,即运己汞以迎之,所谓二候求药也。彼此相当,二八同类,擒在一时,炼成阳丹,即丹母也。然其造化在外,故丹母只算外药,学人以外药修内药,以母气伏子气。丹母之中,又产阳铅,即驾河车以运之,逆回本官,潜伏土釜,四候和合,三姓交欢,这回快活便得长生。但法功虽是如此,而知白必先守黑,守黑乃能知白,知白还要守黑。此中有三层妙用,足为天下式程。人能依此行之,则自然之常德不差忒也。既不差忒,乃能归证于无极,而炼神还虚矣。(二十八章注)

　　丹法以砂为主,入坤炉而成坎,禀和于玉池之水银,以成戊土,戊土即阳丹也。阳丹乃外丹,外丹乃丹本。金花是他,真种是他,黄芽是他,白雪是他。以外丹为内丹之娘亲,故有始以为天下母也。母有圣号,称为阳铅。夫有阳铅为母,即有阴汞为子。阴汞是后天子气,阳铅是先天母气。以外边阳铅伏内边阴汞,母与子见,故曰知其子焉。但此阳铅之来,须得火功妙用。盖铅生坎官,沉而不起。欲其擒制离宫之真汞,当用武火猛烹,然后飞腾而上。及与真汞相见之后,则宜守城沐浴,不可加以武火也。始则母恋子而来,继则子恋母而住,故曰既知其子,复守其母也。子母相恋,终身不殆,则大丹成矣。(五十

二章注)

李氏还对丹法修炼中的两种倾向做了批评(二十六章注),认为一派轻,一派燥。又讨论了丹法的运用,以为口诀亲切细微,但也不是三言两语,一般人以口诀为捷径是不对的(五十六章注)。李氏以丹法注老,多属附会,丹法自丹法,老子自老子,不过借人而语罢了。

其四、李氏注老,能注意到儒道合一,三教一致,这本是道家流常态,今略作说明。西月多引易注老,此已见前,其亦以三教为一,如第六章注谷神,以为:

> 谷神者,元性也。谷以喻虚,神以喻灵。性体虚灵而不昧,不昧者,即不死也。夫谷神也,而复谓为玄牝,何也?盖以玄,天也,牝,地也。天地合而玄牝成。其间空空洞洞,儒家号隐微,此种有不睹不闻之境。释家名那个,此种有无善无恶之真。圣人治身,即借空洞之玄牝,以养虚灵之谷神。

这是以儒道释三家为同旨。其他以儒道经典互释的地方也很多。不过,西月此处谈的不多,不像黄裳那样用力,而只是点到为止。

3. 简单的评价

总的看,李氏之注老,借老子及所谓《太上十三经》立教之意味大,而注释本身较疏略。虽则其丹法有精微之处,亦与老子文本自身关联不大,即使在内丹家的注释中,也不突出。不过,他注老能够有意识地不妄加附会,而能做到大多章节依原文句解说,说明他也注意到纯用丹法解老有问题,而更趋平衡。不过,这样一来,他的注释就更无特色了。

第五节　其他著作

我们把道教老学中无法归类的部分纳入此类。包括校勘整理类的郭乾泗《老子元翼》,以儒家立场解老的纯阳子刘沅《道德经解》,俗儒解老而冠以道教面貌的题纯阳吕仙《道德经注释》,以及遗民自我神话的胡薇元《道德经达诂》。龚礼的《道德经经纬》无法归类,我们也把它置于此章。

一、郭乾泗《老子元翼》

郭乾泗,乾隆间道士。据光绪二十二年重刊之《淮关统志》卷十三《人物》条:"郭乾泗,字羲一,河北人。丰神郎暎,珊瑚有仙骨。工诗书,弹琴角弈皆极精妙,尤善书,篆力得淳化神髓。时有李半仙者,异人也,百余龄,步健如飞,郭师事之,深得元解。时当事欲以其名上闻,乃亡去。后二十年,返住持于古火星庙中,年八十余,无疾终"。依此,郭乾泗乃侨居江苏山阳之河北方外之人。[①]《老子元翼》为郭氏对明末焦竑《老子翼》的校勘整理之作。

1. 概况

首题老子元翼序,叙此书源起,谓道德之旨千百世赖之,然岁浸而致讹,明焦弱侯所辑此老子翼,取所藏六十余家,取醇正条达合于经者录之,又以《笔乘》附焉,羽翼圣经,功岂浅鲜。郭氏披阅之,不禁出涕。又云应瑶杨公出所藏示之,遂归苏五公处,赘疣以元翼。又云苏五、苏辑二公阅录付梓云云。末题乾隆岁次庚申春

[①] 据《老子集成》卷九《老子元翼》点校说明(范立舟撰)。

壬月山阳郭乾泗书。则后文中所谓赘疣笔者,《老子翼》原无,为郭氏所增。郭氏所提应瑶杨公不知何人,据《清代档案史料丛编》(九),有杨应瑶,雍正时补授淮安知府,或即此人。其所谓出所藏示之,当不仅是《老子翼》,又包括其它郭氏所依之书,如我们可以考证的其所增文字有依杜光庭《道德真经广圣义》者,似在此所藏示之的书中。帮助郭氏校书的当是兄弟,书中题作长白人,一作苏五,字光裕。一作苏辑,字希余。

次则为焦竑原序。次为元翼增序,引孔安国三坟、五典说,谓王乃帝皇之王,天也,无为也,纯乎道而化育者,王公、侯王兼人臣而言,时也,有为也,纯乎德而近道者。又云:在下之圣人抱德炀和,默有辅教者。又云:要言约至,该括至理,一言一字当以《尚书》《春秋》之义读之。

按:此增序多言圣王君子之类,而不及神仙,又谓以易、诗、礼之义读之,非同一般道士之解老,以意与后文中各章赘语相近。次则采撷书目,郭氏注云悉依其旧。列洪武御注以下至焦氏笔乘凡六十五家。需要注意的是,此书未提及题顺治《御注道德经》。

2. 对《老子翼》的改动

《老子翼》有万历十六年三卷本,清代有金陵丛书八卷本,郭氏的《老子元翼》重订为二卷,上卷为上经序及书目章注,下卷为下经章注、考异一编及附录一编。郭氏《元翼》是对焦竑《老子翼》的重校,自称诸家汗漫,同时又称赘疣以元翼,赘疣者,增补之义。正文中在每一章经文后,原注文前,附在每一章章目下小字附有郭氏赘笔,即郭氏对每一章章义的提炼。

不过,除此之外,郭氏还有一些增删改动,不过都在原文直接增删,而无说明,这种擅改原文的作法殊为可恶。我们略举几例。如第一章,原书有经文下有焦氏小注,原作:"可道如礼不虚道之道。"郭氏改作:"可道,如天地万物之理,可名,如天地万物之名。"焦氏原文据老子以读老子,而郭氏又增如下文字:"然太上玄言,深合而深妙,以不可了了读去,得真常之意,于然沉著处天机自然浑露,则无诸家之各得其得乃自得之。"郭氏改动处与原文位置,字体一致,又无说明,如不对勘,只读《元翼》,会以为是焦氏原文。焦氏解道非如此,此郭氏擅增者。又如第八十一章,于焦氏《笔乘》部分,擅增文字,《笔乘》以"或曰老氏之为书起,至知而不博者存,何也"句,此处郭氏补录以下文字:"曰:子非知言者也,况知道乎?夫老子之为言,固非辨也,通以明道德之宗,天地之大,王公之寡,万物之众,总统以道生德畜,物形势成,而因之以自然也。云云。至何有于博,何有于辨乎?"下面又接焦氏原文。此种增加文字,未尝不可,然而要标明非原作文字。此种偷换文字,实在是对原作读者的不敬。

　　郭氏又有对原作擅减之处,如附录部分于王纯甫注《道德经》部分,则删去了很多文字,而不作说明。郭氏在老子附录正文前有小字说明:所录者皆累朝事实,及诸各贤传记语论纂序碑表捷而录之,悉从其旧。今从史、传复补全前录,以备参考之意。郭氏的确补充了许多焦氏所引略去的文字,如《道德真经广圣义》所引《拾遗集》中补上了最后几句,不过删除的地方并未说明,这就不是悉从其旧了。郭氏对整书的编排也较随意,如诸家注的先后次序,附录中各篇的次序,与焦氏《老子翼》各版本亦不同,其在《老子考异》焦氏原题序之后有段文字说明,谓今圣经悉从公,诸善本而录之,这语真不知从何说起。此公字或指杨应瑶,亦或郭氏另有所本,与今所见诸种《老子翼》不同者?然上文所引太上云云,绝非焦氏所能言者。

3. 郭氏增加的部分

郭氏所增的"赘语"部分,是其增补焦氏原作的,附于每章章题之下,通观其文,多是顺文解句,简要平顺,既非发挥大义,又非解释文字,多以问句复述经文原义,如第三章赘语作:"圣人心性虚,志固弱如也。腹命实骨固强如也。无知无欲,朴固裕如也。不尚贤,何争?不贵得,何盗?不见欲,何乱?使夫知者胞与而不敢为也。唯为之于无为,则率同民复也。"其它各章多类似。

郭氏虽说是道士,但从序言、赘语中都看不出一般道士多重视的轻举飞升金丹铅汞之说,称老子为太上,也不过偶尔一见,如四十二章云:"故吾太上,以生生慈母之心将以为教父。"又颇有理学的话头,如四十七章:"凡道之在天下者,大小有无精粗无不到,而吾心之全体大用不明矣。"其解五十章出生入死句,依乾坤之数解之,谓:"若而生,若而死,不若而死生,匀得三,而共居九。坤乾之数,始于二一,行于六九,而十乃乾之零,坤之极。转替之交,剩一为奇者也。盖得此一之奇人,阴阳为之伏复,而况虎兕兵甲不为之伏服也耶?"也算上一种别解。值得注意的是,郭氏多能以皇王之事解老,这与一般的道士不同,和前文序言《元翼增义》颇合,如五十八章:"是以圣人玄同其三极三正,而枢始得其环中之常运焉。"又七十五章:"尔奉尔禄,民膏民脂,下民易虐,上天难欺,此明王训于百职也。"

总的看,郭氏的《老子元翼》价值不大,其对《老子翼》的整理也不严谨,其增补的内容也无新意。其在老学史上渐渐无人关注了,这并非是偶然的。

二、纯阳子刘沅《道德经解》

刘沅(1767—1855),字止唐,号清阳居士,世称槐轩先生。四川双流人,儒道皆修,有"川西夫子"之称。著作收入《槐轩全书》,包括《周易恒解》、《诗经恒解》、《论语恒解》、《孟子恒解》、《子问》、《道德经解》、《槐轩约言》等。其孙为近代著名学者刘咸炘。此作为儒生解老,文之以道教面貌。①

1. 概况

首为题端平三年五月午日纯阳山人谨序,端平三年为宋理宗三年,公元1236年。此序谓:玄元道祖为无始之至尊,著五千言,推本声臭之原,旁及物理之变,体用本末详焉。又谓秦汉以还代有著述,狃于偏泥,今深悼末学漫谈,各分门户,不惮亲为釐订。此序题作吕纯阳,当为伪托。至其谓末学各分门户,实为此作著述宗旨,而合儒道为一。

次则题作嘉庆十年岁次乙丑广都刘沅谨识的《重刊〈道德经解〉叙》,其谓:天地万物之原,即无极太极之妙,相摩相汤乃尊两仪。又谓太上道祖缘其先天奉天,不今不古,随时变化,更姓易名,分真住世,隐显莫测,儒者罕究其故。又谓《道德经》纵贯天人万物之理。秦汉以来,谬解虚无,妄相诟病。又谓清静自然乃纯一不已之极致,《中庸》渊渊浩浩,无声无臭,词异旨同,均言性体。又谓世儒谈理或专倚于寂,言事则偏执于形,乌睹夫一本万殊,异用同原?又谓丙辰下第西归,邂逅静一老人,畀以《道德经解》。又谓儒服缁服,各是己见,黄老六经,自昔分门,胥天下悉读此书。

按:此为嘉庆十年(1805)的序,当为此作第一版,其中所提及的邂逅老人云云,或即刘沅自撰,以神其事。其谓儒服缁流,各是

---

① 萧天石推崇此书,在《重刊〈吕祖秘注道德经心解〉序》中接受刘氏此书得之于静一老人的说法,以之为吕祖之秘传。又在《道海玄微》一书中称刘氏"直探洙泗心传,复深得玄门秘钥,汇万流于一海云云。"说刘氏会通儒道我们是同意的,至于本书的作者,我们认为是刘氏本人。

已见,黄老六经,自昔分门,即是此作写作宗旨,即统合儒道,此与题作吕纯阳序与全文注是一致的。

次则为重镌《道德经解》序,题作"道光甲辰(道光二十四年,1844年)双流刘沅书,时年七十有七。"其谓:一理也,而天地人共由之,故曰道。又谓:老子者,隐君子也,夫子尝言老聃吾师。又谓:汉以来方外之士诡异支离咸托老子,老子遂为异端之祖。又谓道者理之总名,能全天理即为有德,又谓:老子之隐柱下,非有心待吾子而传经与?长年古人常事,而俗易滋疑,故屡更姓字。又详述孔子师事老子事,谓异端托老子,而老子遂非,刑名法术托孔子,而孔子岂谬?天人本无二理,圣人岂有二道?夫道一而已矣,一者何,理焉耳。理散于万事,而皆本于心,心纯乎理,则天之与我者全。又谓:白乐天云:道德五千言不言药,不言仙,不言白日升青天。韩昌黎不知此。鄙老子者谓其为神仙之祖,不知圣不可知即是神仙,谓圣贤之外别有神仙,则尽人合天之学为难能。

按:此序与嘉庆十年之序颇有异同,前序谓老子为太上道祖,随时变化,以神奇之妙诣常阐教,而分真住世留踪,隐显莫测云云,则直视老子为道教之祖,而后序则以老子为隐君子,谓长年古人常事,而俗易滋疑,故屡更姓字,则老子实为一历史人物,又引白居易说,完全否定老子神仙说,而谓神仙之名起于司马迁、班固、圣不可知即神仙云云,则已从道教立场返回儒家立场,此序殊为可怪,与前序及全文注不同,当为刘沅晚年再刊时的新观点。

笔者未见嘉庆十年初刻本,故无法比较初刻本与重刊本的同异,不能确定刘氏在重刻本中是否对初刻本有所改易。现所见诸本,如上海图书馆藏本、中华续道藏本、严灵峰《无求备斋老子集成续编》本、萧天石《吕祖秘注道德经心传二种》本均为重刻本。有一本有咸丰辛酉虚受斋《续刻〈道德经解〉跋》,称:"五千言多误解,先生重刊吕子注本最为美善,与太上《感应篇》合刻,名《道善约编》,今广其传"云云。又谓其"不似道佛经忏,其理则一"云云。

刘氏注本不分上下章,共一卷,每章摄取经文前数字为章题,如道可道章第一、善建章第五十四。其注老不似道教人士注老习惯,而多类儒门注释之作。先解字,后释文,间或注音。注文尚属简练,有的章又分数节,分别注释,有的章节经文较少则不分。此作题作纯阳子注,广都刘沅重镌。刘氏在重刊《道德经解》叙中说,邂逅静一老人,畀以《道德经解》云云,又谓安得天下悉读纯阳此书也,则刘氏表明此作为纯阳秘传之书,惟此种说法恐不能令人信服,清代多有此类自神其事者。从此作来看,此书以融通儒道为要旨,多有理学痕迹,其吕序重刊序、重镌序及注文均一致,故此作当为刘氏自注。

2. 注老大旨

刘氏注老,虽较简法,确也颇有理致,常常寥寥数语而见精到处,如十六章注,二十四章注,四十四章注等。今述其大旨如下。

（1）道教色彩淡薄

此作虽标为纯阳子注,又意图刷新道流,且与《太上感应篇》合刻,然与清代道教注老的作品相比,其道教色彩非常淡薄。

其称太上,又称老子。太上为道教徒称呼太上老君之专名,而称为老子则为历史上一个人物而已。刘氏在《重镌〈道德经解〉序》中说:"老子者,隐君子也。"又说:"老子之隐柱下也,其非有心待吾夫子而传经与？"这都是接受《史记》《檀弓》《庄子》中孔老相见的看法,而老子视为一历史人物。故而其述及修炼法门,也极简略,而没有历代道教徒神化老子的地方。

在清代内丹派老学作品中,如黄裳、李西月、汪光绪都极力敷衍内丹之说,如刘一明等人固然不以内丹为主,也讲述若干丹法。

在刘氏的注解中,道教内丹的术语几乎都没有,他也不讲内丹功法,不过略略涉及到元神、神气、圣胎、虚无一炁、炼虚合道等而已。

如二十八章注"解常德不离,复归于婴儿":"溪,山水自上下注之所。常应常静,为不离婴儿,先天一炁所生,谓圣胎也。金之色白,黑者神气入于幽静之意。炼神还虚,则归于无极。"这些说法都非常简略,只是以道教说来解文句,而无内丹学的比附和发挥。

又如二十一章:"盖离中真阴,是为恍惚中之物;坎中真阳,是为窈冥中之精。二者性命之宅,道义之根,孔德之容者此也。二五之精,别于凡精,故曰甚真。信阴阳遰运,不失其候。太上自言以此知万物之始,则道岂能外是而他求哉?"此与上节相近,仍旧围绕老子而谈,这样的解法比之内丹派是妥帖的。

刘氏这样的解说不多,也都很简疏,都不过略略涉及而已,此完全不同于黄裳、李西月的注老。如果我们不了解刘氏的背景,一般会以此作为儒者所著之书,而不是刘氏所托的纯阳子注《道德经》。

就如第十章,道教解老者无不大加发挥,而刘氏解说仍旧以义理为主:

> 盖人受中以生官骸之用,依于魂魄,得之则生,失之则死,惟内不能葆其神气,外不能祛乎物诱,斯无以复性而成德。抱一者,其神存。致柔者,其气固。而又涤除障碍,性体极于空明,而绝乎私虑,则生养无穷,而体乎自然之极致。德之幽微,至是乃无加也。(十章注)

如此解老显然不是疏忽,而是他对待老子《道德经》的看法与道教诸人不同。刘氏的道光二十四年《重镌〈道德经解〉》序与嘉庆十年之序颇有异同,前序谓老子为太上道祖,分真住世留踪,隐显莫测云云,则老子为道教之祖,而后序则以老子为隐君子,则老子实为一历史人物,已从道教立场返回儒家立场。此当为刘沅晚年再刊时的新观点,和一般儒者的观点已经非常接近了。

(2)以理学框架为解老依据

刘氏儒学出身,仕进不成而入道,故其学问的根底是理学。解老多引《诗》、《书》、《易》,尤以《中庸》为重。如三十八章:"《书》曰:乱臣十人,道该全体大用,德则有浅深分量之不同。"六十三章:"《书》曰:思其艰以图其易。"七十二章:"《书》曰:天命明威,无挟其所居。"《重刊〈道德经解〉叙》:"《中庸》渊渊浩浩,无臭无声,词异旨同,均言性体。"十六章:"《中庸》首章言慎独,而极于中和位育,即此意也。"四十七章:"《中庸》言至诚之妙,曰不见而章,无为而成,即此意也。"五十六章:"《中庸》历言素位而行,无如而不自得,与此同义。"五十九章:"啬,德反于渊微,《中庸》所谓不显也。"这些都是拿儒家经书来比拟《道德经》,其论调均从理学而来。

刘氏解老以理一万殊为框架,论及圣人时也是理学家的口气:

> 世儒谈理或专倚于寂,言事则偏执于形,乌睹一本万殊,异用同原?(重刊叙)
>
> 一者何?理焉耳。理散于万物,而皆本于心,心纯乎理,则天之与我者全。(《重镌〈道德经解〉序》)
>
> 万物,道之散殊。故皆涉于有,作观其复,见天心也。(十六章注)
>
> 万殊一本,物各有当止之处,惟知止于至善,则以一贯万,所以不殆。(三十二章注)
>
> 道自虚无生一炁,又从一炁产阴阳,三元剖而万物

生,一本所以万殊也。(四十二章注)

　　由万殊以归于一本,此损之对损之道也。无为,谓浑然天理,而不假借,为千变万化皆从此出。(四十八章注)

　　圣人天理浑然,故泛应曲当也。(六十四章注,又见八十一章注)

　　圣人之心,一理浑然。(八十一章注)

又颇引太极、无极、守中、已发未发一类。这是用理学的框架来解释老子。理一分殊为理学之基本框架,朱子即多就此而申说,而有月映万川之说。就老子而言,道与物的关系很难以此来解说。概老子所言之道物关系,以活动性为特质,其所言之"生"为生长、活动之意,而理学家之说则近乎共相说,无法解释道物之间的连续性。故而以理学家说来解说老子,并不能发掘其本来意旨。

在刘氏的时代,这是一种很常见的解法。比较而言,刘氏的解法较为精当,没有那么多的书呆气,萧天石颇为推崇,也是有道理的。只不过,在清代老学史中这种解法实在缺乏新意。

(3)以和儒道为宗旨

刘氏以合儒道为注老宗旨,其在篇首吕序、重刊叙、重镌序中都谈到此点,前面已见。其中谓:"清净自然乃纯一不已之极致。"又谓:"夫道,一而已矣。"纯一不已出于《诗经·维天之命》,道一而已是《孟子》的说法,这些是理学家多用的述道之语。在前序中,又极力辨别孔老非二,老子非异端之祖。这种道一元论是刘氏解老的宗旨。

刘氏在注老时,对儒道冲突的地方总是以儒学立场解释。第二章注"天下皆知美之为美,斯恶已,皆知善之不善,斯不善已":"知美与善之所以为美善,则自不为恶与不善也。"此解偏向于道德教化意味。第三十一章注"夫乐杀人者,不可得志于天下矣":"贱武勇,而崇仁义,其丁宁之意至深至切矣。"此以崇仁义解老。第三十八章注"上德不德":"仁义礼皆治世之具,而其用各殊。"又:"仁义礼,今古不易,而其播为政教,则有详略损益之分。"又谓:"欲人本道德仁义以化民也。"此解与原意不一,而肯定仁义礼。第十八章注"大道废有仁义":"仁义者,道之实。世衰道微,非仁义无以正之。"注"国家昏乱有忠臣":"国家昏乱,恃有忠臣扶之。"此完全为曲解。第七十一章注"知不知,止。":"能知人之所不知者,义精仁熟,故为止。"以此仁义解,不知所云。第五章注"天地不仁":"仁者,生生之意,天地所以含育万物,而圣人体之以治世者也。"又谓:"使圣人而不仁,则万物百姓皆以刍狗视之,何以包含遍覆于无己乎?"此完全曲解原意。故由以上可知,刘氏之合儒道,不过是以老子就儒家,多曲解之处。

总的看,刘氏此注并不特出,不过混合道教与理学观念,略加解说而已。不过值得注意的是,刘氏注老,颇有志意,以为肃清千年之疑。其在清代老学史上的意义在于,是对于道教老学倾向于内丹解释的一个拨正。清代多有题作纯阳吕仙的解老之作,刘氏此作颇有正名之意,而以为道本为一,这本不是什么高明之见,清人解老多持此说,不过就道教老学而言,确也为一种新讲法。

三、题纯阳吕仙《道德经注释》

此作作者不详,写作时间不详。据篇末刘光才跋,为光绪二十一年(1895年乙未),其驻防乐亭县时,王恕存孝廉由京会试相授。按:刘光才,号华轩,湖南新宁县人。光绪间历任苏州城参将,大同镇总兵,上海淞江提督等,一生中乐于捐资公益事业。王恕存孝廉,当为刘之同乡,亦新宁人。跋语又称:惜其板年久湮没,重付剖剜云云，末题扶彝刘光才跋于金陵下关营次，则此时刘任职江宁城守协副参将，于得此作次年重刊于南京。此跋或当为文人代笔。其谓天人一气，万物一体，宇宙内事乃吾性分中事云云，恐非刘氏所能言者。刘为武人，平太平军而起家，并不信道教，然多乐善好施，故作者极可能为王恕存，而为之刻印，隐其名，而托为降笔之作。另一种可能就是，此确为不知名文人所作，而为道教人士多采，伪为吕祖之作而刻之，流布于民间，为王恕存获之而已。如此，则此作之作者与写作时间无法判断。不过细察原文，此作为杂纂之作，非道教人士之解老，当无疑义。

1. 概况

篇首为题太极天宫文华殿内左相臣颜子渊谨撰的《道德经序》，谓：玄元未判，太极初张，浑然有炁，大化流行，发生万象，独老氏而宣扬。又谓：今有吕祖参玄门之妙旨，解道祖之灵章，安邦定国，养性修真。又谓：窃思抹犬涂鸦，宜藏大绌，转念飞龙舞凤，足见余光，因降香坛，信笔而书云云。按：此叙表明此作为吕祖扶鸾降笔之作，则为道教徒之伪托可知。

下又有老子源流，抄录《史记》列传文，又附录《神仙传》老子事迹。惟《神仙传》传世本无老子，丁福保编《道藏精华录》有九十二人附二人本《神仙传》，收录老子事迹，此部分文字见《太平广记》神仙女仙卷一所引，惟此作所引文字多有删削。下又有附录《拾遗记》，叙老君与五方之精同游云云。此三种材料，编合一起，颇为随意。

下有发炉赞、净心赞、净口赞、净身赞、土地赞五赞语，皆四言四句。又有上启宥罪天尊、万法天尊、道德天尊、降生天尊九叩及一切高真三叩之辞，下有大清国某省某道某州某县某乡某甲某地名仕居信士／民某名，为某事持捅《太上道德经》若干卷，恭封圣前云云,下又有开经赞七言四句。据此,可知此作为道观中为一般信众供奉老君之用。

下为《老子道德经》原文,次则为道德经注释,题作太上李老君著辑,纯阳吕仙衍义。此题亦颇古怪。

此作之编排颇疏易,全篇不分章次,不分上下篇,其题作太上李老君著辑,尤为奇怪。全篇分两部分,自道生一,一生二以上为一部分,一下为另一部分,何以如此分篇,并无说明。大概不过是以篇幅相当一分为二而已。

2. 解老基本情况

据以上诸材料及刘光义跋,可知此作为托名吕祖降笔之作,为一般道教信众供奉之作。然细察《道德经注释》文字,则似非一般所见的道教徒托名之作。论证如下:

(1)此作并无一般道教注老著作的特征,不言修炼法门,不言内丹,不言神仙。如谷神不死章,天长地久章,载营魄抱一章,皆以常理释之,毫无道教人士极力发挥修炼之习见。全篇各章不过首解词,次通释文句,颇引儒书,如《诗》、《书》、《四书章句集注》,多以世理解之,颇近儒学章句之体,一副理学腔调,而绝无道教人士气息。

(2)篇内于老子多称老子,如吾不知谁之子,注曰:"吾,老子自谓。"又如故圣人云,注曰:"此老子引上古圣人之语。"而不称太上,称太上者惟一见于跋,若为道流所著,此实为绝异者。称道君者两三见,疑为后改者。文中所指老子,绝非道教所称之神仙,不过《史记》中所言老聃而已。

(3)以理学的常识为据解老,而无关道教之精气神、内外丹。注道可道非常道,曰:"道者,无极之理也。"注无名天地始,曰:"无名,即无极之时,有无极,始生太极。"注道乃久,曰:"道,太极也,天下乃太极所生。"如此解老,根本未觉孔老之异,而只是斤斤于理学之章句而已。而注释多扦格难通,如注大道废,曰:"大道,即五帝三王相传之道。"又颇引《诗经》、《尚书》、《周易》,四书而解文句。其引《尚书》两处均为古文尚书,而不辨古今文。其引《周易》注"一生二"至于连篇引《说卦传》。又注其中有象,曰:"如像如河图洛书之类。"此类注解,皆毫无章法,可见其为一信儒之注老之作,不过以帖括之常识句解老子而已。

此书注道可道非常道,谓:"道者,乃一炁浑然之理。"注大道废,曰:"大道,即五帝三王相传之道。"注圣人之道为而不争,曰:"圣人之道,即虚无自然之理。"数解颇难一致,亦不过随文敷衍文字而已,或者经过数人之手之故。此书解老子批评名教处,亦平平而过,如注大道废有仁义,曰:"盖世有大乱,则人才生,如列国纷争,无父无君者众,无然后生仁且义之孔子是也。"完全不知所谓。又论三教一致,注众妙之门,曰:"世有三教,儒者诚意正心,穷理尽性,道家运神炼气,养性修真,释氏参禅学法,明心见性,教虽殊,而其道则一也。"此亦庸常之见。

故而我们推测,此作为一下层儒士解老之作,而为道教人士采之,补上前面几篇序录,及赞语等,又自为编排,于各章注解文字前补吕注二字,文之为扶鸾之作,以惑人牟利而已。

四、胡薇元《道德经达诂》

胡薇元,北京大兴人,一说山阴人,约卒于1920年。光绪三年三甲进士,官广西、四川、重庆、陕西诸地府县。辛亥后为清廷守节不屈,放归后入蜀。除《道德经达诂》外,有诗集多部,有《公法导源》,为早期国际法研究一例。此书亦弃世自修者之言。其自视颇高,而实难副,亦远非道教注老之精者,非研究者不读可也,大概只为没落的士人之心灵寄托而已。

1. 概况

首为冯誉骏序,其谓:尝观《老子》一书,言天之道,言地之道,言人之道,而皆出于大中至正之途,无所谓重道德轻仁义也。又谓:历代注老者,流弊丛滋,如刑名、清谈、丹书,以为老学之大陂。又以自然释易传,显诸仁、藏诸用云云。末题乙丑仲秋。按:此序所论,不过是当时读书人作序之常见常语。

题作七十二峰隐者序(即自序),多道教术语想象,云:元始天尊以来鸿蒙之化,妙道多成,非言语所能。老子商武丁时生,为周藏史,往来紫府,金浆玉醴云云。又自述往昔慕老,深究三洞,自以为集道教禅守之精,与白石先生共服至道,乃撰为一部,其文艰,其意骄,总为一卷,题山阴胡薇元谨撰。按:由此序大致可知此作之大旨。

后有题玉津子说:道在万世如日月,今日有体道者与天地相通,养先天元神,久之与先天合,化精为气、化气为神,而得长生久视之道。读吾达诂者由此入道。案:文中有"读吾《达诂》者"云云,则知此乃作者后序。文末有校刊姓氏四人,又有板存祥王桥南街张文学参刻字铺十四字。

该作不分上下篇,每章以篇首二字或三字为章题,如道可道第一、知美章第二。余皆类此。每解一章,首句多言其宗旨,次则发其大义,如五色章第十二:"此申上万物作焉而不离之意也。设使天地圣人而无生生之意运用于其中,则将视万物百姓为象形之具而已云云。"该作不引他注,不注解词句,而务求精微之旨。不过,除了数章之外,其他章节解说颇简洁,亦敷衍文句而已。此作虽说以道教徒自居,也颇引道教说,不过大多章节还是以常理解说,不似黄裳、李西月辈连篇累牍言修炼之事。颇疑此注本有原本,胡氏入道后又作修补,特别是序和后序,明显有道教之渲染。

2. 解老大旨

(1)以道教习说解老

胡氏以入道者身份解老,其理解老子也多以道教为背景,其在序中所述皆道教之想象,"原夫前稽龙汉,宅妙一于太虚上,溯幽明,资至道。以原始鸿迹肇明蒙之化,吹景镂成象附,阐生气之精,无极为谷,是故无为妙道,变化多成,危敕朱兵,灵飞六甲。"这里说的龙汉是道教所构想的元始天尊年号,也是五劫之始。所谓朱兵六甲云云,这也是道教神仙世界的路数。下面又说:"盖闻万物之母,象帝之先,复命归根,谷神不死,长年长心长德,曰夷曰希曰微,浑浑沦伦,上下潜窥乎八极,空空洞洞,出入嘘吸。夫三成而后,能御飞龙,乘云气,六万岁而一交,塞其兑,闭其门,十五举以首戴者焉。"这是对道的理解,其三成而后云云,是成仙之后的描述。其后对老子的说明也是道教式的,和李西月的老子传类似。

如知雄章第二十八,多引道教语,河车、子午、金藏于水、炼精化气、合四时序一类。其曰:"气从阳生,运转河车,行凭子午,知子半天心,一阳之所以生。雄得雌伏,金藏于水,自上下注,犹溪涧之靡穷,常守不离。微阳生而阴泽化,如婴儿归真也。白,精也。黑,水也。炼精化气,行四正之工,合四时之序,为天下式。"这是典型的道家解老说。又如出生入死章五十,道教人士最喜欢在这一章做文章。其曰:"人以河图之先天而生,以洛书之后天而死。阴阳水火之数,阳七阴六而十有三焉。"所谓阳七阴六云云,这真不知是从何说起。又如解谷神章第六:"谷神,元神也。玄牝,丹田尾闾之中。"并引《黄庭内景经》"天三地七回相守",谓"常内养,勿轻于用",此总结圣人法天地以成万物之道。又如解载营章第十,"人负魂魄以生,营魄也,失之则死,必专一精气,不可须臾离。"又说:

"治国以北极为天门,治身以鼻祖为天门。终始五际,呼吸元关。"此皆道教养生之习说。胡氏为进士官员,之后避世入道,故其于道教的精微未必熟悉,此处大多为道教之习说。

(2)对大道的信仰

胡氏此作体现了晚清民初人士对道的信仰。其论及道亦以常言,"万物始于无极而生于太极也。静存则返观内视其虚灵之方寸,动察则凝摄收敛其浑元之气海。"(解道可道章第一)又多推究天地之源,"此推起化之原也。天人之际,推极清虚,存守笃静,万物皆芸芸而生,终各返其本。"(解至虚章第十六)这也是论道之常说。唯有肯定了道,胡氏解老才有根基。

文末题作玉津子曰的后序也是作者自题,更多表达了乱世间以道为信仰的看法。"大道之在万世,如日月经天之昭垂永久。世运至今日,治极而乱,但有见道明、体道力、执德宏而信道笃者,息息与天地相通,养天地元神以为之主宰,喜怒哀乐之未发也,发而皆中节,后天识神之静极而动也。"盖以为大道恒久,虽居乱世,亦不妨碍其功。其下继续说修养之次第:"于此时绝去憧扰纷纭杂念,凝神一志,终日不离,久之又久,与先天合,元气来归,氤氲活泼,元气充满,化精为气,化气为神,运呼吸,由黄庭直达悬雍,目光内昭,心灵内存,绝阴复阳,清静真修,合天地自然之道。不必炼精炼气丹鼎药炉而得长生久视之道。"这一段是说得道,并不特别强调道教的修炼理论,只是简单说"久之与先天合"。又说:"读吾《达诂》者,自诚而明,由此入道位也,育也,修道之谓教也。尽性参赞,胥在此矣。"这一段颇有儒书气味。

总之,对大道的信仰是张氏解老的关键,肯定道就是解决一切困惑,个人的生命问题在更宏大的背景下得到解决。

(3)守旧派气质

胡氏在解小国章第八十:"今世伪妄之流,托小康大同之说,以悖反先圣礼教,亦岂知太上之言,谓乃古大同之说,与汉儒礼运说相反,与后世开化说尤异。"案:此当为讥康有为。所谓太上之言乃古大同之说何意?他没有详细说明。至于老子学说与大同说的关系,易佩绅涉及到了,徐绍桢谈的非常细致,李哲明也以大同说解老,而田文烈在李哲明《老子衍》的序中也赞同大同说与老子暗合。而胡氏认为老子说和《礼记·礼运篇》相反,不知道是什么原由。他不认同,大概只是出于对康有为诸人的反感。不过,此章注解又云:"小国喻年老精衰者,养先天真一之气,久则道资成。"案:此节自相矛盾,盖因时而发。

3. **简单的评价**

总的看,单就注解本身而言,此注颇似一般的道教徒解老之作。多着意于探道原玄奥之机,而归于守气自修,最后以得道为宗旨。殊无大趣,不过是敷衍陈言而已。其所谓"以悖反先圣礼教"云云,不过是守旧人士的习语而已。

胡氏为进士出身,是那个时代的精英。他的思想并不是特别守旧,还有《公法导源》这样的作品,以《春秋》为资源介绍和研究国际法,是早期国际法研究的重要著作。但是新时代对于他们这样的人而言还是难以融入。胡氏解老时已是民初,他避世于成都,撰写此作时,胡适的《中国哲学史大纲》已出版。我们可以清楚看出胡氏的思考方式、语言已与时代格格不入,那个虚幻的神仙世界大概就是他的精神支柱,是他的信仰。在某种意义上,他并不像一个道教徒,而是那个传统时代读书人的一个缩影。就像皇权、科甲一样,"道"这样的词语代表的古典神圣秩序慢慢瓦解。胡氏代表着最后一代信奉古人所说的道的那代人,传统的老学在他们这样的人这里终于结束了。

五、龚礼《道德经经纬》

龚礼，生平不详。自题作金匮山人。据自序，其咸丰八年避难蓝逆，隐居二峨眉。案：蓝逆为咸丰间四川匪首蓝大顺，又四川乐山市峨眉山有大峨眉二峨眉等峰。又据卷八十一，龚氏有"忆二十年前于果州寓室"云云，果州为南充古称，则龚礼当为四川人，或为四川南充人。该书成于四年乙丑（1865），据前"二十年前"一语，则当为道光后期至同治间人，可能光绪前期仍在世。《老子集成》之《道德经经纬》整理者徐华以为龚氏为道士，该书有道教的影响无疑问，但是其是否入道可存疑。书中无一般道士对老子的尊称。又据自序，山中道士称其"业申韩之学"，又引《洗冤录》之说，又谓后世刑名家误解云云，其书多论五行阴阳，又自号金匮山人，则其人可能为下级司法官吏或者法医之类。此作很难归类，大致偏于玄虚一流，故而我们把它置于道教老学著作最后。

1.《道德经经纬》概况

该书有自序，谓：于二峨眉山遇二道士，出示《道德经传》并图，而语之人身天地一贯之理，故曰经纬。于是积六年而成书八十一卷云云。又有"姓名说"一篇，解释书中出现人名的含义。又有题作柳融及李杨仁的两篇序，大抵论说以字解经。次则为目录，老子八十一章分为八十一卷，各卷分别说明一理，依此为玄神、玄气、玄精、极神、极气、极精、化神、化气、化精，每一条目下又分为三种，如玄神下分为玄神之神，玄神之气，玄神之精。而此下又各分为三种，如玄神之神条下，又分为玄神之神之神，玄神之神之气，玄神之神之精。余皆类推。八十一条目，每一条在神气精的推衍下又标出五行生化，如第一卷的完整标题就是：明玄神之神之神，其经曰有形真金化无形真火,卷三十八题作明极气质神之气,其经与水土之气。余皆类推。此书又同治乙丑年(1865)刊本,藏上海图书馆。

正文题作李正著,柳融传,龚震阳解。关于此三人,其《姓名说》中皆有解释,解李正,以为:"太极何以姓李名正,气之德也,凡人秉木乘金而形,气秉木之土而形金于亥子之交,故姓李。正,上下止也,阳气下极则止而从阳,阳气上极则止而从阴。"则李正是太极的一种表达,而有五行阴阳之变。其解柳融亦类此,而以柳融为太清。次又解释何以没有为太玄设定一个姓名,以为太玄秉火守木行金,为性命之祖,故无形。其解龚震阳,解震木为生人之始气,阳为男子之德。龚是继父之姓,改龚礼为龚震阳,当是自列于太极、太清、太玄之后之意。关于此三太,卷一又有八十一圣因以玄神极气化精之气经万物而无始终,此当言太玄。又谓太极著《道德经》以授太清,震阳从太清受业而作解,然后三圣人立人道而经天地之体用备云云。全书篇首有一小段文字,述太极因太玄而著经,太清为之传,震阳分章置节云云,则李正、柳融为太极、太清化名。书中又有张德曰、阐幽曰、张燮曰、柳师曰等名目,当为龚礼所设之人名,此意《姓名说》已言之。然则作序者又有称李扬仁者,与李正有无关系,又令人费解。

此书又附有二百余幅图,颇为别致。该书近五十万字,规模浩大,写作时间长达六年。龚氏最后说,"自咸丰戊午年(1858)五月十三日始,至同治甲子(1864)正月十九日勘定,三注《道德经》成。全经九章八十一节,所注十万余言。"

2. 混合道教与文字解老之异途

龚礼对《道德经》的理解,"《道德经》著于太极,所以阐发真常之道,而经纬天地万物也。"(卷一)又曰:"《道德经》八十一节,八十一真之本气,所以尽道盗之用,而为天地万物之经。道即导而生,盗即德,盗而得。"又曰,"各章九节生复复生,亦界于气之气矣。四十一节以前复复从生从有,四十一节以后生生从复从无,如常山蛇击首则尾应,击尾则首应。"(卷一)此则把《道德经》理解为一庞大复杂的系统,而以五行生化之气与精气神之变为主干。自序又辨别老子和儒家无歧义,而庄、列为老子罪人。

龚氏这样理解《道德经》完全出人意外,其处理的方法是一种特殊的解释文本方法,主要用"因字求义,因义明传"的方法解读文本。他说:"古始文字之作,实假五行推荡而形,故能备天地万物之义。《道德经》作于古始,明五行有无生化之理,从字立义,因义作经,为子书第一部。"这一段议论基本是呓语,不过是他解释老子的基本原则。又曰:"所谓经之精理,因字形而解以五行,便得精理,不烦外求。"(自序)

如他解圣人,"圣人者,无所不通之谓也。左作耳,水德也。右作口,火德也。中作丿,金木之始氖也。下作土,土实为水火生化之气也。"耳何以是水德,口何以是火德,他并未解释。再如卷一解释"道可道","道音陶,上声,徒皓切,宫之羽也,从丶,音主,金形火匸止而从下左旋也。从丿,音瞥,木降水而从下右旋也。从一,音漪,入声,无木之横经也。从丨,木始生之金,即金之所以从水归木也。从目,音木,木腹木为环中环,日与玄环所自生,即所以自复也。从辵,音龟,金从木而形五金上不上下不下,从中而左右旋之象也。道从金木左右下旋,以复木之金而入环之环,此木复木之极也。从此木生木,而金得木气以形五金上不上下不下,而从中左右旋。终之终即始之始,续续不绝为道也。"余皆类此。龚氏不解文义,直以文字字形解五行变化,大概受到当时文字学风行的影响,而悟到此种方法。

惟此种解读全是臆想,全无文字学及训诂上的依据。全书皆是此种解读,从文字字形的任意解读,过渡到阴阳五行精气神的推衍,而成一大部著作。所以龚氏在序中第一句就是:"《道德经经纬》八十一卷,皆寓言也。"又说:"天地万物皆寓也,吾注此经,亦吾身所寓之理而已。"这即表明,所谓文字解读不过是一种自圆其说的办法。其对"经纬"的解说:"《洗冤录》中载命门中红丝一缕,直贯顶门,从人身而推之天地万物,一以贯之矣,此《道德经》之经纬也。天地万物者,道德也。经纬道德者,人也。"则所谓《道德经经纬》,是讲天人一贯之理之意。其在卷一中又从八十一章内部相互配合之意来解经纬。总的看,《道德经经纬》为一下层读书人凭空想象、自凿自创之作,其文含糊怪诞,其根本还在说一套和老子无关的玄想而已。故下文不再引用说明。其又论及三教合一,序曰:"作者之旨,从儒佛实虚中开辟一切",又曰:"儒释道皆本《易经》,而不能复入人道,震阳为解,皆所以立人道之纪也。"(卷二)又曰:"此经既成,五行毕宣,大道同理,三教归一。"(卷八十一)则其自视在三教之外又统合三教者。此见其不自量力。

3. 对《道德经经纬》的评断

龚氏解读老子,完全不顾学术统序,于道教亦无理解,其自附于神异符号系统之后,不免有自我神化的幻觉。其序中自比于邵雍《皇极经世》、丘处机《长春道人西游记》,亦见其不自量力。其以文字解老,完全是闭门造车,凭空臆想,文字既不通,老子也无可解。其以五行解老,统之以精气神,不过是妄人穿凿罢了。不过,在龚氏的庞大叙述中确实有一见解,可称作五行相生化的气化整体观,以阴阳五行气化为主。此种理解不见于清人一般论说中,而与汉人传统接近,可能受到邵雍的庞大术数体系影响,推衍为一巨型系统。又接受天人一致说,而讲究反身而求,即从身体运行以讲阴阳五行,道教讲究的精气神则为其基本脉络,再加上道教的玄怪气息,此亦为一殊异之事。此种著作可以称作托老言理一类。由此可见,老子在传统中的确是一个异端倾向喜欢依托的框架,这是其历史地位以及文本特色决定的。

附录：清代老学著述表

	姓名	生卒年	籍贯	身份	著作名称	成书时间	其他著作
1	陶崇道	约1590—约1660	浙江会稽	万历三十八年(1610)进士，入清不仕	《道德经印》	顺治四年(1647)	《拜怀堂庄子印》
2	傅山	1607—1684	山西阳曲县	明诸生，医学家，明亡入道	《老子解》	约康熙四年(1665)	《庄子批点》
3	张尔岐	1612—1677	山东济阳人	明诸生，入清不仕	《老子说略》	康熙八年(1669)	《周易说略》《诗说略》
4	王夫之	1619—1692	湖南衡阳	崇祯十五年(1642)举人，明遗民	《老子衍》	顺治十二年(1655)	《庄子通》
5	马自乾	明末清初	金陵人(今南京)	道教学者	《太上道德经集解》	刊于康熙元年(1662)	《参同契注》《悟真篇注》
6	王泰徵	明末清初	湖北江陵人	崇祯十年(1637)进士，入清不仕	《檀山道德经颂》	康熙元年(1667)	
7	马骕	1621—1673	山东邹平县人	顺治十六年(1659)进士	《老子道教》(《绎史》卷八十三)	康熙七年(1668)	
8	董汉策	1623—1692	浙江吴兴人	明贡生，入清纳降，应招旋归	《老子道德经注》	刊于永历八年(1653)	
9	德玉	1628—1701	四川营山人	明亡为僧	《道德经顺硃》	康熙二十二年(1683)	《梵纲经顺硃》
10	钱曾	1629—1701	江苏虞山人(今常熟)	明贡生，藏书家，入清不仕	《校补谷神子注道德真经指归》	刊于雍正四年(1726)	

续 表

	姓名	生卒年	籍贯	身份	著作名称	成书时间	其他著作
11	题顺治皇帝	1638—1661	盛京人(今辽宁沈阳)	清世祖	《清世祖御注道德经》	顺治十三年(1656)	
12	题纯阳吕仙(牟允中订)			道教学者	《道德经释义》	康熙二十九年(1783)	
13	张文炳	顺康时人	山西绛县人	顺治三年(1646)进士,官知府	《重订吴澄道德经注释》	刊于嘉庆八年	
14	宋常星	顺康时人	山西人	顺治六年(1649)探花,官至都察院都御史、兼经筵讲官、侍读学士	《道德经讲义》	康熙四十二年(1703)	
15	顾如华 孙承泽	1605—1667 1592—1676	湖北汉川人 京师人	顺治六年(1649)进士,入清官之浙江按察使。崇祯四年(1631)进士,入清,官至吏部侍郎	《道德经参补注释》	康熙四年(1665)	《读庄》
16	邵嗣尧	康熙间人	山西猗氏人(今临猗)	康熙九年进士,官至江南学政	《道德经略解》	康熙间	
17	陈梦雷 蒋廷锡	1650—1741 1669—1732	福建长乐人 江苏常熟人	康熙九年进士 康熙四十二年进士	《老子彙考》《老子总论》《老子杂录》《老子部纪事》(《古今图书集成》)	康雍之际	

附录：清代老学著述表

续 表

	姓名	生卒年	籍贯	身份	著作名称	成书时间	其他著作
18	花尚	康熙时人	长白沙陵人(今址不详)	康熙十二年(1673)进士	《道德眼》	康熙四十三年(1704)	《阴符眼》
19	潘静观	康熙时人(？—1692)	江苏晋陵人(常州人)	全真道龙门派道士	《道德经妙门约》	刊于嘉庆四年	
20	吴世尚	康熙时人	安徽贵池人	诸生	《老子宗指》	刊于雍正二年(1724)	
21	题知几子	约康熙时人	未详	未详	《道德经短评》	未详	
22	题纯阳道人(邓怀琛撰)	约康熙时人		道教学者	《道德真经注解》四卷	刊于康熙间	
23	徐永佑	康雍时人	湖北汉阳人	康熙五十一年(1712)进士	《道德经集注》	雍正十二年(1734)	
24	徐大椿	1693—1771	江苏吴江人	不仕,医学家	《道德经注》	乾隆二十五年(1756)	《阴符经注》
25	吴震生	1695—1769	安徽休宁县人	不第,入赀刑部主事,戏曲家	《老子附证》	约乾隆间	
26	吴鼎	(1705—？)	江苏无锡人	乾隆元年(1736)进士,官工部主事	《老子解》《非老》《老子别录》	乾隆中晚期	

续　表

	姓名	生卒年	籍贯	身份	著作名称	成书时间	其他著作
27	黄元御	1705—1758	山东昌邑人	医学家	《道德悬解》	乾隆二十五年(1756)	《周易悬象》
28	卢文弨	1717—1796	浙江仁和人(今杭州)	乾隆十七年(1752)进士,文献学家	《老子音义考证》《佳兵者不祥解》	刊于乾隆六十年(1795)	
29	王太岳	1721—1785	直隶定兴人	乾隆七年(1742)进士,官至云南布政使,四库总纂官	《老子翼考证》《御注道德经考证》(《四库全书考证》)	刊于乾隆三十九年(1774)	
30	纪昀	1724—1805	直隶献县人(今河北沧州沧县)	乾隆十九年(1754)进士,官至礼部尚书,大学士	《老子道德经校订》《四库全书道家类总目》	乾隆四十年(1775)	
31	王昶	1725—1806	江苏青浦人(今属上海)	乾隆十九年(1754)进士,官至都察院右副都御使,金石学家	《玄宗御注道德经》(《金石萃编》卷八十三)	刊于嘉庆十年(1805)	
32	黄文莲	乾嘉时人	江苏高行人(今上海浦东)	乾隆十五年(1750)举人,知县	《老子道德经订注》	乾隆四十五年(1780)	

附录：清代老学著述表

续 表

	姓名	生卒年	籍贯	身份	著作名称	成书时间	其他著作
33	钱大昕	1728—1804	江苏嘉定人（今上海嘉定区）	乾隆十九年（1754）进士，著名学者，史学家	《易州龙兴观碑本老子道德经跋》《老子新解序》		
34	郑环	1729—1806	江苏武进人	乾隆五十年（1785）举人	《老子本义》	乾隆四十九年（1784）	
35	毕沅	1730—1798	江苏镇洋人（今江苏太仓）	乾隆二十五年（1760）状元，官至湖广总督	《老子道德经考异》	乾隆四十六年（1781）	《墨子注》《晏子春秋注》《吕氏春秋注》
36	姚鼐	1731—1815	安徽桐城人	乾隆二十八年（1763）进士，官至刑部郎中，古文家	《老子章义》	乾隆四十八年	《庄子章义》
37	刘一明	1734—1821	山西曲沃人	全真道龙门派11代宗师	《道德经会义》《道德经要义》	嘉庆六年（1801）	《道书十二种》
38	童翼驹	1738—约1803	浙江山阴（今绍兴）人	诸生，后游幕	《道德经十八则》《道德经三十六则》	稿本	
39	胡与高	雍乾间人	安徽黔县人	雍正元年（1723）举人	《道德经编注》	雍正十二年（1734）	
40	郭乾泗	雍乾间人	江苏山阳人（今淮安）	道士	《老子元翼》	乾隆五年（1740）	

续　表

	姓名	生卒年	籍贯	身份	著作名称	成书时间	其他著作
41	李大儒	雍乾间人	福建潍川人(今福建建宁)	不仕	《道德经偶解》	刊于乾隆间	《楚骚解》《心经解》
42	任兆麟	乾嘉间人	江苏兴化人	嘉庆元年(1796)举孝廉方正	《老子述记》(《艺林述记》)	刊于乾隆五十三年	
43	董德宁	乾隆间人	浙江会稽(今绍兴)人	隐士	《老子道德经本义》	乾隆五十六年(1791)	
44	邓旸	乾嘉时人	广东新会人	乾隆四十三年(1778)进士,官至镇江知府	《道德经辑注》《读老杂录一卷》	嘉庆八年(1803)	
45	王定柱	乾嘉时人	直隶真定人(今河北正定县)	乾隆五十五年(1790)进士,官至浙江按察使	《老子臆注》	嘉庆十三年(1808)	
46	汪光绪	乾嘉时人	北京宛平人	乾隆五十七年(1792)举人	《道德经纂述》	嘉庆二年	
47	唐琯	乾嘉时人	青溪人	未详	《老子注》	刊于乾隆间	
48	倪元坦	乾嘉时人	江苏松江华亭人(今上海)	不仕	《老子参注》	嘉庆二十一年(1816)	

续 表

	姓名	生卒年	籍贯	身份	著作名称	成书时间	其他著作
49	王绍祖	乾嘉时人	江苏南通人	不仕	《老子袭常编》	嘉庆二十五年(1820)	《太极图集解》《易学会观》
50	题纯阳子(刘沅)	乾嘉时人	四川双流人	道教学者	《道德经解》《老子考辨》	嘉庆十年(1805)	
51	梁玉绳	1744—1819	浙江钱塘人(今杭州)	贡生,史学家	《老子志疑》(《史记志疑》)	乾隆四十八年(1783)	
52	王念孙	1744—1832	江苏高邮人	乾隆四十年(1775)进士,官至直隶永定河道,著名学者	《老子杂志》(《读书杂志余编》)	嘉道之际	
53	李赓芸	1754—1817	江苏嘉定人(今上海)	乾隆五十五年(1790)进士,官至福建布政使	《老子古韵》(《炳烛编》)	刊于同治十一年	
54	纪大奎 纪大娄	1756—1825	江西临川龙溪人	乾隆四十四年(1779)举人,官知府	《老子约说》	乾隆五十三年(1788)	《易问》
55	姚文田	1758—1827	浙江归安人(今湖州)	嘉庆四年(1799)状元	《老子音谐》(《古音谐》)	刊于道光二十五年	
56	牟庭	1759—1832	山东栖霞人	嘉庆十二年(1807)举人	《道德经释文》《绎老》(《雪泥屋遗书》)	稿本	

续 表

	姓名	生卒年	籍贯	身份	著作名称	成书时间	其他著作
57	严可均	1762—1843	浙江乌程人	嘉庆五年(1800)举人,文献学家	《龙兴观道德经》(《铁桥漫稿》)	道光十八年(1838)	
58	洪颐煊	1765—1837	浙江临海人	嘉庆六年(1801)拔贡生,官知县	《读老子》(《读书丛录》)	道光元年(1821)	
59	江有诰	1773—1851	安徽歙县人	不仕,音韵学家	《老子韵读》(《先秦韵读》)	刊于光绪甲戌(1875)	
60	梁章钜	1775—1849	福建福州	嘉庆七年(1802年)进士,官至江苏巡抚	《老子随笔》(《退斋随笔》)	刊于道光十六年	
61	邓廷桢	1776—1846	江苏江宁人(今南京)	嘉庆六年(1801)进士,官至陕西巡抚	《老子韵文》(《双砚斋笔记》)	约道光后期	
62	张燦(清阳子)	嘉道时人	江苏太仓人	道士	《道德经述义》《道德经经问》	道光五年(1825)	
63	魏源	1794—1857	湖南邵阳人	道光二十四年(1844)进士,官至高邮知州	《老子本义》	刊于光绪己亥(1899)	《墨子注》《孙子注》
64	丁晏	1794—1875	江苏山阳(今淮安)人	道光元年举人,官至内阁中书	《老子河上公注校注》	约同治时	
65	陈宗起	1798—1832	江苏丹徒人	道光五年(1825)选贡,未赴	《老子笔记》(《养志居笔记》)	刊于光绪十一年	

续 表

	姓名	生卒年	籍贯	身份	著作名称	成书时间	其他著作
66	宋翔凤	1779—1860	江苏长洲人(今苏州)	嘉庆五年(1800)举人,官至知县,今文经学家	《老子章义》(《过庭录》卷十三)	道光二十九年(1849)	
67	李西月	1806—1856	四川乐山县人	著名道士,道教西派创始人	《道德经注释》	刊于道光间	《太上十三经注解》
68	陈澧	1810—1882	广东番禺人(今广州)	道光十二年(1832)举人,学海堂学长,著名学者	《老子注》《论老子》(《东塾读书记》)	约道光二十九年(1849)	《公孙龙子注》
69	徐灏	1810—1862	江苏六合人	道光二十五年(1845)进士,官知府	《老子杂释》(《读书杂释》)	刊于咸丰六年	
70	吴云	1811—1883	安徽歙县人	诸生,官至苏州知府,金石学家	《老子道德经幢残石校记》	咸丰五年(1855)	
71	王家璧	1814—1883	湖北武昌人	道光二十四年(1844)进士,入曾国藩幕	《老子融解》(一作《老子注》)	稿本(湖北图)	
72	黄裳	道同间人	江西丰城人	道士,内丹名家,道教思想家	《道德经讲义》	光绪十年(1884)	《道门语要》
73	朱敦毅	道同间人	浙江会稽人(今浙江上虞)	未仕	《道德经参互》	同治元年(1862)	《庄子南华经心印》
74	龚礼	道同间人	四川人	未详	《道德经经纬》	同治四年(1865)	

续 表

	姓名	生卒年	籍贯	身份	著作名称	成书时间	其他著作
75	熊镜心	道同间人	江西人	道光十七年(1837)举人	《黄老心传道德经章句》	刊于同治九年	
76	丁杰	道同间人	广东番禺人(今广州)	道光二十九年(1849)举人	《老子道德经直解》	同治十年(1871)	《黄帝阴符经直解》
77	曹耀湘	道同间人	湖南长沙人	咸丰元年(1851)进士,官至刑部郎中	《道德经注钞》《道德经笺》	《道德经注钞》为稿本(国图)《道德经笺》刊于光绪二十七年	
78	匡援	约道同间人	山东人	未详	《道德经辨微》	民国抄本	《阴符经辨微》
79	裕英	咸同间人	镶黄旗人	道光十一年(1831)举人	《道德经浅解》	约同治间	
80	俞樾	1821—1907	浙江德清人	道光三十年(1850)进士,官至河南学政	《老子平议》(《诸子平议》卷八)	同治三年(1864)	
81	高廷第	1823—1886	江苏山阳人(今江苏淮安)	监生,学者	《老子证义》	光绪六年(1880)	
82	易佩绅	1826—1906	湖南龙阳人(今汉寿县)	咸丰八年(1858)举人,官至江苏布政使	《老子解》	光绪十七年(1891)	

附录:清代老学著述表

续　表

	姓名	生卒年	籍贯	身份	著作名称	成书时间	其他著作
83	魏锡曾	1828—1881	浙江仁和人	咸丰贡生	《校老子》	同光之际	
84	谭献	1832—1901	浙江仁和人(今杭州)	同治六年(1867)举人,官知县	《读老子》(《复堂日记》)	光绪十一年—十三年	
85	陆心源	1834—1894	浙江归安人(今湖州)	咸丰九年(1859年)举人,官至福建盐运使,藏书家	《道德指归校补》(《群书校补》卷六十四至六十六)	刊于光绪八年(1882)	
86	杨文会	1837—1911	安徽石埭人(今石台)	居士,佛教学者	《道德经发隐》	光绪二十九年(1903)	
87	吴汝纶	1840—1904	安徽桐城人	同治四年(1865)进士,古文家	《点勘老子读本》	光绪十一年(1885)	
88	孙诒让	1848—1908	浙江瑞安人	同治六年(1867)举人,学者	《老子札迻》(《札迻》卷四)	刊于光绪二十年(1894)	
89	苏质民	同光时人	山东济宁人	同治八年(1869)贡生	《有是斋老子賸》(稿本)	稿本(上图,山东省博)	《有是斋庄子賸》
90	黄传祁	1847—?	湖南长沙人	光绪十五年(1889)进士	《道德经大义》		《论语大义》
91	叶昌炽	1849—1917	江苏长洲(今苏州)	光绪十五年(1889)进士,官翰林侍讲,学者,藏书家	《道德经校勘记》	稿本(上图)	

续　表

	姓名	生卒年	籍贯	身份	著作名称	成书时间	其他著作
92	胡薇元	1850—约1920	直隶大兴（今北京）人	光绪三年进士（1877），官知府，民国为遗老	《道德经达诂》	民国八年（1919）	
93	德园子	约1853—？	未详	佛教徒	《道德经证》	光绪九年（1883）	
94	陈三立	1853—1937	江西义宁人（今修水县）	光绪十五年（1889）进士，官吏部主事	《老子注》	光绪七年（1881）	
95	于鬯	1854—1910	江苏南汇人（今上海市）	不仕	《老子校书》（《香草续校书》）	光宣之际	
96	严复	1854—1921	福建侯官人（今福州）	英国格林威治海军学院毕业，北洋水师学堂总办，翻译家	《老子道德经评点》	光绪三十一年（1905）	《庄子评点》
97	马其昶	1855—1930	安徽桐城人	不第，古文家	《老子故》	刊于民国九年	《庄子故》
98	文廷式	1856—1904	江西萍乡人	光绪十六年（1890）进士，翰林编修，侍读学士	《老子枝语》（《纯常子枝语》）	光宣之际	
99	易顺鼎	1858—1920	湖南龙阳人（今汉寿）	光绪三年（1877）举人，官至广西右江道，民国时为国务院印铸局局长	《读老札记》	刊于光绪十年（1884）	

附录：清代老学著述表

续　表

	姓名	生卒年	籍贯	身份	著作名称	成书时间	其他著作
100	张其淦（豫道人）	1859—1946	广东东莞人	光绪十八年(1892)进士,官知县,民国入道	《老子约》	民国八年(1919)	
101	陶鸿庆	1860—1918	江苏盐城人	光绪间举人	《读老子札记》	刊于宣统三年(1911)	《读庄子札记》
102	徐绍桢	1861—1936	浙江钱塘(今杭州)	光绪二十年(1894)举人,民主革命家	《道德经述义》	光绪二十一年(1895)	
103	王仁俊	1866—1913	江苏吴县人	光绪十八年(1892)进士,官知府,文献学家	《老子轶文》《老子正谊》《老氏微言》《老子异同》	《老子轶文》为稿本(上图)	
104	曾和瑞	约同光时人	四川人	不详	《老子集辨》《老子道德经章句》	刊于光绪十年(1884)	《庄子集辨》(均在《辨学集五种》)
105	郭阶	同光时人	湖北蕲水人(今浠水)	以父袭云骑尉,江苏候补道	《老子识小》	光绪十五年(1889)	《庄子识小》
106	滕云山	同光时人	广东博罗人	不详	《道德经浅解》	光绪十八年(1892)	《黄庭经浅解》
107	李哲明	同光时人	湖北汉阳人(今武汉)	光绪十八年(1892)进士,官至翰林侍讲,辛亥后不问外事	《老子衍》	民国八年(1919)	
108	赵熙	同光时人	四川荣县人	光绪十八年(1892)进士,官至江西道监察御史	《道德经批注》	稿本(川图)	

续 表

	姓名	生卒年	籍贯	身份	著作名称	成书时间	其他著作
109	刘师培	1884—1919	江苏仪征人	光绪二十八年(1902)举人,北京大学教授	《老子韵表》《老子斠补》	清末民初	《孟子斠补》《荀子斠补》
110	王儒舲	清末民初	浙江绍兴人	不详	《老子道德经点句》《道德经笺注》	刊于宣统三年(1911)	《庄子点句》
111	题纯阳吕仙				《道德经注释》	刊于光绪二十二年(1896)	
112	题冠善堂诸生				《正阳帝君道德经注释》	刊于光绪十六年	

说明:

1. 本表起始于顺治元年(1644),终于民国八年(1920)。以著作者的出生年为序,依次收入清人有关《道德经》的专门著作。其他如论及老子的文章,如汪中《老子考异》,钱大昕《老子新解》序,皆未收入。其他涉及到老子但不是专门研究老子的,如康有为《讲学记》,章太炎《诸子学略说》,也未收入。

2. 著作时间根据文字资料,能够确定成书时间的注明成书时间。成书时间无法确定的,标明已知最早刊本时间,写作"刊于某某年"。

3. 严灵峰《周秦汉魏诸子知见书目》第一卷收录清代未见类作者及其著作,除去今天存世者外,尚有作者44人,著作44种,绝大部分据各省《通志·艺文志》及《贩书偶记》,极少部分据《四库采进书目》、《秘殿珠林》、《校定书目》、《四库存目》、《中国古籍校读新论》、《稽瑞楼书目》。此部分图书绝大部分当已散佚,抄录作者与书名如下,以备考索:李中馥《老子注》、黏本盛《道德经续注》、钟灵《道德经注》、罗昕旺《老子定解》、刘贞远《道德经解》、朱鹤龄《道德经注解》、李文炪《道德经解》、魏荔彤《道德经注》、游龙《道德经注》、张坦《黄老合解》、艾元衡《道德经注释》、华学泉《道德经解》、阙名《道德经浅解》、仇兆鳌《道德经要义》、萧程俨《老子说》、张宿耀《老子解》、周金然《道德经传释》、袁佑《老子别注》、姜帧《道德经注》、钱仁起《道德经别注》、王世业《道德经定注》、汪缙《读道德经私记》、吴照《老子说略》、殷徒南《道德经解》、匡文昱《老子注》、王克拔《老子解》、金镛《道德经同异辨》、洪亮吉《河上公注老子足本校刊》、陈昌齐《老子正误》、王绍兰《老子急就章》、王履昌《老子三尘》、周济《老子新解》、王时行《老子河上注》、王用之《重校老子河上公注》、方东树《老子章义》、朱骏声《老子简端记》、郑珍《老子注》、李慈铭《校老子集解考异》、张元道《老子释》、王闿运《老子注》、陈仁恩《黄老指归》、戴望启《老子新解》、杨浑《道德经别传》、余明善《道德经注解》。

4. 南京图书馆有题纯阳吕仙《吕注道德经解》,刊于光绪二十二年,与同馆所藏题纯阳吕仙《道德经注释》(光绪二十二年)当为同一书。未见原书,不能肯定。此书未列入表内。又,又有首都图书馆藏题纯阳吕仙《吕注老子道德经》,为清抄本,未见。此书未列入表内。

参考文献

1. 基础文献

(1) 纪昀等编,文渊阁《四库全书》,上海古籍出版社,2003 年。

(2) 严灵峰编,《无求备斋老子集成续编》,台北艺文印书馆,1972 年。

(3) 龚鹏程、陈廖安编,《中华续道藏》,台湾新文丰公司,1982 年。

(4) 熊铁基主编,《老子集成》,宗教文化出版社,2011 年。

(5)《船山全书》,岳麓书社,2011 年。

(6)《魏源全集》,岳麓书社,2011 年。

(7) 王栻编,《严复集》,中华书局,1986 年。

(8) 汪征鲁、方宝川、马勇编,《严复全集》,福建教育民出版社,2014 年。

(9) 陈成吒,《〈老子〉书目及馆藏地》(稿本)。

2. 相关论著

(10) 方勇,《庄子学史》,人民出版社,2008 年。

(11) 罗检秋,《近代诸子学与文化思潮》,中国社会科学出版社,1998 年。

(12) 熊铁基、马良怀、刘韶军,《中国老学史》,福建人民出版社,2005 年 2 版。

(13) 熊铁基、刘韶军、刘筱红、吴琦、刘固盛,《二十世纪中国老学》,福建人民出版社,2002 年。

(14) 刘仲华,《清代诸子学研究》,中国人民大学出版社,

2004年。

(15)刘固盛,《道教老学史》,华中师范大学出版社,2008年。

(16)李程,《近代老学研究》,武汉大学出版社,2008年。

(17)刘固盛、刘韶军、肖海燕编,《近代中国老庄学》,福建人民出版社,2014年。

(18)陈祖武,《清代学术源流》,北京师范大学出版社,2012年。

3. 学位论文

(19)黄丽频,《清代〈老子〉注义理的继承与开新》,博士论文,成功大学,2009年。

(20)王闯,《道与世降——清代老学的传承和演变》,博士论文,华中师范大学,2015年。

(21)王继学,《张尔岐的老子学思想研究》,硕士论文,山东大学,2006年。

(22)陈湘君,《晚清湖湘老庄学研究》,硕士论文,湖南师范大学,2009年。

(23)曾斌,《道德经大义研究》,硕士论文,湖南师范大学,2011年。

(24)贾海辉,《刘一明老学思想研究》,硕士论文,华中师范大学,2011年。

(25)田小玲,《近代湖湘老学研究》,硕士论文,华中师范大学,2013年。

(26)赵庭权,《近代佛教老学研究》,硕士论文,华中师范大学,2013年。

(27)赵丹,《桐城派老学研究》,硕士论文,华中师范大学,2013年。

(28) 乔天一,《清代老学文献文本研究》,硕士论文,首都师范大学,2013年。

(29) 左秀慧,《论姚鼐的老庄研究》,硕士论文,陕西师范大学,2014年。

4. 学术论文

(30) 罗检秋,《从魏源〈老子本义〉看清代学术的转变》,《近代史研究》,1995年1期。

(31) 刘仲华,《清代老庄研究概述》,《北京社会科学》,2002年3期。

(32) 刘固盛,《中国老学研究的回顾与展望》,《华中师范大学学报》,2015年5期。

后　记

　　2013年4月,我来到华东师范大学,跟随方勇先生做博士后研究工作。最初的题目是《晚清老学史》,后来定为《清代老学史》。现在这些文字是三年来工作的初步成果。我刚接触清代老学的时候,还没有成型的研究成果。华中师范大学熊铁基先生等的《中国老学史》涉及部分,以及李程的《近代老学研究》涉及晚清部分,还有若干进行单篇研究的硕士论文。清代老学系统的研究还没有人开展。到了今天,王闰博士的《清代老学研究》博士论文在2015年已经完成。我的研究,算是这些珠玉前的砖石。

　　我自己研究清代老学史,基本是从零开始,从熟悉文献到梳理脉络,一步一步走过来。清代老学的轮廓慢慢从一无所知,到大致有了一个框架。我所依据的文献有熊铁基先生等编的《老子集成》,刻本主要依赖龚鹏程等编的《中华续道藏》清代老学部分,以及方老师《子藏》老子卷中的部分材料。其他还有自己在华东师大图书馆、上海图书馆、复旦图书馆、苏州图书馆找到的材料。其中同门陈成吒所作《〈老子〉书目及馆藏地》(稿本)帮助非常大。研究方法则主要取自方老师的《庄子学史》。这一方法以文献的梳理为基础,以吸铁石的方式处理与研究对象相关的所有材料,注意客观详实的论述研究的原始面貌,而并不像一般的学术史或者思想史那样注重逻辑线索,或者注重若干思想主题。我认为这是比较好的处理学术史的办法。坦率讲,大多数古人的研究的确没有什么理论性,清代更是如此,很多时候仅仅是常识而已。学术史研究应该依据研究对象的具体情况作对应的描述,其关键还在以史的形式描述事实。北京大学中文系吴国武先生专门讨论了学术史的研究方法,讲到学术史研究和经典研究相结合,以及要对研究作品分出高下,这些对我也有很大启发。我们试图描绘出清代老学发展的面貌,并且尽力使之客观,是否做到了,需要读者的评判。

那么这一工作的意义何在?如果我们单单看清代一两部老学作品,那么的确无法知道研究的益处。事实上,大多数清人注老之作单独拿出来看,都很平常,有的还很恶劣。不过如果我们把这些点连接起来,那么一些毫无价值的作品如花尚的《道德眼》一类的,就成为整体链条中的重要环节,那么我们就可以理解清代老学演进的脉络,甚至相当程度上理解清代一般观念的演进,这就是学术史的意义。况且,我们在比较优秀的解读作品那里发现了他们对老子的一些共识,诸如道之为有无互显、历史性智慧、放开管制以及儒道间复杂的异同关系,这些只有统观清代所有的作品才可能发现,而这是老子思想本身的基本意涵,并不是可以用时代性特征就可以掩盖掉的。换句话说,清代老学也是我们理解老子本身的重要借鉴。当然,这里做的是初步的工作,是否合理,还需要时间的考验,以及同行的批评。

清代老学史的工作量很大,还有很多工作作了规划,这里完成的是基本框架和重要作品的研究,只是清代老学史研究的初稿,接下来还有很多工作要做。感谢方老师给予我这个学习和研究的机会,能够深入到老学研究的内里来。感谢在我之前的诸多研究者,是他们的努力工作让这一篇草稿具有坚实的基础。

2016 年 3 月 24 日
2017 年 3 月 16 日重订